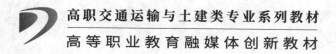

高职交通运输与土建类专业系列教材
高等职业教育融媒体创新教材

工程项目管理
Project Management

刘慧玲　李月娇　安　琪　主　编
　　　　　　　　姜浩文　副主编
汲晓锋　刘　亮　主　审

人民交通出版社股份有限公司
北京

内 容 提 要

本书立足于工程项目的全寿命周期，重点论述了工程项目招投标、合同签订、工程索赔和项目实施三控三管的主要问题。具体内容包括工程项目管理概论、工程项目施工招标、工程项目施工投标、工程项目合同管理、工程项目安全管理、工程项目目标控制、工程项目信息管理等7个项目的20个典型任务。

本书吸取了国内外先进的管理理论及成果，密切联系我国城轨工程管理实际，不仅可以作为高等职业院校工程类专业教材，还可作为相关专业及从事工程项目管理工作的有关人士学习和工作的参考书。

图书在版编目(CIP)数据

工程项目管理／刘慧玲，李月娇，安琪主编. — 北京：人民交通出版社股份有限公司，2024.1
ISBN 978-7-114-18851-0

Ⅰ.①工… Ⅱ.①刘… ②李… ③安… Ⅲ.①工程项目管理—教材 Ⅳ.①F284

中国国家版本馆 CIP 数据核字(2023)第 112444 号

Gongcheng Xiangmu Guanli
书　　名：工程项目管理
著 作 者：刘慧玲　李月娇　安　琪
责任编辑：李　娜
责任校对：赵媛媛　魏佳宁
责任印制：刘高彤
出版发行：人民交通出版社股份有限公司
地　　址：(100011)北京市朝阳区安定门外外馆斜街 3 号
网　　址：http://www.ccpcl.com.cn
销售电话：(010)59757973
总 经 销：人民交通出版社股份有限公司发行部
经　　销：各地新华书店
印　　刷：北京印匠彩色印刷有限公司
开　　本：787×1092　1/16
印　　张：20.5
字　　数：498 千
版　　次：2024 年 1 月　第 1 版
印　　次：2024 年 1 月　第 1 次印刷
书　　号：ISBN 978-7-114-18851-0
定　　价：52.00 元

(有印刷、装订质量问题的图书，由本公司负责调换)

前言 Preface

　　《工程项目管理》融媒体教材是省级在线精品课程"工程项目管理"的配套教材。本教材依据国家职业教育工程技术专业教学标准,对接行业岗位职业标准和学生就业岗位需求,根据城市轨道交通工程建设发展新要求,以城轨工程施工现场项目管理的能力培养为主线,按照"项目—典型任务"形式组织教材内容,涵盖工程项目管理概论、工程项目施工招标、工程项目施工投标、工程项目合同管理、工程项目安全管理、工程项目目标控制、工程项目信息管理7个项目的20个典型任务。

《工程项目管理》融媒体教材内容

项目名称	建议学时	学习导言
工程项目管理概论	6 学时	
工程项目施工招标	6 学时	
工程项目施工投标	10 学时	
工程项目合同管理	12 学时	
工程项目安全管理	6 学时	
工程项目目标控制	8 学时	
工程项目信息管理	6 学时	

本教材内容适应各类工程技术专业、工程现场施工技术管理人员及爱好管理的广大社会人员的学习。对于工程技术专业的学生来讲，学习该课程，阅读本教材，能够更好地了解工程项目管理的理论、方法与法规知识，培养自己系统做事的思维能力，更好地让自己的职业生涯得到转型升级。教材编写团队在资源设计上，突破传统教材模式，形成了包括视频库、PPT课件、同步电子教案、富媒体拓展资料、网上学习社区讨论、行业能力测评等混合式、一体化、相关联的融媒体教学模式；在教材内容上，更注重理论、案例与应用的融合。本教材以"三教"改革建设为契机，继续深化教材改革，以提高人才培养质量、全力推进学院发展为目的，为学校"新业态"教材建设添砖加瓦。

本教材由哈尔滨铁道职业技术学院刘慧玲、李月娇、安琪担任主编，哈尔滨铁道职业技术学院姜浩文担任副主编，中铁十四局集团隧道公司汲晓锋、中铁四局集团有限公司刘亮担任主审。全书由刘慧玲负责统稿。

本书在编写的过程中，得到了相关专家、学者的指导与帮助，在此表示感谢！

由于编者水平有限，书中难免有疏漏和不足之处，敬请广大读者批评、指正。

编　者

2023 年 6 月

目录 Contents

项目1　工程项目管理概论 ……………………………………………………… 1

　典型任务1　工程项目管理普识 …………………………………………………… 3
　　知识点1　工程项目的建设流程与管理内涵 …………………………………… 3
　　知识点2　工程项目的组织形式与管理模式 …………………………………… 6
　　知识点3　工程项目管理的分类和任务 ………………………………………… 9
　　拓展资源链接 …………………………………………………………………… 14
　　行业能力测评 …………………………………………………………………… 14
　典型任务2　工程项目管理法规普识 ……………………………………………… 15
　　知识点1　建设工程交易中心(有形建筑市场) ………………………………… 16
　　知识点2　工程企业和专业人士从业资格制度 ………………………………… 17
　　知识点3　工程建设领域的主要管理制度 ……………………………………… 18
　　拓展资源链接 …………………………………………………………………… 24
　　行业能力测评 …………………………………………………………………… 25

项目2　工程项目施工招标 ……………………………………………………… 27

　典型任务1　工程施工招标普识 …………………………………………………… 29
　　知识点1　工程招标方式和分类 ………………………………………………… 29
　　知识点2　工程招标投标的原则 ………………………………………………… 37
　　知识点3　工程招标流程和时效 ………………………………………………… 39
　　知识点4　相关案例综合分析 …………………………………………………… 43
　　拓展资源链接 …………………………………………………………………… 44
　　行业能力测评 …………………………………………………………………… 45
　典型任务2　施工招标文件编制 …………………………………………………… 45
　　知识点1　招标人条件 …………………………………………………………… 46
　　知识点2　招标文件的主要内容 ………………………………………………… 49
　　知识点3　招标文件的编制要点 ………………………………………………… 52
　　知识点4　相关案例综合分析 …………………………………………………… 54

拓展资源链接 ··· 61
　　行业能力测评 ··· 61

项目 3　工程项目施工投标 ··· 62

典型任务 1　工程施工投标普识 ··· 64
　　知识点 1　投标人条件 ··· 64
　　知识点 2　工程投标流程 ·· 65
　　知识点 3　资格预审和资格后审 ··· 68
　　知识点 4　相关案例综合分析 ··· 69
　　拓展资源链接 ··· 70
　　行业能力测评 ··· 71

典型任务 2　施工投标文件编制 ··· 72
　　知识点 1　投标文件编制流程 ··· 73
　　知识点 2　投标文件编制要点 ··· 79
　　知识点 3　工程量清单 ··· 86
　　知识点 4　相关案例综合分析 ··· 88
　　拓展资源链接 ··· 88
　　行业能力测评 ··· 89

典型任务 3　工程开标、评标、定标 ·· 89
　　知识点 1　工程开标流程 ··· 90
　　知识点 2　工程评标方法 ··· 92
　　知识点 3　相关案例综合分析 ··· 98
　　拓展资源链接 ··· 100
　　行业能力测评 ··· 100

典型任务 4　工程施工投标策略 ··· 101
　　知识点 1　工程投标策略 ··· 102
　　知识点 2　相关案例综合分析 ·· 106
　　拓展资源链接 ··· 108
　　行业能力测评 ··· 109

项目 4　工程项目合同管理 ·· 110

典型任务 1　工程合同法规普识 ··· 112
　　知识点 1　建设工程合同 ··· 113
　　知识点 2　建设工程合同制度 ··· 122

知识点3　相关案例综合分析 ································· 127
　　拓展资源链接 ·· 129
　　行业能力测评 ·· 129
典型任务2　施工合同条件认知 ······························· 130
　　知识点1　施工合同条件 ··································· 131
　　知识点2　相关案例综合分析 ································· 133
　　拓展资源链接 ·· 135
　　行业能力测评 ·· 135
典型任务3　工程变更流程认知 ······························· 136
　　知识点1　工程变更流程和分类 ······························· 136
　　知识点2　合同纠纷处理 ··································· 139
　　知识点3　相关案例综合分析 ································· 140
　　拓展资源链接 ·· 142
　　行业能力测评 ·· 142
典型任务4　工程施工索赔计算 ······························· 143
　　知识点1　工程索赔分类和索赔流程 ····························· 143
　　知识点2　工程索赔计算分析 ································· 147
　　知识点3　相关案例综合分析 ································· 152
　　拓展资源链接 ·· 155
　　行业能力测评 ·· 155

项目5　工程项目安全管理 ···································· 157

典型任务1　工程施工安全法规普识 ····························· 159
　　知识点1　安全生产管理预警体系 ······························· 162
　　知识点2　安全生产管理制度 ································· 166
　　知识点3　安全事故 ······································ 176
　　知识点4　地铁安全事故 ··································· 180
　　拓展资源链接 ·· 183
　　行业能力测评 ·· 184
典型任务2　工程施工安全管理认知 ····························· 184
　　知识点1　职业健康安全管理 ································· 185
　　知识点2　建设工程环境管理 ································· 187
　　知识点3　相关案例综合分析 ································· 193
　　拓展资源链接 ·· 195
　　行业能力测评 ·· 195

项目6　工程项目目标控制 197

典型任务1　质量管理内涵认知 200
知识点1　质量控制的责任和义务 201
知识点2　项目实施中的质量风险 206
知识点3　工程质量控制体系 210
拓展资源链接 216
行业能力测评 217

典型任务2　工程施工质量控制 217
知识点1　施工质量控制 218
知识点2　施工质量验收 231
知识点3　相关案例综合分析 241
拓展资源链接 242
行业能力测评 242

典型任务3　工程施工成本控制 243
知识点1　工程施工成本管理 244
知识点2　工程施工成本计划 249
知识点3　工程施工成本控制 251
知识点4　工程施工成本分析 258
知识点5　相关案例综合分析 263
拓展资源链接 265
行业能力测评 265

典型任务4　工程施工进度控制 266
知识点1　工程施工进度控制及优化 266
知识点2　工程施工进度检查与调整 270
知识点3　相关案例综合分析 280
拓展资源链接 287
行业能力测评 288

项目7　工程项目信息管理 289

典型任务1　项目信息管理普识 291
知识点1　工程文件资料的分类、编号与保管期限及密级 ... 292
知识点2　工程资料的编制与组卷 294
知识点3　工程资料的验收与移交 297
知识点4　工程资料微机管理技术 298
拓展资源链接 301

行业能力测评 …… 302
典型任务2　工程项目资料管理 …… 302
　　知识点1　工程施工资料(C类)管理 …… 303
　　知识点2　工程竣工图(D类)的编制与整理 …… 307
　　知识点3　地铁工程声像、电子档案 …… 308
　　知识点4　地铁公司土建工程归档范围及分类 …… 309
　　拓展资源链接 …… 314
　　行业能力测评 …… 314

参考文献 …… 315

项目 1

工程项目管理概论

1. 项目管理人员的基本素质和能力

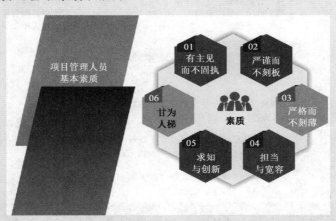

项目管理人员的基本素质

项目管理人员的基本能力

2. 项目模块导学(建议学时:6学时)

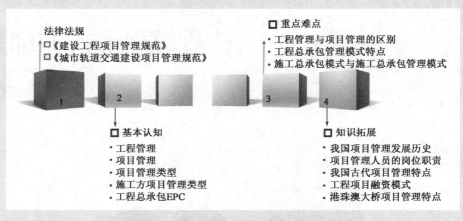

典型任务1　工程项目管理普识

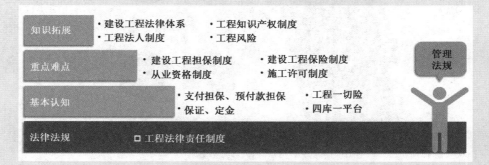

典型任务2　工程管理法规普识

典型任务1　工程项目管理普识

建设工程是为人类生活、生产提供物质技术基础的各类建筑物和工程设施的统称。按照自然属性,建设工程可分为建筑工程、土木工程和机电工程三类,涵盖房屋建筑工程、铁路工程、公路工程、水利工程、市政工程、水运工程、海洋工程、民航工程、水电工程、机械工程、航天与航空工程等。按建设性质,建设工程可分为新建、扩建、改建、迁建、恢复项目。为适应工程建设项目分级管理的需要,国家规定基本建设项目分为大型、中型、小型三类(按建设规模划分)。按投资效益,建设工程可划分为竞争性项目、基础性项目和公益性项目。

建设工程项目由若干个单项工程、单位(子单位)工程、分部(子分部)工程和分项工程组成。

一个建设项目通常是由几个参建单位建设完成的,由于每个参建单位的工作性质、工作任务和利益各有不同,就形成了不同类型的项目管理。常见的建设项目管理的类型有:建设单位的项目管理、设计单位的项目管理、施工单位的项目管理、供货单位的项目管理、建设项目总承包单位的项目管理、建设项目分包单位的项目管理。由于建设单位是工程建设项目生产过程的主宰,因此对一个工程建设项目而言,建设单位的项目管理才是项目管理的核心。

本任务必备知识体系:

> 知识点1　工程项目的建设流程与管理内涵
> 知识点2　工程项目的组织形式与管理模式
> 知识点3　工程项目管理的分类和任务
> 拓展资源链接
> 行业能力测评

知识点1　工程项目的建设流程与管理内涵

 一　工程项目的建设流程

为完成依法立项的新建、改建、扩建的各类工程(土木工程、建筑工程及安装工程等)而进行的、有起止日期的、达到规定要求的一组由相互关联的受控活动组成的特定建设程序,包括:项目建议书、可行性研究、设计工作、建设准备、施工安装、生产准备、竣工验收和后评价等。建设工程项目除具备一般工程项目特点外,还具备投资额巨大、建设周期长、整体性强和具有固定性等特征。

各特定建设程序的主要工作内容如下:

(1)项目建议书:这是业主单位(建设单位)向国家提出的要求建设某一项目的建议文件,是对工程项目建设的轮廓设想。

按现行规定,大中型及限额以上项目的项目建议书应首先报送行业归口主管部门,同时抄送国家计委。凡行业归口主管部门初审未通过的项目,国家计委不予审批。凡属小型或限额以下项目的项目建议书,按项目隶属关系由部门或地方计委审批。

(2)可行性研究:按照国家现行规定,凡属中央政府投资、中央和地方政府合资的大中型和限额以上项目的可行性研究报告,都要报送国家计委审批。总投资在2亿元以上的项目,无论是中央政府投资还是地方政府投资,都要经国家计委审查后报国务院审批。中央各部门所属小型和限额以下项目的可行性研究报告,由各部门审批。总投资额在2亿元以下的地方政府投资项目,其可行性研究报告由地方计委审批。可行性研究报告通过审批,建设项目才算正式"立项"。

(3)设计工作:工程项目的设计工作一般划分为两个阶段,初步设计阶段和施工图设计阶段。重大项目和技术复杂项目,可根据需要增加技术设计阶段。

如果初步设计提出的总概算超过可行性研究报告总投资的10%以上或其他主要指标需要变更时,应说明原因和计算依据,并重新向原审批单位报批可行性研究报告。

(4)建设准备:建设单位申请批准开工要经国家计委统一审核后,编制年度大中型和限额以上工程建设项目新开工计划报国务院批准。部门和地方政府无权自行审批大中型和限额以上工程建设项目开工报告。年度大中型和限额以上新开工项目经国务院批准,国家计委下达项目计划。

(5)施工安装:项目新开工时间是指工程建设项目设计文件中规定的任何一项永久性工程第一次正式破土开槽、开始施工的日期。不需开槽的工程,正式开始打桩的日期就是开工日期。铁路、公路、水库等需要进行大量土方、石方工程的,以开始进行土方、石方工程的日期作为正式开工日期。工程地质勘察、平整场地、旧建筑物拆除、临时建筑、施工用临时道路和水、电等工程开始施工的日期不能算作正式开工日期。分期建设的项目分别按各期工程开工的日期计算,如二期工程应根据工程设计文件规定的永久性工程开工的日期计算。

(6)生产准备:一般包括①招收和培训生产人员;②组织准备;③技术准备;④物资准备。

(7)竣工验收:按国家现行规定,已具备竣工验收条件的工程,3个月内不办理验收投产和移交固定资产手续的,取消企业和主管部门(或地方)的基建试车收入分成,由银行监督,全部上缴财政。如3个月内办理竣工验收确有困难,经验收主管部门批准,可以适当推迟竣工验收时间。

工程项目全部建完,经过各单位工程的验收,符合设计要求,并具备竣工图、竣工决算、工程总结等必要文件资料,由项目主管部门或建设单位向负责验收的单位提出竣工验收申请报告。大中型和限额以上项目由国家计委或由国家计委委托项目主管部门、地方政府组织验收。小型和限额以下项目,由项目主管部门或地方政府组织验收。

(8)后评价:项目后评价的内容包括立项决策评价、设计施工评价、生产运营评价和建设效益评价。项目后评价的基本方法是对比法。在实际工作中,通常从以下三个方面对建设项目进行后评价:①影响评价;②经济效益评价;③过程评价。

二 建设工程管理的内涵

管理是通过计划、组织、领导、控制及创新手段,结合人力、物力、财力、信息、环境、时间六要素,高效地达到组织目标的过程。建设工程管理(Professional Management Construction)作为一个专业术语,其内涵涉及工程项目全过程(工程项目全寿命)的管理。它主要包括三个阶段:项目的决策阶段、实施阶段、使用阶段(也称"运营阶段"或"运行阶段")。建设工程管理涉及参与工程项目的各个方面对工程的管理,即包括投资方、开发方、设计方、施工方、供货方和项目使用期的管理方的管理。

1. 决策阶段的管理(Development Management,DM)

决策阶段的管理即项目前期的开发管理。从项目建设意图的酝酿开始,调查研究、编写和报批项目建议书、编制和报批项目的可行性研究等项目前期的组织、管理、经济和技术方面的论证都属于项目决策阶段的工作。项目立项(及立项批准)是项目决策的标志。决策阶段管理工作的主要任务是确定项目的定义,一般包括如下内容:

(1)确定项目实施的组织;
(2)确定和落实建设地点;
(3)确定建设任务和建设原则;
(4)确定和落实项目建设的资金;
(5)确定建设项目的投资目标、进度目标和质量目标等。

2. 实施阶段的管理(Project Management,PM)

实施阶段的管理即项目管理,是工程管理的一个组成部分。项目管理的工作权限仅限于项目实施期的工作。

施工项目是施工单位自工程施工投标开始到工程完工保修期满为止的全过程中所完成的项目。只有建设项目、单项工程、单位工程的施工活动过程可被称为施工项目,而分部工程、分项工程不能称作施工项目,只能作为施工项目的组成部分。施工项目管理是施工单位在完成所承揽的工程建设施工项目的过程中,运用系统的观点和理论以及现代科学技术手段对施工项目进行计划、组织、安排、指挥、管理、监督、控制、协调等全过程的管理。

3. 使用阶段的管理(Facility Management,FM)

使用阶段的管理即设备管理。设备管理是以设备为研究对象,追求设备综合效率,应用一系列理论、方法,通过一系列技术、经济、组织措施,对设备的物质运动和价值运动进行全过程(从规划、设计、选型、购置、安装、验收、使用、保养、维修、改造、更新直至报废)的科学型管理。

建设工程管理工作是一种增值服务工作,工程管理的核心任务是为工程的建设和使用(运行)增值。

(1)工程建设增值主要包括:
①确保工程建设安全;
②提高工程质量;
③有利于投资-成本控制;

④有利于进度控制。

(2)工程使用(运行)增值主要包括：

①确保工程使用安全；

②有利于环保；

③有利于节能；

④满足最终客户的使用功能；

⑤有利于降低工程运营成本；

⑥有利于工程维护。

知识点2　工程项目的组织形式与管理模式

一　工程项目的组织形式

工程项目的分标方式决定了项目组织结构的基本形式,常见的项目组织形式包括寄生式组织、独立式组织、直线式组织、矩阵式组织。其中矩阵式组织较为普遍。各组织形式有其优缺点和适用条件,应选择简单同时又高效率的组织形式。

1. 直线式工程项目组织结构(图1-1)

特点:组织中上下级呈直线型的权责关系,各级均有主管,主管在其所辖范围内具有指挥权,组织中每一个人只接受上级的指示。这种组织结构适用于工程项目的现场作业。

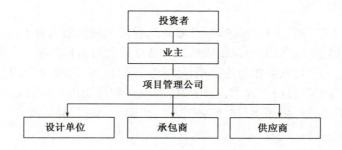

图1-1　直线式工程项目组织结构

2. 矩阵式工程项目组织结构

该组织结构既有按职能划分的纵向组织部门,又有按规划目标(产品、工程项目)划分的横向组织部门。为保证完成一定的管理目标,每个横向组织部门的项目小组都设负责人,在组织最高层的直接领导下进行工作,负责最终结果(最终产品或者完成项目)。为完成规划目标(产品、工程项目),所需要的各类专业人员从各职能部门抽调,既接受本职能部门的领导,又接受项目小组的领导。一旦任务目标完成,该项目小组即告解散,其成员仍回原职能部门工作。

二、工程项目管理模式

1. 传统(通用)项目管理模式[Traditional (General) Management Approach]

这种项目管理模式在国际上最为通用,世行、亚行贷款项目和采用国际咨询工程师联合会(FIDIC)合同条件的项目均采用这种模式。

该模式基于建筑师、咨询工程师和承包商三者之间的相互制约,业主选择工程管理方式多数依赖于咨询工程师的建议。待项目评估立项后再进行设计,在设计阶段进行施工招标文件准备,随后通过招标选择承包商。业主和承包商订立工程施工合同,有关工程部位的分包和设备、材料的采购一般都由承包商与分包商和供应商单独订立合同并组织实施。业主单位一般指派业主代表与咨询方和承包商联系,负责有关的项目管理工作,但在国外大部分项目实施阶段有关管理工作均授权建筑师、咨询工程师进行。建筑师、咨询工程师和承包商没有合同关系,但承担业主委托的管理和协调工作。

传统项目管理模式的优点是:因长期地、广泛地在世界各地被采用,因而管理方法较成熟,各方都对有关程序熟悉;可自由选择咨询设计人员,设计要求可控;可自由选择监理人员监理工程。传统项目管理模式的缺点是:项目周期长,业主管理费较高,前期投入较高;变更时容易引起较多的索赔。

2. 建设工程管理(Construction Management,CM)模式

建设工程管理模式又称"边设计、边施工方式"或"快速轨道方式"。该模式是由业主委托建设管理单位,以一个承包商的身份,采取有条件的"边设计、边施工",即以快速路径(Fast Track)的生产组织方式来进行施工管理,直接指挥施工活动,一定程度上影响设计活动,而它与业主的合同通常采用"成本+利润"的承发包模式。它通过施工管理商来协调设计和施工的矛盾,使决策公开化。施工管理商早期介入工程项目,使工程项目可以通过快速路径法,做到提前施工、提前竣工。它打破了过去待设计图纸完全完成后,才进行招标建设的连续建设生产方式。

该模式是由业主和业主委托的工程项目经理与工程师组成一个联合小组共同负责组织和管理工程的规划、设计和施工。完成一部分分项(单项)工程设计后,即对该部分进行招标,发包给一家承包商。由于无总承包商,业主直接按每个单项工程与承包商分别签订承包合同。

该模式的优点是可以缩短工程从规划、设计、施工到交付业主使用的周期,节约建设投资,减少投资风险,使业主可以较早获得效益。其缺点是分项招标导致承包费高,因而要做好分析比较,认真研究分项数目,选定最优结合点。这模式是近年在国外广泛流行的一种合同管理模式。

3. 设计-建造(Design-Build,DB)模式

设计-建造模式是一种简练的项目管理模式。设计-建造模式是在项目原则确定之后,业主选定一家公司负责项目的设计和施工。这种模式在投标和订立合同时是以总价合同为基础的。设计-建造总承包商对整个项目的成本负责,并首先选择一家咨询设计公司进行设计,然后采用竞争性招标方式选择分包商。当然也可以利用该公司的设计和施工力量完成一部分工程。

设计-建造模式是一种项目组织方式。此方式特点:改变了建筑师、咨询工程师和承包商

三者之间的制约关系,促使业主和设计-建造承包商密切合作,完成项目的规划、设计、成本控制、进度安排等工作,甚至还可以负责土地购买和项目融资。一个承包商对整个项目负责,避免了设计和施工的矛盾,可显著降低项目的成本和缩短工期。然而,业主关心的重点是工程按合同竣工交付使用,不在乎承包商如何去实施。同时,在选定承包商时,把设计方案的优劣作为主要的评标因素,可保证业主得到高质量的工程项目。

4. 设计-管理(Design-Manage,DM)模式

设计-管理模式是指同一实体向业主提供设计和施工管理服务的工程管理模式。业主只签订一份既包括设计也包括类似 CM 服务在内的合同。设计-管理模式的实现可以有两种形式:一种是业主与设计-管理公司和施工总承包商分别签订合同,由设计-管理公司负责设计并对项目的实施进行管理;另一种是业主只与设计-管理公司签订合同,由设计公司分别与各个单独的承包商和供应商签订合同,由他们施工和供货。

5. 设计-采购-建造(Engineering-Procurement-Construction,EPC)模式

设计-采购-建造模式是一种简练的工程项目管理模式,是一种具有特殊性的设计-建造方式,即由承包商为业主提供包括项目科研、融资、土地购买、设计、施工直到竣工移交给业主的全套服务。采用此模式,在工程项目确定之后,业主只需选定负责项目的设计与施工的实体——交钥匙的承包商,由该承包商对设计、施工及项目完工后试运行全部合格的成本负责。项目的供应商与分包商仍须在业主的监督下采取竞标的方式选取。

EPC 总承包(交钥匙)模式在国际上被普遍采用,因为和其他项目管理模式相比,具有明显的优点:能充分发挥设计在建设过程中的主导作用,有利于整体方案的不断优化;项目实施过程中保持单一的合同责任,在项目初期预先考虑施工因素,减少管理费用;能有效地克服设计、采购、施工相互制约和脱节的矛盾,有利于设计、采购、施工各阶段工作的合理深度交叉;由于工程公司实行的是以项目管理为核心的原则,和强有力的手段,能有效地对质量、费用和进度进行综合控制;由于工程公司是长期从事项目总承包和项目管理的永久性专门机构,拥有一大批在这方面具有丰富经验的优秀人才,拥有世界上先进的项目管理集成信息技术,可以对整个建设项目实行全面的、科学的、动态的计算机管理,这是任何临时性的领导小组、指挥部、筹建处和生产厂直接进行项目管理无法实现的,可达到业主所期望的最佳项目建设目标。

该模式也有其缺点:业主无法参与建筑师、工程师的选择,降低了业主对最终设计和细节的控制力。业主代表担任监理角色,工程设计可能会受分包商的利益影响。由于同一实体负责设计与施工,减弱了工程师与承包商之间的检查和制衡。

6. 建造-运营-移交(Build-Operate-Transfer,BOT)模式

BOT 模式是 20 世纪 80 年代在国外兴起的一种依靠国外私人资本进行基础设施建设的融资和建造的项目管理方式,或者说是基础设施国有项目民营化。它是指东道国政府开放本国基础设施建设和运营市场,吸收国外资金,授给项目公司以特许权,由该公司负责融资和组织建设,建成后负责运营及偿还贷款。在特许期满时,工程再移交给东道国政府。

BOT 模式参与各方包括:

(1)主要参与方:①政府;②项目公司;③金融机构。

(2) 其他参与方：①咨询公司；②总承包商；③工程监理公司；④运营公司；⑤开发公司；⑥代理银行；⑦供应商。

BOT 模式有其优越性，既可减少东道主国家的外债负担，又可解决基础设施不足和建设资金不足的问题。但 BOT 模式也有其不足之处，比如项目发起人必须具备很强的经济实力（例如大财团），资格预审及招投标程序复杂。

7. 工程项目管理服务（Project Management Contractor，PMC）模式

PMC 模式是 20 世纪 50 年代末、60 年代初开始逐步在美国、法国等国家应用的一种国际通用的项目管理方法。它包括业主方的项目管理、设计方的项目管理和施工方的项目管理三个方面。其中，业主方的项目管理是指项目管理咨询公司受业主的委托，采用科学的管理思想、组织、方法和手段，对项目投资、建设周期和项目质量三大目标实施控制，并向业主提供合同管理、信息管理和组织协调等服务。项目管理咨询公司既不参与设计，也不参与施工活动，其基本属性是向业主提供咨询。它受业主的委托，在工作中代表业主的利益，是业主忠实的顾问。

工程项目管理服务模式，是按照合同约定，在工程项目决策阶段，为业主编制可行性研究报告，进行可行性分析和项目策划；在项目实施阶段，为业主提供招标代理、设计管理、采购、施工管理和试运行等服务，代表业主对工程项目进行安全、质量、进度、费用、合同、信息管理和控制。

项目经理（Project Manager）的主要任务是自始至终对一个项目负责，这可能包括项目任务书的编制、预算控制、法律与行政障碍的排除、土地资金的筹集等，同时包括使设计者、工料测量师和承包商的工作正确地分阶段进行，在适当的时候引入指定分包商的合同和任何专业建造商的单独合同，以使业主委托的活动顺利进行。

8. 管理承包（Management Contracting）模式

管理承包商一方面与业主签订合同，另一方面与施工承包商签订合同，并须与业主的专业咨询设计单位（如建筑师、工程师、测量师等）进行密切合作，对工程进行管理、协调和控制。施工、设备采购由各施工承包商承担。

建设项目是一个系统工程，由于系统工程有其内在的规律，需要通过与之相适应的管理模式、管理程序、管理方法、管理技术去实现，也就是说，需要有专门从事工程项目管理的组织为之服务。这种组织应该有与项目管理相应的功能、机构、程序、方法和技术；有相应的资质、人才、经验，能够为业主提供最优秀的项目管理服务，能够为业主创造最大限度的效益。

知识点 3　工程项目管理的分类和任务

一　工程项目管理的分类

按建设工程项目不同参与方的工作性质和组织特征划分，项目管理有以下类型：
(1) 业主方的项目管理；
(2) 设计方的项目管理；

(3)施工方的项目管理;

(4)物资供货方的项目管理;

(5)建设项目总承包方的项目管理(如 EPC 承包);

(6)建设项目分包单位的项目管理。

投资方、开发方和由咨询公司提供的、代表业主方利益的项目管理服务都属于业主方的项目管理。施工方项目管理类型包括:施工总承包方的项目管理、施工分包方的项目管理、总承包管理方(CM 模式)的项目管理。业主方是建设工程的总集成者(人力资源、物资资源、知识的集成),也是建设工程项目生产过程的总组织者,因此业主方的项目管理是管理的核心。

二 施工项目管理的全过程

施工项目管理的对象,是施工项目寿命周期各阶段的工作。施工项目寿命周期可分为五个阶段,即投标签约阶段,施工准备阶段,施工阶段,验收、交工与竣工结算阶段、质量保修与售后服务阶段。这构成了施工项目管理有序的全过程。

1. 投标签约阶段

业主单位对建设项目进行设计和建设准备、具备了招标条件以后,便发出招标广告(或邀请函),施工单位见到招标广告或邀请函后,从中作出投标决策至中标签约,实质上就是在进行施工项目的工作。这是施工项目寿命周期的第一阶段——投标签约阶段,可称为立项阶段。本阶段的最终管理目标是签订工程承包合同。这一阶段主要要做好以下工作:

(1)建筑施工企业从经营战略的高度作出是否投标争取承包该项目的决策。

(2)决定投标以后,从多方面(企业自身、相关单位、市场、现场等)掌握大量信息。

(3)编制既能使企业赢利,又有竞争力,可望中标的投标书。

(4)如果中标,则与招标方进行谈判,依法签订工程承包合同,使合同符合国家法律、法规和国家计划,符合平等互利、等价有偿的原则。

2. 施工准备阶段

施工单位与招标单位签订了工程承包合同、交易关系正式确立以后,便应组建项目经理部,然后以项目经理部为主,与企业经营层和管理层、业主单位进行配合,进行施工准备,使工程具备开工和连续施工的基本条件。这一阶段主要要做好以下工作:

(1)成立项目经理部,根据工程管理的需要建立机构,配备管理人员。

(2)编制施工组织设计,主要是施工方案、施工进度计划和施工平面图,用以指导施工准备和施工。

(3)制订施工项目管理规划,以指导施工项目管理活动。

(4)进行施工现场准备,使现场具备施工条件,利于文明施工。

(5)编写开工申请报告,待批开工。

3. 施工阶段

这是一个自开工至竣工的实施过程。在这一过程中,项目经理部既是决策机构,又是责任机构。经营管理层、业主单位、监理单位的作用是支持、监督与协调。这一阶段的目标是完成合同规定的全部施工任务,并且达到验收、交工的条件。这一阶段主要要做好以下工作:

(1)按施工组织设计的安排进行施工。

(2)在施工中努力做好动态控制工作,保证质量目标、进度目标、造价目标、安全目标、节约目标的实现。

(3)管好施工现场,实行文明施工。

(4)严格履行工程承包合同,处理好内外关系,管好合同变更及索赔。

(5)做好原始记录、协调、检查、分析等工作。

4. 验收、交工与竣工结算阶段

这一阶段可称作"结束阶段"。与建设项目的竣工验收协调同步进行。其目标是对项目成果进行总结、评价,对外结清债权债务,结束交易关系。本阶段主要要做好以下工作:

(1)必要的技术咨询和服务,保证工程正常使用。

(2)进行工程回访,听取使用单位意见,总结经验教训,观察使用中的问题,进行必要的维护、维修和保修。

(3)在预验的基础上接受正式验收。

(4)整理、移交竣工文件,进行财务结算,总结工作,编制竣工总结报告。

(5)办理工程交付手续。

(6)项目经理部解体。

5. 质量保修与售后服务阶段

这是施工项目管理的最后阶段,即在交工验收后,按合同规定的责任期做好用后服务、回访与保修,保证使用单位正常使用,发挥效益。在该阶段中主要要做好以下工作的技术咨询和服务。

(1)必要的技术咨询和服务,保证工程正常使用。

(2)进行工程回访,听取使用单位意见,总结经验教训,观察使用中的问题,做好必要的维护、维修和保修。

(3)进行沉陷、抗震性能等测试,并以服务于宏观事业。

三 项目管理的内容

项目管理的内容与程序要体现企业管理层和项目管理层参与的项目管理活动。项目管理的每一过程,都应体现计划、实施、检查、处理的持续改进过程。

企业法定代表人向项目经理下达"项目管理目标责任书"确定项目经理部的管理内容,由项目经理负责组织实施。项目管理应体现管理的规律,企业利用制度保证项目管理按规定程序运行。

项目管理的内容主要包括:编制"项目管理规划大纲"和"项目管理实施规划",项目进度控制,项目质量控制,项目安全控制,项目成本控制,项目人力资源管理,项目材料管理,项目机械设备管理,项目技术管理,项目资金管理,项目合同管理,项目信息管理,项目现场管理,项目组织协调,项目竣工验收,项目考核评价和项目回访保修。

项目管理的程序主要有:

(1)编制项目管理规划大纲。

(2)编制投标书并进行投标。

(3)签订施工合同。

(4)选定项目经理。项目经理接受企业法定代表人的委托组建项目经理部,企业法定代表人与项目经理签订"项目管理目标责任书"。

(5)项目经理部编制"项目管理实施规划"。进行项目开工前的准备,施工期间按"项目管理实施规划"进行管理。

(6)在项目竣工验收阶段进行竣工结算。清理各种债权债务、移交资料和工程,进行经济分析,做出项目管理总结报告并送企业管理层有关职能部门。

(7)企业管理层组织考核委员会对项目管理工作进行考核评价并兑现"项目管理目标责任书"中的奖惩承诺。

(8)项目经理部解体。在保修期满前企业管理层根据"工程质量保修书"的约定进行项目回访保修。

四 其他各参与方项目管理的目标和任务

1. 业主方项目管理的目标和任务

业主方项目管理服务于业主的利益。业主方项目管理的目标包括:投资目标、进度目标和质量目标。

业主方的项目管理工作涉及项目实施阶段的全过程如下:

(1)设计前的准备阶段;

(2)设计阶段;

(3)施工阶段;

(4)动用前准备阶段和保修期。

业主方项目管理的主要任务如下:

(1)安全管理;

(2)投资控制;

(3)进度控制;

(4)质量控制;

(5)合同管理;

(6)信息管理;

(7)组织和协调。

2. 设计方项目管理的目标和任务

设计方项目管理主要服务于项目的整体利益和设计方本身的利益。

设计方项目管理的目标如下:

(1)设计的成本目标;

(2)设计的进度目标;
(3)设计的质量目标;
(4)项目的投资目标。

设计方项目管理的工作主要在设计阶段进行,也涉及设计前的准备阶段、施工阶段、动用前准备阶段和保修期。

设计方项目管理的任务包括:
(1)与设计工作有关的安全管理;
(2)设计成本控制和与设计工作有关的工程造价控制;
(3)设计进度控制;
(4)设计质量控制;
(5)设计合同管理;
(6)设计信息管理;
(7)与设计工作有关的组织和协调。

3. 供货方项目管理的目标和任务

供货方项目管理主要服务于项目的整体利益和供货方本身的利益。

供货方项目管理目标如下:
(1)供货方的成本目标;
(2)供货进度目标;
(3)供货的质量目标。

供货方的项目管理工作主要在施工阶段进行,也涉及设计准备阶段、设计阶段、动用前准备阶段和保修期。

供货方项目管理主要任务包括:
(1)供货安全管理;
(2)供货方的成本控制;
(3)供货的进度控制;
(4)供货的质量控制;
(5)供货合同管理;
(6)供货信息管理;
(7)与供货有关的组织与协调。

4. 建设工程监理方项目管理的目标和任务

工程监理是一种高智能的有偿技术服务,我国的工程监理属于业主方项目管理范畴。监理工作形式包括:旁站、巡视、平行检验。工程监理人员发现施工行为不符合要求,可以直接要求整改;工程监理人员发现其他单位行为不符合要求,需报告建设单位,由建设单位要求相关单位整改。

监理方项目管理的目标和任务:
(1)确保工程建设质量和安全;
(2)提高工程建设水平;
(3)充分发挥投资效益。

拓展资源链接

序号	资源名称	链接方式
1	工程项目管理人员践行社会主义核心价值观(思政)	
2	典型工程项目管理案例赏析	
3	工程项目管理发展史(思政)	
4	工程风险	
5	工程项目管理案例	
6	港珠澳大桥开拓建设管理新模式	https://www.sohu.com/a/310310583_317644
7	港珠澳大桥岛隧总工程师——林鸣	https://www.sohu.com/a/271801806_411016

行业能力测评

1. 建设工程项目的全寿命周期包括(　　)。
   A. 决策阶段、实施阶段和使用阶段　　B. 设计阶段、招标阶段和施工阶段
   C. 设计阶段、施工阶段和使用阶段　　D. 可行性研究阶段、设计阶段和施工阶段
2. 建设工程管理的核心任务是(　　)。
   A. 为工程的建设和使用增值

B. 提高建设项目生命周期价值

C. 目标控制

D. 实现业主的建设目标和为工程的建设增值

3. 关于项目管理和工程管理的说法,正确的是(　　)。

　　A. 工程项目管理的时间是项目的全寿命周期

　　B. 建设工程管理的时间是项目的实施阶段

　　C. 工程管理的核心任务是为项目的建设和使用增值

　　D. 项目管理的核心任务是目标控制

4. 建设工程管理过程实施阶段的管理,即(　　)。

　　A. 开发管理　　　　　　　　B. 施工

　　C. 项目管理　　　　　　　　D. 设施管理

5. 建设工程管理是一种增值服务,属于工程使用增值的是(　　)。

　　A. 确保工程建设安全　　　　B. 提高工程质量

　　C. 有利于节能环保　　　　　D. 有利于投资控制

典型任务2　工程项目管理法规普识

随着全球经济一体化的趋势日益明显,不断完善建设工程法律制度成为建设工程的高质量、健康发展的有力保障。

建设工程法律制度主要有:建设工程代理制度、建设工程担保制度、建设工程保险制度、建设工程法律责任制度、施工许可法律制度、建设工程发承包法律制度、建设工程合同和劳动合同法律制度、建设工程施工环境保护、节约能源和文物保护法律制度、建设工程安全生产法律制度、建设工程质量法律制度、解决建设工程纠纷法律制度等。

法律作为人类社会一个重要的调节手段,对社会生活的影响无处不在,也是构建和谐社会的基础和保障。建筑活动不同于一般生产活动,耗资巨大、建设周期长、生产场地流动性强、生产条件艰苦、社会影响广泛,与人民生命财产密切相关。《中华人民共和国建筑法》《建设工程质量管理条例》《建筑业资质管理规定》等法律法规的制定和实施是国家从法律上对建筑活动实施统一的管理,从投资体制、价格政策、市场机制等多方面予以保障,规范指导建设行为,保护合法建设行为,杜绝违法建设行为。建设工程法律制度有利于加强对建设活动的管理,依法行政,规范承发包行为,建立健康、效能、有序、统一的市场秩序,保证建设工程的质量和安全,促进国民经济的发展,对加强施工管理、创造工程效益、减少法律纠纷带来的损失有着不可忽视的作用。

本任务必备知识体系:

> 知识点1　建设工程交易中心(有形建筑市场)

> 知识点2　工程企业和专业人士从业资格制度

> 知识点3　工程建设领域的主要管理制度

> 拓展资源链接

> 行业能力测评

知识点 1　建设工程交易中心（有形建筑市场）

一　建设市场的主体和客体

(1) 主体：指参与建筑生产交易过程的各方。包括业主（建设单位或发包人）、承包商、分包商、材料供应商、勘察设计单位、设备供应单位、咨询机构（含监理单位）等。

(2) 客体：是市场交易的对象。既包括有形的建筑产品，也包括各类无形的服务。

(3) 主客体之间的关系：各主体间是以不同客体为媒介的。

二　建设工程交易中心

建设工程交易中心是为了建设工程招标投标活动提供服务的自收自支的事业性单位，而非政府机构。建设工程交易中心必须与政府部门脱钩，人员、职能分离，不能与政府部门及其所属机构搞"两块牌子、一套班子"。政府有关部门及其管理机构可以在建设工程交易中心设立服务"窗口"，并对建设工程招标投标活动依法实施监督。

1. 具备条件

地级以上城市（包括地、州、盟）设立建设工程交易中心应经建设部、国家计委、国家监察委员会协调小组批准。建设工程交易中心必须具备下列条件：

(1) 有固定的建设工程交易场所和满足建设工程交易中心基本功能要求的服务设施。

(2) 有政府管理部门设立的评标专家名册。

(3) 有健全的建设工程交易中心工作规则、办事程序和内部管理制度。

(4) 工作人员必须奉公守法并熟悉国家有关法律法规，具有工程招投标等方面的基本知识；其负责人必须具备 5 年以上从事建设市场管理的工作经历，熟悉国家有关法律法规，具有较丰富的工程招标投标等业务知识。

(5) 建设工程交易中心不能重复设立，每个地级以上城市（包括地、州、盟）只设一个，不按照行政管理部门分别设立。

2. 职责

(1) 贯彻执行建筑市场和建设工程管理的法律、法规和规章，按照交易规则及时收集、发布信息。

(2) 为建筑市场进行交易各方提供服务。

(3) 配合市场各部门调解交易过程中发生的纠纷。

(4) 向政府有关部门报告交易活动中发现的违法违纪行为。

3. 服务的内容

(1) 收集、存储、发布各类工程招标、投标、中标信息，提供勘察、设计、施工、监理、中介服务等各类企业相关信息。

(2) 提供评标专家库、政策法规、咨询服务、材料设备价格信息。

(3) 提供招标、投标、开标、评标、定标、洽谈、合同签署等交易活动的固定场所和相关设施设备服务。

知识点2　工程企业和专业人士从业资格制度

工程建设活动不同于一般的经济活动,其建设活动的专业性、技术性要求都很强,且建设工程投资大、周期长,一旦发生问题,将给社会和人民的生命财产安全造成极大损失。因此,为保证建设工程的质量和安全,对从事建设活动的单位和专业技术人员必须实行从业资格管理。

国家按照有利于经济发展、社会公认、国际可比、事关公共利益的原则,在涉及国家、人民生命财产安全的专业技术工作领域,实行专业技术人员执业资格制度。为了加强对建筑活动的监督管理,维护公共利益和建筑市场秩序,保证建设工程质量安全,根据《中华人民共和国建筑法》《中华人民共和国行政许可法》《建设工程质量管理条例》《建设工程安全生产管理条例》等法律、行政法规,制定资质管理制度。从事建筑工程活动的企业或单位,应当向工商行政管理部门申请设立登记,并由建设行政主管部门审查,颁发资质证书,在资质等级许可证的范围内从事建筑活动。

一　从业单位资质管理

从事建筑工程活动的企业或单位,应当向工商行政管理部门申请设立登记,并由建设行政主管部门审查,颁发资质证书,在资质等级许可证的范围内从事建筑活动。

建筑工程的种类很多,不同建筑工程的建设规模和技术要求复杂程度会有很大的区别。而从事建筑活动的施工企业、勘察单位、设计单位、工程咨询机构的情况也各有不同,有的资本雄厚,专业技术人员也较多,技术装备齐全,有较强的经济和技术实力;有的经济和技术实力则相对较弱。为此,我国在对建筑活动的监督管理中,将从事建筑活动的单位按其具有的不同经济、技术条件,划分为不同的资质等级,对不同资质等级的单位所从事的建筑活动范围作出明确的规定。《中华人民共和国建筑法》(以下可简称《建筑法》)规定,在建设市场中对从事建设活动的施工企业、勘察设计单位和工程咨询机构(包含监理单位)实行资质管理。《建筑业企业资质管理规定》已于2006年12月30日经建设部第114次常务会议讨论通过,自2007年9月1日起施行。

二　专业技术人员资格管理

专业技术人员职业资格是对从事某一职业所必备的学识、技术和能力的基本要求,包括从业资格和执业资格。

从业资格:政府规定专业技术人员从事某种专业技术性工作的学识、技术和能力的起点标准。

执业资格:政府对某些责任较大、社会通用性强、关系公共利益的专业技术工作实行的准入控制。

国家按照有利于经济发展、社会公认、国际可比、事关公共利益的原则,在涉及国家、人民生命财产安全的专业技术工作领域,实行专业人士从业资格管理制度。目前,我国建设市场中,已经确定的专业人士的资格种类有:建筑师、结构师、监理师、造价师、建造师、评估师、招标师等。我国专业人士的资格管理随着建设市场的逐步完善将不断规范化、制度化。

专业技术人员资格管理的必要性如下：

(1)推进深化我国建筑工程管理体制改革。

(2)促进我国工程建设领域与国际管理接轨,适应对外开放环境。

(3)加速人才培养,提高专业技术人员业务水平和队伍素质。

三 《建设工程企业资质管理制度改革方案》解读资质

1. 工程勘察资质

(1)综合资质。

(2)专业资质3类:岩土工程、工程测量、勘探测试。

综合资质不分等级;专业资质为甲、乙两级。

2. 工程设计资质

(1)综合资质。

(2)行业资质14类。

(3)专业和事务所资质70类。

综合资质、事务所资质不分等级;行业资质、专业资质等级为甲、乙两级(部分资质只设甲级)。

3. 施工资质

(1)施工综合资质。

(2)施工总承包资质12类。

(3)专业承包资质18类。

(4)专业作业资质。

施工综合资质和专业作业资质不分等级;施工总承包资质、专业承包资质等级为甲、乙两级(部分专业承包资质不分等级)。其中,施工总承包甲级资质在本行业内承揽业务规模不受限制。

4. 工程监理资质

(1)综合资质。

(2)专业资质10类。

综合资质不分等级,专业资质等级为甲、乙两级。

5. 招标代理资质

工程招标代理机构资格分为甲级、乙级和暂定级三个等级。

知识点3　工程建设领域的主要管理制度

我国建设工程管理工作经过多年不断地改进完善,目前已经实行建设项目决策咨询评估制度、项目法人责任制度、工程招标投标制度、项目承发包合同管理制度、建设工程监理制度、建设工程监督管理制度、建设工程许可制度、建设工程安全管理制度、项目经理责任制度、建设工程质量保修制度、建设工程法律责任制度、建设市场信用制度等。这些制度之间相互关联又相互支持，共同构建了我国目前工程建设管理的制度体系。上述各项建设工程管理制度的实行使得我国工程建设事业走上了健康发展的道路，越来越适应市场经济的要求，逐渐与国际惯例接轨。

一 建设项目决策咨询评估制度

建设项目要严格按国家规定履行报批手续。任何地方、部门和项目法人都不得随意简化建设程序和超越权限，不得化整为零进行项目审批。对违反建设项目管理程序和审批权限的，要追究有关单位及负责人的责任。建设项目可行性研究报告未经有资质的机构和专家的评估论证，有关部门不予审批。咨询机构要对出具的评估论证意见承担责任。

二 项目法人责任制度（需求机制）

项目法人责任制是指经营性建设项目由项目法人对项目的策划、资金筹措、建设实施、生产经营、偿还债务和资产的保值增值实行全过程负责的一种项目管理制度。国有单位经营性大中型建设工程必须在建设阶段组建项目法人。项目法人可设立有限责任公司（包括国有独资公司）和股份有限公司等。

为了建立投资责任约束机制，规范项目法人的行为，明确其责、权、利，提高投资效益，依据《中华人民共和国公司法》，原国家计委于1996年制定并颁布了《关于实行建设项目法人责任制的暂行规定》（以下简称《暂行规定》）。《暂行规定》明确指出：国有单位经营性基本建设大中型项目在建设阶段必须组建项目法人。凡应实行项目法人责任制而没有实行的建设项目，投资主管部门不予批准开工，也不予安排年度投资计划。

要加强对项目法人的监管，确保投资效益的发挥，应建立项目法人资格和资质的认证制度，严格市场准入。项目法人单位要具有基本的专业素质和必备的基本条件；项目法定代表人要具备相应的政治、业务素质和组织能力，具备项目管理的实践经验；法人单位的人员素质、内部组织机构能满足工程管理的技术要求，建立健全内控制度。不同规模的公益性项目应由不同资质的项目法人承担。

为规范项目法人市场，政府主管部门要对项目法人、法定代表人及项目管理层进行考核。考核可分年度考核、任期考核及目标考核等。为此，主管部门应制定出具体的考核内容和考核标准。根据考核结果，结合日常管理情况按照制定的具体的奖惩措施和办法，对考核对象予以奖惩，确保考核工作落到实处。

三 工程招标投标制度（竞争机制）

工程招标投标制度指为某一工程建设项目按照公布的条件，挑选承担可行性研究、方案论证、科学试验或勘察、设计、施工等任务的单位采取的一种管理制度。实行招标投标，通常的做法是，先由建设项目的主管部门或建设单位将自己的意图、目的、投资限额和各项技术经济要求，以刊登广告或其他的方式公开，招请符合条件要求，并有合法资格和能力，能够承担任务的单位，称为"招标"。凡有合法资格和能力并愿按照招标者意图、愿望和要求条件承担任务的单位，经对工程进行初步估价，绘出草图，并在指定的期限内填写标单，提出报价，向招标者投函，此过程称为"投标"。经一定时期后，由招标者召集所有投标人，当场开标，选择其中质量最好、条件最优越、报价最合理的单位为得标人,称为"中标"。得标人与招标者签订合同,确立关系,便可正式开始建设工作。

工程建设招标投标制度,是竞争机制在建筑业和基本建设领域中的具体应用。它打破了过去以行政手段分配建设任务,工程建设花钱实报实销,设计施工队伍依附于部门和主管机关"吃大锅饭"的体制,建立起不分部门和地区,在相同的条件下展开投标竞争,优胜劣汰的制度。实行招标投标制度,有利于促进技术进步,加快建设进度,确保工程质量,降低工程造价,节约建设投资,加强企业管理,提高投资效益。国家规定,除了特殊工程外,凡列入国家、部门和地区计划的建设工程,都要执行招标投标制度。工程建设招标投标制度1983年开始试行,现已在基本建设领域全面推开。《中华人民共和国招标投标法》及其他相关法律法规对招标投标制度做了具体的规定。

《中华人民共和国招标投标法》(以下简称《招标投标法》)于1999年8月30日经全国人大常委会九届十一次会议通过,并予以公布,自2000年1月1日起施行。

2005年7月,为了规范工程建设项目招标代理机构的行为,加强对工程建设项目招标代理市场的监管,建设部与国家市场监督管理总局联合印发了《建设工程招标代理合同示范文本》,已于2005年10月1日起施行。

2005年9月1日,《招标投标部际协调机制暂行办法》开始正式施行。9月10日,中国招标投标协会举行了成立大会。随着建设工程交易中心的有序运行和健康发展,全国各地开始推行建设工程项目的公开招标。

2005年10月,建设部出台了《关于加强房屋建筑和市政基础设施工程项目施工招标投标行政监督工作的若干意见》,为进一步规范工程项目的施工招标投标活动,维护市场秩序,保证工程质量,奠定了基础。建设部提出的意见的主要内容包括:国有资金投资工程项目施工招标投标活动将是监督重点;确定评标的标准和方法严禁"量体裁衣";施工招标要完善资格审查制度;招标人要防止恶意"低价抢标"行为;要建立评标专家准入清出制度;要建立中标候选人公示制度;提倡设立投标报价的最高限价防止"串标";采取措施加强对招标代理机构的管理。

四 项目承发包合同管理制度(责权平衡机制)

为了使勘察单位、设计单位、施工单位、材料设备供应单位、监理等单位依法履行各自的责任和义务,在工程建设过程中必须实行合同管理制度。这一制度的实施给工程项目的建设提供了法律上的支持,也为参建各方的维权工作提供了必要的法律基础。

合同管理制度的基本内容是工程建设的勘察、设计、施工、材料设备采购和监理业务,都要依法订立相应的合同。各类合同都要有明确的质量要求、履约担保、违约处罚等内容,违约方都要依法承担相应的民事责任或法律责任。

五 建设工程监理制度(约束与协调机制)

监理单位是建设单位委托并授权的,是施工现场唯一的管理者,代表建设单位,并根据委托监理合同及有关的法律、法规授予的权利,对整个工程项目的实施过程进行监督管理。监理人员都是经过考核的专业人员,有技术、会管理、懂经济、通法律,一般要比建设单位的管理人员有着更高的管理水平、管理能力和监理经验,能确保工程项目建设过程的有效运行。监理单位对工程建设项目进行监督与管理,且根据有关的法令、法规有自己特定的权利。

六 建设工程监督管理制度(政府监督管理制)

为加强对建设工程质量的管理,《建筑法》及《建设工程质量管理条例》明确政府行政主管部门设立专门机构对建设工程质量行使监督职能,以保证建设工程质量、保证建设工程的使用安全及环境质量。国务院建设行政主管部门对全国建设工程质量实行统一监督管理。国务院交通运输、水利等有关部门按照规定的分工,负责对全国有关专业建设工程质量的监督管理。各级政府质量监督机构对建设工程监督的依据是国家、地方和各专业建设管理部门颁发的法律、法规及各类规范和强制性标准。

七 建设工程许可制度(生产许可制)

为了加强对建设活动的监督管理,维护建设市场秩序,保证建设工程的质量和安全,建设部颁布了《建筑工程施工许可管理办法》,对工程开工实行许可,规定必须申请领取施工许可证的建筑工程未取得施工许可证的,一律不得开工。

依据《建筑工程施工许可管理办法》,在中华人民共和国境内从事各类房屋建筑及其附属设施的建造、装修装饰和与其配套的线路、管道、设备的安装,以及城镇市政基础设施工程的施工,建设单位在开工前应当依照本办法的规定,向工程所在地的县级以上人民政府建设行政主管部门申请领取施工许可证。

八 建设工程安全管理制(行业安全生产管理制)

为了加强建设工程安全生产监督管理,保障人民群众生命和财产安全,根据《建筑法》《中华人民共和国安全生产法》,我国于2003年11月24日公布《建设工程安全生产管理条例》,自2004年2月1日起施行。

《建设工程安全生产管理条例》对建设单位、勘察单位、设计单位、施工单位、工程监理单位及其他与建设工程安全生产有关的单位,在保证建设工程安全生产过程中所应承担建设工程安全生产责任做了具体的规定。

九 项目经理责任制度

项目经理责任制是"以项目经理为责任制的施工项目管理目标责任制制度"。它是施工项目管理的制度之一,是能成功进行施工管理项目的前提和基本保证。根据我国《建设项目工程总承包管理规范》的要求,建设项目工程总承包要实行项目经理负责制。项目经理责任制的由来跟建设工程的特点有直接关系:

(1)建筑材料品种繁多,市场价格随季节变动较大,难以控制。

(2)许多建筑材料的用量,在计量时误差较大。

(3)建筑工地的用工种类较多(模板工、钢筋工、砌砖工等),用工数量较大,要想有效的组织工程施工,做到不怠工、提高每个人的工作效率,是非常困难的。

(4)建筑工程的工期一般情况下都非常紧张,要想按期、保质、保量的完工,最后还得把工程成本降到最低,其难度可想而知。

十 建设工程质量保修制度

建设工程质量保修制度是指建设工程竣工经验收后,在规定的保修期限内,因勘察、设计、施工、材料等原因造成的质量缺陷,应当由施工承包单位负责维修、返工或更换,由责任单位负责赔偿损失的法律制度。建设工程质量保修制度对促进建设各方加强质量管理,保护用户及消费者的合法权益起到重要的保障作用。

《建设工程质量管理条例》规定,建设工程承包单位在向建设单位提交工程竣工验收报告时,应当向建设单位出具质量保修书。质量保修书中应当明确建设工程的保修范围、保修期限和保修责任等。

十一 建设工程法律责任制度

法律责任是指行为人由于违法行为、违约行为或法律规定而应承受的某种不利的法律后果。不同于其他社会责任,法律责任的范围、性质、大小、期限等均在法律上有明确规定。按照违法行为的性质和危害程度,可以将法律责任分为:民事责任、行政责任、刑事责任、违宪责任和国家赔偿责任。

1. 民事责任

民事责任的种类分为违约责任和侵权责任。民事责任的承担方式主要有:

(1)停止侵害;

(2)排除妨碍;

(3)消除危险;

(4)返还财产;

(5)恢复原状;

(6)修理、重作、更换;

(7)继续履行;

(8)赔偿损失;

(9)支付违约金;

(10)消除影响、恢复名誉;

(11)赔礼道歉。

以上承担民事责任的方式,可单独适用,也可合并适用。

建设工程民事责任的主要承担方式:返还财产;修理;赔偿损失;支付违约金。当建设工程施工合同无效、被撤销后,应当返还财产,方式是折价返还。参照合同约定价款或者按当地市场价据实结算。

2. 行政责任

行政责任是指有违反有关行政管理的法律规范的规定,但尚未构成犯罪的行为所依法应当受到的法律制裁。行政责任主要包括行政处罚和行政处分。

2017年9月经修改后公布的《中华人民共和国行政处罚法》规定:

行政处罚的种类有:

(1)警告;

(2)罚款;

(3)没收违法所得,没收非法财物;

(4)责令停产、停业;

(5)暂扣或者吊销许可证,暂扣或者吊销;

(6)行政拘留;

(7)法律、行政法规规定的其他行政处罚。

行政处分是指国家机关、企事业单位对所属的国家工作人员违法失职行为尚不构成犯罪,依据法律、法规所规定的权限而给予的一种惩戒。行政处分种类有:警告、记过、记大过、降级、撤职、开除。

3. 刑事责任

刑事责任是法律责任中最强烈的一种,主要承担方式是刑罚。刑罚分为主刑和附加刑。

主刑的种类包括:

(1)管制;

(2)拘役;

(3)有期徒刑;

(4)无期徒刑;

(5)死刑。

附加刑的种类包括:

(1)罚金;

(2)剥夺政治权利;

(3)没收财产;

(4)驱逐出境。

在建设工程领域,常见的刑事法律责任如下:

(1)工程重大安全事故罪:违反国家规定,降低工程质量标准,造成重大安全事故的行为。

(2)重大责任事故罪:生产作业中违反安全管理规定,或者强令他人违章冒险作业,因而发生重大伤亡事故或其他严重后果。

(3)重大劳动安全事故罪:安全生产设施或安全生产条件不符合国家规定,因而发生重大伤亡事故或者造成其他严重后果。

(4)串通投标罪:投标人相互串通投标报价,损害招标人或其他投标人利益;投标人与招标人串通投标,损害国家、集体、公民的合法权益。

十二　建设市场信用制度

当前我国正处于建设高峰时期，建筑市场中各方主体信用缺失的情况比较普遍。一些建设单位不按工程建设程序办事，强行要求垫资承包，肢解工程发包，明招暗定，拖欠工程款；一些承包企业层层转包工程，在施工过程中偷工减料，导致质量和安全问题；一些监理、招标代理、造价咨询等中介机构办事不公正，扰乱了市场秩序。造成这些问题的原因很多，其中一个主要原因是建筑市场发育尚不完善，信用意识较为薄弱，违法违规的失信成本较低。另一个主要原因是各个管理环节没有建立信息共享机制，市场管理和现场管理缺乏联动。信用缺失不仅造成建筑市场混乱、经营成本浪费，也给企业和行业发展带来很大风险。因此，加快推进建设市场信用体系制度工作就十分迫切和必要。2014年7月25日，《住房和城乡建设部关于印发〈全国建筑市场监管与诚信信息系统基础数据库数据标准(试行)〉和〈全国建筑市场监管与诚信信息系统基础数据库管理办法(试行)〉的通知》(建市〔2014〕108号)下发，正式启动"四库一平台"的建设。

"四库一平台"(住房和城乡建设部全国建筑市场监管公共服务平台)的"四库"指的是企业数据库基本信息库、注册人员数据库基本信息库、工程项目数据库基本信息库、诚信信息数据库基本信息库，"一平台"就是一体化工作平台。这是在建筑市场快速发展与管理机制不健全的作用下逐步建立起来的一个开放性信息平台，是以"诚信"管理"混乱"的手段，建设"四库一平台"的目的是完善我国建筑市场监管，促进我国建筑行业健康发展。

四库：

企业数据库基本信息库：涵盖与建筑工程相关的设计、施工、监理、管理、造价、勘测等所有注册公司，基本囊括建筑市场所有企业集团信息。

注册人员数据库基本信息库：涵盖建筑市场内已取得注册资格证书(一级、二级建筑师，一级、二级建造师，一级、二级结构师等)全部人员信息。

工程项目数据库基本信息库：涵盖32个省、自治区、直辖市内所有在建新建等项目信息。

诚信信息数据库基本信息库：涵盖各公司接收到的行政处罚、处理、通报、奖励等信息。

一平台：

建立工程建设企业、注册人员、工程项目、诚信信息等基础数据库，动态记录工程项目各方主体市场和现场行为，有效实现建筑市场和施工现场监管的联动，全面实现全国建筑市场"数据一个库、监管一张网、管理一条线"的信息化监管的建筑市场和工程质量安全监管一体化工作平台——"全国建筑市场监管公共服务平台"。

拓展资源链接

序号	资源名称	链接方式
1	工程担保制度	

续上表

序号	资源名称	链接方式
2	工程保险制度	
3	预付款担保与工程款支付担保	
4	投标担保与履约担保	
5	建筑工程一切险	
6	工程管理法规案例	
7	项目经理谈管理	
8	港珠澳大桥背后的工程保险力量	https://zhuanlan.zhihu.com/p/47600663
9	穿越暗河、溶洞修地铁,为工程师们点赞	https://zhuanlan.zhihu.com/p/68545133
10	工程项目经理部最新岗位职责大全	https://zhuanlan.zhihu.com/p/46116967

行业能力测评

1. 某项目经理在施工中,由于工作失误,致使施工人员死亡并造成施工项目重大经济损失,施工企业对该项目经理的处理方式应为(   )。

A. 追究法律责任　　　　　　　　B. 吊销其建造师资格证书
C. 追究社会责任　　　　　　　　D. 追究经济责任

2. 下列针对防范土方开挖过程中的塌方风险而采取的措施,属于风险转移对策的是( )。
  A. 投保建设工程一切险   B. 设置警示牌
  C. 进行专题安全教育   D. 设置边坡护壁

3. 某投标人在招标工程开标后发现自己报价失误,比正常报价少报 18%,虽然被确为中标人,但拒绝与业主签订施工合同。该投标人所采取的风险对策是( )。
  A. 风险自留   B. 风险规避
  C. 风险减轻   D. 风险转移

4. 我国建设工程监理属于国际上( )项目管理的范畴。
  A. 业主方   B. 总包方
  C. 监理方   D. 设计方

5. 工程监理人员发现工程设计不符合工程建设质量标准或合同约定的质量要求的,应当( )要求设计单位改正。
  A. 报告总监工程师   B. 通知施工单位
  C. 无须向任何人报告   D. 报告建设单位

项目 2

工程项目施工招标

1. 招标专员的岗位职责和工作内容

招标专员的岗位职责

□ **什么是招标专员?**

招标专员,泛指通过了招标师职业资格考试并登记注册备案的专业招标采购人员,业内俗称招标师。主要协助协助招标领导小组独立开展项目招标投标工作,比如亲自去投标,制作标书等。

□ **招标专员的主要工作内容有哪些?**

1. 认真阅读招标投标文件要求,根据招标投标文件要求,收集制作招标投标文件需要的技术和商务资料,及标书中涉及的相应工作;
2. 负责投标文件的编制、整体投标文件的排版、打印、复印、装订等工作,并按规定如期完成标书制作;
3. 负责与企业相关部门积极协调投标文件编制过程中的问题,确保按时投标。

招标专员的工作内容

2. 项目模块导学(建议学时:6学时)

典型任务1　工程施工招标普识

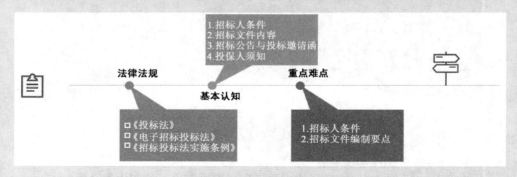

典型任务2　施工招标文件编制

典型任务1　工程施工招标普识

【招标】

招标是指招标人将拟采购物资或拟发包工程、服务项目的内容、要求，如品牌、规格、质量、价格、工程项目、工期、交付日期等，通过广告或通知书的形式公布于众，指引或邀请投标人前来投标报价，最后由招标人从中择优选定的一种行为。一项合法有效的招标应具备四个要素：

(1) 程序规范；
(2) 编制招标文件；
(3) 三公原则；
(4) 一次性成交。

正是上述四个要素，才将招标与其他的交易形式区别开。

【建设工程招标】

建设工程招标是招标人标明自己的目的，发出招标文件，招揽投标人并从中择优选定工程项目承包人的一种经济行为。这里的"招标人"不是指的自然人，而是指的法人，即能够根据法律规定参加各种民事活动的组织或单位。招标人是工程项目的业主(建设单位)。"标明自己的目的"是指招标人将自己拟采购工程项目的具体要求、最终目标等，通过媒体或采用各种方式公布于众。

 本任务必备知识体系：

- 知识点1　工程招标方式和分类
- 知识点2　工程招标投标的原则
- 知识点3　工程招标流程和时效
- 知识点4　相关案例综合分析
- 拓展资源链接
- 行业能力测评

知识点1　工程招标方式和分类

一　工程招标的主要方式

目前国内、外市场上使用的建设工程招标形式主要有以下几种。

(一) 公开招标

公开招标是指招标人通过报刊、广播、电视、信息网络或其他媒介，公开发布招标广告，招揽不特定的法人或其他组织参加投标的招标方式。公开招标形式一般对投标人的数量没有限制，故也称为"无限竞争性招标"。

公开招标的招标广告一般应载明招标工程概况（包括招标人的名称和地址、招标工程的性质、实施地点和时间、内容、规模、占地面积、周围环境、交通运输条件等），对投标人的资历及其资格预审要求，招标日程安排，招标文件获取的时间、地点、方法等重要事项。

国内依法必须进行公开招标的项目招标公告，应当通过国家指定的报刊、信息网络等媒介发布。

采用公开招标的主要优势是：

(1) 有利于招标人获得最合理的投标报价，取得最佳投资效益。由于公开招标是无限竞争性招标，竞争相当激烈，招标人能切实做到"货比多家"，有充分的选择余地，通过投标人之间的竞争，招标人比较容易选择出质量最好、工期最短、价格最合理的投标人承建工程，使自己获得较好的投资效益。

(2) 有利于学习国外先进的工程技术和管理经验。公开招标竞争范围广，经常跨国界。例如，我国鲁布革水电站项目引水系统工程，采用国际竞争性公开招标方式招标，日本大成公司中标，中标价格大大低于标底。在这一工程实施过程中我们不仅可以学习外国公司先进的施工组织方法和管理经验，还引进了国外工程建设项目施工的"工程师"制度（由工程师代表业主监督工程施工，并作为第三方调解业主与承包人之间发生的一些问题和纠纷）。这些都对提高我国建筑企业的施工技术和管理水平具有较大的推动作用。

(3) 有利于提高各国工程承包企业的工程建造质量、劳动生产率及投标竞争能力。采用公开招标能够保证所有合格的投标人都有机会参加投标，以统一的客观标准，衡量自身的生产条件，促使各家施工企业在竞争中按照国际先进水平来发展自己。

(4) 公开招标是根据预先制定并众所周知的程序和标准公开而客观地进行的，因此一般能防止招标投标过程中发生作弊情况。

但是，公开招标也不可避免地存在一些问题：

(1) 公开招标所需费用较大，时间较长。由于公开招标要遵循一套周密而复杂的程序，有一套细致而条目繁多的评价标准，从发布招标消息、投标人作出相应反映、评标到签约，通常都需若干个月甚至一年以上的时间。在此期间，招标人还需支付较多的费用进行各项工作。

(2) 公开招标需准备的文件较多、工作量较大，且各项工作的具体实施难度较大。

公开招标形式适用范围：各国政府投资或融资的建设工程项目；使用世界银行、国际性金融机构资金的建设工程项目；国际上的大型建设工程项目；我国境内关系社会公共利益、公共安全的基础设施建设工程项目及公共事业项目等。

(二) 邀请招标

邀请招标是指招标人以投标邀请书的方式直接邀请若干家特定的法人或其他组织参加投标的招标形式。由于投标人的数量是招标人确定的，是有限制的，所以又称为"有限竞争性招标"。

招标人采用邀请招标方式时，特邀的投标人一般应不少于三家。

被邀请的投标人必须是资信良好、能胜任招标工程项目实施任务的单位。通常根据下列条件进行选择：

(1) 该单位当前和过去的财务状况均良好；

(2) 该单位近期内成功地承包过与招标工程类似的项目,有较丰富的经验;
(3) 该单位有较好的信誉;
(4) 该单位的技术装备、劳动力素质、管理水平等均符合招标工程的要求;
(5) 该单位在施工期内有足够的力量承担招标工程的任务。

总之,被邀请的投标人必须在资金、能力、信誉等方面都能胜任招标工程。

邀请招标与公开招标相比,其好处主要表现在:

(1) 招标所需的时间较短,且招标费用较省。一般而言,由于邀请招标时,被邀请的投标人都是经招标人事先选定、具备对招标工程投标资格的承包企业,故无须再进行投标人资格预审;又由于被邀请的投标人数量有限,可相应减少评标阶段的工作量及费用开支。因此,邀请招标能以比公开招标更短的时间、更少的费用结束招标投标过程。

(2) 投标人不易串通抬价。因为邀请招标不公开进行,参与投标的承包企业不清楚其他被邀请人,所以,在一定程度上能避免投标人之间接触、串通抬价。

邀请招标形式与公开招标形式比较,也存在明显不足,主要是:不利于招标人获得最优报价,取得最佳投资效益。这是由于邀请招标时,由业主选择投标人,相对于广阔、发达的市场,业主的选择不可避免地存在一定局限性,业主很难对市场上所有承包商的情况都了如指掌,常会漏掉一些在技术上、报价上都更具竞争力的承包企业;邀请招标的投标人数量既定,竞争有限,可供业主比较、选择的范围相对小,也就不易使业主获得最合理的报价。

一般而言,邀请招标形式在大多数国家(包括我国),都只适用于私人投资建设的项目和中、小型建设工程项目。但是英联邦地区,基本上按照英国的做法,采用邀请招标方式,对涉外工程实行国际有限竞争性招标。

(三) 议标

议标,也称谈判(协商)招标(Negotiation Tendering)或限制性招标(Limited Tendering),即通过谈判来确定中标者。这一方式适用于工期紧,工程造价较低,专业性强或军事保密工程。其最大优点在于节省时间,可以很快达成协议开展工作。主要有以下几种方式:

1. 直接邀请议标方式

选择中标单位不是通过公开或邀请招标,而由招标人或其代理人直接邀请某一企业进行单独协商,达成协议后签订采购合同。如果与一家协商不成,可以邀请另一家,直到协议达成为止。

2. 比价议标方式

"比价"是兼有邀请招标和协商特点的一种招标方式,一般适用于规模不大、内容简单的工程和货物采购。通常的做法是由招标人将采购的有关要求送交企业,要求他们在约定的时间提出报价,再经过分析比较,选择报价合理的企业,就工期、造价、质量、付款条件等细节进行协商,从而达成协议,签订合同。

3. 方案竞赛议标方式

方案竞赛议标方式是选择工程规划设计任务的常用方式。通常组织公开竞赛,也可邀请经预先选择的规划设计机构参加竞赛。一般的做法是由招标人提出规划设计的基本要求和投资控制数额,并提供可行性研究报告或设计任务书、场地平面图、有关场地条件和环境情况的说明,以及规划、设计管理部门的有关规定等基础资料。参加竞争的单位据此提出自己的规划或设计的初步方案,阐述方案的优点和长处,并提出该项规划或设计任务的主要人员配置、完成任务的时间和进度安排、总投资估算和设计等,一并报送招标人。然后由招标人邀请有关专家组成的评选委员会,选出优胜单位,与优胜者签订合同,并对未中选的参赛单位给予一定补偿。

另外在科技招标中,通常使用公开招标但不公开开标的议标方式。招标单位在接到各投标单位的标书后,先就技术、设计、加工、资信能力等方面进行调查,并在取得初步认可的基础上,选择一名最理想的预中标单位商谈,对标书进行调整协商,如能取得一致意见,则可定为中标单位,若不行则再找第二家预中标单位。这样逐次协商,直至双方达成一致意见为止。这种议标方式使招标单位有更多的灵活性,可以选择到比较理想的供应商和承包商。

由于议标的中标者是通过谈判产生的,不便于公众监督,容易导致非法交易,因此,我国机电设备招标规定中,禁止采用这种方式。即使允许采用议标方式,也大都对议标方式做了严格限制。《联合国贸易法委员会货物、工程和服务采购示范法》规定:经颁布国批准,招标人在下述情况下可采用议标的方法进行采购:

(1)急需获得该货物、工程或服务,采用招标程序不切实际,但条件是造成此种紧迫性的情况并非采购实体所能预见,也非采购实体办事拖拉所致;

(2)由于某一灾难性事件,急需得到该货物、工程或服务,而采用其他方式耗时太多而不可行。

为了使得议标尽可能地体现招标的公平公正原则,《联合国贸易法委员会货物、工程和服务采购示范法》还规定,在议标过程中,招标人应与足够数目的供应商或承包商举行谈判,以确保有效竞争。如果是采用邀请报价,至少应有三家。招标人向某供应商和承包商发送的与谈判有关的任务规定、准则、文件、澄清或其他资料,应在平等基础上发送给正与该招标人举行谈判的所有其他商或承包商。招标人与某一供应商或承包商之间的谈判应是保密的,谈判的任何一方在未征得另一方同意的情况下,不得向另外任何人透露与谈判有关的任何技术资料、价格或其他市场信息。

我国主要采用的招标方式有公开招标、邀请招标两种。无特殊情况,应尽量避免议标方式。

(四) 分段招标(两阶段招标)

分段招标就是将招标文件分为技术标和商务标。在程序上先进行技术招标,再进行商务招标。分段招标在一般情况下要求投标商首先参与技术投标,只有在技术招标通过后的投标商,才有资格参加商务投标。投标商也可以同时一起投两个标。只是在开标时,招标方还是先开技术标,待技术标通过后再开商务标,经综合评价后,选择较为理想的投标商。如果技术标未通过,商务标则不再开表评审,并将商务标原封不动地退还投标商。此招标方式适用于技术要求相当高的项目。如四川二滩水电项目在招标时就采用了分段招标。

二 工程招标的分类

(一) 按照工程建设程序分类

按照工程建设程序,可以将建设工程招标分为建设项目前期咨询招标、工程勘察设计招标、材料设备采购招标、施工招标。

1. 建设项目前期咨询招标

建设项目前期咨询招标是指对建设项目的可行性研究任务进行的招标。投标方一般为工程咨询企业。中标的承包方要根据招标文件的要求,向发包方提供拟建工程的可行性研究报告,并对其结论的准确性负责。承包方提供的可行性研究报告,应获得发包方的认可。认可的方式通常为专家组评估鉴定。

项目投资者有的缺乏建设管理经验,通过招标选择项目咨询者及建设管理者,即工程投资方在缺乏工程实施管理经验时,通过招标方式选择具有专业的管理经验工程咨询单位,为其制定科学、合理的投资开发建设方案,并组织控制方案的实施。这种集项目咨询和管理于一体的招标类型的投标人一般也为工程咨询单位。

2. 工程勘察设计招标

工程勘察设计招标指根据批准的可行性研究报告,择优选择勘察设计单位的招标。勘察和设计是两种不同性质的工作,可由勘察单位和设计单位分别完成。勘察单位最终提出施工现场的地理位置、地形、地貌、地质、水文等在内的勘察报告。设计单位最终提供设计图纸和成本预算结果。设计招标还可以进一步分为建筑方案设计招标、施工图设计招标。当施工图设计不是由专业的设计单位承担,而是由施工单位承担,一般不进行单独招标。

3. 材料设备采购招标

材料设备采购招标是指在工程项目初步设计完成后,对建设项目所需的建筑材料和设备(如电梯、供配电系统、空调系统等)采购任务进行的招标。投标方通常为材料供应商、成套设备供应商。

4. 施工招标

施工招标指在工程项目的初步设计或施工图设计完成后,用招标的方式选择施工单位的招标。施工单位最终向业主交付按招标设计文件规定的建筑产品。

国内外招投标现行做法中经常采用将工程建设程序中各个阶段合为一体进行全过程招标的方式,通常又称为总包。

(二) 按工程项目承包的范围分类

按工程承包的范围可将工程招标划分为项目全过程总承包招标、项目阶段性招标、设计施工招标、工程分承包招标及专项工程承包招标。

1. 项目全过程总承包招标

这是指选择项目全过程总承包人的招标,又可分为两种类型:一种是工程项目实施阶段的全过程招标,即在设计任务书完成后,从项目勘察、设计到施工交付使用进行一次性招标;另一种是工程项目建设全过程的招标,即从项目的可行性研究到交付使用进行一次性招标,业主只需提供项目投资和使用要求及竣工、交付使用期限,其可行性研究、勘察设计、材料和设备采购、土建施工设备安装及调试、生产准备和试运行、交付使用均由一个总承包商负责承包,又有所谓"交钥匙工程"之称。承揽"交钥匙工程"的承包商被称为总承包商。绝大多数情况下,总承包商要将工程部分阶段的实施任务分包出去。

2. 工程分承包招标

工程分承包招标是指中标的工程总承包人作为中标范围内的工程任务的招标人,将其中标范围内的工程任务,通过招标投标的方式,分包给具有相应资质的分承包人。在这种情况中,中标的分承包人只对招标的总承包人负责。

3. 专项工程承包招标

专项工程承包招标指在工程承包招标中,对其中某项比较复杂、专业性强、施工和制作要求特殊的单项工程进行单独招标。

(三) 按照工程建设项目的构成分类

按照工程建设项目的构成,可以将建设工程招标分为全部工程招标、单项工程招标、单位工程招标、分部工程招标、分项工程招标。

1. 全部工程招标

全部工程招标是指对一个建设项目(如一所学校)的全部工程进行的招标。

2. 单项工程招标

单项工程招标是指对一个工程建设项目中所包含的单项工程(如一所学校的教学楼、图书馆、食堂等)进行的招标。

3. 单位工程招标

单位工程招标是指对一个单项工程所包含的若干单位工程(如实验楼的土建工程)进行招标。

4. 分部工程招标

分部工程招标是指对一项单位工程包含的分部工程(如土石方工程、深基坑工程、楼地面工程、装饰工程)进行招标。

应当强调的是,为了防止将工程肢解后进行发包,我国一般不允许对分部工程招标,只允许特殊专业工程招标,如深基础施工、大型土石方工程施工等。但是,国内工程招标中的项目总承包招标往往是指对一个项目施工过程全部单项工程或单位工程进行的总招标,与国际惯例指的总承包尚有较大的差距。与国际接轨,提高我国企业在国际市场的竞争能力,深化施工管理体制的改革,造就一批具有真正总包能力的智力密集型的龙头企业,是我国建设工程发展的重要战略目标。

(四) 按行业或专业类别分类

按与工程建设相关的业务性质及专业类别划分,可将工程招标分为土木工程招标、勘察设计招标、材料设备采购招标、安装工程招标、建筑装饰装修招标、生产工艺技术转让招标、咨询服务(工程咨询)及建设监理招标等。

(1) 土木工程招标,是指对建设工程中木工程施工任务进行的招标。

(2) 勘察设计招标,是指对建设项目的勘察设计任务进行的招标投标。

(3) 材料设备采购招标,是指对建设项目所需的建筑材料和设备采购任务进行的招标。

(4) 安装工程招标,是指对建设项目的设备安装任务进行的招标。

(5) 建筑装饰装修招标,是指对建设项目的建筑装饰装修的施工任务进行的招标。

(6) 生产工艺技术转让招标,是指对建设工程生产工艺技术转让进行的招标。

(7) 咨询服务(工程咨询)及建设监理招标,是指对工程咨询和建设监理任务进行的招标。

(五) 按工程承发包模式分类

随着建筑市场运作模式与国际接轨进程的深入,我国承发包模式也逐渐呈多样化,按承发包模式分类可将工程招标划分为工程咨询招标、"交钥匙"工程招标、工程设计施工招标、工程设计管理招标、BOT工程招标。

1. 工程咨询招标

工程咨询招标是指以工程咨询服务为对象的招标行为。工程咨询服务的内容主要包括工程立项决策阶段的规划研究、项目选定与决策;建设准备阶段的工程设计、工程招标;施工阶段的监理、竣工验收等。

2. "交钥匙"工程招标

"交钥匙"模式即承包商向业主提供包括融资、设计、施工、设备采购、安装和调试直至竣工移交的全套服务。"交钥匙"工程招标是指发包商将上述全部工作作为一个标的招标。承包商通常将部分阶段的工程分包。

3. 工程设计施工招标

工程设计施工招标是指将设计和施工作为一个整体标的以招标的方式进行发包,投标人必须为同时具有设计能力和施工能力的承包商。我国由于长期采取设计与施工分开的管理体制,目前具备设计、施工双重能力的施工企业为数较少。

设计-建造模式是一种项目组管理方式:业主和设计-建造承包商密切合作,完成项目的规划、设计、成本控制、进度安排等工作,甚至负责项目融资。使用一个承包商对整个项目负责,避免了设计和施工的矛盾,可显著减少项目的成本和工期。同时,在选定承包商时,把设计方案的优劣作为主要的评标因素,可保证业主得到高质量的工程项目。

4. 工程设计-管理招标

设计-管理模式是指由同一实体向业主提供设计和施工管理服务的工程管理模式。这种模式时,业主只签订一份既包括设计也包括工程管理服务的合同。在这种情况下,设计机构与管理机构是同一实体。这一实体常常是设计机构施工管理企业的联合体。设计-管理招标即以设计管理为标的进行的工程招标。

5. BOT 工程招标

BOT(Build-Operate-Transfer)即建造-运营-移交模式。这是指东道国政府开放本国基础设施建设和运营市场,吸收国外资金,授给项目公司以特权,由该公司负责融资和组织建设,建成后负责运营及偿还贷款。特许期满时,工程移交给东道国政府。BOT 工程招标即是对这些工程环节的招标。

(六)按照工程是否具有涉外因素分类

按照工程是否具有涉外因素,可以将建设工程招标分为国内工程招标和国际工程招标。

1. 国内工程招标

国内工程招标是指对本国没有涉外因素的建设工程进行的招标。

2. 国际工程招标

国际工程招标是指对有不同国家或国际组织参与的建设工程进行的招标。国际工程招标,包括本国的国际工程(习惯上称"涉外工程")招标和国外的国际工程招标两个部分。国内工程招标和国际工程招标的基本原则是一致的,但具体做法有差异。随着社会经济的发展和与国际接轨的深化,国内工程招标和国际工程招标在做法上的区别已越来越小。

三 工程招标的组织方式

招标工作的组织方式有两种,一种是业主自行组织,另一种是招标代理机构组织。业主具有编制招标文件和组织评标能力的,可以自行办理招标事宜。不具备编制招标文件和组织评标能力的,招标人有权自行选择招标代理机构,委托其办理招标事宜。招标代理机构是依法设立、从事招标代理业务并提供服务的社会中介组织。

1. 委托招标

按照《招标投标法》的规定:

(1)招标人有权自主选择招标代理机构,不受任何单位和个人的影响和干预。

(2)招标人和招标代理机构的关系是委托代理关系。招标代理机构应当与招标人签订书面委托合同,在委托范围内以招标人的名义组织招标工作和完成招标任务。

工程招标代理机构可以跨省、自治区、直辖市承担工程招标代理业务。

2. 自行招标

自行招标是指招标人依靠自己的能力,依法自行办理和完成招标项目的招标任务。

(1)自行招标能力指具有编制招标文件和组织评标能力。

(2)自行招标条件的核准与管理采取事前监督和事后管理监管方式。

①事前监督。主要有两项规定:一是招标人应向项目主管部门上报具有自行招标条件的书面材料;二是由主管部门对自行招标书面材料进行核准。

②事后监督管理。对招标人自行招标的事后监管,主要体现在要求招标人提交招标投标情况的书面报告。

四 必须招标的项目

工程项目招投标的目的就是在建设市场中引入竞争机制,这也是国际上采用的较为完善的工程项目承包方式。其好处是节约了成本同时还减少了腐败现象。

《必须招标的工程项目规定》中相关规定如下:

第一条 为了确定必须招标的工程项目,规范招标投标活动,提高工作效率、降低企业成本、预防腐败,根据《中华人民共和国招标投标法》第三条的规定,制定本规定。

第二条 全部或者部分使用国有资金投资或者国家融资的项目包括:
(一)使用预算资金200万元人民币以上,并且该资金占投资额10%以上的项目;
(二)使用国有企业事业单位资金,并且该资金占控股或者主导地位的项目。

第三条 使用国际组织或者外国政府贷款、援助资金的项目包括:
(一)使用世界银行、亚洲开发银行等国际组织贷款、援助资金的项目;
(二)使用外国政府及其机构贷款、援助资金的项目。

第四条 不属于本规定第二条、第三条规定情形的大型基础设施、公用事业等关系社会公共利益、公众安全的项目,必须招标的具体范围由国务院发展改革部门会同国务院有关部门按照确有必要、严格限定的原则制订,报国务院批准。

第五条 本规定第二条至第四条规定范围内的项目,其勘察、设计、施工、监理以及与工程建设有关的重要设备、材料等的采购达到下列标准之一的,必须招标:
(一)施工单项合同估算价在400万元人民币以上;
(二)重要设备、材料等货物的采购,单项合同估算价在200万元人民币以上;
(三)勘察、设计、监理等服务的采购,单项合同估算价在100万元人民币以上。

同一项目中可以合并进行的勘察、设计、施工、监理以及与工程建设有关的重要设备、材料等的采购,合同估算价合计达到前款规定标准的,必须招标。

知识点2 工程招标投标的原则

《招标投标法》第五条规定:招标投标活动应遵循公开、公平、公正和诚实信用的原则。招标投标行为是市场经济的产物,并随着市场的发展而发展,必须遵循市场经济活动的基本原则。

一 公开原则

招标投标活动的公开原则,就是要求招标活动的信息要公开。采用公开招标方式,应当发布招标公告。依法必须进行招标的项目的招标公告,必须通过国家指定的报刊、信息网络或者其他公共媒介发布。无论是招标公告、资格预审公告,还是投标邀请书,都应当载明能大体满足潜在投标人决定是否参加投标竞争需要的信息。另外开标的程序、评标的标准和程序、中标的结果等都应当公开。

二 公平原则

招标投标活动的公平原则,要求招标人严格按照规定的条件和程序办事,平等地对待每一个投标竞争者,不得对不同的投标竞争者采用不同的标准。招标人不得以任何方式限制或者排斥本地区、本系统以外的法人或者其他组织参加投标。

三 公正原则

在招标投标活动中招标人行为应当公正,对所有的投标竞争者都应平等对待,不能有特殊。特别是在评标时,评标标准应当明确、严格,对所有在投标截止日期以后送达的投标书都应拒收,与投标人有利害关系的人员都不得作为评标委员会的成员。招标人和投标人双方在招标投标活动中的地位平等,任何一方不得向另一方提出不合理的要求,不得将自己的意志强加给对方。

四 诚实信用原则

诚实信用是民事活动的一项基本原则,招标投标活动是以订立采购合同为目的的民事活动,当然也适用这一原则。诚实信用原则要求招标投标各方都要诚实守信,不得有欺骗、背信的行为。招标投标当事人应以诚实、善意的态度行使权利,履行义务,以维持双方利益平衡,以及自身利益与社会利益的平衡。

在当事人之间的利益关系中,诚信原则要求尊重他人利益,以对待自己事务的态度对待他人事务,保证彼此都有能得到自己应得的利益。当事人与社会的利益关系中,诚信原则要求当事人不得通过自己的活动损害第三人和社会的利益,必须在法律范围内以符合其社会经济目的的方式行使自己的权利。从这一原则出发,《招标投标法》规定了不得规避招标、串通投标、泄露标底、骗取中标、转包合同等诸多义务,要求当事人遵守,并规定了相应的罚则。

《中华人民共和国招标投标法实施条例》(以下简称《招标投标法实施条例》)提出"国家建立招标投标信用制度"战略目标,拟从立法层面部署招标投标信用体系建设工作,包括信用记录、信用评价、信用共享、信用应用等。

以往工程招投标中,商务标、技术标、经济标是评标的三个主要方向,但随着越来越多的企业涌入,投标人之间的不良竞争或恶性投标现象也日益严峻,将诚信综合评价作为新的评标依据势在必行。诚信综合评价包含对通常行为、合同履约行为、质量行为、安全文明施工行为等的评估,以一定的比例纳入招投标评分中,实现施工现场与建设市场的联动对接,从而有效遏制围标串标、转包挂靠、弄虚作假、标后管理薄弱等问题。

同时,招标投标活动还应遵循以下原则:
(1)独立原则;
(2)接受行政监督原则;
(3)统一开放原则;
(4)自愿有偿原则。

项目 2　工程项目施工招标

知识点 3　工程招标流程和时效

一　工程招标的流程

按照招标人和投标人参与程度,可将工程招标流程粗略划分成招标准备阶段、招标实施阶段和决标成交阶段。

(一) 招标准备阶段

招标准备阶段的工作由招标人单独完成,投标人不参与。主要工作包括以下几个方面:

1. 选择招标方式

(1) 按照法律法规和规章确定公开招标或邀请招标;
(2) 根据工程特点和招标人的管理能力确定发包范围;
(3) 依据工程建设总进度计划确定项目建设过程中的招标次数和每次招标的工作内容;
(4) 按照每次招标前准备工作的完成情况,选择合同的计价方式;
(5) 依据工程项目的特点、招标前准备工作的完成情况、合同类型等因素的影响程度,最终确定招标方式。

2. 办理招标备案

招标人向建设行政主管部门办理申请招标手续。招标备案文件应说明:招标工作范围,招标方式,计划工期,对投标人的资质要求,招标项目的前期准备工作的完成情况,自行招标还是委托代理招标等。获得认可后,招标人才可以开展招标工作。委托代理招标事宜的应签订委托代理合同。

3. 编制招标有关文件

招标准备阶段应编制好招标过程中可能涉及的有关文件,以保证招标活动的正常进行。这些文件大致包括:招标公告、资格预审文件、招标文件、合同协议书,以及资格预审和评标的方法。

(二) 招标实施阶段

招标阶段是指从发布招标公告开始,到投标截止日期为止的时间段。

1. 发布招标公告或投标邀请书

招标公告的作用是让潜在投标人获得招标信息,以便进行项目筛选,确定是否参与竞争。实行邀请招标的应向三个以上符合资质条件的投标人发送投标邀请。

招标信息的修正:招标人对已发出的招标文件进行必要的澄清或者修改,应当在招标文件要求提交投标文件截止时间至少 15 日前发出。由于修正与澄清文件是对原招标文件的进一步补充或说明,因此该澄清或者修改的内容应为招标文件的有效组成部分。

2. 资格预审

资格预审是指对潜在投标人进行资格审查,主要考察该企业总体能力是否具备完成招标

39

工作所要求的条件。公开招标时设置资格预审程序,一是保证参与投标的法人或组织在资质和能力等方面能够满足完成招标工作的要求;二是通过评审优选出综合实力较强的一批申请投标人,再请他们参加投标竞争,以减小评标的工作量。

对采用资格预审的投标人,编制资格预审文件,向参加投标的申请人发放资格预审文件。投标人按资格预审文件要求填写资格预审申请书(如是联合体投标应分别填报每个成员的资格预审申请书)。

3. 发售招标文件

招标文件通常分为投标须知、合同条件、技术规范、图纸和技术资料、工程量清单几大部分内容。

4. 现场考察

招标人在投标须知规定的时间内组织投标人自费进行现场考察。设置此程序的目的,一方面是让投标人了解工程项目的现场情况、自然条件、施工条件以及周围环境条件,以便编制投标书;另一方面也是要求投标人通过自己的实地考察确定投标的原则和策略,避免合同履行过程中投标人以不了解现场情况为理由推卸应承担的合同责任。

5. 标前会议

标前会议也称为投标预备会或招标文件交底会,是招标人按投标须知规定的时间和地点召开的会议。标前会议上,招标人除了介绍工程概况以外,还可以对招标文件中的某些内容加以修改或补充说明,以及对投标人书面提出的问题和会议上即席提出的问题给以解答。会议结束后,招标人应将会议纪要用书面通知的形式发给每一个投标人。

会议纪要和答复函件形成招标文件的补充文件,都是招标文件的有效组成部分,与招标文件具有同等法律效力。当补充文件与招标文件内容不一致时,应以补充文件为准。

6. 编制、递交投标文件

投标人按照招标文件要求编制投标书,并按规定进行密封,在规定时间送达招标文件指定地点。

7. 组建评标委员会

(三) 决标成交阶段

从开标日到签订合同这一期间称为决标成交阶段,是对各投标书进行评审比较,最终确定中标人的过程。

1. 开标

在投标须知规定的时间和地点由招标人主持开标会议,所有投标人均应参加,并邀请项目建设有关部门代表出席。

开标时,由投标人或其推选的代表检验投标文件的密封情况。

确认无误后,工作人员当众拆封,宣读投标人名称、投标价格和投标文件的其他主要内容。所有在投标致函中提出的附加条件、补充声明、优惠条件、替代方案等均应宣读,如果有标底也应公布。

开标后,任何投标人都不允许更改投标书的内容和报价,也不允许再增加优惠条件。投标书经启封后不得再更改招标文件中说明的评标、定标办法。

2. 评标

评标是对各投标书优劣的比较,以便最终确定中标人,由评标委员会负责评标工作。大型工程项目的评标通常分成初评和详评两个阶段进行。

评标委员会根据招标文件规定的评标方法,借助计算机辅助评标系统对投标人的投标文件按程序要求进行全面、认真、系统地评审和比较后,确定出不超过 3 名合格中标候选人,并标明排列顺序。

3. 定标

确定中标人前,招标人不得与投标人就投标价格、投标方案等实质性内容进行谈判。招标人应该根据评标委员会提出的评标报告和推荐的中标候选人确定中标人,也可以授权评标委员会直接确定中标人。

中标人确定后,招标人向中标人发出中标通知书,同时将中标结果通知未中标的投标人并退还他们的投标保证金或保函。中标通知书对招标人和中标人具有法律效力,招标人改变中标结果或中标人拒绝签订合同均要承担相应的法律责任。

4. 中标结果公示

招标人在确定中标人后,对中标结果进行公示,时间不少于 3 天。

5. 中标通知书备案

公示无异议后,招标人将工程招标、开标、评标、定评情况形成书面报告送招标投标监督机构备案。发出经招标投标监督机构备案的中标通知书。

6. 合同签署、备案

中标人在 30 个工作日内与招标人按照招标文件和投标文件订立书面合同,签订合同 5 日内报招标投标监督机构备案。

二 招投标流程中时效的规定

《招标投标法》《招标投标法实施条例》规定:

(1)招标文件发售期

招标人应当按招标公告或者投标邀请书规定的时间、地点出售招标文件或资格预审文件。自招标文件或者资格预审文件出售之日起至停止出售之日止,最短不得少于 5 个工作日。

(2)澄清或修改招标文件的时限

招标人对已发出的招标文件进行必要的澄清或者修改,应当在招标文件要求提交投标文件截止时间至少 15 日前发出。

(3)招标文件异议提出和答复时间期限

投标截止时间 10 日前提出。

招标文件异议答复时间期限:在收到异议之日起 3 日内答复,做出答复前,暂停招标投标活动。

(4) 提交投标文件的期限

自招标文件发出之日起不得少于 20 日。

(5) 修改或撤回投标文件的期限

在投标文件递交截止时间之前进行。

(6) 投标保证金返还期限

自收到投标人书面撤回通知之日起 5 日内。

(7) 开标时间

与投标截止时间为同一时间。

开标异议提出期限：当场。

开标异议答复期限：当场。

(8) 中标候选人公示开始时间

自收到评标报告之日起 3 日内。

中标候选人公示期：不少于 3 日。

(9) 评标结果异议提出期限

公示期内。

评标结果异议答复期限：收到异议之日起 3 日内。

(10) 合同签订期限

在投标有效期内及发出中标通知书之日起 30 日内。

(11) 投标保证金有效期

与投标有效期一致。投标保函中会注明：投标保函有效期为投标有效期后 30 天，如果投标日期发生变更，投标保函有效期自动延续，招标方无须为此专门通知担保方。

投标保证金返还期限：最迟在合同签订后 5 日内。

(12) 投标有效期

投标有效期从提交投标文件截止日起计算，一般不宜超过 90 日。

提出延长投标有效期的时间：在投标有效期内不能完成评标和定标工作时。

(13) 评标和定标

评标和定标应当在投标有效期截止前 30 日完成。不能在投标有效期截止前 30 日完成评标和定标的，招标人应当通知所有投标人延长投标有效期。

(14) 投标人或其他利害关系人提出投诉期限

自知道或应当知道之日起 10 日内。

行政监督部门处理投诉期限：自收到投诉之日起 3 个工作日决定是否受理，并自受理之日起 30 个工作日作出处理，需要检验、检测、鉴定、专家评审的，所需时间不计算在内。

(15) 招标投标情况书面报告期限

自确定中标人之日起 15 日内。

(16) 招标投标违法行为对外公告期限

自招标投标违法行为处理决定做出之日起 20 个工作日内对外进行记录公告，违法行为记录公告期限为6个月,公告期满后,转入后台保存。依法限制招标投标当事人资质(资格)等方面的行政处理决定,所认定的限制期限长于6个月的,公告期限从其决定。

知识点4 相关案例综合分析

案例1 违法招标

某工程项目,经过有关部门批准后,决定由业主自行组织施工公开招标。该工程项目为政府的公共工程,已经列入地方的年度固定资产投资计划,概算已经主管部门批准,施工图及有关技术资料齐全,但征地工作尚未完成。因估计除本市施工企业参加投标外,还可能有外地施工企业参加投标,因此业主委托咨询公司编制了两个标底,准备分别用于对本市和外地施工企业投标的评定。业主要求将技术标和商务标分别封装。某承包商在封口处加盖了本单位的公章,并由项目经理签字后,在投标截止日期的前1天将投标文件报送业主。当天下午,该承包商又递交了一份补充材料,声明将原报价降低5%。业主的有关人员认为,一个承包商不得递交2份投标文件,因而拒收承包商的补充材料。开标会议由市招投标管理机构主持,市公证处有关人员到会。开标前,市公证处人员对投标单位的资质进行了审查,确认所有投标文件均有效,随后正式开标。业主在评标之前组建了评标委员会,成员共8人,其中业主人员占5人。招标工作内容详见表2-1。

招标工作内容 表2-1

序号	招标工作主要内容	序号	招标工作主要内容
1	发投标邀请函	7	开标
2	发放招标文件	8	确定中标单位
3	进行资格后审	9	评标
4	召开投标质疑会议	10	发出中标通知书
5	组织现场勘察	11	签订施工合同
6	接收投标文件		

问题:
1. 该项目招标过程中存在哪些不当之处?请逐一列举。
2. 招标工作的内容是否正确?如不正确,请改正,并排出正确流程顺序。

【案例简析】

案例2 有关招标流程的时效问题

某发包代理单位在接受委托后根据工程的情况编写了招标文件,其中的招标日程安排详见表2-2。

问题: 请指出上述发包代理单位编制的招投标日程安排的不妥之处,并简述理由。

招标日程安排 表2-2

序号	工作内容	时间
1	发布公开招标信息	2010/4/30
2	提交资格预审文件	2010/5/4 9:00—11:00
3	发放招标文件	2010/5/10 9:00
4	答疑会	2010/5/10 9:00—11:00
5	现场踏勘	2010/5/11 13:00
6	投标截止	2010/5/16
7	开标	2010/5/17
8	评标	2010/5/18—2010/5/21
9	决标	2010/5/24 14:00
10	发中标通知书	2010/5/24 14:00
11	签订施工合同	2010/5/25 14:00
12	进场施工	2010/5/26 8:00
13	领取标书编制补偿费、保证金	2010/6/8

【案例简析】

拓展资源链接

序号	资源名称	链接方式
1	招标投标法普识	
2	工程招标术语大集	
3	资格预审与资格后审	
4	情境案例——术语理解对招标工作的影响	

续上表

序号	资源名称	链接方式
5	情境案例——选择合理的招标方式	
6	《电子招标投标办法》解读	http://www.cebpubservice.com/ctpsp_policylaw/jsp/zz/policies_readinfo.jsp?interpretationId=c05129ee9f564c3697837a8cb4c9512b&documentId=afd897ecdbc011e58705005056a425c6
7	《电子招标投标办法》中有关数据电文法律效力解读	https://wenku.baidu.com/view/8409c47a01f69e314332941c.html?_wkts_=1706702295351
8	费率招标与工程量清单招标的区别	https://zhuanlan.zhihu.com/p/268295497

行业能力测评

1.《招标投标法》规定,依法必须招标的项目自招标文件开始发出之日起至投标人提交投标文件截止之日止,最短不得少于(　　)。
　　A. 20 日　　　　　　　　　　　　B. 30 日
　　C. 10 日　　　　　　　　　　　　D. 15 日

2.《招标投标法》自(　　)起施行。
　　A. 2000 年 1 月 1 日　　　　　　 B. 2001 年 1 月 1 日
　　C. 2002 年 1 月 1 日　　　　　　 D. 2003 年 7 月 1 日

3. 根据《招标投标法》规定,招标人和中标人应当在中标通知书发出之日起(　　)内,按照招标文件和中标人的投标文件订立书面合同。
　　A. 20 日　　　B. 30 日　　　C. 10 日　　　D. 15 日

4. 招标人采用邀请招标方式招标时,应当向(　　)个以上具备承担招标项目的能力、资信良好的特定的法人或者其他组织发出投标邀请书。
　　A. 3　　　　B. 4　　　　C. 5　　　　D. 2

5. 招标人对已发出的招标文件进行必要的澄清或者修改的,应当在招标文件要求提交投标文件截止时间至少(　　)前,以书面形式通知所有招标文件收受人。
　　A. 20 日　　　B. 10 日　　　C. 15 日　　　D. 7 日

典型任务 2　施工招标文件编制

【示例】
武汉市轨道交通三号线土建工程招标文件内容目录
第一章　投标邀请书

第二章　投标人须知
第三章　合同条款
第四章　合同文件格式
第五章　工程量清单
第六章　投标文件投标函部分格式
第七章　投标文件商务部分格式
第八章　投标文件技术部分格式
第九章　技术规范
第十章　图纸
第十一章　评标标准及评标办法
附件1　工程招标投标报价评分细则
附件2　PVC护围各项指标要求
附件3　武汉地铁集团建设工程安全生产监督管理办法
附件4　武汉地铁集团建设工程安全生产文明施工现场考评奖惩实施细则
附件5　武汉地铁集团建设工程安全风险抵押金实施细则
附件6　武汉地铁集团合同履约考评管理办法(试行)
附件7　招标工作日程安排表

本任务必备知识体系：
- 知识点1　招标人条件
- 知识点2　招标文件的主要内容
- 知识点3　招标文件的编制要点
- 知识点4　相关案例综合分析
- 拓展资源链接
- 行业能力测评

知识点1　招标人条件

招标投标活动的当事人是指招标投标活动中享有权利和承担义务的各类主体,包括招标人、投标人和招标代理机构等。《招标投标法》和《招标投标实施条例》赋予有关行政监督部门依法对招标投标活动实施监督,依法查处招标投标活动中的违法行为。

一　招标人分类及要求

《招标投标法》规定,招标人是提出招标项目、进行招标的法人或者其他组织。

招标人分为两类:一是法人,二是其他组织。

【法人】

法人是指具有独立的民事权利能力和民事行为能力,依法享有民事权利和承担民事义务的组织,包括企业法人、机关法人、事业单位法人及社会团体法人。

【其他组织】
其他组织是指合法成立、有一定组织机构和财产,但又不具备法人资格的组织。如依法登记领取营业执照的合伙组织、企业的分支机构等。

【招标人】
招标人是"招标单位"或"委托招标单位"的别称,指企业经济法人而非自然人。我国规定招标活动是法人之间的经济活动。所以招标人亦指招标单位或委托招标单位的法人代表。招标人与招标代理机构之间是一种委托代理关系。

二 建设工程施工招标人应具备的条件

1. 施工招标法人应具备的条件

根据《招标投标法》规定,招标人应是"提出招标项目,进行招标的法人或者其他组织""招标人应当有进行招标项目的相应资金或者资金来源已经落实,并应当在招标文件中如实载明"。同时,"招标人具有编制招标文件和组织评标能力的,可以自行办理招标事宜"。

按照建设部的有关规定,依法必须进行施工招标的工程,自行办理施工招标事宜的招标人应当具有编制招标文件和组织评标的能力:
(1)有专门的施工招标组织机构;
(2)有与工程规模、复杂程度相适应并具有同类工程施工招标经验、熟悉有关工程施工招标法律法规的工程技术、概预算及工程管理的专业人员。
不具备上述条件的,招标人应当委托具有相应资格的工程招标代理机构代理施工招标。

2. 招标代理机构应具备的条件

按照《工程建设项目招标代理机构资格认定办法》(中华人民共和国建设部令第79号)规定:申请工程招标代理机构资格的单位应当具备下列条件:
(1)是依法设立的中介组织;
(2)与行政机关和其他国家机关没有行政隶属关系或者其他利益关系;
(3)有固定的营业场所和开展工程招标代理业务所需设施及办公条件;
(4)有健全的组织机构和内部管理的规章制度;
(5)具备编制招标文件和组织评标的相应专业力量;
(6)具有可以作为评标委员会成员人选的技术、经济等方面的专家库。

三 招标人的权利和义务

1. 招标人权利

(1)招标人有权自行选择招标代理机构,委托其办理招标事宜。招标人具有编制招标文件和组织评标能力的,可以自行办理招标事宜。
(2)自由选定招标代理机构并核验其资质条件。
(3)招标人可以根据招标项目本身的要求,在招标公告或者投标邀请书中,要求潜在投标人提供有关资质证明文件和业绩情况,并对潜在投标人进行资格预审;国家对投标人资格条件有规定的,投标人应当具备规定的资格条件。

(4)在招标文件要求提交投标文件截止时间至少 15 日前,招标人可以以书面形式对已发出的招标文件进行必要的澄清或者修改。该澄清或者修改内容是招标文件的组成部分。

(5)招标人有权也应当对在招标文件要求提交的截止时间后送达的投标文件拒收。

(6)开标由招标人主持。

(7)招标人根据评标委员会提出的书面评估报告和推荐的中标候选人确定中标人。招标人也可以授权评标委员会直接确定中标人。

2.招标人义务

(1)招标人委托招标代理机构时,应当向其提供招标所需要的有关资料并支付委托费。

(2)招标人不得以不合理条件限制或者排斥潜在投标人,不得对潜在投标人实行歧视待遇。

(3)招标文件不得要求或者标明特定的生产供应者以及含有倾向或者排斥潜在投标人的其他内容。

(4)招标人不得向他人透露已获取招标文件的潜在投标人的名称、数量以及可能影响公平竞争的有关招标投标的其他情况。招标人设有标底的,标底必须保密。

(5)招标人应当确定投标人编制投标文件所需要的合理时间;但是,依法必须进行招标的项目,自招标文件开始发出之日起至提交投标文件截止之日,最短不得少于 20 日。

(6)招标人在招标文件要求提交投标文件的截止时间前收到的所有投标文件,开标时都应当当众予以拆封、宣读。

(7)招标人应当采取必要的措施,保证评标在严格保密的情况下进行。

(8)中标人确定后,招标人应当向中标人发出中标通知书,并同时将中标结果通知所有未中标的中标人。

(9)招标人和中标人应当自中标通知书发出之日起 30 日内,按照招标文件和中标人的投标文件订立书面合同。

根据《中华人民共和国招标投标法实施条例》第三十二条,招标人不得以不合理的条件限制、排斥潜在投标人或者投标人。招标人有下列行为之一的,属于以不合理条件限制、排斥潜在投标人或者投标人:

(1)就同一招标项目向潜在投标人或者投标人提供有差别的项目信息。

(2)设定的资格、技术、商务条件与招标项目的具体特点和实际需要不相适应或者与合同履行无关。

(3)依法必须进行招标的项目以特定行政区域或者特定行业的业绩、奖项作为加分条件或者中标条件。

(4)对潜在投标人或者投标人采取不同的资格审查或者评标标准。

(5)限定或者指定特定的专利、商标、品牌、原产地或者供应商。

(6)依法必须进行招标的项目非法限定潜在投标人或者投标人的所有制形式或者组织形式。

(7)以其他不合理条件限制、排斥潜在投标人或者投标人。

四 法律责任

相关法律规定,招标人在招投标活动中有违法行为的,将要受到相应的处罚。

(1)招标人以不合理的条件限制或者排斥潜在投标人的,对潜在投标人实行歧视待遇的,强制要求投标人组成联合体共同投标的,或者限制投标人之间竞争的,责令改正,可以处一万元以上五万元以下的罚款。

(2)依法必须进行招标的项目的招标人向他人透露已获取招标文件的潜在投标人的名称、数量或者可能影响公平竞争的有关招标投标的其他情况的,或者泄露标底的,给予警告,可以并处一万元以上十万元以下的罚款;对单位直接负责的主管人员和其他直接责任人员依法给予处分;构成犯罪的,依法追究刑事责任。

(3)投标人以他人名义投标或者以其他方式弄虚作假,骗取中标的,中标无效,给招标人造成损失的,依法承担赔偿责任;构成犯罪的,依法追究刑事责任。

以上行为影响中标结果的,中标无效。

知识点2 招标文件的主要内容

招标文件是招标工程建设的大纲,是建设单位实施工程建设的工作依据,是向投标单位提供参加投标所需要的一切情况。因此,招标文件的编制质量和深度,关系着整个招标工作的成败。招标文件的繁简程度,要视招标工程项目的性质和规模而定。建设项目复杂、规模庞大的,招标文件要力求精炼、准确、清楚;建设项目简单、规模小的,文件可以从简,但要把主要问题交代清楚。

一 招标文件的重要性

1.确定招投标人的权利义务关系

潜在投标人应按照既定招标文件标准参加投标,每一步骤都应按照招标文件的规定办理。招标文件具备合同约束力。

2.投标人编制投标文件的依据

招标文件中规定了投标条件,投标人必须按照招标文件的要求编制投标书。

3.招投标双方订立合同的基础

招标文件主要包括对招标项目的技术要求、投标报价要求和评标标准等实质性条件,还包括签订合同的主要条款。中标的投标文件应当对其作出响应。

二 工程施工招标文件的内容

建设工程招标文件一般都必须包括下列文件和资料:
(1)投标人须知文件;
(2)合同条款;
(3)工程承发包合同(协议书)格式;

(4)技术规范；
(5)投标书及其附件格式；
(6)工程量清单及报价表；
(7)图纸等设计资料；
(8)辅助资料。

(一)投标人须知

(1)投标须知主要包括总则、招标文件、投标文件的编制、投标文件的提交、开标、评标及合同的授予等。

①总则：包括工程情况说明、招标范围及工期,资金来源、合格的投标人、踏勘现场、投标费用。

②招标文件：包括招标文件的组成、招标文件的澄清、招标文件的修改。

③投标文件的编制：规定投标文件的语言及度量衡单位,投标文件的组成、投标文件格式、投标报价、投标货币、投标有效期、投标担保、投标人的替代方案、投标文件的份数和签署等。

④投标文件的提交：明确投标文件的装订、密封和标记,投标文件提交的时间和地点,投标文件提交的截止时间,迟交的投标文件处理,投标文件的补充、修改与撤回等。

⑤开标：开标时间、地点、参加开标的人,开标程序和投标文件的有效性。

⑥评标：评标委员会组成,评标及评标过程的保密,投标文件的澄清,投标文件的初步评审,投标文件计算错误的修正,投标文件的评审、比较和否决。

⑦合同的授予：主要包括合同授予标准、招标人拒绝投标的权力、中标通知书、合同协议书的签订、履约担保等。

(2)投标须知前附表：内容包括工程名称、建设地点、建设规模、承包方式、质量标准、招标范围、正期要求、资金来源、投标人资质等级要求、资格审查方式、工程报价方式、投标有效期、投标担保金额、踏勘现场、投标人的替代方案、投标文件份数、投标文件提交地点及截止时间、开标、评标方法及标准,履约担保金额等。

(二)合同条款

合同条款是招标文件的重要组成部分,是具有法律约束力的文件。一旦确定中标人后,招标人和投标人就要据此签订施工合同,明确双方在合同履行过程中的权利和义务。在编制招标文件时,必须编制好合同条款。

鉴于我国建设工程施工合同,目前采用的是2013年7月1日由建设部和国家工商行政管理局印发的《建设工程施工合同(示范文本)》,该示范文本具有条款完备、文字严密和责权利明确等特点,因此《招标文件示范文本》的合同条款推荐使用该文件。

《建设工程施工合同(示范文本)》由三部分组成：合同协议书、通用合同条款和专用合同条款。除此三部分外,还附有工程质量保修书。合同条件是对业主、承包商、工程师的权利、责任、义务的具体规定。一般包括通用条件和专用条件两大部分。

(1)通用条件：适用于各种类型的土木工程(像一般的工业与民用房屋建筑、公路、桥梁、港口、铁路等)施工。它对合同中使用的有关名词的定义和解释,工程师及工程师代表,转让与分包,合同文件,一般义务,劳务,材料,工程设备和工艺,暂时停工,开工和延误,缺陷责任,变更,增添与省略,索赔程序,承包商的设备,临时工程和材料,计量,暂定金额,指定分包商,证书和支付,补救措施,特殊风险,解除合同,争端的解决,通知,业主违约,费用和法规的变更,货币,汇率等问题进行规定。

(2)专用条件:则是考虑各个国家和地区的法律法规不同,根据某项目的特点和业主的具体要求,对通用条件中不符合本项目要求的或未包括本项目要求的条件进行修改、补充,形成适用于某一项目的特殊条件。其作用在于使通用条件中的某些条款具体化。

招标文件中合同条款一般为通用条款中主要内容。其协议书和专用条款中大部分内容均反映在实施施工承包合同中。

(三)工程承发包合同(协议)格式

合同文件格式主要包括合同协议书、房屋建筑工程质量保修书、承包人银行履约保函、承包人履约担保书、承包人预付款银行保函、发包人支付担保银行保函和发包人支付担保书等。

(四)技术规范(工程建设标准)

招标文件中应明确招标工程项目的材料、设备、施工须达到的一些现行国家、行业和地方的工程建设标准、规范的要求,包括工程测量规范、施工质量验收规范等。除此之外,还应列出特殊项目的施工工艺标准和要求。

(五)投标函及其附件格式

1. 投标函格式

投标函格式主要包括法定代表人身份证明书、投标文件签署权委托书、投标函、投标函附录、投标担保银行保函格式、投标担保书、招标文件要求投标人提交的其他投标资料等。

2. 资格审查申请书格式

对采用资格后审的招标工程,招标文件中应列有资格审查申请书说明要求和有关表格要求。

3. 投标文件商务部分格式

(1)采用综合单价形式的:应包括投标报价说明、投标报价汇总表、主要材料清单报价表、设备清单报价表、工程量清单报价表、措施项目报价表、其他项目报价表、工程量清单项目价格计算表和其他资料。

(2)采用工料单价形式的:应包括投标报价说明、投标报价汇总表、主要材料清单报价表、设备清单报价表、单位工程工料价格计算表、单位工程费用计算表和其他资料。

4. 投标文件技术部分格式

投标文件技术部分格式内容应包括施工组织设计、项目管理机构配备情况、拟分包项目情况表。其中施工组织设计包括施工组织设计的基本内容说明和有关图表、拟投入的主要施工机械设备表、劳动力计划表、计划开工、竣工日期和施工进度网络图、施工总平面图、临时用地表。

(六) 工程量清单及报价表

对采用综合单价或工程量清单计价招标的工程应附工程量清单表。

(七) 图纸

包括效果图、施工图等。

知识点3　招标文件的编制要点

工程施工招标文件的编制是一项比较复杂的工作,编制质量的好坏直接影响招标活动的成败和工程项目后期的实施,所以,在编制工程施工招标文件过程中要把握以下要点。

一、编制工程概况

在编制工程施工招标文件时,工程概况叙述的目的在于帮助潜在投标人了解工程项目情况。主要内容包括招标人名称、工程名称、地点、规模、地质地貌、气候条件、现场情况、工程情况(结构类型、建筑物构筑物形式及数量、层数、主要建筑内容、对周边环境要求、设计标准)、建设前期准备情况和地质资料等。

二、投标资质审定

投标人的资质一般在发公告和资格预审时明确规定,未进行资格预审的招标项目在招标文件中还应注明对投标人投标资格的要求和资格审查的程序及方式。

投标人资格的审查和资质等级的要求应根据行业、工程类别、工程规模、结构形式、复杂难易程度、工期、工程质量的要求审定。

对投标人的资质级别不能设定太高,以免将有实力又经济的潜在投标人排除在外,以致投标人不够法定开标人数,更不能含有歧视条件和按个人意向设定投标人资质级别。

三、踏勘现场和投标预备会

应在招标文件中载明"标前会"和"踏勘现场"的时间、集合地点和是否由投标人自带车辆等内容。按照招标文件规定的时间、地点,组织由设计单位和所有购买招标文件的潜在投标人参加的"标前会"和"踏勘现场"。

四、分包

招标时最容易疏忽的就是分包。从资格预审到招标投标都应将分包的内容明确,将范围划分好,并将对分包人的资格要求提前在资审时审查清楚。如资审时没有确定是否分包而工程施工确需分包时,编制的招标文件中就应写清楚。

五 工程款支付和结算方式

无论采用哪种方法,都应保留一定工程款比例作为保修金(土建、安装 3%~5%;设备 5%~10%),并按国家规定保修年限扣回和支付,在合同专用条款中标明,额度不能过大。

建设单位应支付工程预付款,并要求施工单位提交履约担保及预付款担保。

六 工期

施工工期的确定,应依据工期定额和竣工需要,来规定合理工期。从实际出发考虑冬雨季、节假日,甚至要考虑麦收、秋收期间的工期措施。各单项工程之间互相作业时,有的工期紧急,有的工期比较宽裕,都需区别对待。提前工期,应考虑赶工措施费,提前工期和延误工期的要有奖罚办法。

七 建设工程施工合同条款

合同专用条款是招标投标的重要内容。施工招标文件中载明的合同主要条件是双方签合同的依据,一般不允许更改。招标文件中的合同条款是招标人单方面订立的,强迫投标人同意了,才能参加投标。

合同条件中比较重要的内容有:
(1)合同文件及解释顺序;
(2)发包人和承包人的义务;
(3)工期延误;
(4)验收方法和标准;
(5)质量、安全、环保、节能;
(6)计量与支付;
(7)材料、设备的供应;
(8)违约索赔;
(9)其他:合同专用条款还有设计变更的特殊约定、保函的提交时间和额度、保险、争议解决方式、验收和结算、安全施工、质量保证、环保节能、施工组织设计、图纸等。

八 工程量清单

工程量清单一般由设计单位提供。招标文件中的工程量清单报价说明应写详细,并表述完整、清楚,如暂估金额、暂估价、计日工等,还应考虑规范中不含的特殊项目、招标人的特殊要求以及计价方法等。

九 报价

报价是招标人和投标人双方最敏感的部分,也是招标投标活动的"核心"部分。目前国内招标多采用工程量清单计价,报价为固定单价方式,其单价又分为"工料单价"和"综合单价"。

十 评标办法

评标办法是招标活动过程中的"关键一环"。评标办法质量高低直接影响本次招标活动能否评选出理想中标人即招标结果。《招标投标法》中规定了两种评标办法:经评审的最低投标价法和综合评估法。量化标准和评分标准还需根据施工工程的情况进行协商和编制,填写在评标办法"前附表"里。

十一 参考资料

编制施工招标文件时,还应编制一套详细的参考资料与招标文件和图纸同时发售,对施工工程的项目状况和现场条件做出详细说明。

在工程建设中,现场条件指工程建设在施工现场进行施工前所具备的条件,这些条件对施工组织设计和具体施工有直接影响,也直接影响到工程报价和工程造价。

参考资料中的现场条件含自然条件、水文地质勘察及经济条件等,文件中应详细介绍,使投标人熟悉其工程施工环境,合理考虑风险,在编制施工组织设计时得以考虑周全,并合理报价。

投标单位在购买招标文件后应进行现场踏勘,详细了解和调查参考资料中所提供的这些条件,作为编制施工组织设计和报价时的依据。

工程施工招标时招标人还应在参考资料中提供详勘资料,没有详勘时起码也应提供初勘资料。

总之,招标文件编制工作是一项集技术知识、法律法规、工作经验等于一体的综合性工作,只有不断地学习、研究、改进,掌握招标文件编制技巧,才能编制出符合规定的高质量、高水平的招标文件。

知识点4 相关案例综合分析

案例1 招标代理费

招标代理费的收取,国家有标准规定。按照《招标代理服务收费管理暂行办法》(计价格〔2002〕1980号)文件,招标代理服务费分为货物招标、服务招标和工程招标三类,根据中标额按差额定率累进法进行计算。依此标准,可进行上下20%的浮动。标准详见表2-3。

招收代理费标准　　　　　表2-3

服务类型、费率、中标金额(万元)	货物招标(%)	服务招标(%)	工程招标(%)
100以下	1.5	1.5	1
100~500	1.1	0.8	0.7
500~1000	0.8	0.45	0.55
1000~5000	0.5	0.25	0.35
5000~1000	0.25	0.1	0.2
10000~100000	0.05	0.05	0.05
100000以上	0.01	0.01	0.01

（1）按本表费率计算的收费为招标代理服务全过程的收费基准价格，单独提供编制招标文件(有标底的含标底)服务的，可按规定标准的30%计收。

（2）招标代理服务收费按差额定率累进法计算。例如：某工程招标代理业务中标金额为6000万元，计算招标代理服务收费额如下：

$100 \times 1.0\% = 1$（万元）
$(500 - 100) \times 0.7\% = 2.8$（万元）
$(1000 - 500) \times 0.55\% = 2.75$（万元）
$(5000 - 1000) \times 0.35\% = 14$（万元）
$(6000 - 5000) \times 0.2\% = 2$（万元）
合计收费 $= 1 + 2.8 + 2.75 + 14 + 2 = 22.55$（万元）

案例2　资格预审

某市越江隧道全部由政府投资。项目已列入地方年度固定资产投资计划，概算已经主管部门批准，施工图及相关技术资料齐全，并决定进行施工招标。业主对投标单位就招标文件所提出的所有问题统一作出书面答复，并以备忘录的形式分发给各投标单位。为简明起见，备忘录采用表格形式(表2-4)。

招标文件答疑备忘录　　　　　　　　　　　　　　　　表2-4

序号	问题	提问单位	提问时间	答复
1				
…				
n				

在书面答复了投标单位的提问后，业主组织各投标单位进行了现场踏勘。在投标截止日期前10日，业主书面通知各投标单位，由于某种原因，决定将收费站工程从原招标范围内删除。

问题：

1. 该项目的标底应采用什么方法编制？
2. 业主对投标单位进行资格预审应包括哪些内容？
3. 该项目施工招标在哪些方面存在问题或不当之处？请逐一说明。

【案例简析】

（1）由于该项目的施工图及有关技术资料齐全，因而其标底可采用工料单价法或综合单价法进行编制。

（2）业主对投标单位进行资格预审应包括以下内容：

①投标单位组织与机构和企业概况；
②近3年完成工程的情况；
③目前正在履行的合同情况；
④资源方面：如财务、管理、技术、劳力、设备等方面的情况；
⑤其他资料：如各种奖励和处罚等。

（3）该项目施工招标存在三方面的不当之处，分述如下：

①按《招标投标法》第二十二条的规定，业主对投标单位提问只能针对具体问题做出明确

答复,但不应提及具体的提问单位,也不必提及提问的时间。

②根据《招标投标法》的规定,若招标人需改变招标范围或者变更招标文件,应在投标截止日至少 15 日前以书面形式通知所有投标文件收受人。若迟于这一时限发出变更招标文件的通知,则应将原定的投标截止日期适当延长,以便投标单位有足够的时间充分考虑这种变更对报价的影响,并将其在投标文件中反映出来。

③现场踏勘应安排在书面答复投标单位提问之前,因为投标单位对施工现场调价也有可能提出问题。

案例 3　自行招标

新疆某骨干工程,总投资额 17000 万元,其中对工程概算 6644 万元的大坝填筑及基础灌浆工程进行招标。

本次招标采取了邀请招标的方式,由建设单位自行组织招标。建设单位向 10 家通过了资格审核的企业发售了招标文件后,与有关的政府部门首次联系,并发出参加招投标活动的邀请。

由投资方、建设方、技术部门等各方代表组成了评标委员会,经公开开标、评标后建设单位按顺序推荐了中标候选人。但建设单位认为评标委员推荐的中标候选人不如名单之外的某某承包商条件好又优惠,决定让某某承包商中标。在有关单位的协调和干预下,最终从中标候选人中选择了承包商。

问题:

该案例中有哪些不妥之处?

【案例简析】

该案例不妥之处主要有几点:

(1)招标范围不符合《招标投标法》规定:"……项目的勘察、设计、施工、监理以及与工程建设有关的重要设备、材料等的采购必须要进行招标。"本案例不能只对部分工程招标。

(2)招标方式选择不当:本项目需公开招标,即使不适宜公开招标而选用邀请招标,也要应经过法定程序审批。

(3)自行招标应向有关部门备案:《招投标管理办法》规定:"招标人自行办理施工招标事宜的,应在发布招标公告或投标邀请书的 5 日前,向工程所在地的有关部门备案。"

(4)评标委员会组成不合法。法律规定:评标委员会有关技术、经济等方面的专家由招标人从国务院有关部门或者省、自治区、直辖市人民政府有关部门提供的专家名册或者招标代理机构的专家库内的相关专业的专家名单中确定。

(5)招标人推荐中标候选人以外的单位中标做法违反法律。

案例 4　邀标

某施工设备采用邀请招标方式,程序如下:

(1)组织招标工作小组和领导小组。

(2)拟定投标人的名单。

(3)编制招标文件。

(4)发标和答疑。在答疑会上,对投标人有异议的地方均做了具体解释,并让投标人对自己的产品质量/性能作出具体阐述并提出参考报价。

(5)投标。按照规定密封,并按照文件规定时间进行了投标文件的递送。

(6)开标。开标的程序如下:介绍各方到会人员;招投标单位分别出示并宣读法定代表人身份证;招标领导小组成员检查投标人的资格预审表和投标资质证书;主持人重申招标文件要点并经投标人表态确定;主持人当众检查投标文件密封情况,启封投标文件及补充函件(无效标当众宣读);主持人宣布各投标文件送交时间并宣布唱标顺序;投标人按已定顺序唱标并记录;投标人对投标文件做补充说明包括设备技术情况等。由市招标办进行现场监督。

(7)评标。由于设备价格收产地、质量、性能等因素影响,采取了标底价格依市场价为准,通过市场寻价拟定了一个浮动标底。经评审确定了候选中标名单并交由业主领导小组决标。

(8)定标和备案:领导小组对候选中标名单就设备的先进性、可靠性、商务条款和售后服务等进行了对比评审,最后确定了其中某家为中标单位。发出中标通知书并签订了合同。

问题:
1. 你认为该项目招标过程有什么不妥之处?
2. 招标文件的修订文件应向什么范围发放?

【案例简析】
1. 不妥之处如下:
(1)资格预审不规范:从本案例看,直到开标现场仍在"检查投标人的资格预审表和投标资格证书"。这不符合惯例。
(2)招标文件答疑中有与投标人价格谈判的嫌疑。
(3)标底设定比较独特。
(4)开标过程中有多处明显违规:①《招标投标法》规定:评标委员会的名单在中标结果确定前应当保密;②开标时由投标人或者其推选的代表检查投标文件的密封性,也可以由公证机构检查并公证;③开标时投标人只对公开的内容确认,而不能做更多补充,补充说明需等到评标过程中由评标委员会提出并单独、秘密进行。
(5)两次评标做法不合适。《招标投标法》规定:评标是评标委员会的职责,别的机构无权进行评审。招标人只能根据评标委员会推荐意见确定最终中标人。

2. 对潜在投标人提出的疑问,招标人可以书面形式或召开标前会议的方式解答,但需同时将解答以书面方式通知所有购买招标文件的潜在投标人,不论该潜在投标人是否参加了现场勘察或标前会议。且该解答的内容也应成为招标文件的组成部分。

案例5 工程总承包招标

某省级重点西部铁道工程项目,总投资3.7亿元。某设备总公司具有国家颁布的技术改造项目设备甲级资格代理证书、甲级资格证书、乙级监理资质证书、工程总承包乙级资质证书等资质。同时以实物形式投资2000万元成为该项目的入股方。所以该项目负责人签订了同意该公司总承包为出资条件的协议书。为了使该项目的承包行为在程序上合法,该项目负责人与某招标有限公司签订了招标委托协议,并表明了由某设备总公司总承包该项目的倾向性意见。某招标有限公司是一家专职的招标代理机构,获得了国际药品、化工、农业、纺织的招标资质,某招标有限公司经过操作,最终使某设备总公司中标。

问题:
什么是工程总承包?各有关方在本次招投标活动中有何不妥?就此案例发表你的观点。

【案例简析】

(1)工程总承包是按照合同规定对工程项目的勘察、设计、采购、施工、试运行(竣工验收)等实行全过程或若干阶段的承包。主要有以下的方式：

①设计-施工总承包(D-B)；

②设计采购施工总承包(EPC)；

③"交钥匙总承包"：第二种方式的延伸；

④其他：设计采购(EP)或采购施工(PC)等方式。

(2)投标人在本活动中的不妥之处：中标单位不具备相应总承包企业资质。《建筑法》规定：超越本单位资质等级承揽工程的，责令停止并处以罚款同时降低资质等级，情节严重的吊销资质证书，违法所得予以没收。

(3)招标代理机构也不具备代理资格：我国的代理资质实施风行业认定制。所以按法律规定"未取得相应资格认定而承担工程招标代理业务的，该招标无效，工程所在地的建设行政主管部门处以1万至3万的罚款"。

(4)招标人存在规避招标的行为。《建筑法》规定：建设单位将工程发包给不具有相应资质等级的勘察、设计、施工或监理单位的，责令改正并处50万~100万元的罚款。

案例6 重新招标

某工程决定投资一亿余元。其中土建工程采用公开招标的方式选定施工单位，但招标文件对省内的投标人与省外的投标人提出了不同的要求，也明确了投标保证金的数额。该投资方委托某建筑事务所为该项工程编制标底。2020年10月6日招标公告发出后，共有A、B、C、D、E、F等6家省内的建筑单位参加了投标。投标文件规定2020年10月30日为提交投标文件的截止时间，2000年11月13日举行开标会。其中，E单位在2000年10月30日提交了投标文件，但2020年11月1日才提交投标保证金。开标会由该省建委主持。结果，E单位所编制的标底高达6200多万元，而A、B、C、D 4个投标人的投标报价均在5200万元以下，标底相差1000万余元，引起了投标人的异议。

这4家投标单位向该省建委投诉，称某建筑事务所擅自更改招标文件中的有关规定，多计漏算多项材料价格。为此，投资方请求省建委对原标底进行复核。2001年1月28日，被指定进行标底复核的省建设工程造价总站(以下简称"总站")拿出了复核报告，证明某建筑事务所在编制标底的过程中确实存在这4家投标单位所提出的问题，复核标底额与原标底额相差近1000万元。

由于上述问题久拖不决，导致中标书在开标三个月后一直未能发出。为了能早日开工，投资方在获得了省建委的同意后，更改了中标金额和工程结算方式，确定某省公司为中标单位。

问题：

1. 上述招标程序中，有哪些不妥之处？请说明理由。
2. E单位的投标文件应当如何处理？为什么？
3. 对D单位撤回投标文件的要求应当如何处理？为什么？
4. 问题久拖不决后，投资方能否要求重新招标？为什么？
5. 如果重新招标，给投标人造成损失能否要求该投资方赔偿？为什么？

【案例简析】

(1) 招标工作不妥之处：

①招标人对省内外的投标人提出不同要求。按公平公正原则，不能故意排斥潜在投标人。

②递交投标文件的时间与开标时间之间的间隔太长。时间长可能会导致不公平公正公开的怀疑。

③标底复核时间太长。2000年时使用的还不是清单计价，而是暗标底，即开标前投标人是不知道标底价的，投标人在开标后可以提出异议或投诉，但审核、复核时间太长会滋生许多问题，比如投标文件有效期、投标保证金返回时间、投标人内部原因（项目经理有其他安排等）、招标人的工期等多方面问题。

④招标人在省建委同意后确定某公司为中标单位。如果招标人可以擅自选择投标人，那招投标就失去意义了。

(2) E单位的投标文件是否有效，要看招标文件中对投标保证金的递交时间有无特殊要求。如果要求投标人在递交投标文件前递交，那E单位为无效标书，废标；如果要求投标人在开标时间前递交，那E单位的标书有效，应参加评标。

(3) D单位撤回投标文件的时间：如果撤回时间在招标文件所标明的有效期之内，那D单位将被没收投标保证金；如果D单位在有效期之后（因招标人未及时发出中标通知书，D单位有权利在有效期后撤回投标书另作安排），招标人应允许其撤回并及时退回投标保证金。

(4) 作为招标人（投资方），如标底出现重大偏差，可以要求重新招标，但原参与投标的投标人，应可以参与投标，不得以任何理由拒绝原投标人投标，原投标人因其他事宜放弃，那招标人应同意。若原6个投标人中愿意继续参加投标的投标人少于3个，那招标人可以重新发布公告重新招标，也可以直接发包（经上级监管部门批准同意）。

(5) 招标文件中如果没有提及投标人投标过程中的费用事宜，那招标人应给予适当的补偿。如果招标文件中对投标人的投标费用明确表示不予支付，那投标人应自己承担。

案例7 因招标文件错误而导致的索赔

某水电站工程，通过国际竞争性招标选定外国承包公司进行工程施工。在招标文件中列出了承包商进口材料和设备的工商统一税税率。但在施工过程中，工程所在地的税务部根据规定，要求承包商缴纳营业环节的工商统一税，该税率比进口税率还大，是一笔相当大的款额。但外国公司在投标报价中未包括此项工商统一税。为此，双方有疑义。

外国承包商认为：业主招标文件仅列出进口统一税，而遗漏了营业工商统一税，属于招标文件错误，应业主承担责任。

业主则认为：合同条款中明确规定了一些条款如"承包商应遵守工程所在国的一切法律，承包商应缴纳税法的一切税收"，此项税应承包商自理。

问题：

发包商、承包商双方谁的观点正确？

【案例简析】

承包商的观点是对的。理由如下：

(1) 招标文件是投标人报价的依据，而招标文件忽略的内容，投标文件不可能设计。

(2)业主的观点只能说明承包商应该依法缴纳本项税,但不能认定该项税费用由承包商承担。

知识点:

招标文件对招标人很重要,关系到招标的成败,也关系到履约的顺利程度。

案例8 选择合理的招标方式

某建筑公司计划在北京市参与一个项目,可行性研究报告已经通过国家计委批准,资金为自筹方式,尚未完全到位,仅有初步设计图纸,因急于开工,投入使用,在此情况下决定采用邀请招标的方式,随后向7家施工单位发出了投标邀请书。

问题:

1. 建设工程施工招标的必备条件有哪些?
2. 本项目在上述条件下是否可以进行工程施工招标?
3. 通常情况下,哪些工程项目适宜采用邀请招标的方式进行招标?此项目适宜采用邀请招标吗?

【案例简析】

案例9 招标工作中的应急事件处理

某工程采用公开招标的形式,有A、B、C、D、E、F六家施工单位领取了招标文件。本工程招标文件规定:2004年10月20日下午17:30为投标文件接收终止时间。在提交投标文件的同时,投标单位需提供投标保证金20万元。在2004年10月20日,A、B、C、D、F五家投标单位在下午17:30前将投标文件送达,E单位在次日上午8:00送达。各单位均按招标文件的规定提供了投标保证金。在10月20日上午10:25,B单位向招标人递交了一份投标价格下降5%的书面说明。

开标时,由招标人检查投标文件的密封情况,确认无误后,由工作人员当众拆封,并宣读了A、B、C、D、F五家承包商的名称、投标价格、工期和其他主要内容。在开标过程中,招标人发现C单位的标袋密封处仅有投标单位公章,没有法定代表人印章或签字。评标委员会委员由招标人直接确定,共有4人组成,其中招标人代表2人,经济专家1人,技术专家1人。招标人委托评标委员会确定中标人,经过综合评定,评标委员会确定A单位为中标单位。

问题:

在招标投标过程中有何不妥之处?说明理由。

【案例简析】

拓展资源链接

序号	资源名称	链接方式
1	情境案例——招标工作中的创新	
2	招标员行业测评	

行业能力测评

1. 招标人应当采取必要的措施,保证评标在(　　)的情况下进行。
   A. 公正　　　　B. 公开　　　　C. 公平　　　　D. 严格保密
2. 投标保证金一般不得超过投标总价的(　　),但最高不得超过(　　)万元人民币。
   A. 1%;80　　　B. 2%;80　　　C. 1%;100　　　D. 2%;100
3. 中标通知书由(　　)发出。
   A. 招标代理机构　　　　　　　B. 招标人
   C. 招标投标管理处　　　　　　D. 评标委员会
4. 工程勘察、设计、施工单位组成联合体以 EPC 方式共同承包工程,其承包工程范围以(　　)资质等级划定。
   A. 勘察单位　　　　　　　　　B. 设计单位
   C. 施工单位　　　　　　　　　D. 三者中资质等级低的单位
5. 投标人对招标文件有异议的,应当在投标截止时间(　　)日前提出。
   A. 3　　　　　B. 5　　　　　C. 7　　　　　D. 10

项目 3

工程项目施工投标

1. 投标专员的岗位能力和工作内容

2. 项目模块导学(建议学时:10 学时)

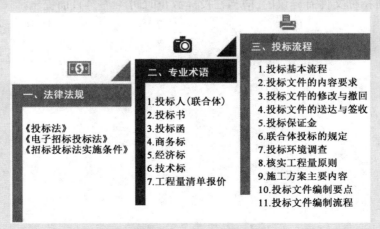

典型任务 1　工程施工投标普识

典型任务 2　施工投标文件编制

典型任务 3　工程开标、评标、定标

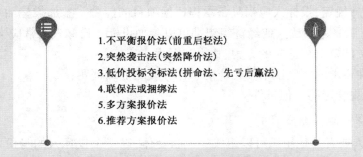

典型任务 4　工程施工投标策略

典型任务1　工程施工投标普识

【投标】

投标是指投标人在同意招标人拟定好的招标文件的前提下对招标项目提出自己的报价和相应条件，通过竞争企图为招标人选中的一种交易形式。

【建设工程投标】

建设工程投标是指获得投标资格后的投标人，在同意招标文件中提出的条件的前提下，对招标的工程项目提出报价，填制标函，并于规定的期限内报送招标人，参与承包该项工程竞争的经济行为。此处的"投标人"指法人，即能根据法律规定参与各种建设工程的咨询、设计、监理、施工及建设工程所需设备和物资生产的单位。投标人可能是工程项目的承包人，但这种可能性只有当投标人在投标竞争中获胜中标时才能实现。"标函"即投标书，是投标人按招标人既定的各项要求填制好的投标文件，标函的关键内容是：质量、价格、工期。

 本任务必备知识体系：

- 知识点1　投标人条件
- 知识点2　工程投标流程
- 知识点3　资格预审和资格后审
- 知识点4　相关案例综合分析
- 拓展资源链接
- 行业能力测评

知识点1　投标人条件

工程施工投标单位应具备的条件如下：

1. 投标法人应具备的基本条件

《招标投标法》规定，投标人应当具备承担招标项目的能力。参加投标活动必须具备一定的条件，不是所有感兴趣的法人或经济组织都可以参加投标。投标人通常应当具备下列条件：

（1）与招标文件要求相适应的人力、物力和财力；

（2）招标文件要求的资质证书和相应的工作经验与业绩证明；

（3）法律、法规规定的其他条件。

2. 联合体应具备的基本条件

两个以上法人或者其他组织可以组成一个联合体，以一个投标人的身份共同投标。联合体各方均应当具备承担招标项目的相应能力；国家有关规定或者招标文件对投标人资格条件有规定的，联合体各方均应当规定相应的资格条件。由同一专业的单位组成的联合体，按照资质等级较低的单位确定资质等级。

在很多情况下,组成联合体能够发挥联合体各方的优势,有利于建设项目的进度控制、投资控制、质量控制。但是,联合投标应当是潜在投标人的自愿行为,只有在自愿的基础上,才能发挥联合体的优势。因此,招标人不得强制投标人组成联合体共同投标。

联合体各方应当签订共同投标协议,明确约定各方拟承担的工作和责任,并将共同投标协议连同投标文件一并提交招标人。联合体中标的,联合体各方应当共同与招标人签订合同,就中标项目向招标人承担连带责任。

知识点 2　工程投标流程

一、工程施工投标的流程

(一) 进行是否参加投标的决策

施工单位在进行是否参加投标的决策时,应考虑以下几个方面的问题:

(1) 承包招标项目的可行性与可能性。如本单位是否有能力(包括技术力量、设备机械等)承包该项目,能否抽调出管理力量、技术力量实施项目承包,竞争对手是否有明显的优势等。

(2) 招标项目的可靠性。如项目的审批程序是否已经完成,资金是否已经落实等。

(3) 招标项目的承包条件。如果承包条件苛刻,自己无力完成施工,则应放弃投标。

对是否参加投标的决策,施工单位的考虑务求全面。有时很小的一个条件未得到满足都可能导致投标和承包的失败。

(二) 报名参加投标

报名参加投标的施工单位,应向投标单位提供以下材料:
(1) 企业营业执照和资质证书;
(2) 企业简历;
(3) 自有资金情况;
(4) 职工人数,包括技术人员等,主要施工机械一览表;
(5) 近三年主要业绩。

(三) 按要求填写资格预审书

(四) 领取招标文件

经招标单位对报名参加投标的施工单位的资格审查,合格者可领取或购买招标文件。

(五) 研究招标文件

投标单位在领取招标文件后,应认真研究工程条件、工程施工范围、工程量、工期、质量要求及合同主要条件等,弄清承包责任和报价范围。模糊不清或把握不准之处,应做好记录,可在招标答疑会上提请招标单位解释或更正。

研究招标文件的重点应放在投标者须知、合同条款、设计图纸、工程范围及工程量表上,还要研究技术规范要求,看是否有特殊的要求。投标人应该重点注意招标文件中的以下几个方面。

1. 投标人须知

"投标人须知"是招标人向投标人传递基础信息的文件,包括工程概况、招标内容、招标文件的组成、投标文件的组成、报价的原则、招标投标时间安排等关键的信息。

首先,投标人需要注意招标工程的详细内容和范围,避免遗漏或多报。

其次,要特别注意投标文件的组成,避免因提供的资料不全而被作为废标处理。例如,曾经有一资信良好的著名企业在投标时因为遗漏资产负债表而失去了本来非常有希望的中标机会。在工程实践中,这方面的先例不在少数。

还要注意招标答疑时间、投标截止时间等重要时间安排,避免因遗忘或迟到等原因而失去竞争机会。

2. 投标书附录与合同条件

这是招标文件的重要组成部分,其中可能标明了招标人的特殊要求,即投标人在中标后应享受的权利、所要承担的义务和责任等,投标人在报价时需要考虑这些因素。

3. 技术说明

要研究招标文件中的施工技术说明,熟悉所采用的技术规范,了解技术说明中有无特殊施工技术要求和有无特殊材料设备要求,以及有关选择代用材料、设备的规定,以便根据相应的定额和市场确定价格,计算有特殊要求项目的报价。

4. 永久性工程之外的报价补充文件

永久性工程是指合同的标的物——建设工程项目及其附属设施,为了保证工程建设的顺利进行,不同的业主还会对承包商提出额外的要求。这些可能包括:对旧有建筑物和设施的拆除,工程师的现场办公室及其各项开支、模型、广告、工程照片和会议费用等。如果有的话,则需要将其列入工程总价,要弄清一切费用纳入工程总报价的方式,以免产生遗漏从而导致损失。

(六) 调查投标环境

投标环境是中标后工程施工的自然、经济和社会环境,着重是施工现场地理位置、现场地质条件、交通情况,现场临时供电、供水设施情况、当地劳动资源和材料供应、材料价格等各个方面,以确定投标策略。

投标环境直接影响工程成本,因而要完全熟悉掌握投标市场环境,才能做到心中有数。在研究招标文件的同时,投标人需要开展详细的调查研究,即对招标工程的自然、经济和社会条件进行调查,这些都是工程施工的制约因素,必然会影响到工程成本,所以在投标报价前必须了解清楚。

1. 市场宏观经济环境调查

应调查工程所在地的经济形势和经济状况,包括与投标工程实施有关的法律法规、劳动力与材料的供应状况、设备市场的租赁状况、专业施工公司的经营状况与价格水平等。

2. 工程现场考察和工程所在地区的环境考察

要认真地考察施工现场,认真调查具体工程所在地区的环境,包括一般自然条件、施工条件及环境,如地质地貌、气候、交通、水电等的供应和其他资源情况等。

3. 工程业主方和竞争对手公司的调查

了解业主、咨询工程师的情况,尤其是业主的项目资金落实情况、参加竞争的其他公司与工程所在地的工程公司的情况,与其他承包商或分包商的关系。参加现场踏勘与标前会议,可以获得更充分的信息。

(七)复核工程量清单,选择施工方案

1. 复核工程量清单

招标文件中提供的工程量清单,投标者还需要进行复核,因为这直接影响到投标报价及中标的机会。例如,当投标人大体上确定了工程总报价以后,可适当采用报价技巧,如不平衡报价法,对某些工程量可能增加的项目提高报价,而对某些工程量可能减少的可以降低报价。工程量核实的准确直接影响计价的正确性。工匠精神就是在工作中追求精益求精的态度与品质。

投标人需根据图纸核算工程量,当发现相差较大时,投标人应向招标人要求澄清。还要结合招标文件中的技术规范弄清工程量中每一细目的具体内容,避免出现在计算单位、工程量或价格方面的错误与遗漏。

2. 选择施工方案

投标单位应核实工程量,在此基础上制订施工方案,编制施工计划。施工方案是报价的基础和前提,也是招标人评标时要考虑的重要因素之一。有什么样的方案,就有什么样的人工、机械与材料消耗,就会有相应的报价。因此,必须弄清分项工程的内容、工程量、包含的相关工作、工程进度计划的各项要求、机械设备状态、劳动与组织状况等关键环节,据此制订施工方案。

施工方案应由投标单位的技术负责人主持制定,主要应考虑施工方法、主要施工机具的配置、各工种劳动力的安排及现场施工人员的平衡、施工进度及分批竣工的安排、安全措施等。施工方案的制订应在技术、工期和质量保证等方面对招标人有吸引力,同时又有利于降低施工成本。

确定合理的实施方案和项目进度安排,是工程预算的依据,也是建设单位选择承包商的重要因素。因此,施工单位确定的实施方案应务求合理、规范、可行。

(八)按照招标文件的要求编制投标文件

投标单位应依据招标文件和工程技术规范要求,根据编制的施工方案或施工组织设计,计算投标报价和编制投标文件。

(九)投送投标文件

投标文件须有投标单位和法定代表人或法定代表人委托的代理人的印鉴。投标单位应在规定的日期内将投标文件密封送达招标单位或其指定的地点。如果发现投标文件有误,需在

投标截止日期前用正式函件更正,否则以原投标文件为准。

在投标时需要注意以下几方面:

(1)注意投标的截止日期

在招标文件要求提交投标文件的截止时间后送达的投标文件,招标人可以拒收。

(2)投标文件的完备性

投标文件应当对招标文件提出的实质性要求和条件作出响应。

(3)注意标书的标准

标书的提交要有固定标准的要求,基本内容是:签章、密封。

(4)注意投标的担保

通常投标需要提交投标担保,有关投标担保有关事宜。

(十)参加开标会议(后续)

(十一)订立施工承包合同(后续)

知识点3 资格预审和资格后审

《工程建设项目施工招标投标办法》(国家发展计划委员会令〔2003〕第30号):

第十七条 资格审查分为资格预审和资格后审。

资格预审,是指在投标前对潜在投标人进行的资格审查。

资格后审,是指在开标后对投标人进行的资格审查。

进行资格预审的,一般不再进行资格后审,但招标文件另有规定的除外。

第十八条 采取资格预审的,招标人可以发布资格预审公告。

采取资格预审的,招标人应当在资格预审文件中载明资格预审的条件、标准和方法;采取资格后审的,招标人应当在招标文件中载明对投标人资格要求的条件、标准和方法。

招标人不得改变载明的资格条件或者以没有载明的资格条件对潜在投标人或者投标人进行资格审查。

第十九条 经资格预审后,招标人应当向资格预审合格的潜在投标人发出资格预审合格通知书,告知获取招标文件的时间、地点和方法,并同时向资格预审不合格的潜在投标人告知资格预审结果。资格预审不合格的潜在投标人不得参加投标。

经资格后审不合格的投标人的投标应作废标处理。

1.资格预审

定义:资格预审是招标人通过发布招标资格预审公告,向不特定的潜在投标人发出投标邀请,并组织招标资格审查委员会按照招标资格预审公告和资格预审文件确定的资格预审条件、标准和方法对投标申请人进行评审,确定合格的潜在投标人。

优点:可以减少评标阶段的工作量、缩短评标时间、减少评审费用、降低社会成本(提高评标质量)。

缺点:延长招标投标过程,增加招标投标双方资格预审的费用。

适用:技术复杂或投标文件编制费用较高,且潜在投标人数量较多。

办法:有合格制和有限数量制两种办法。一般采用合格制,当潜在投标人过多时,可采用有限数量制。

2. 资格后审

定义:资格后审是在开标后的初步评审阶段,评标委员会根据招标文件规定的投标资格条件对投标人资格进行评审,投标资格评审合格的投标文件进入详细评审。

优点:可以避免招标与投标双方资格预审的工作环节和费用、缩短招标投标过程,有利于增强投标的竞争性。

缺点:在投标人过多时会增加社会成本和评标工作量。

适用:潜在投标人数量不多。

办法:合格制。

知识点 4 相关案例综合分析

案例 1 资格预审和招标是不同的程序

某项目采购设备和安装工程的投标邀请书中包括以下内容:

(1)投标人是正规的制造商或代理商,且符合以下要求:

①具备充分的技术知识和制造经验;

②有充分的设计、施工、制造能力,能完成各工程;

③有符合工程所需的充分稳定的财务资源。

(2)购买招标文件者必须提交能证明上述要求的文件。出售招标文件也只限于初步认定符合要求者。

问题:

上述规定是否合理?

【案例简析】

规定对投标人的资格要求是可以接受的,但是属于资格预审要求,必须在发售招标文件以前进行,然后将招标文件发售给合格的可能投标人。本案例程序不合理。

【知识点】

如果未进行资格预审,所有感兴趣的供应商或投标商,不论资格如何都可以购买招标文件。开标后再进行资格后审。

案例 2 投标资格条件

某市城轨工程招标公告称:该工程采公开招标,工程范围包括车站主体及土石方开挖、基坑防护、钢筋工程等,投资约3000多万元。投标人资质为一级资质等级(含隧道施工),取得ISO 9000质量认证,具有经济技术管理实力,及类似工程业绩。同时市外投标人须同本市具有一级资质的投标人联合投标。

问题:

该项目对投标人提出的资质要求是否合适?

【案例简析】

该案例不合适的地方主要有两点:

(1)该规定有强制投标人组成联合体投标的嫌疑。

(2)招标人对本市内和市外的投标人实行了区别待遇。

【知识点】

《招标投标法》51条规定:对潜在投标人实行歧视待遇的,责令改正,可以处1万元以上5万元以下的罚款。

案例3 直接分包的工程

福建省某市重点教育工程,由市计委批准立项,投资780万元。此项目施工单位由业主经市政府和主管部门批准不招标,奖励给了某建设集团承建,双方只签订了施工合同。

问题:

分析案例中不合适的程序。

【案例简析】

(1)《招标投标法》规定"涉及国家安全、秘密、抢险救灾或属于利用扶贫资金实行以工代赈,需要使用农民工等特殊情况,不适宜进行招标的项目,可以不进行招标。"除此之外,无一规定授权某级政府或主管部门有批准依法应招标的项目可以不招标的权利。因此,本案例中有关部门属于滥用职权行为。

(2)《招标投标法》规定"任何单位或个人不得将依法必须招标的项目化整为零或以其他任何方式规避招标。"

案例4 "直通车"式的承包

江西某建筑工程,预算造价2400万元。该项目基础和主体分段发包。先进行了基础施工招标,中标单位为江西省某建筑公司。商埠主体部分业主没有招标,直接与基础施工招标的中标单位即该建筑公司签订了上部施工合同。

问题:

该项目的做法是否符合有关规定?

【案例简析】

(1)本案例属于强制性招标范围,必须选择招标方式发包。

(2)该项目分别对基础和上部结构进行分段发包,不违反法律规定。

(3)《建设部招投标管理办法》规定"符合以下情形之一:①停建或缓建的工程且承包人未发生变更;②施工企业自建自用的工程,且资质符合工程要求;③在建工程追加的附属小型工程或主体加层工程且承包人未变更;经有关地方政府建设行政主管部门批准,可以不进行施工招标;"因此,本案例中主体工程必须招标才能发包。

拓展资源链接

序号	资源名称	链接方式
1	投标资格审查的主要内容	

续上表

序号	资源名称	链接方式
2	投标资格审查关键点	
3	情境案例——资审文件的办理	
4	招标投标法普识(电子招标投标办法)	
5	土木工程领域5项轨交工程获得詹天佑奖	https://mp.weixin.qq.com/s?__biz=MzIyODc2NDAzMw==&mid=2247522438&idx=1&sn=422fcb9343ac016f2ed094221958ec51&chksm=e84e2868df39a17eafbc3341db5b1f8bdad52935dc4a408feda821beb0252f539264d6781fb8&token=1617055000&lang=zh_CN&scene=21#wechat_redirect

行业能力测评

1. 下列关于联合体共同投标的说法,正确的是(　　)。
   A. 联合体各方只要其中任意一方具备承担招标项目的能力即可
   B. 两个以上法人或其他组织可以组成一个联合体,以一个投标人的身份共同投标
   C. 由同一专业的单位组成的联合体,投标时按照资质等级较高的单位确定资质等级
   D. 联合体中标后,选择其中一方代表与招标人签订合同

2. 投标单位取得投标资格,获得招标文件后的首要工作是(　　)。
   A. 审核工程量清单
   B. 编制施工方案或施工组织设计
   C. 进行各项调查
   D. 研究招标文件

3. 研究招标文件的同时,投标人需要开展详细的调查研究,以下不属于其调查项目的是(　　)。
   A. 招标人个人经济能力
   B. 市场宏观经济调查
   C. 工程业主方和竞争对手公司的调查
   D. 工程现场考察和工程所在地的环境考察

4. 建设工程施工投标程序中,进行各项调查研究后应进行的工作是(　　)。
   A. 复核工程量　　　　　　　　　B. 选择施工方案
   C. 投标计算　　　　　　　　　　D. 确定投标策略

5. 重要澄清的答复应是(   ),并作为投标文件的一部分,但不得对投标内容进行实质性修改。

  A. 书面的   B. 口头的
  C. 电子的   D. 书面的或电子的

典型任务2 施工投标文件编制

各类投标文件的组成如下。

一 勘察投标文件组成

(1)勘察方案及其实施的组织和技术措施;
(2)需要建设单位提供的配合条件;
(3)勘察开工、完工和提供勘察资料的日期;
(4)勘察费用,按国家规定的收费标准和有关收费规定计算,上下浮动不得超过百分之十;
(5)其他应说明的内容。

二 设计投标文件组成

(1)标书综合说明书;
(2)建设工程方案主要设计图纸;
(3)主要的施工技术要求;
(4)工程投资估算、经济分析和主要材料用量;
(5)设计质量达到的等级和设计周期及其保证设计进度的措施;
(6)设计收费金额;
(7)工程项目要提出达到主要技术经济指标的方案设计,包括采用的工艺路线,主要设备的选型、物料、热量平衡,主要建筑物和构筑物的总体布置等。

三 监理投标文件组成

(1)投标函;
(2)投标文件综合说明;
(3)监理大纲;
(4)监理取费报价;
(5)投标简况表;
(6)投标文件附件即招标人要求的其他需要投标单位提供的资质文件等。

四 施工投标文件组成

(1)投标函及投标函附录;

(2)投标文件商务部分即投标报价;
(3)投标文件技术标部分即施工组织设计;
(4)招标人要求的其他需要投标单位提供的资质文件等。

本任务必备知识体系:
➢ 知识点1　投标文件编制流程
➢ 知识点2　投标文件编制要点
➢ 知识点3　工程量清单
➢ 知识点4　相关案例综合分析
➢ 拓展资源链接
➢ 行业能力测评

知识点1　投标文件编制流程

一 招标信息跟踪

尽管国内许多省市都成立了建设工程交易中心,定期或不定期地发布工程招标信息,但是,如果承包人仅仅依靠从有形建筑市场获取工程招标信息,就会在竞争时处于劣势。因为有形建筑市场发布的信息中,公开招标的项目所占比例很少,大多数项目都采取邀请招标的方式。邀请招标的项目在发布信息时,通常业主已经完成了考察,并已完成了选择招标邀请对象的工作。承包人此时才去报名参加投标,已经错过了被邀请的机会。所以,对承包人来说,日常建立起严密、广泛的信息网络是非常关键的,要注意建立各种信息渠道。有时承包人从工程立项甚至从项目可行性研究阶段就开始跟踪,并根据自身的技术优势和工程经验为发包人提供合理化建议,甚至提供各种免费服务,以达到减少造价、缩短工期、优化功能等目的,从而获得发包人的信任。

二 报名并参加资格审查

承包人得到招标公告后应及时报名参加投标,得到投标邀请之后,明确向发包人表明参加投标的意愿,以便得到资格审查的机会。

承包人资格审查的主要内容包括:注册证明和技术等级;主要施工经历;技术力量简介;施工机械设备简介;在施工的承包项目;资金财务状况。如果有的承包人注册地不在招标项目所在地区,承包人还必须提前取得由项目所在地工商管理部门和建设委员会签发的营业执照、施工许可证,有的地区还要求取得投标许可证等证件。有经验的承包人都了解资格审查的重要性。经常有一些缺乏经验的承包人,在资格审查这一环节由于资料不规范被淘汰。例如:某工程资格审查资料要求投标人提供近三年的资产负债表和损益表,而且必须有一定资质的会计师事务所出具的报表原件,相当一部分投标人只提供了复印件,尽管这些承包人中不乏实力雄厚者,但是仍然未能通过资格审查。还有的招标人要求投标人提交的注册证明必须经过公证,但是有的投标人一厢情愿地认为上级主管部门的证明可以替代公证的作用,这样当然也不会通过资格审查。

三 组织投标机构

为了在投标竞争中获胜,承包人平时就应该设置投标工作机构,掌握市场动态、积累有关资料;取得招标文件后,则立刻组织研究招标文件、决定投标策略、计算报价、编制施工方案、采用应变技巧、投送投标文件等。投标机构通常由下列人员组成:决策人、工程师、估算师、合同专家、物资供应人员和财务成本人员等。无论是哪一种报价方式,对承包人来说,拥有一个强有力的投标机构是非常重要的。

四 研究招标文件

注意投标书的语言要求,如果投标书要求用承包人不熟悉的语言编制,则应提前做好翻译和校核的准备,避免发生翻译错误。必须掌握投标范围,经常会出现图纸、技术规范和工程量清单三者之间的范围和做法、数量之间互相矛盾的现象,应及时请发包人解释或修正,或者在招标文件中寻找投标范围的依据。一般来说,招标文件都要求以工程量清单为准,但是也有的招标文件规定在图纸、技术规范和工程量清单任何一者中包括的内容都是投标范围。熟悉投标书的格式和签署方式,密封方法和标志;掌握投标截止日期以避免出现失误,提高工作效率。一般来讲,招标资料由四部分内容组成:①招标文件;②工程量清单;③设计图纸、设计说明及指导性施工组织设计;④答疑书、补遗书。

阅读招标资料,编标之前要认真下些功夫。招标文件中与技术标有关的内容,主要包括以下14个要点:

1. 项目名称

项目名称是我们对一个项目的最初认识,看到项目名称我们就应该意识到所投项目的大概特点。例如:改建铁路北同蒲线朔州-宁武段应急扩能改造工程,首先,"改建铁路"说明施工过程中会遇到行车干扰问题,施工过程中需要保证既有线行车安全,技术标中应有相关内容;第二"北同蒲线朔州-宁武段"说明了本项目的地理位置处于北方,北方冬季寒冷,室外项目尽量赶在冬季前施工完毕,否则需有完善的防寒措施;第三,"应急"说明这个项目的工期会很紧,需要加大人员、机械设备和物资的投入;第四,"扩能改造工程"说明需要加大既有线的运能,可能采取:小半径曲线改造、区间增建新线、站场扩建等措施。其他项目名称中明确的如:客运专线工程、高速公路、省道等,都说明了工程的等级标准。因此,技术标中至少要有与项目名称相应的特点。招标文件中较显著的项目名称有四处,分别是:招标文件封面上的项目名称、招标文件页眉上的项目名称、投标须知中的项目名称、给定的投标文件封面格式中的项目名称。很多项目招标文件中这些项目名称是不同的,如果有较大差别时应在答疑中及时地提出来。

2. 所投标段

所投标段是我们对所投标项目的具体定位。在招标文件中一般都明确了各个标段大概的工程范围和施工任务,但这部分内容不一定准确,只能作为简单了解,详细内容需要以工程量清单为准。在阅读这部分内容时,主要是清楚所投标段的准确表达是什么,例如:是第几标段,是 ZH-几标段,还是站前几标段,应避免这方面出现错误。

3. 技术标准

技术标准决定了所投项目在施工中所参照的施工规范及质量标准,这些标准在技术标的施工工艺及质量措施中会有较多描述。技术标准在招标文件和设计说明中都会明确,但在编标过程中,技术标准这方面常出现一些错误,比如有时标书初稿都出来了,有些同事还不清楚所投项目的技术标准;在质量措施中所描述的标准与所投项目的标准不一致;或是一般铁路套用了客运专线的版本,或是客运专线项目套用了普通铁路的标准,这类问题很多,如果低标准的项目套用了高标准项目的标准,可以理解为我们对施工质量的要求较高,但高标准的项目套用了低标准,就会废标了。为保证技术标的编标质量,我们首先要熟悉手头相关标准的适用范围,例如:《铁路路基工程施工质量验收标准》(TB 10414—2018)适用于旅客列车设计行车速度等于或小于 160km/h 的客货列车共线运行的新建、改建标准轨距铁路路基工程施工质量验收,《新建客货共线铁路工程施工补充规定》适用于旅客列车设计时速等于或小于 200km/h 的新建客货共线标准轨路铁路工程施工,改建铁路可参照执行。规范、标准还有很多,在这里就不再一一举例了。我们在编标过程中应该培养一个良好的学习习惯,对技术标中相关规范和标准的内容,要逐一核对,并要熟记。

4. 工期要求

5. 质量要求

6. 安全要求

7. 环保要求

以上这几条在招标文件中都会顺序地进行说明,也都是编标时的要点内容,标书中这几个要点如果不满足要求,便无法通过符合性审查,就会废标。而这几个要点内容,也是问题最多的地方。其中,问题最突出的是工期,问题往往出现在阶段工期与招标文件不符,从这方面可以反映出阅读招标文件不够认真,导致初稿完成后,还要进行大量的修改;特别是工期,如果出错,标书的改动量会很大,也不容易改透,所以对上述内容进行编制时,一定要认真对照招标文件,避免出现错误。

8. 物资供应

招标文件中有关物资供应的内容,是我们技术标编标过程中容易忽视的地方,常见的错误就是:没有搞清楚哪些材料由建设单位统一供应,哪些材料由承包单位自行采购,使标书中材料供应部分的描述与招标文件不符,所以编制这部分内容时,应再看一下招标文件的要求,避免出错。

9. 技术标文件组成

技术标文件组成也就是业主给定的目录,铁路项目的招标文件中一般给定一级目录,也有的给定二级目录,国内的公路项目一般按招标范本来编制,外资项目一般也有明确的要求。在这里首先要强调一下公路项目技术标的目录,因为公路项目较多采用统一的招标范本上的格式,所以有些人就不太注意招标文件中对技术标文件组成的要求。例如某公路项目的外资标,招标文件中对技术标组成做了明确的要求,而三家编标单位,全都套用了招标范本的格式,最后标书只能从头到尾全部修改,再加上标书中出现的其他错误,最后的修改时间非常紧张。所以我们对招标文件中技术标文件组成的相关要求,一定要掌握准确。在审标书时,首先要检查目录中的标题是否与招标文件中要求的内容和格式一致,标准只有一个:一个字都不能错,在这方面我们必须要认真、细致。

10. 评分办法中明确的给定分值的内容

这一条在招标文件中比较常见,有的招标文件中会对技术标组成部分有较详细的评分标准,这需要我们在技术标中要有针对性地、单独地加以描述,要有针对性的标题,不能说相关内容已经包含在其他内容中,否则在评标过程中容易丢分。当然有些项目的招标文件中的评分标准较粗,可能只给了一级目录中各部分的分值,这时我们需要根据工程的特点,对一些关键点的描述要具有针对性,例如:北方在严寒天气下的施工措施,南方多雨季节的施工组织等,在这方面我们要特别注意。研究评标办法,分析评标方法和授予合同标准,据以采取相应的投标策略。

在我国常用的评标和授予合同标准有两种:综合评议法和最低报价法。综合评议法又有定性综合评议法和定量综合评议法两种形式。定量综合评议法采用综合评分的方法选择中标人,根据报价、工期、质量、信誉、项目经理的素质等因素综合评议投标人,选择综合评分最高的投标人中标。定性综合评议法是在无法把报价、工期、质量等诸多因素定量化打分的情况下,评标人根据经验判断各投标方案的优劣。采用综合评议法时,投标人需要在诸多得分因素之间平衡考虑最优的方案,例如可稍稍提高报价,以换得更高的质量标准和更短的工期。但是这种替换需要投标人具有丰富的投标经验才能判断优劣,一定要以综合得分最高为原则,如果替换后的综合得分比替换前还低,替换就失去了意义。最低报价法是根据价格选择中标人,明确选择响应招标文件要求,质量标准达到合格,工期满足招标文件的要求评标价格最低的投标人中标。

11. 研究合同协议书、通用条款和专用条款

首先要掌握合同形式是总价合同还是单价合同,而且价格是否可以调整;其次,要分析工期拖延罚款,维修期的长短和维修保证金的额度;第三,研究付款方式、货币种类、违约责任等。根据权利义务之间的对比,分析风险并采取相应对策。

12. 投标文件份数

在打印正式标书前,要看一下纸张、炭粉等耗材是否充足,打印机、复印机等设备是否正常。以免打印标书时没纸没墨。

13. 开标时间

开标时间是常识问题,我们应该熟记开标时间,据此来安排我们的初稿完成时间、审核修改时间以及打印装订时间,有计划地按期完成编标任务。

14. 排版及装订要求

这一点阅读招标文件时就应该掌握,如果招标文件中有明确要求,要按招标文件的要求来

做,如果招标文件中没有要求时,可以按个人习惯来定,几个人同编一个标时,要提前将字体、字号、目录格式、页边距、行间距等版面格式确定下来。要注意招标文件中是否要求双面排版,如果是双面排版则左右页边距要设置相同,以保证同一页的正反面页边距相同,这样标书装订也美观;如果编制时不注意到这点,最后再调整页边距,则整本标书的版面容易变动,再调整版面的工作量会很大。

制定目录和确定页面排版:目前技术标的编制多采用改编法,所谓改编法就是根据所投标段的特点选一个与所投项目相近的项目标书作蓝本,再针对所投标段的特点,在里面作相应的修改。采用这种方法时,应事先制定至少三级标题的目录,对招标文件评分标准中明确的评分内容,要有相对应的明确标题,该标题应不超过三级,在装订标书时,在技术标前面的目录中要明确地显示出来。

由几个人一起编制一本标书时,需要事先确定页面的排版,避免最后整后到一起时,有较大的排版工作量。由于目前多采用改编法,所以这个问题不太突出,只要几个人共用一个版本就可以了。

案例1:某年某单位在贵阳某市政工程投标时,招标文件要求:工期是100天,同时规定投标人编制的工期不得超过±15天。投标单位在填投标总表时准备按85天填写,结果把日历天推算错了,完工时间推算不准,即竣工日期推算不准,工期日历天数为82天,超出规定的竣工日期范围。虽该公司报价很好,但因此扣掉10分而失标。

案例2:某年某单位在苏州某公路项目投标时,业主招标文件要求,错把标书工期写为55天,这是一个明显的打印错误,实际应改为255天,投标单位标书编制人员未研究工程实际情况,对招标文件中的明显不合理工期也未提出澄清核对,任按照55天编制施工组织设计及网络计划图、横道图,结果开标时与其他投标人的工期差200天,最后因工期无法向业主解说而失标。

五 调查投标环境

投标环境是中标后工程施工的自然、经济和社会环境,要着重调查施工现场地理位置、现场地质条件、交通情况、现场临时供电、供水设施情况、当地劳动资源和材料供应、材料价格等各个方面,以确定投标策略。

承包人不仅要勘察施工现场,在报价前还要详尽了解项目所在地的环境,包括政治形势、经济形势、法律法规和风俗习惯、自然条件等。对政治形势的调查应着重工程所在地和投资方所在地政局的稳定性,如果是国际工程,还要调查工程所在国与邻国的关系,和我国是否友好等。对经济形势的调查应着重了解工程所在地和投资方所在地的经济发展情况,工程所在地金融方面的换汇限制、官方和市场汇率、主要银行及其存款和信贷利率、管理制度等。对自然条件的调查应着重工程所在地的水文地质情况、交通运输条件、是否多发自然灾害、气候状况如何等。对法律和风俗习惯的调查应着重工程所在地政府对施工的安全、环保、时间限制等各项管理规定,宗教信仰和节假日等。对生产和生活条件的调查应着重放在施工现场周围情况,如道路、供电、给排水、通信是否便利,工程所在地的劳务和材料资源是否充足等。

组织勘察施工现场调查要做到三点:一是重点要明确;二是路线要清楚;三是调查要仔细。

1. 重点要明确

由于投标时间的限制,现场调查只能是对一些与编标有关的重要内容进行调查,所以在进行现场调查之前,我们要熟悉招标文件和图纸,掌握所投标段主要结构物的数量和特点以及主要工程量,例如:有几座特大桥,有几座隧道,有几座站场;路基土石方中最大的挖方地段在哪里,最大的填方地段在哪里;特大桥中是否有连续梁,连续梁的结构形式是什么,连续梁是为跨越既有线设置的、还是为跨越公路设置的、还是为跨越河设置的,指导性施组中相关的建议性施工方案是什么;各座隧道的长度是多少;有几座车站需进行站场改造等等;通过对这些问题的分析来确定,我们需重点调查的工点。一般来讲,特大桥的桥位、跨河桥、跨路桥、隧道的出入口、跨度大的顶进涵以及站场都需要进行现场调查。除了主要结构物外,我们在熟悉招标文件和设计图纸时,要拟定大临工程的规模及布置位置,对大临工程的计划位置也要进行重点调查。

2. 路线要清楚

确定了现场调查的重点后,在现场调查之前还要清楚调查路线,这样才能保证现场调查的顺利。调查的总体思路要明确,譬如:从标段起点往标段终点方向还是相反的方向,重要工点附近的城镇是什么,现场调查的工点之间的距离是多少等等。要参与现场调查的人员都了解现场调查的路线。

3. 调查要仔细

现场调查过程应该仔细。例如:到了一座跨河桥的桥位处,应看看水量大不大,水质如何,河面大致有多宽,既有桥墩上的冲刷线有多高,周围与施工方案相适应的施工场地如何布置,周围是否有村庄,村庄的名称是什么,附近是否有高压电,通往这座桥的道路名称是什么,桥位处土质的工程类别是什么。再例如:调查站场时一定要到信号楼去调查既有车站的平面布置及道岔号,判断车站附近能否设置铺架基地,铺架基地位置水、电、路的情况;其他各主要工点也应进行同样详细的调查。最后,应及时记录现场调查的情况和照相机中各个工点照片的编号。

六 调查发包人和竞争对手

对发包人的调查应重点关注以下几个方面:
(1)资金来源是否可靠,避免承担过多的资金风险;
(2)项目开工手续是否齐全,提防有些发包人以招标为名,让投标人免费为其估价;
(3)是否有明显的授标倾向,招标是否仅仅是出于政府的压力而不得不采取的形式。

对竞争对手的调查应着重以下一些方面:
(1)参加投标的竞争对手哪些有威胁性,特别是工程所在地的承包人,可能会享有评标优惠。
(2)根据上述分析,筛选出主要竞争对手,分析其以往同类工程经验、惯用的投标策略、标前会上提出的问题等。承包人必须知己知彼才能制定切实可行的投标策略,提高中标的可能性。

七 参加标前会议要提出疑问

在投标前发包人一般都要召开标前会议,投标人在参加标前会议之前应把招标文件中存在的问题整理为书面文件,传真、邮寄或送到招标文件指定的地址,发包人收到各个投标人在标前会现场口头提问。但是,发包人的解答一定以书面内容为准,不能仅凭发包人的口头解答编制报价和方案。提出疑问时应注意提问的方式和时机,特别要注意不要对业主的失误进行攻击和嘲笑,以免使发包人反感。对招标文件中出现的对承包人有利的矛盾或漏洞,不应提请澄清,否则提醒了发包人的注意,反倒失去了中标后索赔的机会。

八 编制施工计划,制订施工方案

投标单位应核实工程量,在此基础上制订施工方案,编制施工计划。

确定合理的实施方案和项目进度安排,这是工程预算的依据,也是建设单位选择承包商的重要因素。因此,施工单位确定的实施方案应务求合理、规范、可行。

实施方案应以施工方案为主,包括各工种工程施工方法、工程进度计划、现场平面布置方案、保证质量的措施等内容。

九 按照招标文件的要求编制投标文件

投标单位应依据招标文件和工程技术规范要求,根据编制的施工方案或施工组织设计,计算投标报价和编制投标文件。

十 投送投标文件

投标文件须有投标单位和法定代表人或法定代表人委托的代理人的印鉴。投标单位应在规定的日期内将投标文件密封送达招标单位或其指定的地点。如果发现投标文件有误,需在投标截止日期前用正式函件更正,否则以原投标文件为准。

十一 参加开标会议

十二 订立施工承包合同

知识点2　投标文件编制要点

一 技术标编制要点

(一) 目录

(1) 目录内容从顺序到文字表述是否与招标文件要求一致。

(2)目录编号、页码、标题是否与内容编号、页码(内容首页)、标题一致。

(二) 投标书及投标书附录

(1)投标书格式、标段、里程是否与招标文件规定相符,建设单位名称与招标单位名称是否正确。

(2)投标书所示工期是否满足招标文件要求。

(3)工程概况是否准确描述。

(4)计划开竣工日期是否符合招标文件中工期安排与规定,分项工程的阶段工期、节点工期是否满足招标文件规定。工期提前要合理,要有相应措施,不能提前的决不提前。

(5)工期的文字叙述、施工顺序安排与"形象进度图""横道图""网络图"是否一致,特别是铺架工程工期要针对具体情况仔细安排,以免造成与实际情况不符的现象。

(6)总体部署:施工队伍及主要负责人与资审方案是否一致,文字叙述与"平面图""组织机构框图""人员简历"及拟人职务等是否吻合。

(7)施工方案与施工方法、工艺是否匹配。

(8)施工方案与招标文件要求、投标书有关承诺是否一致。材料供应是否与甲方要求一致,是否统一代储代运,是否甲方供应或招标采购。临时通信方案是否按招标文件要求办理。施工队伍数量是否按照招标文件规定配置。

(9)工程进度计划:总工期是否满足招标文件要求,关键工程工期是否满足招标文件要求。

(10)特殊工程项目是否有特殊安排:在冬季施工的项目措施要得当,影响质量的必须停工,膨胀土雨季要考虑停工,跨越季节性河流的桥涵基础雨季前要完成,工序、工期安排要合理。

(11)"网络图"工序安排是否合理,关键线路是否正确。

(12)"网络图"如需中断时,是否正确表示,各项目结束是否归到相应位置,虚作业是否合理。

(13)"形象进度图""横道图""网络图"中工程项目是否齐全:路基、桥涵、路面、房屋、给排水及站场设备、大临等。

(14)"平面图"是否按招标文件布置了队伍驻地、施工场地及大临设施等位置,驻地、施工场地及大临工程占地数量及工程数量是否与文字叙述相符。

(15)劳动力、材料计划及机械设备、检测试验仪器表是否齐全。

(16)劳动力、材料是否按照招标要求编制了年、季、月计划。

(17)劳动力配置与劳动力曲线是否吻合,总工天数量与预算表中总工天数量差异要合理。

(18)标书中的施工方案、施工方法描述是否符合设计文件及标书要求,采用的数据是否与设计一致。

(19)施工方法和工艺的描述是否符合现行设计规范和现行设计标准。

(20)是否有防汛措施(如果需要),措施是否有力、具体、可行。

(21)是否有治安、消防措施及农忙季节劳动力调节措施。

（22）主要工程材料数量与预算表工料机统计表数量是否吻合一致。

（23）机械设备、检测试验仪器表中设备种类、型号与施工方法、工艺描述是否一致，数量是否满足工程实施需要。

（24）施工方法、工艺的文字描述及框图与施工方案是否一致，与重点工程施工组织安排的工艺描述是否一致；总进度图与重点工程进度图是否一致。

（25）施工组织及施工进度安排的叙述与质量保证措施、安全保证措施、工期保证措施叙述是否一致。

（26）投标文件的主要工程项目工艺框图是否齐全。

（27）主要工程项目的施工方法与设计单位的建议方案是否一致，理由是否合理、充分。

（28）施工方案、方法是否考虑与相邻标段、前后工序的配合与衔接。

（29）临时工程布置是否合理，数量是否满足施工需要及招标文件要求。临时占地位置及数量是否符合招标文件的规定。

（30）过渡方案是否合理、可行，与招标文件及设计意图是否相符。

（31）质量目标与招标文件及合同条款要求是否一致。

（32）质量目标与质量保证措施"创全优目标管理图"叙述是否一致。

（33）质量保证体系是否健全，是否运用 ISO 9002 质量管理模式，是否实行项目负责人对工程质量负终身责任制。

（34）技术保证措施是否完善，特殊工程项目如膨胀土、集中土石方、软土路基、大型立交、特大桥及长大隧道等是否单独有保证措施。

（35）是否有完善的冬、雨季施工保证措施及特殊地区施工质量保证措施。

（36）安全目标是否与招标文件及企业安全目标要求口径一致。

（37）既有铁路运营及施工安全措施是否符合铁路部门有关规定，投标书是否附有安全责任状。

（38）安全保证体系及安全生产制度是否健全，责任是否明确。

（39）安全保证技术措施是否完善，安全工作重点是否单独有保证措施。

（40）环境保护措施是否完善，是否符合环保法规，文明施工措施是否明确、完善。

（41）工期目标与进度计划叙述是否一致，与"形象进度图""横道图""网络图"是否吻合。

（42）工期保证措施是否可行、可靠，并符合招标文件要求。

（43）组织机构框图与拟上的施工队伍是否一致。

（44）拟上施工队伍是否与施工组织设计文字及"平面图"叙述一致。

(三) 其他复核检查内容

(1) 投标文件格式、内容是否与招标文件要求一致。

(2) 投标文件是否有缺页、重页、装倒、涂改等错误。

(3) 复印完成后的投标文件如有改动或抽换页，其内容与上下页是否连续。

(4) 工期、机构、设备配置等修改后，与其相关的内容是否修改换页。

(5) 投标文件内前后引用的内容，其序号、标题是否相符。

(6) 如有综合说明书，其内容与投标文件的叙述是否一致。

（7）招标文件要求逐条承诺的内容是否逐条承诺。
（8）按招标文件要求是否逐页小签，修改处是否有法人或代理人小签。
（9）投标文件的底稿是否齐备、完整，所有投标文件是否建立电子文件。
（10）投标文件是否按规定格式密封包装、加盖正副本章、密封章。
（11）投标文件的纸张大小、页面设置、页边距、页眉、页脚、字体、字号、字型等是否按规定统一。
（12）页面设置中"字符数/行数"是否使用了默认字符数。
（13）图的图标、图幅、画面重心平衡，标题字选择得当，颜色搭配悦目，层次合理。
（14）一个工程项目同时投多个标段时，共用部分内容是否与所投标段相符。
（15）国际投标以英文标书为准时，加强中英文对照复核，尤其是对英文标书的重点章节的复核（如工期、质量、造价、承诺等）。
（16）各项图表是否图标齐全，设计、审核、审定人员是否签字。
（17）采用施工组织模块，或摘录其他标书的施工组织内容是否符合本次投标的工程对象。

（四）目录编号问题

现在技术标的编制书采用的目录编号多种多样，甚至是同一个标书里面采用多种编号形式，如同时采用一、（一）、1、(1)、1.1、1.2、1.3、A、B、C……，很不规范。要求编制的技术标书采用统一的目录编号形式，或者采用单级目录，或者采用多级目录编制形式，不可同时采用两种形式比如：

单级目录编制形式：一、
　　　　　　　　　（一）
　　　　　　　　　1.
　　　　　　　　　(1)
　　　　　　　　　二、
　　　　　　　　　……

多级目录编制形式：1
　　　　　　　　　1.1
　　　　　　　　　1.1.1
　　　　　　　　　1.1.1.1
　　　　　　　　　2
　　　　　　　　　……

（五）同一个项目同时投几个标的要求

作为一个整体，同时去投几个标，为了减少工作的重复性和工作量，对几个标的通用部分，比如工程地质、水文、周边环境、环保、安全、质量等保证措施采用统一的格式和统一的内容。

(六) 字数问题

标书要求我们编制标书的语言要精练、简洁,不要有过多的废话,用一句话能说清的问题决不用两句话说。为了减少字数,我们可以适当地加一些图片来辅助说明,图文并茂效果会比较好。在自己编制的标书中应用一些图片,如施工现场照片就比较有新意,也更有说明效果。

二、商务标编制要点

(一) 准备工作

1. 物资询价

招标文件或图纸指明的特殊的、国内市场难以购买到的物资需要做采购方案比较,往往需要通过外贸公司或自行向生产厂家询价。普通物资的价格则预先就储存在信息库中,不需临时询价。材料和设备在工程造价中常常占50%以上,对报价影响很大,因而在报价阶段对材料和设备供应要十分谨慎。询价时最好找生产磋商的经理部或当地直接受委托的代理,在当地询价后,可用电传向生产厂商询价,加以比较后再确定如何订货。建筑材料价格波动很大,因而在报价时不能只看眼前的建筑材料价格,而应调查了解和分析近年建材价格变化的趋势,决定采取几年平均单价或当时单价,同时考虑物价上涨因素以减少可能因价格波动引起的损失。

2. 分包询价

大型综合性的承包人一般都利用自身的管理优势总包大中型工程,自己亲自组织结构工程的设计、施工,把专业性强的分部分项工程,如:钢结构的制作玻璃幕墙的制作和安装、电梯的安装、特殊装饰等,分包给专业分包人去完成。不仅分包价款的高低会影响承包人的报价,而且招标文件往往要求投标人把拟选定的分包人资质和资历等作为投标文件的一部分,因此分包人的信誉好坏也会直接影响到投标人的中标与否。

3. 估算初步报价

报价是投标的核心。它不仅是能否中标的关键,而且对中标后能否盈利、盈利多少也是主要的决定因素之一。初步报价是把单价与工程量逐一相乘,再加上与合同义务相对应的开办费。按国内定额报价的工程,其初步报价是把定额单价与工程量相乘,得出定额直接费,再以定额直接费为基础,按规定的费率计取各项间接费利润和税金。这项工作多由计算机完成,避免了计算中的失误,提高了工作效率。国际通用的工程计价依据是资源的市场价格和承包商的消耗水平。

(二) 报价分析决策

初步报价提出后,应当对这个报价进行多方面分析。分析的目的是探讨这个报价的合理性、竞争性、盈利和风险性,从而做出最终报价的决策。分析的方法可以从静态分析和动态分析两方面进行。

1. 报价的静态分析

报价的静态分析是依据本企业长期工程实践中积累的大量经验数据，用类比的方法判断初步报价的合理性。可从以下几个方面进行分析：

(1) 分项统计计算书中的汇总数字，并计算其比例指标。

①统计同类工程总工程量及各单项工程量。

②统计材料总价及各主要材料数量和分类总价，计算单位产品的总材料费用指标和各主要材料消耗指标和费用指标；计算材料费占报价的比重。

③统计劳务费总价及主要工人、辅助工人和管理人员的数量，按报价、工期、工程量及统计的工日总数量算出单位产品的用工数（生产用工和全员用工数）、单位产品的劳务费。并算出按规定工期完成工程时，生产工人和全员的平均人月产值和人年产值。计算劳务费占总报价的比重。

④统计临时工程费用、机械设备使用费、机械设备购置费及模板、脚手架和工具等费用，计算它们占总报价的比重，以及分别占购置费的比例（即拟摊入本工程的价值比例）和工程结束后的残值。

⑤统计各类管理费汇总数，计算它们占总报价的比重；计算利润、贷款利息的总数和所占比例。

⑥如果报价人有意地分别增加了某些风险系数，可以列为潜在利润或隐匿利润提出，以便研讨。

⑦统计分包工程的总价及各分包商的分包价，计算其占总报价和承包商自己施工的直接费用的比例。并计算各分包商分别占分包总价的比例，分析各分包价的直接费、间接费和利润。

(2) 从宏观方面分析报价结构的合理性。

例如分析总直接费用和总管理费用的比例关系，劳务费和材料费的比例关系，临时设施和机具设备费用与总直接费用的比例关系，利润、流动资金及其利息与总报价的比例关系，以便判断报价的构成是否合理。如果发现有不合理的部分，应当初步分析其原因。首先是研究本工程与其他类似工程是否存在某些不可比因素，如果扣掉不可比因素的影响后，仍然存在报价结构不合理的情况，就应当深入探讨其原因，并考虑适当调整某些基价、定额或分摊系数。

(3) 探讨工期与报价的关系。

根据进度计划与报价，计算出平均人月产值、人年产值，如果从承包商的实践经验角度判断这一指标过高或者过低，就应当考虑工期的合理性，或考虑所采用定额的合理性。

(4) 分析单位产品价格和用工量、用料量的合理性。

参照实施同类工程的经验，如果本工程与可类比的工程有些不可比因素，可以扣除不可比因素后进行分析比较。还可以在当地搜集类似工程的资料，排除某些不可比因素后进行分析对比，以分析本报价的合理性。

(5) 对明显不合理的报价构成部分进行微观方面的分析检查。

重点是从提高工效、改变施工方案、调整工期、压低供应商和分包商的价格、节约管理费用等方面提出可行措施，并修正初步报价。

2. 报价的动态分析

报价的动态分析是假定某些因素发生变化，测算报价的变化幅度，特别是这些变化对工程目标利润的影响。

(1)延误工期的影响。

由于承包商自身的原因,如材料设备交货拖延、管理不善造成工程中断,质量问题导致返工等原因而引起的工期延误,承包商不但不能向业主索赔,而且还要赔付违约罚款。另一方面,由该原因导致的工期延误,可能会增大承包商的管理费、劳务费、机械使用费以及资金成本。一般情况下,可以测算工期延长某一段时间,上述各种费用增大的数额及其占总报价的比率。这种增大的开支部分只能用风险费和利润来弥补。因此,可以通过多次测算,得知工期拖延多久,利润将全部丧失。

(2)物价和工资上涨的影响。

通过调整报价计算中材料设备和工资上涨系数,测算其对利润的影响。同时切实调查工程物资和工资的升降趋势和幅度,以便做出恰当判断。通过这一分析,可以得知报价中的利润对物价和工资上涨因素的承受能力。

(3)其他可变因素的影响。

影响报价的可变因素很多,而有些是投标人无法控制的,如贷款利率的变化、政策法规的变化等。通过分析这些可变因素的变化,可以了解投标项目利润的受影响程度。

3. 报价的盈亏分析

初步计算的报价经过上述几方面的分析后,可能需要对某些分项的单价做出必要的调整,然后形成基础标价,再经盈亏分析,提出可能的低标价和高标价,供投标报价决策时选择。盈亏分析包括盈余分析和亏损分析两个方面。

(1)报价的盈余分析。

盈余分析是从报价组成的各个方面挖掘潜力、节约开支,计算出基础标价可能降低的数额,即所谓"挖潜盈余",进而算出低标价。盈余分析可从下列几个方面进行。

①定额和效率,即工料、机械台班消耗定额以及人工、机械效率分析。

②价格分析,即对劳务价格、材料设备价格、施工机械台班(时)价格三方面进行分析。

③费用分析,即对管理费、临时设施费、开办费等方面逐项分析,重新核实,找出有无潜力可以挖掘。

④其他方面。如保证金、保险费、贷款利息、维修费等方面均可逐项复核,找出有潜力可挖之处。

经过上述分析,最后得出总的估计盈余总额,但应考虑到挖潜不可能百分百实现,故尚需乘以一定的修正系数(一般取 0.5~0.7),据此求出可能的低标价,即:低标价 = 基础标价 − (挖潜盈余 × 修正系数)

(2)报价的亏损分析。

亏损分析是针对报价编制过程中,因对未来施工过程中可能出现的不利因素估计不足而引起的费用增加的分析,以及对未来施工过程中可能出现的质量问题和施工延期等因素而带来的损失的预测。主要可从以下几个方面分析:

①工资;②材料、设备价格;③质量问题;④作价失误;⑤不熟悉当地法规、手续所发生的罚款等;⑥自然条件;⑦管理不善造成质量、工作效率等问题;⑧建设单位、监理工程师方面问题;⑨管理费失控。

以上分析估计出的亏损额,同样乘以修正系数(0.5~0.7),并据此求出可能的高标价,即:高标价=基础标价+(估计亏损×修正系数)。

必须注意,在亏损分析中,有些因素有时可能不易与不可预见费中的某些因素划分清楚,考虑时切勿重复或漏项,以免影响报价的高低。

4. 报价的风险分析

从投标到竣工直至维修期满的整个过程中,由于政治、经济、社会、市场的变化及工程实施中的不可预见性,会直接或间接地影响工程项目的正常实施,给承包商带来利润的减少甚至亏损的风险。报价风险分析就是要对影响报价的风险因素进行评价,对风险的危害程度和发生的概率作出合理的估计,并采取有效对策与措施来避免或减少风险。

总之,报价的分析对调整投标价格起到了很重要的作用,调整投标价格应当建立在对工程盈亏分析的基础上,盈亏预测应用多种方法从多角度进行,找出计算中的问题以及分析可以通过采取哪些措施降低成本,增加盈利,确定最后的投标报价。

知识点3 工程量清单

作为我国工程造价管理改革的一个里程碑,2003年7月1日开始实施"工程量清单"计价方法。这是我国成为世贸成员国后,建筑业作为率先承诺对外开放的行业之一,与国际管理接轨的必然要求。

一 工程量清单招标

工程量清单招标是招投标发展到一定水平,为推进和完善招投标制度、改进行政监督机制、引导投标向市场经济过渡,进而实现与国际惯例接轨所采取的比较科学、合理的招投标方式。它是在建设工程施工招投标时招标人依据工程施工图纸、招标文件要求,以统一的工程量计算规则和统一的施工项目划分规定,为投标人提供实物工程量项目和技术性措施项目的数量清单;在国家定额指导下,结合工程情况、市场竞争情况和本企业实力,并充分考虑各种风险因素,自主填清单开列项目中包括工程直接成本、间接成本、利润在内的综合单价与合计汇总价,并以所报综合单价作为竣工结算调整价的招标投标方式。

工程量清单招标实行了量价分离、风险分担,即招标人承担量的风险,投标人承担价的风险。工程量清单招标实质上是市场确定价格的一个规则,因此,标底审查这一环节已无实际意义。根据《工程建设项目施工招标投标办法》第三十四条"招标人可根据项目特点决定是否编制标底。编制标底的,标底编制过程和标底必须保密。……任何单位和个人不得强制招标人编制,或报审标底,或干预其确定标底。招标项目可以不设标底,进行无标底招标"。

标底是业主对招标项目投资的预测,是评标人判断投标报价是否合理的主要依据,由业主或业主委托的造价咨询机构编制。在实际投标中发现,业主编制标底时较难考虑施工方案、技术措施对造价的影响,对工程成本的预测主要依靠定额、取费文件,容易与市场造价水平脱节。由于标底在评标过程中作为"判官"的特殊地位,不合理的标底会使合理的投标报价在评标中显得不合理,降低其中标的机会,给评标结果带来不利影响。在一定社会背景下,围绕标底甚至产生钱权交易,滋生投标过程中的腐败行为。无标底评标方法可以避免这些问题,使评标结果更趋于公平、公正、合理。无标底评标是指业主不编制标底,开标前根据工程特点制定评标原则,依据投标报价的综合水平确定工程合理造价,并以此作为评判各投标报价的依据。

二 工程量清单报价的形式

工程量清单报价包括实物工程量清单报价、非实物形态竞争性费用。工程量清单以实物工程量为主体,非实物形态竞争性费用和人工费用不提供实物量。实物工程量清单通常指建筑安装就位后工程实体的量。工程量清单不能单独使用,应与招标文件的招标须知、合同文件、技术规范和图纸等结合使用。目前工程量清单报价有以下几种形式:

1. 直接费单价法

直接费单价即工程量清单的单价由人工、材料和机械费组成,按定额的工、料、机消耗标准及价格和进入直接费的调整价确定。其他直接费、间接费、利润、材料差价、税金等按现行的计算方法计取列入其他相应价格计算表中。这是我国目前绝大部分地区所采用的编制办法。

2. 综合单价法

综合单价指完成某工程量清单项目每一计算单位除税金外所发生的所有费用,综合了直接费、管理费和利润等费用。其对应的图纸内工程量清单即分部分项工程量实物量计价表属于非竞争期性费用。而另一部分公共(综合)费用项目表属于竞争性费用,如:脚手架费,高层建筑增加费、施工组织措施费及保险费等。在投标报价中,非竞争性费用采用定额法计算,而竞争性费用则根据工程实际情况和自己的实力竞争报价。

(1)工料单价计算公式:

$$工料单价 = 人工费 + 材料费 + 机械费$$

$$人工费 = \sum(人工定额消耗量 \times 人工工日单价)$$

$$材料费 = \sum(材料定额消耗量 \times 材料单价) + 检验试验费$$

$$机械台班使用费 = \sum(机械台班使用定额消耗量 \times 机械台班使用单价)$$

(2)综合单价计算公式:

$$综合单价 = 工料单价 + 管理费 + 利润$$
$$= 工料单价 \times (1 + 管理费率) \times (1 + 利润率)$$

(3)全费用法。

全费用是由直接费用、非竞争性费用、竞争性费用组成。该工程量清单项目分为一般项目、暂定金额和计日工三种。一般项目是指工程量清单中除暂定金额和计日工以外的全部项目。暂定金额是指包括在合同中的供工程任何部分的施工或提供物、材料、设备或服务,或提供不可预料事件所需费用的一项金额。全费用单价合同是典型、完整的单位合同,工程量清单按能形成一个独立的构件为子目来分部分项编制。同时对该项目的工作内容和范围必须加以说明界定。

知识点4 相关案例综合分析

案例 "错误判断"与"误解"文件

业主招标制造两台50t塔式起重机。招标文件的技术规范详细规定了设计要求,某投标负责人大致了解了要求后,认为所要求的塔式起重机属于轻型的,而实际上是重型塔式起重机。由于投标人和次低报价差额较大,业主要求承包人对报价做书面确认。在授标前业主为进一步确定投标人能否完成该项目,要求其提供了费用分析资料。考虑到投标人一再保证能履行合同,最终合同授予了该投标人。在初步设计时,投标人才发觉价格上的巨大差额,要求修改合同延长工期增加费用。双方为此诉之法院,法院认为,投标人只读了部分技术规范而报价,属于判断错误,而不属于错读技术规范。因此拒绝了投标方的诉讼请求。

【案例简析】

拓展资源链接

序号	资源名称	链接方式
1	投标报价术语认知	
2	情境案例——违法投标	
3	招投标综合案例	
4	行业能力测评	
5	标书的知识增加了	https://mp.weixin.qq.com/s/T4ypSxO5aBtn9DVrbFSwTw

行业能力测评

1. 不属于施工投标文件的内容有（　　）。
   A. 投标　　　　　　　　　　　B. 投标报价
   C. 拟签订合同的主要条款　　　　D. 施工方案
2. 关于投标单位作标书阶段的操作做法不妥的是（　　）。
   A. 对招标文件进行认真透彻的分析研究
   B. 对工程量清单内所列工程量进行详细审查
   C. 对施工图进行仔细的理解
   D. 认真对待招标单位答疑会
3. 甲、乙两个工程承包单位组成施工联合体投标，甲单位为施工总承包一级资质，乙单位为施工总承包二级资质，则该施工联合体应按（　　）资质确定等级。
   A. 一级　　　　B. 二级　　　　C. 三级　　　　D. 特级
4. 下列关于投标书撤回说法正确的是（　　）。
   A. 任何时间都不可以撤回投标书
   B. 在提交投标文件截止时间后，投标人不得补充、修改、替代或者撤回其投标文件
   C. 在提交投标文件截止时间后到招标文件规定的投标有效期终止之前，投标人不得补充、修改、替代或者撤回其投标文件，否则其投标保证金将被没收
   D. 任何时间都可以撤回投标书
5. 根据《中华人民共和国招标投标法》的规定，下列关于联合体投标的变更表述中不正确的是（　　）。
   A. 联合体成员的变更必须在投标截止时间之前得到招标人的同意
   B. 联合体各方应当在招标人进行资格预审时，向招标人提出组成联合体的申请
   C. 招标人可通过相关法律规定强制要求资格预审合格的投标人组成联合体
   D. 通常情况下，变更后的联合体资质发生降低或影响到招标的竞争性，招标人有权拒绝

典型任务3　工程开标、评标、定标

【开标】

开标是招标人按照自己既定的时间、地点，在投标人出席的情况下，当众开启各份有效投标书，宣布各投标人所报的标价、工期及其他主要内容的一种公开仪式。

开标是为了让全体投标人了解各家的投标报价及最低的投标报价。

开标会议到场的单位：一般是招标单位、投标单位、行政监督部门、技术、纪检、法律、审计等部门。

开标有关工作人员：主要是（拆）标人、唱标人、记录人、公证员、监标人等。

如今，线上采购模式正在不断普及，投标过程也越来越电子化了，那么你知道电子投标开

标流程及注意事项是什么吗?

【电子开标】

电子开标是通过互联网以及连接的交易平台,在线完成数据电文形式投标文件的拆封、解密,展示唱标内容并形成开标记录的工作程序。

电子开标时间应当严格按照招标文件约定,在投标截止时间的同一时间进行。

《电子招标投标办法》(国家发展和改革委员会令〔2013〕第20号)要求投标人准时登录交易平台在线参加开标。实践中,主要采用投标人自行加密和解密电子投标文件的方式。

电子开标时,需要所有投标人在线签到并电子签名确认开标记录。

根据《中华人民共和国合同法》(以下简称《合同法》)与《中华人民共和国电子签名法》的规定,书面形式是指合同书、信件和数据电文(包括电子数据交换、电子邮件、电报、电传或者传真等)等可以有形地表现所载内容的形式。书面形式又可分为一般书面形式和特殊书面形式。

 本任务必备知识体系:

➢ 知识点1 工程开标流程
➢ 知识点2 工程评标方法
➢ 知识点3 相关案例综合分析
➢ 拓展资源链接
➢ 行业能力测评

知识点1 工程开标流程

 电子投标开标流程

(1)招标人或招标代理机构在交易平台指定开标主持人。主持人只能根据交易平台事先设定的流程和权限操作电子开标。

(2)参加电子开标的投标人通过互联网在线签到。

(3)开标时间到达,交易平台按照事先设定的开标功能,自动提取投标文件。

(4)交易平台自动检测投标文件数量。投标文件少于3个时,系统进行提示。主持人根据实际情况和相关规定,决定继续开标或终止开标。

(5)主持人按招标文件规定的解密方式发出指令,要求招标人和(或)投标人准时并在约定时间内同步完成在线解密。

(6)开标解密完成后,交易平台向投标人展示已解密投标文件开标记录信息。

(7)投标人对开标过程有异议的,可通过交易平台即时提出。

(8)交易平台生成开标记录,参加开标的投标人在线电子签名确认。

(9)开标记录经电子签名确认后,向各投标人公布。

电子投标开标注意事项如下:

(1)开标时,需要按要求提交非加密标书和PDF格式标书(具体要求以招标文件为主)。

(2)开标时,携带纸质版资信证明文件,以备不时之需。

(3)多准备几个信封,密封非加密电子版标书、CA 锁和资信证明文件。
(4)如需现场上传加密标书,切记不可乱连无线网。

二 开标时作废的投标文件

《招标投标法》中规定:投标偏差分为重大偏差和细微偏差。

1. 重大偏差

(1)没有按照招标文件要求提供投标担保或者提供的投标担保有瑕疵;
(2)投标文件没有投标人授权代表签字和加盖公章;
(3)投标文件载明的招标项目完成期限超过招标文件规定的期限;
(4)明显不符合技术规格、技术标准的要求;
(5)投标文件载明货物包装方式、检验标准和方法等不符合招标文件要求;
(6)投标文件附有招标人不能接受的条件;
(7)不符合招标文件中规定的其他实质性要求。

投标文件有上述情形之一的,为未能对招标文件作出实质性响应,按规定作废标处理。招标文件对重大偏差另有规定的,从其规定。

2. 细微偏差

细微偏差是指投标文件在实质上响应招标文件要求,但在个别地方存在漏项或者提供了不完整的技术信息和数据等情况,并且在补充了这些遗漏或者不完整的技术信息后不会对其他投标人造成不公平的结果。细微偏差不影响投标文件的有效性。

评标委员会应当书面要求存在细微偏差的投标人在评标结束前予以补正。拒不补正的,在详细评审时可以对细微偏差作不利于该投标人的量化,量化标准应当在招标文件中规定。

3. 开标时作废的投标文件

(1)未密封;
(2)未按规定格式填写,文件响应性差;
(3)未加盖投标单位印鉴(法定代表人/法定代表人委托代理人印鉴);
(4)逾期送达;
(5)投标单位未参加开标会议;
(6)投标人递交两份或多份内容不同的投标文件,或在一份投标文件中对同一招标项目报有两个或多个报价,且未声明哪一个有效(按招标文件规定提交备选投标方案的除外);
(7)投标人名称或组织机构与资格预审时不一致;
(8)未按招标文件要求提交投标保证金(保函);
(9)联合体投标未附联合体各方共同投标协议的。

三 投标书计算错误修正原则

1. 目的和意义

投标报价修正是指评标委员会对投标人投标报价进行算术校核时,对投标报价中存在的计算错误或者投标单价、投标报价表述前后不一致等法定情形进行修正,并经投标人书面确认的行为。

投标报价修正一方面有利于评标委员会准确理解投标文件的内容,把握投标人的真实意思,尊重算术运算的实际结果,从而对投标文件作出公正、客观的评价;另一方面也有助于消除评标委员会和投标人对招标文件和投标文件理解上的偏差,避免中标人的投标报价存在计算错误,如未能依法进行修正错误,将会导致后期双方争议不断,影响合同履行。

2. 法律依据

根据《招标投标法实施条例》第五十二条规定:"投标文件中有含义不明确的内容、明显文字或者计算错误,评标委员会认为需要投标人作出必要澄清、说明的,应当书面通知该投标人。投标人的澄清、说明应当采用书面形式,并不得超出投标文件的范围或者改变投标文件的实质性内容。评标委员会不得暗示或者诱导投标人作出澄清、说明,不得接受投标人主动提出的澄清、说明。"

根据《招标投标法》第三十九条规定"评标委员会可以要求投标人对投标文件中含义不明确的内容作必要的澄清或者说明,但是澄清或者说明不得超出投标文件的范围或者改变投标文件的实质性内容。"

3. 修正方法

评标委员会将对确定为实质上响应招标文件要求的投标文件进行校核,看其是否有计算或表达上的错误,修正错误的原则如下:

(1)如果数字表示的金额和用文字表示的金额不一致时,以文字表示的金额为准。

(2)如果单价与数量的乘积不一致时,以单价为准,单价有明显的小数点错误,以标出的合价为准,并修改单价。

(3)按上述修正错误的原则及方法调整或修正投标文件的投标报价,评标委员会改正后请投标人签字确认,调整后的投标报价对投标人起约束作用,作为投标书的有效组成部分。

(4)如果投标人不接受修正后的报价,则其投标将被拒绝并且其投标保证金也将被没收,并不影响评标工作。

知识点 2　工程评标方法

一 评标委员会

据招标法体系的相关规定,唯有评标委员会享有"废标权",招标人、行政监督部门及其他当事人均不享有废标权。

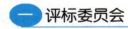

评标委员会组建专家成员人数为五人以上单数,为保证公正性和权威性,其中技术、经济等方面的专家不得少于成员总数的三分之二。

评标委员会的专家成员是从省级以上人民政府有关部门提供的专家名册或者招标代理机构的专家库内的相关专家名单中确定。

确定评标专家,可以采取随机抽取或者直接确定的方式。一般项目,可以采取随机抽取的方式;技术特别复杂、专业性要求特别高或者国家有特殊要求的招标项目,采取随机抽取方式确定的专家难以胜任的,可以由招标人直接确定。

2. 评标委员会的职责

(1) 审查投标文件,审核清标工作组的评标基础资料,界定废标。
(2) 采用署名方式综合打分;推荐中标候选人。
(3) 对投标文件有疑问的,进行书面询标与澄清。
(4) 建议是否重新招标;完成书面评标报告,提交招标人。

工程评标流程

(一) 基本定义

1. 评标和决标

评标,即投标的评价与比较,是指在开标以后,由招标人或受招标人委托的专门机构,根据招标文件的要求,对各份有效投标书所进行的商务、技术、质量、管理等多方面的审查、分析、比较、评价工作。评标的目的在于对各份投标书进行全面鉴别与比较后,确定出各份投标书的综合评定费用,为决定中标人提供科学的、客观的、可靠的依据。

2. 决标

决标是指招标人依据评标报告及有关资料,择优决定中标人。

3. 授标和中标

授标是指招标人以书面形式正式通知某投标单位承包建设工程项目。投标人收到上述承包建设工程项目的正式书面通知则为"中标"。

(二) 评标阶段

评标的目的是根据招标文件中确定的标准和方法,对每个投标商的标书进行评价和比较,以评出最低投标价的投标商。评标必须以招标文件为依据,不得采用招标文件规定以外的标准和方法进行评标,凡是评标中需要考虑的因素都必须写入招标文件之中。评标阶段是最关键的阶段,是对中标人的决定性筛选。这个筛选过程从打开投标文件开始,然后有清标、评标、决定中标人、双方签署合同、最后投标人递交履约保函的程序。评标分为初评和详细评标两个阶段。

1. 初步评标

初步评标工作比较简单,但却是非常重要的一步。初步评标的内容包括:供应商资格是否符合要求,投标文件是否完整,是否按规定方式提交投标保证金,投标文件是否基本上符合招标文件的要求,有无计算上的错误等。如果供应商资格不符合规定,或投标文件未做出实质性的反应,都应作为无效投标处理,不得允许投标供应商通过修改投标文件或撤销不合要求的部分而使其投标具有响应性。

经初步评标,凡是确定为基本上符合要求的投标,下一步要核定投标中有没有计算和累计方面的错误。

在修改计算错误时,要遵循两条原则:

(1)如果数字表示的金额与文字表示的金额有出入,要以文字表示的金额为准。

(2)如果价格和数量的乘积与总价不一致,要以单价为准。但是如果采购实体认为有明显的小数点错误,此时要以标书的总价为准,并修改单价。如果投标商不接受根据上述修改方法而调整的投标价,可拒绝其投标并没收其投标保证金。

2. 详细评标

在完成初步评标以后,下一步就进入详细评定和比较阶段。只有在初评中确定为基本合格的投标,才有资格进入详细评定和比较阶段。具体的评标方法取决于招标文件中的规定,并按评标价的高低,由低到高,评定出各投标的排列次序。

在评标时,当出现最低评标价远远高于标底或缺乏竞争性等情况时,应废除全部投标。

3. 编写并上报评标报告

评标工作结束后,采购实体要编写评标报告,上报采购主管部门。评标报告是评标委员会根据全体评标成员签字的原始评标记录和评标结果编写的报告,其主要内容包括:

(1)基本情况和数据表;

(2)评标委员会成员名单;

(3)开标记录;

(4)符合要求的投标一览表;

(5)无效投标情况说明;

(6)评标标准、评标方法或者评标因素一览表;

(7)经评审的价格或者评分比较一览表;

(8)经评审的投标人排序;

(9)推荐的中标候选人名单与签订合同前要处理的事宜;

(10)澄清、说明、补正事项纪要;

(11)评标委员会认为重要的其他事项。

评标委员会提出书面评标报告后,招标人一般应在1~5个工作日内确定中标人,但最迟应在投标有效期结束日30个工作日前确定。

(三)资格后审

如果在投标前没有进行资格预审,在评标后则需要对最低评标价的投标商进行资格后审。如果审定结果认为他有资格、有能力承担合同任务,则应把合同授予他;如果认为他不符合要求,则应对下一个评标价最低的投标商进行类似的审查。

(四)授标与合同签订

合同授予最低评标价的投标商,并要求在投标有效期内进行。决标后,在向中标投标商发中标通知书时,也要通知其他没有中标的投标商,并及时退还投标保证金。

具体的合同签订方法有两种,一是在发中标通知书的同时,将合同文本寄给中标单位,让其在规定的时间内签字退回。二是中标单位收到中标通知书后,在规定的时间内,派人前来签订合同。如果是采用第二种方法,合同签订前,允许相互澄清一些非实质性的技术性或商务性问题,但不得要求投标商承担招标文件中没有规定的义务,也不得有标后压价的行为。合同签字并在中标供应商按要求提交了履约保证金后,合同就正式生效。

三 工程评标方法

1. 一次平均法

将所有有效投标报价(三个以上)去掉一个最高价,其余投标价的平均值乘浮动系数 K(系数 K 取 $0.8 \sim 0.95$,由评委确定)确定为基准价,负接近基准价者为第一中标候选人。

2. 技术优先法

对施工技术有特殊要求的工程项目,首先根据技术条件确定施工单位的优先次序,然后根据价格商谈情况确定中标单位。

3. 两次平均法

第一次是对有效标书投标金额进行平均,低于平均价者进入下一轮平均;第二次是将低于第一次平均价的投标金额进行平均,最接近第二次平均值者为第一中标候选人。

4. 加权平均法

适用于投标单位资质相同、能力相当,工程结构较为复杂的情况。在投标单位的投标书中均有可行的确保工程质量和合理工期的前提下,把投标单位报价相加取平均值 A,再把 A 审定后的标底 B 相加取平均值 C,C 为评标标底。各投标单位报价接近 C 者为优选单位。即:

$$A = \frac{A_1 + A_2 + A_3 \cdots A_n}{n}$$

$$C = \frac{A + B}{2}$$

式中,A 为投标企业报价;B 为审定后的标底;C 为加权平均后的评标标底;n 为投标单位个数。

5. 指定中标法

对小型项目(8万元以下)由建设单位直接指定中标候选人,由审计处对其预算进行审核。

6. 费率费用计分法

适用于能够提供满足施工需要的施工图纸及技术资料的工程。投标单位以费率、费用形式报价,经过对技术标书、商务标书的先后开标、评标、计分,最终择优确定中标单位。

费率是指按照预算定额以直接费为计算基础的各种费率之和,以百分比的形式反映。

费用是指由于施工方案不同造价差异较大或者定额项目无法确定,受市场价格影响较大的项目,具体内容应当在招标文件中明确。

费率费用计分法应当设置标底费率,标底费率应当经招标投标管理机构审定。投标单位中标后费率费用不得调整,中标费率费用是施工图纸出齐后确定工程造价的依据。

7. 综合评议法

综合评议法一般适用于规模大、技术复杂的工程。综合评议法是通过对投标单位的能力、业绩、财务状况、信誉、投标报价、工期质量、施工组织设计等内容进行定性的分析和比较，进行评议后，用无记名投票方式择优确定中标单位的评标方法。

(1) 定性综合评估法

定性综合评估法，又称评议法，通常的做法是，由评标组织对工程报价、工期、质量、施工组织设计、主要材料消耗、安全保障措施、业绩、信誉等评审指标，分项进行定性比较分析，综合考虑，经过评议后，选择其中被大多数评标组织成员认为各项条件都比较优良的投标人为中标人，也可用记名或无记名投票表决的方式确定投标人。定性综合评议法的特点，是不量化各项评审指标。它是一种定性的优选法。采用定性综合评议法，一般要按从优到劣的顺序，对各投标人排列名次，排序第一名的即为中标人。但当投标人超过一定数量（如在 5 家以上）时，可以选择排序第二名的投标人为中标人。

这种方法虽然能帮助评标组织成员深入地听取各方面的意见，但由于没有进行量化评定和比较，评标的科学性较差。其优点是评标过程简单、较短时间内即可完成。一般适用于小型工程或规模较小的改扩建项目。

(2) 定量综合评议法

定量综合评议法，又称打分法、百分制计分评议法。通常的做法是，事先在招标文件或评标定标办法中将评标的内容进行分类，形成若干评价因素，并确定各项评价因素在百分之内所占的比例和评分标准，开标后由评标组织中的每位成员按评标规则，采用无记名方式打分，最后统计投标人的得分，得分最高者（排序第一名）或次高者（排序第二名）为中标人。

这种方法的主要特点，是量化各评审因素对工程报价、工期、质量、施工组织设计、主要材料消耗、安全保障措施、业绩、信誉等评审指标确定科学的评分及权重分配，充分体现整体素质和综合实力，符合公平、公正的竞争法则使质量好、信誉高、价格合理、技术强、方案优的企业能中标。

8. 合理低价法（也叫最低评标价法）

最低评标价法作为国际上最常用的评标方法，最接近国际上采用的"双信封投标"评标，亚行通常采用这种办法招标评标，世行对大型成套设备的采购和安装工程也采用"双信封投标"法。合理最低价评标定标要求首先必须审查投标单位的施工方案、技术措施、质量保证措施、网络进度计划等技术要素，当这些要素均满足招标文件的实质性要求后，淘汰一部分不满足要求投标人，然后选择不低于其个别成本的最低报价。该方法不但适用于多数技术简单、施工难度不大的中小工程，而且适用于大中型建设工程和设备安装工程，它具体有如下特点：

(1) 不用编制标底，因此也就不存在保密的问题，减少了招标单位的工作量，而且在一定程度上减少腐败。

(2) 评标能做到客观、公平、公正，真正体现招标评标原则，合理最低价评标定标使在施工技术、经营管理、人员素质等方面有实力的企业顺利通过项目的技术标评价，然后在成本节约、施工管理、企业利润等方面展开竞争，这样既有利于建设方作为投资主体确保工程质量和工期，又使得投资尽可能降低，同时承包单位通过竞争后承揽到工程项目获得一定的利润，促进企业的健康发展，也有利于全行业的技术进步，国际竞争力的提高。随着我国 WTO 的加入，建筑市场的挑战之一是竞争将更加激烈,建筑施工企业只有通过自身努力,提高经营管理水平和技术创新能力,从而增强综合竞争力,帮助在国内市场上站稳脚跟,同时参与更广泛的国际竞争,创造更多的外汇收入。

(3)该方法容易操作,减少了主观性,使招标项目的质量、工期、价格三者得到和谐的统一。随着我国的经济体制改革不断深入,多元投资格局基本形成,那种不顾经济效益盲目粗放型的单一投资已不适应当今中国和世界的发展,提高经济效益是投资的主要目标,也是发展生产力、增加社会财富积累的重要途径。因而采用合理最低标评标定标完全适应多元投资格局,而且这种方法注重考察投标单位的整体实力,注重投资效益的提高,评标过程中掺杂的主观因素很少,操作也相对简单。

(4)提高企业的经营能力和管理水平。那些管理水平低、设备技术落后的企业,要么中不了标,要么中标后无利可图,最后被市场无情淘汰,这样就促使企业必须提高经营能力和管理水平。

当然,最低评标价法也存在一些问题:一是价格最低,并不能保证服务和质量最优;二是投标供应商有危机感。风险太大了,供应商会心有顾虑;三是成本价不易界定,是最低评标价法受到质疑的核心问题。

为了准确界定合理低价,可以从以下几个方面入手:

(1)投标总价

目前采用工程量清单招标,投标总价仍然是一个很重要的评价因素,它是投标人结合工程特点和自身情况自主报价的汇总,是投标人报价水平的综合反映,也是招标人控制工程造价的依据,但前提是必须在对报价文件计算审核后才能评定。具体方法是:①无标底时,以有效投标人报价的平均值为基准价制定经济标评审的合理范围,超出此范围的投标报价视为不合理。②有标底(社会平均水平)时,可上浮一定比例制定一个最高控制线,下浮一定比例制定一个最低控制线,凡投标报价超出控制线的投标人,不再参与评标。评标时按照评标办法规定的评审内容、指标和合理范围标准,评审出合理的投标报价、投标总价最低的投标人为中标候选人。

(2)综合单价

在定额计价模式下,由政府主管部门制定的消耗指标和基础单价,不能真实反映投标人的个别成本和价格水平,招投标双方不能自主定价,除政府规定和设计变更外,工程造价与工程量一般都不准调整,实际上仅用投标总价反映工程项目的价格水平。而工程量清单招标一般遵守"中标后,综合单价不变,工程量按实调整"的原则,投标总价并不能真实反映工程价格水平。因此,必须增加对投标人的综合单价进行分析和评审的环节,以便及时发现不平衡的报价因素,避免实施中和结算时埋下隐患,损害某方的利益。具体评价方法可按上述评总价的方法。

(3)分析不可竞争成本

不可竞争费用包括:①国家、省财政、物价部门规定的,投标人为承担该招标工程施工应缴的各种规费;②施工现场安全文明施工措施费用;③税金;④招标文件规定的暂定项目;⑤甲供材料及设备费用;⑥法规等规定的其他不可竞争费用。对评标过程中出现投标人降低不可竞争费用标准进行竞标的或低于造价管理部门近期发布的最低控制线标准时,投标人在投标文件中应提交相关的说明资料,没有提交相关说明资料和证明材料的或者相关说明资料、证明材料不能很好地说明降低理由的,则视为低于成本报价竞标。

(4)分析可竞争成本

可竞争费用包括:①人工工资(包括基本工资、各种津贴、补贴等)、材料价格、机械台班单价;②人工、材料、机械台班消耗量;③除现场安全文明施工措施费以外的措施项目费;④管理费用;⑤利润;⑥其他可竞争的费用等。分析主要分项工程的人材机消耗量及单,分析主要措施项目费用,分析管理费和利润的费率。过分离谱的现象应特别关注。

9. 技术标商务标两阶段评标法

本评标办法采用两阶段评标,第一阶段为技术标评标,第二阶段为商务标评标。技术标是标书文件中的技术部分,包括技术方案、产品技术资料、实施计划等等。商务标是标书中有关商务的部分,包括商务流程,送货,付款,合同等等内容。

采用此种评标法必须先对投标单位进行资格预审。投标单位投标时技术标和商务标应分开,技术标须采用暗标,不能出现投标单位名称及能引起判断出投标单位的内容,否则取消投标资格。技术标评标一般以专家评委为主,获通过后才能进入第二阶段商务标的竞争,最后评选出最接近造价衡量值的投标单位。具体操作过程如下。

(1)技术标评标阶段

技术标评标是指评标委员会对招标文件中的施工组织设计、施工措施、方案和对招标书的响应程度的内容进行评定。每个评委根据评标委员会集体评议意见对各技术标作出书面评价并进行评议,再由评委进行通过与否的投票表决。根据得票多少,选择进入第二阶段商务标的竞争者。也可以采用百分制计分法评技术标,评分由高到低,选择进入第二阶段商务标的竞争者。选择进入第二阶段商务标的竞争者应不少于三家。

(2)商务标评标阶段

商务标评标是指对通过了技术标评标后的投标文件中的投标报价内容进行评定。具体步骤如下:

取去掉一个最高值和一个最低值后的各投标单位的投标报价和暂定标底进行算术平均得出造价衡量值(进入商务标阶段等于三家投标单位时,不去掉最高值和最低值);

将投标单位的投标报价与造价衡量值比较,评选出最接近造价衡量值的投标单位。若出现上下相同两个最接近造价衡量值时,评选出对应下值投标报价者的投标单位。

知识点3 相关案例综合分析

案例1 工程开标时特殊情况的处理案例

递交投标文件截止期及开标时间为中午12点整。有6个投标人出席,共递交了7份投标文件,其中有一个出席者同时代表两个投标人(业主通知此人,他只能投一份投标文件,需要撤回一份投标文件)。另一名投标人晚到了10分钟,原因是门口的警卫搞错了人,把他阻拦了,随后警卫表示了歉意,并出面证实了他迟到的原因,但业主拒绝考虑他交来的投标文件。

【案例简析】

(1)同一投标人只能单独或作为合伙人投一份投标文件。但可以委托代理人递交并出席开标会。一名代表可以同时被授权代表不止一名投标人递交投标文件。本案例中业主的做法是不对的。

(2)在预定递交投标文件截止期及开标时间已经过的情况下,不论何种理由,业主可以拒绝递交的投标文件。这样对已经递交的投标人不公平。但按照惯例,只要不影响招标程序的完整性,而又无损害各有关方的利益,不必拘泥于刻板的时间。本案例中,如任何投标文件均未开读,业主可以考虑情况接受其投标文件。

【知识点】

《FIDIC 招标程序》要求:不应启封在规定的时间后收到的投标书,并应立即将其退还投标人,同时附上一份说明函,说明收到的日期和时间。

案例 2　投标文件修正和撤回

某项目招标文件要求,分项工程的单价一栏用文字表示,随后一栏用数字表示,分项合计用数字表示。在进行评标时发现,投标人 A、B、C 的投标文件存在数字性错误。招标人分项工程错误简表详见表 3-1。

招标人分项工程错误简表　　　　　　　　　　表 3-1

投标人	分项	单位	数量	单价(文字表示,元)	单价(数字表示,元)	总价(元)
A	305	m³	100	肆仟	4000.00	40000
B	305	m³	100	肆拾万	400000	400000
C	305	m³	100	叁仟伍佰	3500.00	350000
标底	305	m³	100	叁仟捌佰	3800.00	380000

问题:

1. 投标人 A、B、C 的计算错误应该如何改正?
2. 如果投标人拒绝改正错误,该怎么办?

【案例简析】

案例 3　报价预测中标率

某大型工程,由于技术难度大,对施工单位的施工设备和同类工程施工经验要求高,而且对工期的要求也比较紧迫。建设单位在对有关单位和在建工程考察的基础上,仅邀请了 3 家国有一级施工企业参加投标,并预先与咨询单位和该 3 家施工单位共同研究确定了施工方案。业主要求投标单位将技术标和商务标分别装订报送。经招标领导小组研究确定的评标规定如下:

(1)技术标共 30 分,其中施工方案 10 分(因已确定施工方案,各投标单位均得 10 分)、施工总工期 10 分、工程质量 10 分。满足业主总工期要求(36 个月)者得 4 分,每提前 1 个月加 1 分,不满足者不得分;自报工程质量合格者得 4 分,自报工程质量优良者得 6 分(若实际工程质量未达到优良将扣罚合同价的 2%),近三年内获鲁班工程奖每项加 2 分,获省优工程奖每项加 1 分。

(2)商务标共 70 分。报价不超过标底(35500 万元)的 ±5% 者为有效标,超过者为废标。

报价为标底的 98% 者得满分 (70 分),在此基础上,报价比标底每下降 1%,扣 1 分,每上升 1%,扣 2 分(计分按四舍五入取整)。各投标单位的有关情况详见表 3-2。

各投标单位的情况　　　　　　　　　　表 3-2

投标单位	报价(万元)	总工期(月)	自报工程质量	鲁班工程奖	省优工程奖
A	35642	33	优良	1	1
B	34364	31	优良	0	2
C	33867	32	合格	0	1

问题:
1. 该工程采用邀请招标方式且仅邀请 3 家施工单位投标,是否违反有关规定?为什么?
2. 请按综合得分最高者中标的原则确定中标单位。
3. 若改变该工程评标的有关规定,将技术标增加到 40 分,其中施工方案 20 分(各投标单位均得 20 分),商务标减少为 60 分,是否会影响评标结果?为什么?若影响,应由哪家施工单位中标?

【案例简析】

拓展资源链接

序号	资源名称	链接方式
1	情境案例——评标专家组建的要求	
2	情境案例——投标文件的有效性	

行业能力测评

1. 确定专家成员一般应当采取(　　)的方式。
　　A. 招标人指定　　　　　　　　B. 行政监督机构确定
　　C. 随机抽取　　　　　　　　　D. 交易中心选定

2. 关于投标保证金表述正确的是( )。
   A. 投标保证金不得超过投标报价的 3%
   B. 投标保证金的有效期与投标有效期相同
   C. 实行两阶段招标的,招标人可要求投标人分两次提交投标保证金
   D. 招标人应在选定中标人后的 5 日内向投标人退还保证金及同期存款利息
3. 招标人在工程量清单中暂定并包括在合同价款中的一笔款项是( )。
   A. 暂列金额   B. 暂估价
   C. 价差预备费   D. 基本预备费
4. 标书的基本要求是( )。
   A. 签章、密封   B. 签字、密封
   C. 签字、盖章   D. 签字和盖章、密封
5. 以下关于工程量清单说法不正确的是( )。
   A. 工程量清单应以表格形式表现   B. 工程量清单是招标文件的组成部分
   C. 工程量清单可由招标人编制   D. 工程量清单是由招标人提供的文件

典型任务 4　工程施工投标策略

案例　半途而废的施工投标

某合资项目,合同工期为 670 天,业主提供的图纸较粗,没有配筋图。承包商报价时,国家钢材的最高市场限价约 1800 元/t,中标后双方签订合同中价格条款为"本工程的合同价格为 3500 万元人民币,此价格固定不变,不受市场材料、设备、劳动力和运输价格的波动及政策性调整因素影响而改变,因设计变更导致价格增减另算"。工程开始后不久国家取消了钢材限价,很快就涨到了 3500 元/t 以上,另由于设计图过粗,后来设计虽未变更,但却增加了许多预先未估计到的与钢筋有关的工程量,而按照合同这些均由承包商自行承担。开工后约 5 个月,预计要亏损 2000 万元。承包商与业主商议给予适当的补偿,只求保本,但被业主否决。最终承包商只能无奈放弃了前期工程的投入,撕毁合同,蒙受了很大损失。而业主不得不另请承包商进场继续施工,半拉子工程只能议标,不仅工期延长而且最后花费也很大。

你认为本案例失败的原因是哪些?

【案例简析】

本案例失败的原因主要有两方面:

(1) 业主采用固定总价合同造成合同风险失衡,而苛刻的合同条件往往是把"双刃剑"同时伤害双方当事人。

(2) 承包商的风险分析做得不细为失败埋下祸根。承包商风险从大方向分为大环境风险、自然风险、商务风险和特殊风险。

投标策略是投标人参与投标全过程的关键,影响投标策略的因素十分复杂,加之投标策略与投标人的经济效益紧密相关,所以必须做到及时、迅速、果断。投标时,根据经营状况和经营目标,既要考虑自身的优势和劣势,也要考虑竞争的激烈程度,还要分析投标项目的整体特点,

按照工程的类别、施工条件等确定投标策略。采用一定得投标技巧,可以增加投标的中标率,又可以获得较好的期望利润。

 本任务必备知识体系:
➢ 知识点1 工程投标策略
➢ 知识点2 相关案例综合分析
➢ 拓展资源链接
➢ 行业能力测评

知识点1 工程投标策略

投标报价策略

招投标过程中,如何运用以长制短、以优制劣的策略和技巧,关系到能否中标和中标后的效益。在通常情况下,投标策略有以下几种:

1. 高价赢利策略

这是在报价过程中以较大利润为投标目标的策略。这种策略的使用通常基于以下情况:
(1)施工条件差;
(2)专业要求高、技术密集型工程,而公司在此方面有特长和良好的声誉;
(3)总价较低的小工程,公司不是特别想干,报价较高,不中标也无所谓;
(4)特殊工程,如港口海洋工程等,需要特别设备;
(5)业主要求很多的、且工期紧急的工程,可增收加急费;
(6)竞争对手少;
(7)支付条件不理想。

2. 微利保本策略

指在报价过程中降低甚至不考虑利润。这种策略的使用通常基于以下情况:
(1)工作较为简单,工作量大,但一般公司都可以做,比如大量的土方工程;
(2)本公司在此地区干了很多年,现在面临断档,有大量的设备处置费用;
(3)该项目本身前景看好,为公司创建业绩;
(4)该项目分期执行或该公司保证能以上乘质量赢得信誉,续签其他项目;
(5)竞争对手多;
(6)有可能在中标后,将工程的一部分以更低价格分包给某些专业承包商;
(7)长时间未中标,希望拿下一个项目维持日常费用,可以支付开支,够本就行。

3. 低价亏损策略

指在报价中不仅不考虑企业利润,相反考虑一定的亏损后提出的报价策略。这种策略在报价中不考虑风险费用,这是一种冒险行为。如果风险不发生,即意味着承包商的报价成功;如果风险发生,则意味着承包商要承担极大的风险和损失。使用该投标策略时应注意:第一,业主肯定是按最低价确定中标单位;第二,这种报价方法属于正当的商业竞争行为。这种报价策略通常只用于：
（1）市场竞争激烈，承包商又急于打入该市场创建业绩；
（2）某些分期建设工程，对第一期工程以低价中标，工程完成的好，则能获得业主信任，希望后期工程继续承包，补偿第一期低价损失。

二 投标过程技巧

通常，投标技巧被简单地理解为报价时所采用的方法和技巧，而投标报价工作是一个十分复杂的系统工程，其具体工作分为若干个阶段，每一个具体阶段面临的情况都不尽相同，甚至有较大的区别，每一阶段需要解决的实际问题也各有侧重。不能用同样的标准看待投标报价工作的不同阶段，当然，也就不能用相同的技巧来解决每个阶段的具体问题。所以，投标技巧所包含的内容必须涉及投标报价过程的每一个具体阶段。针对每个阶段的不同情况和工作目标确定适当的解决方法和技巧。能否科学、合理地运用投标技巧，使其在投标报价工作中发挥应有的作用，关系到最终能否中标，是整个投标报价工作的关键所在。

（一）开标前的投标技巧

1. 资格预审阶段

通常在公开招标项目中，业主都会对投标企业进行资格预审，从而掌握各投标者的基本情况，排除明显不符合要求的投标者，以减少评标的工作量。而对投标企业来讲，在确定投标策略之前，对业主本身及其委托的设计、咨询单位以及工程项目本身有充分的了解也是十分重要的。其具体内容包括：

（1）本工程的资金来源、额度，是否有充足的资金保障；
（2）本工程各项审批手续是否齐全，是否符合所在国及当地政府的相关法规；
（3）了解业主在以往建设工程中招标、评标上的习惯做法，对承包商的态度，尤其是能否及时支付工程款、合理对待承包商的索赔要求；
（4）业主项目管理的组织及人员，其主要人员的工作方式和习惯、业务水平和经验；
（5）了解委托监理方式，业主项目管理人员和监理人员的权责分工以及主要的工作程序；
（6）监理工程师的资历、工作习惯及方式，对承包商的态度，能否站在公正的立场上处理问题；
（7）严格按规定要求编报"资格预审文件"，同时，要注意文字规范严谨，装帧精美，力争给业主留下深刻的印象。在填报"已完工程项目表"时，应在资料真实的条件下，选择那些施工难度大、结构新颖、技术复杂、质量优、工期短、造价低及评价高的工程项目，充分展现公司业绩，以助于中标。

2. 研究标书阶段

研究标书阶段应认真"吃透"标书，即要认真研究标书的内容和有关规定：
（1）分清承包商的责任和报价范围，不要发生任何遗漏；
（2）了解各项技术要求，以便制定先进合理的施工方案；
（3）及时调查了解工程所在地工、料、机等的市场价格，以免因盲目估价而失误；

（4）弄清开、竣工日期及总工期的要求以及奖罚条件，以便制订合理的施工进度计划；

（5）工程款支付条件，有无工程预付款；结算方式；拖延付款的责任和利息支付等，以便做好资金使用计划；

（6）弄清有无特殊材料、设备及施工方法要求，以便采取相应对策措施；

（7）弄清工程量清单中各个工程项目组成的内在含义，防止漏项发生；

（8）弄清总包与分包的规定，以便当自身施工能力不足时便于分包及协作；

（9）弄清施工期限内的涨价补偿规定，以便报价决策时充分考虑利益风险等因素；

（10）对含糊不清的问题，均应及时提请招标单位予以澄清。

3. 现场考察阶段

从广义概念上看，凡是不能直接从招标文件了解和确定对估价结果有影响的内容，都要尽可能通过现场调查来了解和确定。业主通常会提供给各通过资格预审的投标者一次现场考察的机会，各投标单位可以派人到现场进行调查，提出需要澄清的问题，继而得到业主方的澄清。当然仅仅通过一次现场调查是很难完全达到这一目的的，因此，在工程现场考察之前应该做好充分的准备，进行一系列的调查，具体包括：政治情况、经济情况、法律情况、生产要素市场情况、交通运输和通信情况、自然条件、施工条件及其他情况调查等。

（二）常见的投标技巧

当前应用最为普遍的投标策略主要包括不平衡报价法、突然袭击法、低价投标夺标法、联保法和捆绑法、多方案报价法、推荐方案报价法、固定价与浮动价相结合报价法等。具体选择哪一种或者哪几种策略需要承包商结合具体的招标条件、承包商自身的情况以及竞争对手的情况等方面的因素进行综合考虑选择策略组合。

1. 不平衡报价法

不平衡报价法，是相对通常的平衡报价（正常报价）而言的，指在总价基本确定以后，通过调整内部子项目的报价，以期既不提高总价影响中标，又能在结算时得到理想的经济效益。可以提高单价的子项目包括：能够早日结账收款的项目；预计今后工程量会增加的项目；暂定项目中肯定要做的项目等；零星用工（记日工）单价一般可稍高于工程中的工资单价，因为记日工不属于承包总价的范围，发生时实报实销，但如果招标文件中已经假定了记日工的"名义工程量"，则需要具体分析是否报高价，以免提高总报价。

2. 突然袭击法

由于投标竞争激烈，为迷惑对方，可在整个报价过程中，仍然按照一般情况进行，甚至有意泄露一些虚假情况，如表示自己对该工程兴趣不大，不打算参加投标（或准备投高标），表现出无利可图不干等假象，到投标截止前几小时，突然前往投标，并压低投标价（或加价），从而使对手措手不及而无法中标。

3. 低价投标夺标法

低价投标夺标法有的时候被形象地称为"拼命法"。采用这种方法必须有十分雄厚的实力或有国家或大财团作后盾，即为了想占领某一市场或为了争取未来的优势，宁可目前少盈利或不盈利，或采用先亏后赢法，先报低价，然后利用索赔扭亏为盈。采用这种方法应首先确认业主是按照最低价确定中标单位,同时要求承包商拥有很强的索赔管理能力。

4. 联保法和捆绑法

联保法指在竞争对手众多的情况下,由几家实力雄厚的承包商联合起来控制标价。大家保一家先中标,随后在第二次、第三次招标中,再用同样办法保第二家、第三家中标。这种联保方法在实际的招投标工作中很少使用。而捆绑法比较常用,即两、三家公司,其主营业务类似或相近,单独投标会出现经验、业绩不足或工作负荷过大而造成高报价,失去竞争优势。而以捆绑形式联合投标,可以做到优势互补、规避劣势、利益共享、风险共担,相对提高了竞争力和中标概率。这种方式目前在国内许多大项目中使用。如壳牌南海项目,总投资额达三、四十亿美金,其中一个装置苯乙烯和聚乙烯就达 2.8 亿美金。由于项目规模大,业主采取分装置单独招标及总装置由一家咨询公司管理的形式,竞争非常激烈,投标商就采取了捆绑形式,该装置最后由 Technip 和 Chiyoda 的捆绑中标。

5. 多方案报价法

对一些报价文件,当工程说明书或合同条款有些不够明确之处、条款不很清楚或很不公正或技术规范要求过于苛刻时,承包商将会承担较大风险,为了减少风险就必须扩大工程单价,增加"不可预见费",但这样做又会因为报价过高增加了被淘汰的可能性,多方案报价法就是为应付这种两难局面的。其具体做法是在标书上报两个价格,既按照原招标文件报一个价,然后再提出:"如果技术说明书或招标文件某条款做某些改动时,则本报价人的报价可降低多少……"从而给出一个较低价,吸引业主。

6. 推荐方案报价法

有的工程,诸如化工、石化项目等,由于工艺路线、施工方案不同等因素,会给工期、工程造价等带来重要影响。招标文件中,业主通常要求承包商按照指定工艺方案报价。承包商在报价时,经过对各种因素的综合分析,特别为战胜业绩相似的竞争对手,在按要求作出报价后,可以根据本公司的工程经验,提出推荐方案,重点突出新方案在改善质量、工期和节省投资等方面的优势,并列出总价和分项价,以吸引业主,使自己区别于其他投标商。但是推荐方案的技术方案不能描述得太具体,应该保留技术关键,防止业主将此方案交给其他承包商,同时所推荐的方案一定要比较成熟,或过去有成功的业绩,否则易造成后患。

7. 固定价与浮动价相结合报价法

根据物价、汇率波动情况及通货膨胀情况确定采用固定价、浮动价或固定价和浮动价相结合的方式。

(三)开标后的投标技巧

投标者通过开标这一程序可以得知众多投标者的报价。但低价并不一定中标,需要综合各个方面的因素,反复审阅,经过议标谈判,方能确定中标人。若投标人在议标谈判过程中,施展投标技巧,就可以变自己投标书的不利因素为有利因素,从而大大提高获胜机会。

1. 降低投标价格

投标价格不是中标的唯一因素,但却是中标的关键因素。在议标中投标者适时提出降价要求是议标的主要手段。通常投标人会准备两个或三个价格,即准备了应付一般情况的适中价格,同时又准备了应付特殊竞争环境所需要的替代价格,即通常所说的降价准备。降低投标价格可从三方面考虑:降低利润、降低经营管理费、降低预备系数。

2. 补充投标优惠条件

除中标的关键因素——价格外,在议标谈判的过程中,还可以考虑其他许多重要因素,如缩短工期,提高工程质量,降低支付条件要求,提出新条件、新工艺、新施工方案、新材料和新设备等,以此优惠条件争取到招标人的赞许,争取中标。

3. 有效宣传法

注重向业主、当地政府宣传本公司,邀请其考察本公司以证实本公司的实力和潜质,并考察与招标项目类似的本公司的业绩、已完成或在建的工程,以企业的实力和信誉求得理解和支持。

工程项目建设中的招投标是国内外通用的、科学合理的工程承发包方式。企业在市场竞争中除了靠自身的素质和实力外,投标技能、技巧对能否中标、能否取得更多利润有着举足轻重的作用,是企业在竞争中立于不败之地的重要手段之一。

另外,承包商还应该密切关注和研究招投标市场的变化和发展。随着大力推行工程量清单法招标,在未来的招投标活动中,工程量清单将被广泛使用。基于这样的发展趋势,承包商应该着重研究国内外通用的工程量计算规则并加强对市场的研究,以确定符合市场要求的、合理的分项单价和取费标准。并结合单价合同执行过程中,按照实际完成工程量结算的特点,采用适当的投标策略和技巧,从而提高企业的中标率,保证合理的高利润和在承包市场的竞争地位。

知识点2 相关案例综合分析

案例1 投标技巧

某工程项目招标。一投标人在投标截止日期前一天递交了一份合乎要求的投标文件,其报价为1亿元。在投标截止期前一个小时,他又交了一封按投标文件要求密封的补充信,信中声明:"出于友好目的,本投标人决定将计算总标价及所有单价都降低4.934%。"但招标单位有关工作人员认为,根据国际上"一标一投"的惯例,一个投标人不得递交两份投标文件,因而拒收该投标人的补充材料。

问题:

1. 招标单位有关工作人员的做法合适吗?
2. 如果投标人在其信中提出将其报价比评标价最低的投标降低4.934%,行不行?
3. 投标人采用什么报价技巧?

【案例简析】

(1)招标单位有关工作人员的做法是错误的。他不应该拒收投标人的补充材料,因为,投标人在投标截止期之前所提交的任何书面文件都是有效文件,都是投标文件的有效组成部分,也就是说,补充投标资料与原已经递交的投标文件共同构成一份投标文件,而不是两份互相独立的投标文件。对投标人在投标截止期前修改的报价信在开标时应与原投标文件一起开读。

(2)投标人在其信中提出将其报价比评标价最低的投标降低4.934%的情况是不能被接受的。因为这样做事实上就没有报价可言了。这样的投标应视为不符合要求而予以拒绝。

(3)投标人采用了突然降价法。

原投标文件的递交时间比投标截止期提前一天,这既符合常理,又为竞争对手调整、确定最终报价留有余地,起到了迷惑竞争对手的作用。而在开标前1个小时突然递交一份补充材料,这时竞争对手已不可能再调整报价了。

案例2　因小失大

某重大科技项目公开招标,有6家单位在公证部门审查时候被当场废标。出错的形式基本是:没有盖公章、正副本没有标出、封装不规范、法人签字出错,等等。有些单位认为:招标方是小题大做。

问题:

1. 招标人是小题大做吗?
2. 公证人员有权利认定废标吗?

【案例简析】

(1)招投标的目的旨在保护公共利益和实现自由竞争。而实现自由竞争的一个前提就是大家要遵守共同的规则。所以出现某些情形并不是小问题,而是影响是否能入评标阶段的重要因素。比如一般规定投标文件内外层封套,并内外均加贴封条,否则不予签收。

(2)首先按照《公证程序规则》规定:承办公证员应亲临现场,对投标文件的真实性/合法性予以审查核实。对投标文件认定废标(投标无效)的权利应由评标委员会行使。

其次,本案例中没有标出正副本不能认定为废标,可以在评标过程中澄清解决。

案例3　澄清时放弃投标

某一级公路工程12个标段实行了国内竞争性招标,66家企业通过了资格预审,评标委员会对66家企业的144份投标文件进行了评审,发现部分投标人报价明显偏低,为防止投标人因报价太低而无力承担风险,评标委员会请投标人对文件进行了澄清,在澄清过程中有些投标人承认投标风险难以承受,不得不放弃对投标报价的承诺。

问题:

1. 招标人要求投标人澄清的做法得当吗?
2. 投标人在澄清中放弃报价承诺的直接后果是什么?

【案例简析】

(1)这个做法是符合惯例的,只是有关澄清的要求和答复应采用书面形式,但双方不应寻求或提出或允许更改投标价格或投标文件的实质性内容。这也是评标委员会了解投标人具体报价情况的唯一方式。

(2)按照惯例这属于在投标截止日与投标有效期终止日之间,撤回投标文件的行为,直接后果是投标人的投标保证金将被没收。

知识点:①如果评标委员会对投标价格质疑。而投标方又不能提供有关的证明材料,将视为低于成本价竞标,按废标处理。②投标人拒绝按照要求澄清或补正的,将被否决其投标,而不能没收。

案例 4　柳暗花明的投标

我国某建筑工程公司在离投标截止日仅 20 天的时间获得某国一招标信息,为发展国际业务,简单环境考察后粗略地估算了各项费用仓促投标报价。开标后才发现低于正常价 30%,监理方认为报价太低肯定亏损,如授标一定不能顺利完成。但业主则坚信中国公司的信誉好,最终我国工程公司中标。中标后的承包商认真分析文件,调查市场价格后发现至少亏损 100 万美元以上。认真分析合同,发现有如下问题:

合同中问题:
(1)没有固定汇率的条款,以当地货币计价;
(2)没有预付款的规定,承包商需要投入很大的自有资金;
(3)工程不免税,而按照贷款银行与该政府协议需免税。

在接到中标通知书后,承包商感激业主的信任和支持的同时多次接触,最终赢得了对方的如下支持:
(1)按照惯例将汇率固定,减少承包商的汇率风险;
(2)给予工程预付款;
(3)与政府交涉,该工程免税,最终承包商顺利完成合同,业主满意。

问题:
分析本项目化险为夷的经验和教训。

【案例简析】
(1)本案例结果比较好,实属侥幸。教训:市场调查和招标文件分析是投标人必做的功课。中标后的分析属于"马炮式"的做法,多数情况于事无补。
(2)本案例的经验之处:合理的沟通是项目转危为安的关键。合同谈判是个双方为了各自利益说服对方的过程,而实质上又是个相互让步,最后达成协议的过程。必须要明确谈判的目的不是为了击败对方,而是需要增进了解,缩小距离,解决矛盾,最终以合理条件达成双方都满意的协议,圆满的共同完成项目。

拓展资源链接

序号	资源名称	链接方式
1	情境案例——投标策略比较分析	(二维码)
2	招投标活动质疑、投诉与管理监督	(二维码)
3	清单计价模式下的投标报价策略及其应用环境	https://www.docin.com/p-250803233.html
4	浅议建设工程投标报价策略与技巧	https://www.doc88.com/p-7166118362883.html

行业能力测评

1. 支付担保的形式有（　　）。
   A. 银行保函
   B. 质保（QA）
   C. 履约保证金
   D. 担保公司担保
   E. 抵押（按揭）

2. 《评标委员会和评标方法暂行规定》中规定的投标文件重大偏差包括（　　）。
   A. 没有按照招标文件要求提供投标担保
   B. 投标文件没有投标人授权代表签字和加盖公章
   C. 投标文件载明的招标项目完成期限超过招标文件规定的期限
   D. 提供了不完整的技术信息和数据
   E. 投标文件附有招标人不能接受的条件

3. 建设项目施工招标评标过程主要包括（　　）。
   A. 评审准备
   B. 资格预审
   C. 初步评审
   D. 详细评审
   E. 编写评标报告

4. 关于细微偏差的说法，正确的选项包括（　　）。
   A. 在实质上响应了招标文件要求，但在个别地方存在漏项
   B. 在实质上响应了招标文件要求，但提供了不完整的技术信息和数据
   C. 补正遗漏会对其他投标人造成不公平的结果
   D. 细微偏差不影响投标文件的有效性
   E. 细微偏差将导致投标文件成为废标

5. 下列有关招标投标签订合同的说明，正确的是（　　）。
   A. 应当在中标通知书发出之日起30天内签订合同
   B. 招标人和中标人不得再订立背离合同实质性内容的其他协议
   C. 招标人和中标人可以通过合同谈判对原招标文件、投标文件的实质性内容作出修改
   D. 如果招标文件要求中标人提交履约担保，招标人应向中标人提供工程款支付担保
   E. 中标人不与招标人订立合同的，应取消其中标资格，但投标保证金应予退还

项目 4

工程项目合同管理

1. 合同专员的岗位能力和工作内容

项目合同管理专员的岗位职责

①建立健全施工项目合同管理制度；
②经常对合同管理人员、项目经理及有关人员进行合同法律知识教育；
③了解对方的信誉，核实其法人资格及其他有关情况和资料；
④组织配合有关部门做好施工项目合同的鉴证、公证工作；
⑤在规定时间内送交合同管理机关等有关部门备案；
⑥检查合同以及有关法规的执行情况，并进行统计分析；
⑦做好有关合同履行中的调解、诉讼、仲裁等工作；
⑧协调好企业与各方面、各有关单位的经济协作关系；
⑨保管合同、附件、工程洽商资料、补充协议、变更记录；
⑩与业主及监理工程师之间的来往函件等文件；
⑪合同期满，工程竣工结算后，将全部合同文件整理归档。

合同专员岗位职责

项目合同管理专员的工作内容

①负责本部所有合同的报批、保管和归档工作；
②参与选择分包商工作；
③在项目经理授权后负责分包合同起草、洽谈；
④制订分包的工作程序；
⑤总合同、变更合同的洽谈、资料的收集；
⑥定期检查合同的履约工作；
⑦负责重大施工合同的上报审批手续等工作；
⑧监督分包商履行合同工作；
⑨向业主、监理工程师、分包单位发送涉及合同问题的备忘录、索赔单等文件。

合同专员工作内容

2. 项目模块导学(建议学时:12学时)

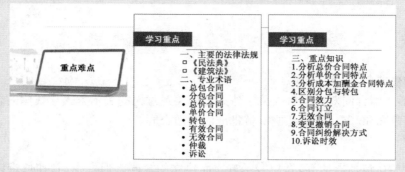

典型任务1　工程合同法规普识

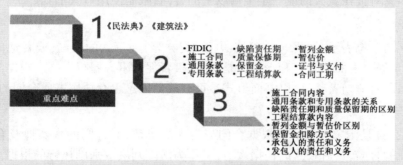

典型任务2　施工合同条件认知

典型任务3　工程变更流程认知

典型任务4　工程施工索赔计算

典型任务1　工程合同法规普识

【合同的形式】

合同的形式即合同双方当事人关于建立合同关系意愿的表示方式。我国的合同形式有口头合同、书面合同和经公证、鉴证或审核批准的书面合同等。

1. 口头合同

是以口头的(包括电话等)意思表示方式而建立的合同。但发生纠纷时,难以举证和分清责任。不少国家对责任重大的或一定金额以上的合同,限制使用口头形式。

2. 书面合同

即以文字的意思表示方式(包括书信、电报、契券等)而订立的合同,或者把口头的协议作成书契、备忘录等。书面形式有利于分清是非责任、督促当事人履行合同。中国法律要求法人之间的合同除即时清结者外,应以书面形式签订。其他国家也有适用书面合同的规定。

3. 经公证、鉴证或审核批准的合同

(1)合同公证是国家公证机关根据合同当事人的申请,对合同的真实性及合法性所作的证明。经公证的合同,具有较强的证据效力,可作为法院判决或强制执行的根据。对依法或依约定须经公证的合同,不经公证则合同无效。

(2)合同鉴证是中国工商行政管理机关和国家经济主管部门,应合同当事人的申请,依照法定程序,对当事人之间的合同进行的鉴证。鉴证机关认为合同内容有修改的必要时,有权要求当事人双方予以改正。鉴证机关还有监督合同履行的权利,故鉴证具有行政监督的特点。目前中国合同鉴证除部门或地方性法规有明确规定的以外,一般由当事人自愿决定是否鉴证。

(3)合同的审核批准,指按照国家法律或主管机关的规定,某类合同或一定金额以上的合同,必须经主管机关或上级机关的审核批准,这类合同非经上述单位审核批准不能生效。例如,对外贸易合同即应依法进行审批程序。

【建设工程合同】

建设工程合同是承揽合同一种特殊形式,指由承包人进行工程建设,发包人支付价款的合同。当事人双方称为发包方和承包方。是种诺成合同,合同订立生效后双方应当严格执行。

其特征有:

(1)合同的标的是建设工程项目。

(2)合同的签订方式一般通过招标投标方式进行。

(3)合同的形式应采用书面形式。

(4)合同的主体一般为法人。发包人一般是工程项目的建设单位;承包人应是国家规定的具有承包工程项目资格的施工单位。

(5)合同具有综合性。建设工程合同包括工程勘察合同、设计合同、施工合同以及监理合同等。

本任务必备知识体系：
- 知识点1 建设工程合同
- 知识点2 建设工程合同制度
- 知识点3 相关案例综合分析
- 拓展资源链接
- 行业能力测评

知识点1 建设工程合同

 一 建设工程合同的分类

建设工程施工合同有施工总承包合同和施工分包合同之分。施工总承包合同的发包人是建设工程的建设单位或取得建设项目总承包资格的项目总承包单位，在合同中一般称为业主或发包人。施工总承包合同的承包人是承包单位，在合同中一般称为承包人。

施工分包合同又有专业工程分包合同和劳务作业分包合同之分。分包合同的发包人一般是取得施工总承包合同的承包单位，在分包合同中一般仍沿用施工总承包合同中的名称，即仍称为承包人。而分包合同的承包人一般是专业工程施工单位或劳务作业单位，在分包合同中一般称为分包人或劳务分包人。在国际工程合同中，业主可以根据施工承包合同的约定，选择某个单位作为指定分包商，指定分包商一般应与承包人签订分包合同，接受承包人的管理和协调。

二 违法的合同类型

对建设工程的肢解承包、转包以及再分包这几种承包方式，均为我国法律禁止的。

（一）违法分包

《建设工程质量管理条例》中规定的违法分包，是指下列行为：

（1）总承包单位将建设工程分包给不具备相应资质条件的单位的；

（2）建设工程总承包合同中未有约定，又未经建设单位认可，承包单位将其承包的部分建设工程交由其他单位完成的；

（3）施工总承包单位将建设工程主体结构的施工分包给其他单位的；

（4）分包单位将其承包的建设工程再分包的。

《房屋建筑和市政基础设施工程施工分包管理办法》规定："禁止将承包的工程进行转包。不履行合同约定，将其承包的全部工程发包给他人，或者将其承包的全部工程肢解后以分包的名义分别发包给他人的，属于转包行为。违反本办法第十一条规定，分包工程发包人将工程分包后，未在施工现场设立项目管理机构和派驻相应人员，并未对该工程的施工活动进行组织管理的，视同转包行为。"

（二）转包

所谓转包是指建设工程的承包人将其承包的建设工程倒手转让给第三人，使该第三人实际上成为该建设工程新的承包人的行为。

转包与分包的根本区别在于：转包行为中，原承包人将其工程全部倒手转给他人，自己并不实际履行合同约定的义务；而在分包行为中，承包人只是将其承包工程的某一部分或几部分再分包给其他承包人，承包人仍然要就承包合同约定的全部义务的履行向发包人负责。根据合同法和其他法律规定，承包人经发包人同意将其部分工程分包给他人的行为是允许的，但不得将其承包的全部建设工程转包给第三人或者将其承包的全部建设工程肢解以后以分包的名义分别转给第三人。

(三) 挂靠

企业和个人(以下简称"挂靠方")，挂靠有资质的企业(以下简称"被挂靠方")，承接经营业务，被挂靠方提供资质、技术、管理等方面的服务，挂靠方向挂靠企业上交管理费的行为是挂靠行为。

三 建设工程合同的内容

一个建设工程项目的实施，涉及的建设任务很多，通常需要许多单位共同参与，不同的建设任务往往由不同的单位分别承担，这些参与单位与业主之间应该通过合同明确其承担的任务和责任以及所拥有的权利。

由于建设工程项目的规模和特点的差异，不同项目的合同数量可能会有很大的差别，大型建设项目可能会有成百上千个合同。但不论合同数量的多少，根据合同中的任务内容可划分为勘察合同、设计合同、施工承包合同、物资采购合同、工程监理合同、咨询合同、代理合同等。根据《中华人民共和国合同法》，勘察合同、设计合同、施工承包合同属于建设工程合同，工程监理合同、咨询合同等属于委托合同。

(1)建设工程勘察，是指根据建设工程的要求，查明、分析、评价建设场地的地质地理环境特征和岩土工程条件，编制建设工程勘察文件的活动。建设工程勘察合同即发包人与勘察人就完成商定的勘察任务明确双方权利义务关系的协议订立的合同。

(2)建设工程设计，是指根据建设工程的要求，对建设工程所需的技术、经济、资源、环境等条件进行综合分析、论证，编制建设工程设计文件的活动。建设工程设计合同即发包人与设计人就完成商定的工程设计任务明确双方权利义务关系的协议订立的合同。

(3)建设工程施工，是指根据建设工程设计文件的要求，对建设工程进行新建、扩建、改建的施工活动。建设工程施工承包合同即发包人与承包人为完成商定的建设工程项目的施工任务明确双方权利义务关系的协议订立的合同。

(4)工程建设过程中的物资包括建筑材料和设备等。建筑材料和设备的供应一般需要经过订货、生产(加工)、运输、储存、使用(安装)等各个环节，是一个非常复杂的过程。物资采购合同分建筑材料采购合同和设备采购合同，是指采购方(发包人或者承包人)与供货方(物资供应公司或者生产单位)就建设物资的供应明确双方权利义务关系的协议订立的合同。

(5)建设工程监理合同是建设单位(委托人)与监理人签订，委托监理人承担工程监理任务而明确双方权利义务关系的协议订立的合同。

(6)咨询服务,根据其咨询服务的内容和服务的对象不同又可以分为多种形式。咨询服务合同是由委托人与咨询服务的提供者之间就咨询服务的内容、咨询服务方式等签订的双方权利义务关系的协议订立的合同。

(7)工程建设过程中的代理活动有工程代建、招标投标代理等,委托人应该就代理的内容、代理人的权限、责任、义务以及权利等与代理人签订协议订立的合同。

四 建筑工程合同的策划

(一)合同策划概述

1. 合同策划及要考虑的问题

在建筑工程项目的初始阶段必须进行相关合同的策划,策划的目标是通过合同保证工程项目总目标的实现,必须反映建筑工程项目战略和企业战略,反映企业的经营指导方针和根本利益。

合同策划需考虑的主要问题有:项目应分解成几个独立合同及每个合同的工程范围;采用何种委托方式和承包方式;合同的种类、形式和条件;合同重要条款的确定;合同签订和实施时重大问题的决策;各个合同的内容、组织、技术、时间上的协调。

2. 合同策划的意义

(1)合同的策划决定着项目的组织结构及管理体制,决定合同各方面责任、权力和工作的划分,所以对整个项目管理有根本性的影响。业主通过合同委托项目任务,并通过合同实现对项目的目标控制。

(2)合同是实施工程项目的手段,通过策划确定各方面的重大关系,无论对业主还是对承包商,完善的合同策划可以保证合同圆满地履行,克服关系的不协调,减少矛盾和争议,顺利地实现工程项目总目标。

3. 合同策划的依据

(1)业主方面:业主的资信、资金供应能力、管理水平和具有的管理力量,业主的目标以及目标的确定性,期望对工程管理的介入深度,业主对工程师和承包商的信任程度,业主的管理风格,业主对工程的质量和工期要求等。

(2)承包商方面:承包商的能力、资信、企业规模、管理风格和水平、在本项目中的目标与动机、目前经营状况、过去同类工程经验、企业经营战略、长期动机、承受和抗御风险的能力等。

(3)工程方面:工程的类型、规模、特点,技术复杂程度、工程技术设计准确程度、工程质量要求和工程范围的确定性、计划程度,招标时间和工期的限制,项目的盈利性,工程风险程序,工程资源(如资金、材料、设备等)供应及限制条件等。

(4)环境方面:工程所处的法律环境,建筑市场竞争激烈程度,物价的稳定性,地质、气候、自然、现场条件的确定性,资源供应的保证程度,获得额外资源的可能性。

4. 合同策划的程序

(1)研究企业战略和项目战略,确定企业及项目对合同的要求。

(2)确定合同的总体原则和目标。

(3)分层次、分对象对合同的一些重大问题进行研究,列出各种可能的选择,按照上述策划的依据,综合分析各种选择的利弊得失。

(4)对合同的各个重大问题作出决策和安排,提出履行合同的措施。在合同策划中有时要采用各种预测、决策方法,风险分析方法,技术经济分析方法。在开始准备每一个合同招标和准备签订每一份合同时都应对合同策划再做一次评价。

(二)业主的建筑工程合同策划

1. 招标方式的选择

国际上经常采用的招标方式有公开招标、邀请招标和议标。我国颁布实施的《中华人民共和国招标投标法》规定,招标分为公开招标和邀请招标。

2. 合同种类的选择

合同的计价方式有很多种,不同种类的合同,有不同的应用条件、不同的权力和责任分配、不同的付款方式,同时合同双方的风险也不同,应依具体情况选择合同类型。目前,合同的类型主要有四种。

(1)单价合同

这是最常见的合同种类,适用范围广,如 FIDIC 土木工程施工合同。我国的建设工程施工合同也主要是这一类合同。在这种合同中,承包商仅按合同规定承担报价的风险,即对报价(主要为单价)的正确性和适宜性承担责任;而工程量变化的风险由业主承担。由于风险分配比较合理,能够适应大多数工程,能调动承包商和业主双方的管理积极性。单价合同又分为固定单价合同和可调单价合同等形式。

单价合同的特点是单价优先,例如 FIDIC 施工合同,业主给出的工程量表中的工程量是参考数字,而实际合同价款按实际完成的工程量和承包商所报的单价计算。虽然在投标报价、评标、签订合同中,人们常常注重合同总价格,但在工程款结算中单价优先,所以单价是不能错的。对投标书中明显的数字计算的错误,业主有权先做修改再评标。

(2)固定总价合同

①固定总价合同的概念及特点

这种合同以一次包死的总价委托,价格不因环境的变化和工程量增减而变化,所以在这类合同中承包商承担了全部的工作量和价格风险。除了设计有重大变更,一般不允许调整合同价格。在现代工程中,特别在合资项目中,业主喜欢采用这种合同形式,因为:

a. 工程中双方结算方式较为简单。

b. 在固定总价合同的执行中,承包商的索赔机会较少(但不能根除索赔)。通常可以免除业主由于要追加合同价款、追加投资带来的需上级,如董事会、甚至股东大会审批的麻烦。但由于承包商承担了全部风险,报价中不可预见风险费用较高。承包商报价的确定必须考虑施工期间物价变化及工程量变化带来的影响。在这种合同的实施中,由于业主没有风险,所以他干预工程的权力较小,只负责总的目标和要求。

②固定总价合同的应用前提

在以前很长一段时间内,固定总价合同的应用范围很小,前提如下:

a. 工程范围必须清楚明确,报价的工程量应准确而不是估计数字,对此承包商必须认真复核。

b. 工程设计较细,图纸完整、详细、清楚。

c. 工程量小、工期短,估计在工程过程中环境因素(特别是物价)变化小,工程条件稳定并合理。

d. 工程结构、技术简单,风险小,报价估算方便。

e. 工程投标期相对宽裕,承包商可以作详细的现场调查、复核工作量、分析招标文件、拟定计划。

f. 合同条件完备,双方的权利和义务十分清楚。

③固定总价合同的计价方式

a. 业主为了方便承包商投标给出工程量表,但业主对工程量表中的数量不承担责任,承包商必须复核。各分项工程的固定总价之和即为整个工程的价格。

b. 如果招标文件中没有给出工程量清单,而是由承包商制定,则工程量表仅作为付款文件,不属合同规定的工程资料。合同价款总额由各分项工程的固定总价构成。承包商必须根据工程信息计算工程量,若工程量有漏项或计算不正确,则被认为已包括在整个合同的总价中。

④固定总价合同的确定

固定总价合同是总价优先,承包商报总价,双方商定合同总价,最终按总价结算。通常只在设计变更或符合合同规定的调价条件时才允许调整合同价格。

⑤采用固定总价合同时承包商的风险

a. 价格风险:报价计算错误;漏报项目;工程实施中物价和人工费涨价风险。

b. 工作量风险:工作量计算错误;由于工程范围不确定或预算时工程项目未列全造成的损失;由于设计深度不够造成的工程量计算误差。

(3)成本加酬金合同

这是与固定总价合同截然相反的合同类型。工程最终合同价格按承包商的实际成本加一定比率的酬金(间接费)计算。在合同签订时不能确定一个具体的合同价格,只能确定酬金的比率。由于合同价格按承包商的实际成本结算,所以在这类合同中,承包商不承担任何风险,而业主承担了全部工作量和价格风险,所以承包商在工程中没有成本控制的积极性,常常不仅不愿意压缩成本,相反期望提高成本以提高自己的工程经济效益。这样会损害工程的整体效益。所以这类合同的使用应受到严格限制,通常应用于如下情况:

①投标阶段依据不准,工程的范围无法界定,无法准确估价,缺少工程的详细说明。

②工程特别复杂,工程技术、结构方案不能预先确定,可能按工程中出现的新的情况确定。

③时间特别紧急,要求尽快开工。如抢救、抢险工程,人们无法详细地计划和商谈。

为了克服该种合同的缺点,调动承包商成本控制的积极性,可对上述合同予以改进。事先确定目标成本,实际成本在目标成本范围内按比例支付酬金,超过目标成本部分不再增加酬金;若实际成本低于目标成本,则除支付合同规定的酬金外,另给承包商一定比例的奖励;成本加固定额度的酬金,不随实际成本数量的变化而变化。

(4)目标合同

这是固定总价合同和成本加酬金合同相结合的形式,在发达国家,广泛应用于工业项目、研究和开发项目、军事工程项目中。

目标合同以全包形式承包工程,通常合同规定承包商对工程建成后的生产能力或功能、工程总成本、工期目标承担责任。若工程投产后的规定时间内达不到预定生产能力,则按一定的比例扣减合同价款;若工期拖延,则承包商承担工期拖延违约金;若实际总成本低于预定总成本,则节约的部分按预定比例奖励承包商,反之,则由承包商按比例承担。

3. 重要合同条款的确定

业主应正确地对待合同,对合同的要求合理,不应苛求。业主处于合同的主导地位,由其起草招标文件,并确定一些重要的合同条款。主要有:

(1)适用于合同关系的法律,以及合同争执仲裁的地点、程序等。

(2)付款方式。如采用进度付款、分期付款、预付款或由承包商垫资承包。这由业主的资金来源保证情况等因素决定。让承包商在工程上过多地垫资,会对承包商的风险、财务状况、报价和履约积极性有直接影响。当然如果在承包商没有出具保函的情况下,业主超过实际进度预付工程款,又会给业主带来风险。

(3)合同价格的调整条件、范围、调整方法,特别是由于物价上涨、汇率变化、法律变化、海关税变化等对合同价格调整的规定。

(4)合同双方风险的分担,即将工程风险在业主和承包商之间合理分配。基本原则是,通过风险分配激励承包商,控制风险,取得最佳经济效益。

(5)对承包商的激励措施。

(6)业主在工程施工中对工程的控制是通过合同实现的,合同中必须设计完备的控制措施,以保证对工程的控制,如变更工程的权力;对计划的审批和监督权力;对工程质量的检查权;对工程付款的控制权;当施工进度拖延时,令其加速的权力;当承包商不履行合同责任时,业主的处理权等。

(三)承包商的合同策划

承包商的合同策划服从于承包商的基本目标和企业经营战略。

1. 投标的选择

承包商必须就投标方向做出战略决策,其决策取决于市场情况,主要有:

(1)承包市场状况及竞争的形势。

(2)该工程竞争者的数量以及竞争对手状况,以确定自己投标的竞争力和中标的可能性。

(3)工程及业主状况。包括工程的技术难度,施工所需的工艺、技术和设备,对施工工期的要求及工程的影响程度;业主对承包方式、合同种类、招标方式、合同的主要条款等的规定和要求;业主的资信情况,是否不守信用、是否有不付款的历史,业主建设资金的准备情况和企业经营状况。

(4)承包商自身状况。包括公司的优势和劣势、技术水平、施工力量、资金状况、同类工程的经验、现有工程数量等。

承包商投标方向的确定要最大限度地发挥自身的优势,符合其经营战略,不要企图承包超过自己施工技术水平、管理能力和财务能力的工程和没有竞争力的工程。

2. 合同风险的评价

通常若工程存在下述问题,则工程风险大:

(1)工程规模大,工期长,而业主要求采用固定总价合同形式。

(2)业主仅给出初步设计文件让承包商做标,图纸不详细、不完备,工程量不准确、范围不清楚,或合同中的工程变更赔偿条款对承包商很不利,但业主要求采用固定总价合同。

(3)业主将做标期压缩得很短,承包商没有时间详细分析招标文件,而且招标文件为外文,采用承包商不熟悉的合同条件。

(4)工程环境不确定性因素多,且业主要求采用固定价格合同。

3. 承包方式的选择

任何一个承包商都不可能独立完成全部工程,不仅是能力所限,这样做也不经济。在总承包投标前,他就必须考虑与其他承包商的合作方式,以便充分发挥各自在技术、管理和财力上的优势,并共担风险。

(1)分包

分包的原因主要有以下几点:

①技术上需要。总承包商不可能、也不必具备总承包合同工程范围内的所有专业工程的施工能力。通过分包的形式可以弥补总承包商技术、人力、设备、资金等方面的不足。同时总承包商又可通过这种形式扩大经营范围,承接自己不能独立承担的工程。

②经济上的目的。对有些分项工程,如果总承包商因自己承担会亏本,而将它分包出去,让报价低同时又有能力的分包商承担,总承包商不仅可以避免损失,而且可以取得一定的经济效益。

③转嫁或减少风险。通过分包,可以将总包合同的风险部分地转嫁给分包商。这样,可通过大家共同承担总承包合同风险,从而提高工程经济效益。

④业主的要求。业主指令总承包商将一些分项工程分包出去。通常有如下两种情况:

a. 对某些特殊专业或需要特殊技能的分项工程,业主仅对某专业承包商信任和放心,可要求或建议总承包商将这些工程分包给该专业承包商,即业主指定分包商。

b. 在国际工程中,一些国家规定,外国总承包商承接工程后必须将一定量的工程分包给本国承包商;或工程只能由本国承包商承接,外国承包商只能分包。这是对本国企业的一种保护措施。

业主对分包商有较高的要求,也要对分包商作资格审查。没有工程师(业主代表)的同意,承包商不得随便分包工程。由于承包商向业主承担全部工程责任,分包商出现任何问题都由总包负责,所以分包商的选择要十分慎重。一般在总承包合同报价前就要确定分包商的报价,商谈分包合同的主要条件,甚至签订分包意向书。

(2)联营承包

联营承包是指两家或两家以上的承包商(最常见的为设计承包商、设备供应商、工程施工承包商)联合投标,共同承接工程。其优点是:

①承包商可通过联营进行联合，以承接工程量大、技术复杂、风险大、难以独家承揽的工程，使经营范围扩大。

②在投标中发挥联营各方技术和经济的优势，珠联璧合，使报价有竞争力。而且联营通常都以全包的形式承接工程，各联营成员具有法律上的连带责任，比较受业主欢迎，让业主放心，容易中标。

③在国际工程中，国外的承包商如果与当地的承包商联营投标，可以获得价格上的优惠。这样更能增加报价的竞争力。

④在合同实施中，联营各方互相支持，取长补短，进行技术和经济的总合作。这样可以减少工程风险，增强承包商的应变能力，能取得较好的工程经济效果。

⑤通常联营仅在某一工程中进行，该工程结束时，联营体解散，无其他牵挂。如果愿意，各方还可以继续寻求新的合作机会。所以它比合营、合资有更大的灵活性。合资成立一个具有法人地位的新公司通常费用较高，运行形式复杂，母公司仅承担有限责任，业主不信任。

4. 合同执行战略

合同执行战略是承包商按企业和工程具体情况确定的执行合同的基本方针。

(1) 企业必须考虑该工程在企业同期许多工程中的地位、重要性，确定优先等级。对重要的有重大影响的工程，如对企业信誉有重大影响的创牌子工程，大型、特大型工程，对企业准备发展业务的地区的工程，必须全力保证，在人力、物力、财力上优先考虑。

(2) 承包商必须以积极合作的态度热情圆满地履行合同。在工程中，特别在遇到重大问题时积极与业主合作，以赢得业主的信赖，赢得信誉。例如在中东，有些合同在签订后，或在执行中遇到不可抗力（如战争、动乱），按规定可以撕毁合同，但有些承包商理解业主的困难，暂停施工，同时采取措施，保护现场，降低业主损失。待干扰事件结束后，继续履行合同。这样不仅保住了合同，取得了利润，而且赢得了信誉。

(3) 对明显导致亏损的工程，特别是企业难以承受的亏损，或业主资信不好，难以继续合作，有时不惜以撕毁合同来解决问题。有时承包商主动终止合同，比继续执行一份合同的损失要好些，特别当承包商已经跌入"陷阱"中，合同不利而且风险已经发生时。

(4) 在工程施工中，若由于非承包商责任引起承包商费用增加和工期拖延，承包商提出合理的索赔要求，但业主不予解决，承包商在合同执行中可以通过控制进度，通过直接或间接地表达履约热情和积极性，向业主施加压力以求得合理的解决。

五 合同订立的程序

与其他合同的订立程序相同，建设工程合同的订立也要采取要约和承诺方式。根据《中华人民共和国招标投标法》对招标、投标的规定，招标、投标、中标的过程实质就是要约、承诺的一种具体方式。招标人通过媒体发布招标公告，或向符合条件的投标人发出招标邀请，为要约邀请；投标人根据招标文件内容在约定的期限内向招标人提交投标文件，为要约；招标人通过评标确定中标人，发出中标通知书，为承诺；招标人和中标人按照中标通知书、招标文件和中标人的投标文件等订立书面合同时，合同成立并生效。

建设工程施工合同的订立往往要经历一个较长的过程。在明确中标人并发出中标通知书后,双方即可就建设工程施工合同的具体内容和有关条款展开谈判,直到最终签订合同。

(一) 要约

要约即当事人一方向他方提出订立合同的要求或建议。提出要约的一方称要约人。在要约里,要约人除表示欲签订合同的愿望外,还必须明确提出足以决定合同内容的基本条款。要约可以向特定的人提出,亦可向不特定的人提出。要约人可以规定要约承诺期限,即要约的有效期限。在要约的有效期限内,要约人受其要约的约束,即有与接受要约者订立合同的义务;出卖特定物的要约人,不得再向第三人提出同样的要约或订立同样的合同。要约没有规定承诺期限的,可按通常合理的时间确定。对超过承诺期限或已被撤销的要约,要约人则不受其拘束。

(二) 承诺

承诺即当事人一方对他方提出的要约表示完全同意。同意要约的一方称要约受领人,或受要约人。受要约人对要约表示承诺,其合同即告成立,受要约人就要承担履行合同的义务。对要约内容的扩张、限制或变更的承诺,一般可视为拒绝要约而为新的要约,对方承诺新要约,合同即成立。

六 建设工程施工合同谈判的主要内容

(一) 关于工程内容和范围的确认

招标人和中标人可就招标文件中的某些具体工作内容进行讨论、修改、明确或细化从而确定工程承包的具体内容和范围。在谈判中双方达成一致的内容,包括在谈判讨论中经双方确认的工程内容和范围方面的修改或调整,应以文字方式确定下来,并以"合同补遗"或"会议纪要"方式作为合同附件,并明确它是构成合同的一部分。

(二) 关于技术要求、技术规范和施工技术方案

双方尚可对技术要求、技术规范和施工技术方案等进行进一步讨论和确认,必要的情况下甚至可以变更技术要求和施工方案。

(三) 关于合同价格条款

依据计价方式的不同,建设工程施工合同可以分为总价合同、单价合同和成本加酬金合同。一般在招标文件中就会明确规定合同将采用什么计价方式,在合同谈判阶段往往没有讨论的余地。但在可能的情况下,中标人在谈判过程中仍然可以提出降低风险的改进方案。

(四) 关于价格调整条款

工期较长的建设工程,容易受货币贬值或通货膨胀等因素的影响,可能给承包人造成较大损失。价格调整条款可以比较公正地解决这一承包人无法控制的风险损失。

无论是单价合同还是总价合同,都可以确定价格调整条款,即是否调整以及如何调整等。

可以说，合同计价方式以及价格调整方式共同确定了工程承包合同的实际价格，直接影响着承包人的经济利益。在建设工程实践中，由于各种原因导致费用增加的概率远远大于费用减少的概率，有时最终的合同价格调整金额会很大，远远超过原定的合同总价，因此承包人在投标过程中，尤其是在合同谈判阶段务必对合同的价格调整条款予以充分的重视。

(五) 关于合同款支付方式的条款

建设工程施工合同的付款分四个阶段进行，即预付款、工程进度款、最终付款和退还保留金。关于支付时间、支付方式、支付条件和支付审批程序等有很多种可能的选择，并且可能对承包人的成本、进度等产生比较大的影响，因此，合同支付方式的有关条款是谈判的重要方面。

(六) 关于工期和维修期

中标人与招标人可根据招标文件中要求的工期，或者根据投标人在投标文件中承诺的工期，考虑可能因工程范围和工程量的变动而产生的影响来商定一个确定的工期。同时，还要明确开工日期、竣工日期等。双方可根据各自的项目准备情况、季节和施工环境因素等条件洽商适当的开工时间。

对具有较多的单项工程的建设工程项目，可在合同中明确允许分部位或分批提交业主验收(例如分多段的公路维修工程应允许分段验收等)，并从该批验收时起开始计算该部分的维修期，以缩短承包人的责任期限，最大限度保障自己的利益。双方应通过谈判明确，由于工程变更(业主在工程实施中增减工程或改变设计等)、恶劣的气候影响，以及种种无法预料的工程施工条件的变化等原因对工期产生不利影响时，应该给予承包人要求合理延长工期的权利。

合同文本中应当明确规定维修工程的范围、维修责任及维修期的开始和结束时间，承包人应该只承担由于材料和施工方法及操作工艺等不符合合同规定而产生的缺陷。

承包人应力争以维修保函来代替业主扣留的保留金。与保留金相比，维修保函对承包人有利，主要是因为可提前取回被扣留的现金，而且保函是有时效的，期满将自动作废。同时，它对业主并无风险，真正发生维修费用，业主可凭保函向银行索回款项。因此，这一做法是比较公平的。维修期满后，承包人应及时从业主处撤回保函。

(七) 合同条件中其他特殊条款的完善

主要包括有关：合同图纸；违约罚金和工期提前奖金；工程量验收以及衔接工序和隐蔽工程施工的验收程序；施工占地；向承包人移交施工现场和基础资料；工程交付；预付款保函的自动减额条款等。

知识点 2　建设工程合同制度

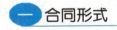
一 合同形式

合同的形式及分类详见前文，此处不再赘述。

二 合同转让

合同的转让,实际上是合同权利义务的转让,是指合同当事人一方依法将合同权利义务全部或部分地转让给第三人。包括合同权利的转让、合同义务的转让和合同权利义务的概括转让。

合同转让的特点:
(1)合同的转让并不改变合同原有的权利义务内容。
(2)合同的转让发生合同主体的变化。
(3)合同的转让涉及原合同当事人双方之间的权利义务关系、转让人与受让人之间的权利义务关系。

合同转让的条件:
(1)必须存在合法有效的合同关系。
(2)合同的转让必须符合法律规定的程序。合同的转让应当经过对方同意或者通知对方才能产生法律效力。债权人转让合同权利的,应当通知债务人,未经通知,该转让行为对债务人不发生效力(《合同法》第八十条);债务人将合同义务全部或者部分转让给第三人的,应当经债权人同意(《合同法》第八十四条)。
(3)合同的转让必须合法且不得违背社会公共利益。

三 合同效力

合同效力是法律赋予依法成立的合同所产生的约束力。合同的效力可分为四大类,即有效合同,无效合同,效力待定合同,可变更、可撤销合同。

(一)有效合同

所谓有效合同,是指依照法律的规定成立并在当事人之间产生法律约束力的合同。从目前现有的法律规定来看,都没有对合同有效规定统一的条件。但是我们从现有法律的一些规定还是可以归纳出作为一个有效合同所应具有共同特征。根据《中华人民共和国民法典》(以下简称《民法典》)第一百四十三条对"民事法律行为"规定的条件来看,主要应具有以下条件:(1)行为人具有相应的民事行为能力;(2)意思表示真实;(3)不违反法律、行政法规的强制性规定,不违背公序良俗。

(二)无效合同

《合同法》规定,有下列情形之一的合同无效:
(1)一方以欺诈、胁迫的手段订立合同,损害国家利益。《合同法》对采取欺诈、胁迫导致合同无效的行为,增加了限制性条件,即只有这类合同损害国家利益时才无效。
(2)恶意串通,损害国家、集体或第三人利益。
(3)以合法形式掩盖非法目的。
(4)损害社会公共利益。
(5)违反法律、行政法规的强制性规定。

(三)效力待定合同

所谓效力待定的合同,是指合同虽然已经成立,但因其不完全符合法律有关生效要件的规定,因此其发生效力与否尚未确定,一般须经有权人表示承认或追认才能生效。主要包括三种情况:一是无行为能力人订立的和限制行为能力人依法不能独立订立的合同,必须经其法定代理人的承认才能生效;二是无权代理人以本人名义订立的合同,必须经过本人追认,才能对本人产生法律拘束力;三是无处分权人处分他人财产权利而订立的合同,未经权利人追认,合同无效。

(四)可变更、可撤销合同

1. 可变更、可撤销合同及其特征

可变更、可撤销合同是指当事人所订立的合同欠缺一定的生效条件,但当事人一方可依照自己的意思使合同的内容变更或者使合同的效力归于消灭的合同。这类合同具有以下特征:
(1)可撤销合同的效力取决于撤销权人。
(2)可撤销的合同在未被撤销前有效。
(3)可撤销的合同一旦撤销自始无效。

2. 构成可变更、可撤销合同的条件

有下列情形之一的,当事人一方有权请求人民法院或者仲裁机构变更或撤销其合同:
(1)因重大误解订立的合同。
(2)在订立合同时显失公平的合同。
(3)被欺诈、胁迫订立的合同。

3. 撤销权

撤销权是指受损害的一方当事人对可撤销的合同依法享有的、可请求人民法院或仲裁机构撤销该合同的权利。《合同法》规定,具有撤销权的当事人自知道或者应当知道撤销事由之日起一年内没有行使撤销权的,撤销权消灭。具有撤销权的当事人知道撤销事由后明确表示或者以自己的行为放弃撤销权的,撤销权也归于消灭。

4. 合同无效和被撤销后的法律后果

无效合同或者被撤销的合同自始没有法律约束力。
对因履行无效合同和被撤销合同而产生的财产后果应当依法进行如下处理:
(1)返还财产或折价补偿。
(2)赔偿损失。
(3)追缴财产,收归国有。

四 缔约和违约

(一)缔约过失责任

缔约过失责任是指当事人在订立合同过程中因过错给对方造成的损失所承担的民事责

任。缔约过失责任发生于合同不成立或者合同无效的缔约过程。其构成条件：一是当事人有过错。若无过错，则不承担责任。二是有损害后果的发生。若无损失，亦不承担责任。三是当事人的过错行为与造成的损失有因果关系。

当事人在订立合同过程中有下列情况之一，给对方造成损失的，应当承担损害赔偿责任：

(1) 假借订立合同，恶意进行磋商；
(2) 故意隐瞒与订立合同有关的重要事实或者提供虚假情况；
(3) 有其他违背诚实、信用原则的行为。

(二) 违约责任

1. 违约责任及其特征

违约责任是指合同当事人不履行或不适当履行合同，应依法承担的责任。与其他责任制度相比，违约责任有以下主要特征：

(1) 以有效合同为前提。
(2) 以违反合同义务为要件。
(3) 可由当事人在法定范围内约定。
(4) 是一种民事赔偿责任。

2. 违约责任的构成要件

《合同法》规定，当事人一方不履行合同义务或者履行合同义务不符合约定的，应当承担继续履行、采取补救措施或者赔偿损失等违约责任。违约责任的构成要件主要有：

(1) 违约行为客观存在。
(2) 抗辩事由不能成立。并不是所有违约行为都导致违约责任。当违约方具有正当的抗辩事由时，违约责任则不会产生。抗辩事由一般有以下几种情况：

① 不可抗力。因不可抗力不能履行合同的，根据不可抗力的影响，可以部分或全部免除违约方的责任，法律另有规定的除外。但当事人延迟履行后发生不可抗力的，不能免除责任。

② 依法行使抗辩权。

③ 符合可变更、可撤销合同要件的合同，当事人一方在向对方提出协商，或已向人民法院或仲裁机构请求变更或撤销的，此时未履行合同义务，不承担违约责任。

3. 违约责任承担方式

(1) 继续履行。

继续履行是指违反合同的当事人不论是否承担了赔偿金或者违约金责任，根据另一方的要求，在自己能够履行的条件下，继续履行合同义务。对非金钱债务，《合同法》规定，当事人一方不履行非金钱债务或者履行非金钱债务不符合约定的，对方可以在合同有效期限内提出继续履行合同的要求。但下列情形除外：① 法律上或事实上不能履行；② 标的物不适于强制履行或者履行费用过高；③ 债权人在合理期限内未要求履行。

(2) 取补救措施。

(3) 赔偿损失。
(4) 支付违约金。
当事人既约定违约金，又约定定金的，一方违约时，对方可以选择适用违约金或者定金条款。

4. 其他违约情形

(1) 未防止损失的扩大。
(2) 双方都违反合同。
(3) 因第三人的原因造成违约。
(4) 侵害对方权益。

五 承发包方的责任和义务

(一) 承包人履行的义务

承包人在履行合同过程中应遵守法律和工程建设标准规范，并履行以下义务：
(1) 办理法律规定应由承包人办理的许可和批准，并将办理结果书面报送发包人；
(2) 按法律规定和合同约定完成工程，并在保修期内承担保修义务；
(3) 按法律规定和合同约定采取施工安全和环境保护措施，办理工伤保险，确保工程及人员、材料、设备和设施的安全；
(4) 按合同约定的工作内容和施工进度要求，编制施工组织设计和施工措施计划，并对所有施工作业和施工方法的完备性和安全可靠性负责；
(5) 在进行合同约定的各项工作时，不得侵害发包人与他人使用公用道路、水源、市政管网等公共设施的权利，避免对邻近的公共设施产生干扰。承包人占用或使用他人的施工场地，影响他人作业或生活的，应承担相应责任；
(6) 负责施工场地及其周边环境与生态的保护工作；
(7) 采取施工安全措施，确保工程及其人员、材料、设备和设施的安全，防止因工程施工造成的人身伤害和财产损失；
(8) 将发包人按合同约定支付的各项价款专用于合同工程，且应及时支付其雇用人员工资，并及时向分包人支付合同价款；
(9) 按照法律规定和合同约定编制竣工资料，完成竣工资料立卷及归档，并按专用合同条款约定的竣工资料的套数、内容、时间等要求移交发包人；
(10) 应履行的其他义务。

(二) 发包人的责任与义务

(1) 图纸的提供和交底；
(2) 对化石、文物的保护；
(3) 出入现场的权利；
(4) 场外交通；

(5) 场内交通；
(6) 许可或批准；
(7) 提供施工现场；
(8) 提供施工条件；
(9) 提供基础资料；
(10) 资金来源证明及支付担保；
(11) 支付合同价款；
(12) 组织竣工验收；
(13) 现场统一管理协议。

(三) 违约责任

建筑工程合同一方不履行合同内容，属于《民法典》规定的违约行为，根据《民法典》规定当事人一方不履行合同义务或者履行合同义务不符合约定的，应当承担继续履行、采取补救措施或者赔偿损失等违约责任。因此，当对方不履行合同或者履行合同有瑕疵的，可以根据《民法典》要求对方承担违约责任，违约责任的形式可以分为：

(1) 继续履行，又称强制履行，指由法院强制违约方继续履行合同债务的违约责任方式。

(2) 采取补救措施：主要是指修理、更换、重作、退货、减少价款或者报酬等违约责任。

(3) 赔偿损失，即债务人不履行合同债务时依法赔偿债权人所受损失的责任。我国《民法典》上的赔偿损失是指金钱赔偿。

(4) 定金责任：《民法典》规定：当事人可以依照〈担保法〉约定一方向对方给付定金作为债权的担保。债务人履行债务后，定金应当抵作价款或者收回。给付定金的一方不履行约定的债务的，无权要求返还定金收受定金的一方不履行约定的债务的，应当双倍返还定金。

(5) 违约金责任，又称违约罚款，是由当事人约定的或法律直接规定的，在一方当事人不履行合同时向另一方当事人支付一定数额的金钱，也可以表现为一定价值的财物。

(四) 民法典合同纠纷的解决途径

(1) 协商，即合同当事人在友好的基础上，通过相互协商解决纠纷，这是最佳的方式；
(2) 调解；
(3) 仲裁；
(4) 诉讼。

知识点 3　相关案例综合分析

案例 1　合同的有效性分析

甲建筑公司(以下简称"甲公司")拟向乙建材公司(以下简称"乙公司")购买一批钢材。双方经口头协商，约定购买钢材 100 吨，单价每吨 3500 元，并拟订了准备签字盖章的买卖合同文本。乙公司签字盖章后，交给了甲公司准备签字盖章。由于施工进度紧张，在甲公司催促下,乙公司在未收到甲公司签字盖章的合同文本情形下,将100吨钢材送到甲公司工地现场。甲公司接收了并投入工程使用。后因拖欠货款,双方产生了纠纷。

问题:
甲、乙公司的买卖合同是否成立?
【案例简析】

案例2　违法分包与转包
某工程,建设单位甲通过公开招标确定本工程由承包商乙中标,双方签订了工程承发包合同。承包商乙在签订合同后因自身资金周转困难,随后和承包商丙签订了分包合同,在分包合同中约定承包商丙按照建设单位(业主)与承包商乙约定的合同金额的10%向承包商乙支付管理费,一切责任由承包商丙承担。

问题:
1. 承包商乙的做法是否符合国家法律规定?此行为属于什么行为?
2. 国家法律、法规规定的违法分包行为主要有哪些?
【案例简析】

案例3　合同效力与责任
甲公司与乙建筑承包公司签订了建筑工程总承包合同。之后,经甲方同意,乙分别与丙建筑设计院和丁建筑工程公司签订了工程勘察设计合同和工程施工合同。勘察设计合同约定由丙对甲的工程提供设计服务,并按勘察设计合同的约定交付有关的设计文件和资料。施工合同约定由丁根据丙提供的设计图纸进行施工,工程竣工时根据国家有关验收规定及设计图纸进行质量验收。合同签订后,丙按时将设计文件和有关资料交付给丁,丁根据设计图纸进行施工。工程竣工后,甲会同有关质量监督部门对工程进行验收,发现工程存在严重质量问题,是由于设计不合规范所致。原来丙未对现场进行仔细勘察即自行进行设计导致设计不合理,给甲带来了重大损失,并以与甲方没有合同关系为由拒绝承担责任,乙又以自己不是设计人为由推卸责任,甲遂以丙为被告向法院起诉。

问题:
1. 甲、乙、丙、丁四家公司之间的合同关系是否合法有效?为什么?
2. 这起事件应该由谁来承担责任?为什么?
【案例简析】

拓展资源链接

序号	资源名称	链接方式
1	民法典之合同法普识	
2	解决建设工程纠纷法律制度	
3	合同认知案例	
4	情境案例——如何选择合同类型	
5	情境案例——合同合法性分析	
6	《中华人民共和国民法典》	https://www.66law.cn/tiaoli/153012.aspx

行业能力测评

1. 下列属于建设工程合同的是(　　)。
   A. 监理合同　　　B. 咨询合同　　　C. 勘察设计合同　　　D. 代理合同
2. 建设工程施工合同实质上是一种特殊的(　　)。
   A. 技术合同　　　B. 买卖合同　　　C. 委托合同　　　D. 承揽合同
3. 下列关于建设工程总承包合同的说法,正确的是(　　)。
   A. 总承包单位可以按合同规定对工程项目进行分包和转包
   B. 建设工程总承包单位可以将承包工程中的部分工程发包给具有相应资质条件的分包单位
   C. 建设工程总承包合同订立后,发包人和承包人双方都应按合同规定严格履行
   D. 建筑工程总承包单位按照总承包合同的约定对建设单位负责
   E. 总承包单位就分包工程对建设单位不承担责任
4. 建设工程合同依据计价方式的不同主要有(　　)。
   A. 分包合同　　　B. 总价合同　　　C. 单价合同　　　D. 担保合同

E. 成本加酬金合同

5. 对承包商来说，采取下列（　　）合同形式其承担的风险最小。
   A. 固定总价　　　B. 单价　　　C. 调价总价　　　D. 成本加酬金

典型任务 2　施工合同条件认知

FIDIC 系列合同条件

FIDIC 标准合同主要适用于世界银行、亚洲开发银行等国际金融机构贷款项目以及其他国际工程，是我国工程界最为熟悉的国际标准合同条件，也是我国《建设工程施工合同（示范文本）》的主要参考蓝本。

FIDIC 于 1913 年由欧洲 5 国独立的咨询工程师协会在比利时根特成立。现在瑞士洛桑。FIDIC 是"国际咨询工程师联合会"法文名前 5 个字母，中国于 1996 年正式加入。FIDIC 是指国际咨询工程师联合会，是国际上最权威的咨询工程师的组织之一。与其他类似的国际组织一样，它推动了高质量的工程咨询服务业的发展。FIDIC 专业委员会编制了许多规范性的文件，被许多国际组织和许多国家采用，其中最主要的文件就是一系列的工程合同条件。

为了适应国际工程市场的需要，FIDIC 于 1999 年出版了一套新型的合同条件，旨在逐步取代以前的合同条件，这套新版合同条件共四本，它们是《施工合同条件》《生产设备和设计-建造合同条件》《设计采购施工（EPC）/交钥匙项目合同条件》和《简明合同格式》。

(1)《施工合同条件》(Condition of Contract for Construction，简称"新红皮书")。"新红皮书"与原"红皮书"相对应，但其名称改变后合同的适用范围更大。该合同主要用于由发包人设计的或由咨询工程师设计的房屋建筑工程（Building Works）和土木工程（Engineering Works）的施工项目。合同计价方式属于单价合同，但也有某些子项采用包干价格。工程款按实际完成工程量乘以单价进行结算。一般情况下，单价可随各类物价的波动而调整。业主委派工程师管理合同，监督工程进度、质量，签发支付证书、接收证书和履约证书，处理合同管理中的有关事项。

(2)《生产设备和设计-建造合同条件》(Conditions of Contract for Plant and Design-Build，简称"新黄皮书")。适用于由承包商做绝大部分设计的工程项目，承包商要按照业主的要求进行设计、提供设备以及建造其他工程（可能包括由土木、机械、电力等工程的合）。合同计价采用总价合同方式，如果发生法规规定的变化或物价波动，合同价格可随之调整。其合同管理与《施工合同条件》下由工程师负责合同管理的模式基本类似。

(3)《设计采购施工（EPC）/交钥匙项目合同条件》(Conditions of Contract for EPC Turnkey Projects，简称"银皮书")。适用于在交钥匙的基础上进行的工程项目的设计和施工，承包商要负责所有的设计、采购和建造工作，在交钥匙时，要提供一个设施配备完整、可以投产运行的项目。合同计价采用固定总价方式，只有在某些特定风险出现时才调整价格。在该合同条件下，没有业主委托的工程师这一角色，由业主或业主代表管理合同和工程的具体实施。与前两种合同条件相比，承包商要承担较大的风险。

(4)《简明合同格式》(Short Form of Contract，简称"绿皮书")。该文件适用于投资金额较小的建筑或工程项目。根据工程的类型和具体情况,这种合同格式也可用于投资金额较大的工程,特别是较简单的、或重复性的、或工期短的工程。在此合同格式下,一般都由承包商按照雇主或其代表——工程师提供的设计实施工程,但对部分或完全由承包商设计的土木、机械、电气和(或)构筑物的工程,此合同也同样适用。

FIDIC 系列合同条件具有国际性、通用性和权威性。其合同条款公正合理,职责分明,程序严谨,易于操作。考虑到工程项目的一次性、唯一性等特点,FIDIC 合同条件分成了"通用条件"(General Conditions)和"专用条件"(Conditions of Particular Application)两部分。通用条件适用于所有的工程。专用条件则针对一个具体的工程项目,是在考虑项目所在国法律法规、项目特点和发包人要求不同的基础上,对通用条件进行的具体化、修改和补充。

 本任务必备知识体系:
- 知识点1 施工合同条件
- 知识点2 相关案例综合分析
- 拓展资源链接
- 行业能力测评

知识点1 施工合同条件

FIDIC 合同条件由通用合同条件、专用合同条件及合同协议书构成。建设工程施工合同文本,由建设工程施工合同条件(以下简称"合同条件")和建设工程施工合同协议条款(以下称"协议条款")组成。通用合同条件与专用合同条件一般合称为合同条件。

一 通用合同条件

合同条件是固定不变的,工程建设项目只要是属于土木工程施工都可适用。通用合同条件共分25大项,内含72条,72条又可细分为194款。通用合同条件可以大致划分为涉及权利义务的条款、涉及费用管理的条款、涉及工程进度控制的条款、涉及质量控制的条款和涉及法规性的条款等五大部分。

(1)定义与解释;
(2)工程师及工程师代表;
(3)转让与分包;
(4)合同文件;
(5)一般义务;
(6)劳务;
(7)材料、工程设备和工艺;
(8)暂时停工;
(9)开工和误期;
(10)变更、增添和省略;
(11)索赔程序;

（12）承包商的设备；

（13）临时工程和材料；

（14）计量；

（15）暂定金额；

（16）指定的分包商；

（17）证书与支付；

（18）补救措施；

（19）特殊风险；

（20）解除履约合同；

（21）争端的解决；

（22）通知；

（23）业主的违约；

（24）费用和法规的变更；

（25）货币与汇率。

在通用合同条件中还有一些可以考虑补充的条款：如贿赂、保密、关税和税收的特别规定等。

二 专用合同条件

在专用合同条件中说明删除通用合同条件的某条或某条的一部分，并根据具体情况给出适用的替代条款，或者条款的一部分。专用条款是发包人与承包人根据法律、行政法规规定，结合具体工程实际，经协商达成一致意见的条款，是对通用条款的具体化、补充或修改。

三 不可抗力

不可抗力是指因战争、动乱、空中飞行物体坠落或其他非甲乙方责任造成的爆炸、火灾，以及协议条款约定等级以上的风、雨、雪、震等对工程造成损害的自然灾害。

我国《民法典》规定，不可抗力是指不能预见、不能避免并不能克服的客观情况。不可抗力可以是自然原因酿成的，也可以是人为的、社会因素引起的。不可抗力所造成的是一种法律事实。当不可抗力事故发生后，可能会导致原有经济法律关系的变更、消灭，如必须变更或解除经济合同；也可能导致新的经济法律关系的产生，如财产投保人在遇到因不可抗力所受到的在保险范围内的财产损失时，与保险公司之间产生出赔偿关系。当不可抗力事故发生后，遭遇事故一方应采取一切措施，使损失减少到最低限度。

（一）不可抗力的分类

主要包括以下几种情形：

（1）自然灾害，指地震、海啸、雷电、飓风、台风、龙卷风、风暴、暴雨、洪水、水灾、冻灾、冰雹、地崩、山崩、雪崩、火山爆发、地面下陷下沉及其他人力不可抗拒的破坏力强大的自然现象；

（2）政府行为，如征收、征用；

(3)社会异常事件,如罢工、骚乱。

(二)不可抗力的认定

某一情况是否属不可抗力,应从以下几个方面综合加以认定:

(1)不可预见性。法律要求构成不可抗力的事件必须是有关当事人在订立合同时,对这个事件是否会发生是不可能预见到的。在正常情况下,对一般合同当事人来说,判断其能否预见到某一事件的发生有两个不同的标准:一是客观标准,就是在某种具体情况下,一般理智正常的人能够预见到的,合同当事人就应预见到。如果对该种事件的预见需要有一定专门知识,那么只要具有这种专业知识的一般正常水平的人所能预见到的,则该合同的当事人就应该预见到。另一个标准是主观标准,就是在某种具体情况下,根据行为人的主观条件如年龄、智力发育状况、知识水平,教育和技术能力等来判断合同的当事人是否应该预见到。

这两种标准,可以单独运用,但在多种情况下应结合使用。

(2)不可避免性。合同生效后,尽管当事人对可能出现的意外情况采取了及时合理的措施,但客观上并不能阻止这一意外情况的发生,这就是不可避免性。如果一个事件的发生完全可以通过当事人及时合理的作为而避免,则该事件就不能认为是不可抗力。

(3)不可克服性。不可克服性是指合同的当事人对意外发生的某一个事件所造成的损失不能克服。如果某一事件造成的后果可以通过当事人的努力而得到克服,那么这个事件就不是不可抗力事件。

(4)履行期间性。对某一个具体合同而言,构成不可抗力的事件必须是在合同签订之后、终止以前,即合同的履行期间内发生的。如果一项事件发生在合同订立之前或履行之后,或在一方履行迟延而又经对方当事人同意时,则不能构成这个合同的不可抗力事件。

构成一项合同的不可抗力事件,必须同时具备上述四个要件,缺一不可。

知识点2 相关案例综合分析

案例1 合同工期

某工程项目,经有关部门批准采取公开招标的形式确定了中标单位并签订合同。

(1)该工程合同条款中有如下规定:

由于本工程设计未完成,承包范围内待实施的工程虽然性质明确,但工程量还难以确定,双方商定拟采用可调价格合同形式签订施工合同,以减少双方的风险。

(2)在施工招标文件中,按工期定额计算,该工程工期为570d。但在施工合同中,双方约定:开工日期为2010年12月15日,竣工日期为2012年7月30日,日历天数为591d。

问题:

1. 工程合同中业主与施工单位选择可调价格合同形式是否妥当?
2. 本工程合同的合同工期应为多少?

【案例简析】

(1)该工程采用可调价格合同形式是恰当的。

因为项目工程量难以确定,双方风险较大。

(2)合同工期因为591d。

按照合同文件的解释顺序,协议条款与招标文件在内容上有冲突时,应以协议条款为准。

案例2 合同文件的解释顺序

甲建设单位与乙建筑公司依据《建设工程施工合同示范文本》签订了工程施工合同,乙建筑公司按照合同约定进场施工。在施工的过程中,由于建筑公司的施工工艺存在严重的缺陷,在开槽的过程中,没有做好护坡桩的工作,导致临近的结构的地基受到侵害,在8月的雨期中,相邻的结构地基出现塌陷,构成了对周围居民环境的严重威胁。在相邻居民的强烈抗议下,甲建设单位向乙建筑公司正式提出停工整顿的要求。

建筑公司停工后,派人对现场进行看护,对施工机械设备进行封存。随着时间的推移,该地区进入了冬期施工季节,虽然建设单位向建筑公司发出了复工的命令,但是由于建筑公司本身的施工能力和技术能力等原因,建筑公司以停工造成重大损失要求先行赔偿为由,拒绝复工。为此双方发生争执。

乙建筑公司以原告身份起诉甲建设单位,要求支付已完工程量的工程款,同时要求解除合同。被告甲建设单位认为,由于建筑公司的施工质量存在严重缺陷,根据法律的规定,被告有权要求原告停工整顿,原告应当执行复工的命令,但是原告以冬期施工困难为由拒绝复工,导致工程的预定期限难以完成,要求法院判令原告承担违约责任和赔偿责任。

在案件审理过程中,双方出具了各自持有的合同文本,各个文本内容多有修改的地方,且笔迹混乱,难以认定,而且在各个文本中都没有合同原件。在庭审中,原告又出具了一份手写的补充协议,其中约定了对停工的补偿等事项,协议中没有双方当事人的公章,只有各方当事人的法定代表人签字。

问题:
1. 请问你认为法院在审理此案件时的依据是什么?为什么?
2. 合同文件的组成内容有哪些?解释顺序如何?

【案例简析】

(1)法院定案的依据应该是双方法定代表人签署的书面补充协议。

在本案中,作为双方使用的建设工程施工合同和建设工程施工合同协议条款无法相互印证,所以不能作为定案的依据。根据合同文本中合同文件的组成及优先解释顺序的规定,双方当事人法定代表人签署的书面变更文件,应作为法院定案的依据。

(2)合同文件主要由下列几部分组成:

①本合同协议书;
②中标通知书;
③投标书及其附件;
④本合同专用条款;
⑤本合同通用条款;
⑥标准、规范及有关技术文件;
⑦图纸;
⑧工程量清单;
⑨工程量报价单或预算书。

双方有关工程的洽商、变更等书面协议或文件也视为本合同的组成部分。

上述文件的排列顺序即为合同文件的优先解释顺序,排在最前面的文件具有最高的解释效力。

拓展资源链接

序号	资源名称	链接方式
1	缺陷责任期与质量保修期	
2	工程结算方式	
3	暂列金额和暂估价究竟有哪些区别呢	https://zhuanlan.zhihu.com/p/266924240

行业能力测评

1. 《建设工程施工合同(示范文本)》由( )三部分组成。
   A. 协议书　　　　　　　　　B. 通用条款
   C. 履约保函　　　　　　　　D. 专用条款
   E. 银行保函

2. 中标通知书、合同协议书和图纸是施工合同文件的组成部分,就这三部分而言,如果在施工合同文件中出现不一致时,其优先解释顺序为( )。
   A. 中标通知书、合同协议书、图纸　　B. 合同协议书、中标通知书、图纸
   C. 合同协议书、图纸、中标通知书　　D. 中标通知书、图纸、合同协议书

3. 在建设工程总承包合同中,属于发包人应当完成的工作是( )。
   A. 使施工现场具备开工条件　　　　　B. 指令承包人申请办理规划许可证
   C. 提供工程进度计划　　　　　　　　D. 保护已完工程并承担损坏修复费用

4. 下列关于合同文件的表述,不正确的是( )。
   A. 专用条款的内容比通用条款更明确、具体
   B. 合同文件中专用条款的解释优于通用条款
   C. 合同文件之间应能相互解释、互为说明
   D. 专用条款与通用条款是相对立的

5. 根据我国《合同法》的规定,双方当事人在合同中既约定违约金,又约定定金的,当一方违约时,双方( )。
   A. 只能适用违约金条款　　　　　　　B. 可以选择适用违约金或者定金条款

C. 只能适用定金条款　　　　　　D. 可同时适用违约金和定金条款

典型任务3　工程变更流程认知

合 理 仲 裁

某公司承建一大型工程。承包人计划将基础开挖的松土倒在需要填高修建的工程中,但由于开工的头8个月当地下了大雨,土质非常潮湿,实际上无法采用这种施工方法,承包人几次口头或书面要求发包人给予延长工期。如果延长工期,就可以等到土质干燥后再使用原计划的以挖补填的方法。但发包人坚持:在承包人提交来自"认可部门"(如气象局)的证明文件证明该气候确实是非常恶劣之前,不批准延期。为了按期完成工程,承包人只得将基础开挖的湿土运走,再运来干土填筑工程。承包人因此向发包人提出了额外成本索赔。在承包人第一次提出延期要求的16个月以后,发包人同意因大雨和湿土而延长工期,但拒绝承包人的上述额外成本补偿索赔,因为合同中并没有保证以挖补填法一定是可行的。承包人坚持认为自己按发包人的要求进行了加速施工,所以提交仲裁。

【案例分析】

(1)承包人遇到了可原谅延误。他没有从承包人所抱怨的天气情况是否已经构成有理的延期因素这一点本身来考虑,而是从发包人最终批准了延期,从而承认了气候条件特别恶劣这一点来推论。

(2)承包人已经及时提出了延长工期的要求。仲裁人认为承包人的口头要求及随后与发包人的会议已满足这一要求,而且之后又提交了书面材料。

(3)承包人在投标时已将自己的施工方案列入投标书中,而发包人没有提出异议,那么实际上已形成合同条件。现在遇到的情况实际上属于不可预料的情况,而承包人已及时通报发包人,因此引起的工期延长和额外费用的增加,发包人应给予赔偿。具体数额可按实际损失,双方协商解决。

本任务必备知识体系:

- 知识点1　工程变更流程和分类
- 知识点2　合同纠纷处理
- 知识点3　相关案例综合分析
- 拓展资源链接
- 行业能力测评

知识点1　工程变更流程和分类

一　合同管理

合同管理的过程是一个动态过程,是指工程项目合同管理机构和管理人员为实现预期的管理目标,运用管理职能和管理方法对工程合同的订立和履行行为施行管理活动的过程。全过程包括:合同订立前的管理、合同订立中的管理、合同履行中的管理和合同纠纷管理。

1. 合同订立前的管理

合同签订意味着合同生效和全面履行,所以必须采取谨慎、严肃、认真的态度,做好签订前的准备工作,具体内容包括:市场预测、资信调查和决策,以及订立合同前行为的管理。

2. 合同订立中的管理

合同订立阶段,意味着当事人双方经过工程招标投标活动,充分酝酿、协商一致,从而建立起建设工程合同法律关系。订立合同是一种法律行为,双方应当认真、严肃拟定合同条款,做到合同合法、公平、有效。

3. 合同履行中的管理

合同依法订立后,当事人应认真作好履行过程中的组织和管理工作,严格按照合同条款,享有权利和承担义务。

4. 合同纠纷管理

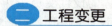 工程变更

(一) 基本概念

工程变更是指合同实施过程中由于各种原因引起的设计变更、合同变更。包括工程量变更、工程项目的变更、进度计划变更、施工条件变更以及原招标文件和工程量清单中未包括的新增工程等。在规定的权限内监理单位认为有必要,可以指示承包人进行以下范围的变更,下述变更不应以任何方式使合同作废或无效。即:

(1)增加或减少合同中约定的工程量;
(2)省略工程(但被省略的工作不能转由业主或其他承包人实施);
(3)更改工程的性质、质量或类型;
(4)更改一部分工程的基线、标高、位置或尺寸;
(5)进行工程完工需要的附加工作;
(6)改动部分工程的施工顺序或施工时间;
(7)增加或减少合同的工程项目。

(二) 变更分类

主要有两类,设计变更和其他变更。

设计变更主要包括:增加或减少合同中约定的工程量;更改工程有关部分的基线、标高、位置或尺寸;改变有关工程的施工时间或施工顺序;其他有关工程变更需要的附加工作。设计变更必须有监理单位的设计变更通知,承包人才能执行;未经监理单位同意,承包人不得擅自对原工程设计进行变更。

(三) 工程变更的处理程序

以设计变更为例,工程变更的一般处理程序为:

(1) 变更的提出。工程建设中,为设计的优化、设计问题的处理、或为施工中实际情况及其变化的需要等,设计单位、承包人、业主和监理单位都可以而且必须是向监理单位(设计单位也可通过业主向监理单位提出)提出书面的设计变更的要求和建议书。

(2) 变更建议的审查。参与工程建设任何一方提出的设计变更要求和建议,必须首先交由监理单位审查,分析研究设计变更经济、技术上的合理性与必要性后,提出设计变更建议的审查意见,并报业主。监理单位在审查中应审定变更建议书中提出的变更工程量清单,对变更项目的单价与总价进行估价,分析因变更引起的该项工程费用增加或减少的数额。另外,监理单位还应充分与业主、设计单位、承包人进行协商,做好组织协调工作。

(3) 变更的批准。变更的批准按其类别分别确定。重大设计变更由国家指定的机构批准;重要设计变更由业主组织最终审查后批准;一般设计变更,在业主授权范围内由监理单位审查批准,报业主备案,属业主授权范围外的,由监理单位组织审查,业主单位批准。特殊紧急情况下的设计变更一律由监理单位审查批准,报业主备案。

(4) 变更的实施。经审查批准的变更,仍由原设计单位负责完成具体的设计变更工作,并应发出正式的设计变更(含修改)通知书(包括施工图纸)。监理单位对设计(修改)变更通知书审查后予以签发,同时下达设计变更通知。在组织业主与承包人就设计变更的报价及其他有关问题协商达成一致意见后,由监理单位正式下达设计变更指令,承包人组织实施。

(四) 特殊情况处理

在业主和承包人未能就工程变更的费用等方面达成协议时,监理单位可提出一个暂定的价格,作为临时支付工程款的依据。该工程最终结算时,应以业主和承包人达成的协议为依据。例如,三峡二期工程 IIA 标段排砂孔和电站进水口通气孔,设计孔径分别为 750mm 和 1500mm,由于孔径小,采用现浇成型施工无法拆模,经设计变更,同意改现浇为预制混凝土施工。未达成变更协议前,按现浇混凝土合同价作为暂定价格临时支付工程款;最终结算时,按双方最终核定的预制混凝土单价进行补差。该变更的处理即为特殊情况下变更处理程序的实际运用。

(五) 工期可以顺延的原因

因以下原因而造成的工期延误,经工程师确认后,工期可以顺延:
(1) 发包人不能按条款的约定提供开工条件;
(2) 发包人不能按约定日期支付工程价款、进度款,致使工程不能正常进行;
(3) 工程师未按合同约定提供所需指令、批准等,致使施工不能正常进行;
(4) 设计变更和工程量增加;
(5) 1 周内非承包人原因停水、停电、停气等造成累计停工超过 8 小时;
(6) 不可抗力。

其余情况,特别是由于承包人本身的原因造成的工期延误,应由承包人自己承担违约责任。

知识点2　合同纠纷处理

一　合同纠纷处置方式

合同纠纷处理的解决方式有和解(协商)、调解、仲裁(公断)和诉讼。

(1) 和解(协商)

和解(协商)是指双方当事人进行磋商,为了促进双方的关系与相互谅解,为了今后双方经济往来的继续与发展,相互都有诚意的出一些有利于纠纷实际解决的让步,并在彼此都认为可以接受、可以继续合作的基础上达成和解协议。

(2) 调解

调解是由第三者从中调停,促使双方当事人和解。调解可以在交付仲裁和诉讼前进行,也可以在仲裁和诉讼过程中进行。通过调解达成和解后,即可不再求助仲裁或提起诉讼。

(3) 仲裁(公断)

仲裁(公断)是指双方当事人根据双方达成的书面协议自愿把争议提交双方同意的第三者进行裁决,由其依据一定的程序作出裁决。裁决对双方都具有约束力。仲裁分为国内仲裁和涉外仲裁。

目前,我国国内的仲裁机构为国家工商行政管理局和地方各级工商行政管理局设立的经济合同仲裁委员会,以及根据《技术合同仲裁机构管理暂行规定》成立的各技术合同仲裁机构;涉外的仲裁机构有中国国际贸易促进委员会,国际贸易仲裁委员会,中国国际贸易促进委员会海事仲裁委员会。仲裁机构受理仲裁案件并行使管辖的权力是根据仲裁协议规定享有的,仲裁委员会作出的生效的裁决书具有法律效力,当事人应当自觉执行裁决。不执行的,另一方当事人可以申请有管辖权的人民法院强制执行。裁决作出后,当事人就同一纠纷再申请仲裁或者向人民法院起诉,仲裁委员会或者人民法院不予受理。

根据我国法律和有关的仲裁规则,合同发生纠纷时,当事人可以依据合同中的仲裁条款或者事后达成的书面仲裁协议,向仲裁机构申请仲裁。此外,当事人只能或是选择仲裁或是选择诉讼。

(4) 诉讼

诉讼是指司法机关和案件当事人在其他诉讼参与人的配合下为解决案件依法定诉讼程序所进行的全部活动。基于所要解决案件的不同性质,分为民事诉讼、刑事诉讼和行政诉讼。而在项目合同中,一般只包括广义上的民事诉讼(即民事诉讼和经济诉讼)。

项目合同当事人因合同纠纷而提起的诉讼一般由各级法院的经济审判庭受理并判决。根据某些合同的特殊情况,还必须由专业法院进行审理,如铁路运输法院、森林法院以及海事法院等。

诉讼时效一般为2年,最长为20年。下列诉讼时效为1年:
① 身体受到伤害要求赔偿的;
② 出售质量不合规格的商品未声明的;
③ 延付或拒付租金的;
④ 寄存财物被丢失或被损坏的。

技术进出口合同争议当事人的权利受到侵害的事实发生在《合同法》实施之前,自当事人知道或者应当知道其权利受到侵害之日起至《合同法》施行之日超过 2 年的,人民法院不予保护;尚未超过 2 年的,其提起诉讼的时效期间为 4 年。

国际工程承包中,合同纠纷解决方式采用替代性纠纷解决机制(ADR),包括除诉讼以外的纠纷解决方法,如争议评审委员会(DRB),英国新工程合同(NEC)采用的裁决人制度,争议裁决委员会(DAB)等。ADR 的主要特点是友好性和专业性。

知识点 3　相关案例综合分析

案例 1　工程变更处理

某建设场地原为农田。按设计要求在建造时,结构地坪范围内的耕植土应清除,基础必须埋在老土层下 2.00m 处。为此,业主在"三通一平"阶段就委托土方施工公司清除了耕植土并用好土回填压实至一定设计标高,故在施工招标文件中指出,施工单位无须再考虑清除耕植土问题。然而,开工后,施工单位在开挖基坑(槽)时发现,相当一部分基础开挖深度虽已达到设计标高,但仍未见老土,且在基础和场地范围内仍有一部分深层的耕植土和池塘淤泥等必须清除。

问题:

1. 在工程中遇到地基条件与原设计所依据的地质资料不符时,承包商应该怎么办?
2. 根据修改的设计图纸,基础开挖要加深加大。为此,承包商提出了变更工程价格和展延工期的要求。请问承包商的要求是否合理?为什么?
3. 工程施工中出现变更工程价款和工期的事件之后,甲、乙双方需要注意哪些时效性问题?
4. 对合同中未规定的承包商义务,合同实施过程又必须进行的工作,你认为应如何处理?

【分析要点】

因地基条件变化引起的设计修改属于工程变更的一种。该案例主要考核承包商遇到工程地质条件发生变化时的工作程序,《建设工程施工合同(示范文本)》对工程变更的有关规定,特别要注意有关时效性的规定。

【案例简析】

(1)第一步,根据《建设工程施工合同(示范文本)》的规定,在工程中遇到地基条件与原设计所依据的地质资料不符时,承包方应及时通知甲方,要求对原设计进行变更。

第二步,在建设工程施工合同文件规定的时限内,向甲方提出设计变更价款和工期顺延的要求。甲方如确认,则调整合同;如不同意,应由甲方在合同规定的时限内,通知乙方就变更价格协商,协商一致后,修改合同。若协商不一致,按工程承包合同纠纷处理方式解决。

(2)承包商的要求合理。因为工程地质条件的变化,不是一个有经验的承包商能够合理预见到的,属于业主风险。基础开挖加深加大必然增加费用和延长工期。

(3)在出现变更工程价款和工期事件之后,主要应注意:

①乙方提出变更工程价款和工期的时间;

②甲方确认的时间;

③双方对变更工程价款和工期不能达成一致意见时的解决办法和时间。

(4)一般情况下,可按工程变更处理,其处理程序参见问题1的答案的"第二步",也可以另行委托施工。

案例2　既选择仲裁又选择法院受理

江都某建筑公司与常州某公司签订了一份《建设工程施工合同》,合同采用《建设工程施工合同》示范文本,双方对解决争议的方式既选择了向"提交常州仲裁委员会仲裁",又选择了"依法向人民法院起诉"。双方发生争议后该仲裁条款毫无疑问被认定为无效。因为合同双方当事人在合同发生纠纷后均不愿意就仲裁解决争议还是向法院起诉达成一致意见。《最高人民法院关于适用〈中华人民共和国仲裁法〉若干问题的解释》(法释〔2006〕7号)第七条明确规定:"当事人约定争议可以向仲裁机构申请仲裁也可以向人民法院起诉的,仲裁协议无效……"

本案例警示作用在于《建设工程施工合同》双方当事人在约定解决争议方式时不能既选择仲裁条款又选择向法院起诉,否则仲裁将被认定无效。

案例3　同时选择两家仲裁机构

常州某建筑装饰公司与青岛某公司签订了一份建筑装饰工程承包合同,合同对装饰工程的范围、工程造价、工期等做了明确约定,同时合同还对解决争议的方式作约定:"向常州/青岛仲裁委员会申请仲裁"。合同履行中双方发生了争议,于是青岛某公司向青岛仲裁委员会提起仲裁,常州某建筑装饰公司则向法院提起了确认仲裁条款效力的诉讼。就该仲裁条款是否有效,该由哪一家仲裁机构来进行仲裁裁决就花费了近一年的时间。根据《最高人民法院关于适用〈中华人民共和国仲裁法〉若干问题的解释》(法释〔2006〕7号)第五条"仲裁协议约定两个以上仲裁机构的,当事人可以协议选择其中的一个仲裁机构申请仲裁;当事人不能就仲裁机构选择达成一致的,仲裁协议无效"的规定,由于合同双方当事人在发生争议后根本不可能在"常州或青岛仲裁委员会"之间再做选择,所以约定的向"常州/青岛仲裁委员会申请仲裁"的仲裁条款应认定为无效。

本案例的警示作用在于《建设工程施工合同》双方当事人在约定仲裁条款时,要明确由哪个仲裁委员会对争议进行仲裁,否则仲裁条款将被认定无效。

案例4　与分公司签订的合同约定仲裁条款

甲建设工程公司与乙公司下属印染分公司签订了一份《建设工程施工合同》,合同约定解决合同纠纷的方式为向某仲裁委员会申请仲裁。在合同履行过程中因进度款支付不及时形成纠纷。因乙公司下属印染分公司不具备法人资格,甲建设工程公司欲将乙公司及其下属印染分公司作为共同被申请人向某仲裁委员会提起仲裁。而乙公司收到仲裁申请书后即向法院申请确认仲裁条款无效,其理由是乙公司下属不具备法人资格的印染分公司与甲建设工程公司签订《建设工程施工合同》并未经过乙公司同意或认可。"无民事行为能力人或者限制民事行为能力人订立仲裁协议的"根据《中华人民共和国仲裁法》第十七条规定属于仲裁条款无效的情形。本案中乙公司下属的印染分公司即属于限制民事行为能力的不具备法人资格的单位,其所签订的仲裁条款如得不到乙公司的确认则仲裁条款无效。

本案例的警示作用在于签订《建设工程施工合同》的主体必须是能独立承担民事责任的具有法人资格的实体单位,分公司因不具备法人资格而无权单独对处签订合同。

案例5　只约定仲裁地点而未约定仲裁机构

甲建筑公司与乙公司签订的《建设工程施工合同》仲裁条款做如下约定:"因履行本合同

发生争议,协商不成在某市仲裁解决"。根据《中华人民共和国仲裁法》第十六条规定,仲裁条款中必须明确含有选定的某一仲裁机构,而本案的当事人在订立合同时只约定了仲裁地点而未约定仲裁机构,因而最终该仲裁条款被确认无效。本案例的警示作用在于双方当事人在签订《建设工程施工合同》约定仲裁条款时必须依照《中华人民共和国仲裁法》第十六条的规定选择一家具体的仲裁机构来处理将来可能发生的争议,而不能只约定在某地仲裁,这种约定将被认定无效。

拓展资源链接

序号	资源名称	链接方式
1	新冠状疫情对建设工程合同履行的影响——从不可抗力维度解读	http://www.lawyers.org.cn/info/b5238fa812d84909b46153548f49261c
2	某市轨道交通工程项目工程变更管理办法实施细则	https://www.doc88.com/p-50959966287530.html

行业能力测评

1. 合同一方当事人提出变更合同要求,在双方就变更内容协商期间,合同应( )。
   A. 继续有效   B. 立即停止执行
   C. 宣告无效   D. 对要求变更的条款部分无效
2. 按照合同有关规定,工程变更不包括( )。
   A. 施工条件变更
   B. 招标条件和工程量清单中未包括的新增工程
   C. 有关工程的施工时间和顺序的改变
   D. 工程师指令工程整改返修
3. 发包方提出变更,由( )确认后生效,承包方提出变更,由( )确认后生效。
   A. 工程师 发包方   B. 工程师 工程师
   C. 发包方 发包方   D. 发包方 工程师
4. 承包方提出变更应遵循的规定是( )。
   A. 在任何情况下,承包商不得对原工程设计进行变更
   B. 承包商如果确定修改设计能够使得工程施工得到改进,则承包商可以变更,然后通知工程师
   C. 承包商可以视具体情况进行材料和设备的换用
   D. 工程师同意采用乙方合理化建议,所发生的费用和获得的收益归甲方所有
5. 若工程师不同意乙方提出的变更价款,可以由( )进行调节。
   A. 双方所共同认可的第三人   B. 工程造价管理部门
   C. 人民法院   D. 仲裁机构

典型任务4　工程施工索赔计算

工程索赔

在国际工程承包市场上,工程索赔是承包人和发包人保护自身权益、弥补工程损失的重要而有效的手段。建设工程索赔通常是指在工程合同履行过程中,合同当事人一方因对方不履行或未能正确履行合同或者由于其他非自身因素而受到经济损失或权利损害,通过合同规定的程序向对方提出经济或时间补偿要求的行为。

索赔是一种正当的权利要求,它是合同当事人之间一项正常的而且普遍存在的合同管理业务,是一种以法律和合同为依据的合情合理的行为。

索赔可能由以下一个或几个方面的原因引起:
(1)合同一方违约,不履行或未能正确履行合同义务与责任;
(2)合同错误,如合同条文不全、错误、矛盾等,设计图纸、技术规范错误等;
(3)合同变更;
(4)工程环境变化,包括法律、物价和自然条件的变化等;
(5)不可抗力因素,如恶劣气候条件、地震、洪水、战争状态等。

本任务必备知识体系:
- 知识点1　工程索赔分类和索赔流程
- 知识点2　工程索赔计算分析
- 知识点3　相关案例综合分析
- 拓展资源链接
- 行业能力测评

知识点1　工程索赔分类和索赔流程

一　索赔的分类

(一)按索赔有关当事人分类

(1)承包人与发包人之间的索赔;
(2)承包人与分包人之间的索赔;
(3)承包人或发包人与供货人之间的索赔;
(4)承包人或发包人与保险人之间的索赔。

(二)按照索赔目的和要求分类

(1)工期索赔
一般指承包人向业主或者分包人向承包人要求延长工期。

(2)费用索赔

即要求补偿经济损失,调整合同价格。

(三)按照索赔事件的性质分类

(1)工程延期索赔

因为发包人未按合同要求提供施工条件,或者发包人指令工程暂停或不可抗力事件等原因造成工期拖延的,承包人向发包人提出索赔;如果由于承包人原因导致工期拖延,发包人可以向承包人提出索赔;由于非分包人的原因导致工期拖延,分包人可以向承包人提出索赔。

(2)工程加速索赔

通常是由于发包人或工程师指令承包人加快施工进度,缩短工期,引起承包人的人力、物力、财力的额外开支,承包人提出索赔;承包人指令分包人加快进度,分包人也可以向承包人提出索赔。

(3)工程变更索赔

由于发包人或工程师指令增加或减少工程量或增加附加工程、修改设计、变更施工顺序等,造成工期延长和费用增加,承包人对此向发包人提出索赔,分包人也可以对此向承包人提出索赔。

(4)工程终止索赔

由于发包人违约或发生了不可抗力事件等造成工程非正常终止承包人和分包人因蒙受经济损失而提出索赔;如果由于承包人或者分包人的原因导致工程非正常终止,或者合同无法继续履行,发包人可以对此提出索赔。

(5)不可预见的外部障碍或条件索赔

即施工期间在现场遇到一个有经验的承包商通常不能预见的外界障碍或条件,例如地质条件与预计的(业主提供的资料)不同,出现未预见的岩石、淤泥或地下水等,导致承包人损失,这类风险通常应该由发包人承担,即承包人可以据此提出索赔。

(6)不可抗力事件引起的索赔

在新版 FIDIC 施工合同条件中,不可抗力通常是满足以下条件的特殊事件或情况:一方无法控制的、该方在签订合同前不能对之进行合理防备的、发生后该方不能合理避免或克服的、不主要归因于他方的。不可抗力事件发生导致承包人损失,通常应该由发包人承担,即承包人可以据此提出索赔。

(7)其他索赔

如货币贬值、汇率变化、物价变化、政策法令变化等原因引起的索赔。

二 承包商的索赔

在建设工程实践中,比较多的是承包商向业主提出索赔。

常见的建设工程施工索赔如下:

1.因合同文件引起的索赔

(1)有关合同文件的组成问题引起的索赔;

(2)关于合同文件有效性引起的索赔;
(3)因图纸或工程量表中的错误而引起的索赔。

2. 有关工程施工的索赔

(1)地质条件变化引起的索赔;
(2)工程中人为障碍引起的索赔;
(3)增减工程量的索赔;
(4)各种额外的试验和检查费用的偿付;
(5)工程质量要求的变更引起的索赔;
(6)指定分包商违约或延误造成的索赔;
(7)其他有关施工的索赔。

3. 关于价款方面的索赔

(1)关于价格调整方面的索赔;
(2)关于货币贬值和严重经济失调导致的索赔;
(3)拖延支付工程款的索赔。

4. 关于工期的索赔

(1)关于延长工期的索赔;
(2)由于延误产生损失的索赔;
(3)赶工费用的索赔。

5. 特殊风险和人力不可抗拒灾害的索赔

(1)特殊风险的索赔

特殊风险一般是指战争、敌对行动、入侵行为、核污染及冲击波破坏、叛乱、革命暴动、军事政变或篡权、内战等。

(2)人力不可抗拒灾害的索赔

人力不可抗拒灾害主要是指自然灾害,由这类灾害造成的损失应向承保的保险公司索赔。在许多合同中承包人以业主和承包人共同的名义投保工程一切险,这种索赔可同业主起进行。

6. 工程暂停、终止合同的索赔

(1)施工过程中,工程师有权下令暂停全部或任何部分工程,因这种暂停命令而非承包人违约或其他意外风险造成的,承包人不仅可以得到要求工期延长的权利,而且可以就其停工损失获得合理的额外费用补偿。

(2)终止合同和暂停工程的意义是不同的。有些是由于意外风险造成的损害十分严重因而终止合同,也有些是由于"错误"引起的合同终止,例如业主认为承包人不能履约而终止合同,甚至从工地驱逐该承包人。

7. 财务费用补偿的索赔

财务费用的损失要求补偿,是指因各种原因使承包人财务开支增大而导致的贷款利息等财务费用。

三 业主向承包商的反索赔

在承包商未按合同要求实施工程时,除了工程师可向承包商发出批评或警告,要求承包商及时改正外,在许多情况下,工程师可以代表业主根据合同向承包商提出索赔。

1. 索赔费用和利润

承包商未按合同要求实施工程,发生下列损害业主权益或违约的情况时,业主可索赔费用和(或)利润:

(1)工程进度太慢,要求承包商赶工时,可索赔工程师的加班费;

(2)合同工期已到而工程仍未完工,可索赔误期损害赔偿费;

(3)质量不满足合同要求,如不按照工程师的指示拆除不合格工程和材料,不进行返工或不按照工程师的指示在缺陷责任期内修复缺陷,则业主可找另一家公司完成此类工作,并向承包商索赔成本及利润;

(4)质量不满足合同要求,工程被拒绝接收,在承包商自费修复后,业主可索赔重新检验费;

(5)未按合同要求办理保险,业主可前去办理并扣除或索赔相应的费用;

(6)由于合同变更或其他原因造成工程施工的性质、范围或进度计划等方面发生变化,承包商未按合同要求去及时办理保险,由此造成的损失或损害可向承包商索赔;

(7)未按合同要求采取合理措施,造成运输道路、桥梁等的破坏;

(8)未按合同条件要求,无故不向分包商付款;

(9)严重违背合同(如工程进度一拖再拖,质量经常不合格等),工程师一再警告而没有明显改进时,业主可没收履约保函。

2. 索赔工期

FIDIC 于 1999 年出版的新版合同条件《施工合同条件》("新红皮书")规定,当承包商的工程质量不能满足要求,即某项缺陷或损害使工程、区段或某项主要生产设备不能按原定目的使用时,业主有权延长工程或某一区段的缺陷通知期。

四 索赔的流程

工程索赔一般按以下五个步骤进行:提出索赔要求;报送索赔资料;会议协商解决;邀请中间人调解;提交仲裁或诉讼。

对每一项索赔工作,承包商和业主都应力争通过友好协商的方式解决,不要轻易诉诸仲裁或诉讼。

1. 提出索赔要求

按照 FIDIC 合同条件(53.1 分条)的规定,承包商应在索赔事项发生后的 28d 内,向工程师正式书面发出索赔通知书(Notice of Claims,NOC),并抄送业主。否则,将遭业主和工程师的拒绝。

2. 报送索赔资料

在正式提出索赔要求以后，承包商应抓紧准备索赔资料，计算索赔款额或工期延长天数，编写索赔报告书，并在下一个 28d 以内正式报出。如果索赔事项的影响还在发展时，则每隔 28d 向工程师报送 1 次补充资料，说明事态发展情况。最后，当索赔事项影响结束后，在 28d 内报送此项索赔的最终报告，附上最终账单和全部证据资料，提出具体的索赔款额或工期延长天数，要求工程师和业主审定。

3. 会议协商解决

第 1 次协商一般采取非正式的形式，双方互相探索立场观点，争取达到一致见解。如需正式会议，双方应提出论据及有关资料，内定可接受的方案，争取通过 1 次或数次会议，达成解决索赔问题的协议。

4. 邀请中间人调解

当双方直接谈判无法取得一致时，为争取友好解决，根据国际工程施工索赔的经验，可由双方协商邀请中间人进行调停。

5. 提交仲裁或诉讼

与任何合同争端一样，对索赔争端，最终的解决途径是通过国际仲裁或法院诉讼解决。

应该指出，我国有许多国际工程，如长江三峡工程、黄河小浪底工程，以及许多大型发电站、公路、海洋石油开发等工程项目，都是进行公开的国际竞争性招标，按照国际通用的合同条件实施。工程项目合同争端的仲裁机构、仲裁地点，应尽量在合同文件中明确在中国进行。

知识点 2　工程索赔计算分析

一　承包商进行索赔的主要依据

为了达到索赔的目的，承包商要进行大量的索赔论证工作，来证明自己拥有索赔的权利，而且所提出的索赔款额是准确的，即论证索赔权和索赔款额。对所有的施工索赔而言，以下 10 个方面的资料是不可缺少的。

1. 招标文件

它是工程项目合同文件的基础，包括通用条件、专用条件、施工技术规程、工程量表、工程范围说明、现场水文地质资料等文本，都是工程成本的基础资料。它们不仅是承包商投标报价的依据，也是索赔时计算附加成本的依据。

2. 投标报价文件

在投标报价文件中，承包商对各主要工种的施工单价进行了分析计算，对各主要工程量的施工效率和进度进行了分析，对施工所需的设备和材料列出了数量和价值，对施工过程中各阶段所需的资金数额提出了要求等等。所有这些文件，在中标及签订施工协议书（Construction agreement）以后，都成为正式合同文件的组成部分，也成为施工索赔的基本依据。

3. 施工协议书及其附属文件

在签订施工协议书以前合同双方对中标价格、施工计划合同条件等问题的讨论纪要文件中，如果对招标文件中的某个合同条款做了修改或解释，则这个纪要就是将来索赔计价的依据。

4. 来往信件

如工程师(或业主)的工程变更指令(Variation orders)、口头变更确认函(Confirmation of oral instruction)、加速施工指令(Acceleration order)、施工单价变更通知、对承包商问题的书面回答等等，这些信函(包括电传、传真资料)都具有与合同文件同等的效力，是结算和索赔的依据资料。

5. 会议记录

如标前会议纪要、施工协调会议纪要、施工进度变更会议纪要、施工技术讨论会议纪要、索赔会议纪要等等。对重要的会议纪要，要建立审阅制度，即由作纪要的一方写好纪要稿后，送交对方传阅核签，如有不同意见，可在纪要稿上修改，也可规定一个核签期限(如7d)，如纪要稿送出后7d内不返回核签意见，即认为同意。这对会议纪要稿的合法性是很必要的。

6. 施工现场记录

主要包括施工日志、施工检查记录、工时记录、质量检查记录、设备或材料使用记录、施工进度记录或者工程照片、录像等。重要记录，如质量检查、验收记录，还应有工程师派遣的监理员签名。

7. 工程财务记录

如工程进度款每月支付申请表，工人劳动计时卡和工资单，设备、材料和零配件采购单、付款收据，工程开支月报等等。在索赔计价工作中，财务单证十分重要。

8. 现场气象记录

许多的工期拖延索赔与气象条件有关。施工现场应注意记录和收集气象资料，如每月降水量、风力、气温、河水位、河水流量、洪水位、基坑地下水状况等等。

9. 市场信息资料

对大中型土建工程，一般工期长达数年，对物价变动等报道资料，应系统地收集整理，这对于工程款的调价计算是必不可少的，对索赔亦同等重要。如工程所在国官方出版的物价报道、外汇兑换率行情、工人工资调整等。

10. 工程所在国家的政策法令文件

如货币汇兑限制指令、调整工资的决定、税收变更指令、工程仲裁规则等等。对于重大的索赔事项，如遇到复杂的法律问题时，承包商还需要聘请律师，专门处理这方面的问题。

二 索赔文件的组成部分

按照FIDIC合同条件的规定，在每一索赔事项的影响结束以后，承包商应在28d内写出该索赔事项的总结性的索赔报告书。承包商应十分重视索赔报告书的编写工作，使自己的索赔报告书充满说服力，逻辑性强，符合实际，论述准确，使阅读者感到合情合理，有根有据，使正当的索赔要求得到应有的妥善解决。索赔报告书包括以下4~5个组成部分。

1. 总论部分

包括以下具体内容：
(1) 序言；
(2) 索赔事项概述；
(3) 具体索赔要求：工期延长天数或索赔款额；
(4) 报告书编写及审核人员。

2. 合同引证部分

索赔报告关键部分之一，是索赔成立的基础。一般包括以下内容：
(1) 概述索赔事项的处理过程；
(2) 发出索赔通知书的时间；
(3) 引证索赔要求的合同条款；
(4) 指明所附的证据资料。

3. 索赔额计算部分

索赔报告书的主要部分，也是经济索赔报告的第 3 部分。索赔款计算的主要组成部分是：由于索赔事项引起的额外开支的人工费、材料费、设备费、工地管理费、总部管理费、投资利息、税收、利润等等。每一项费用开支，应附相应的证据或单据。并通过详细的论证和计算，使业主和工程师对索赔款的合理性有充分的有了解，这对索赔要求的迅速解决十分重要。

4. 工期延长论证部分

工期索赔报告的第 3 部分。在索赔报告中论证工期的方法，主要有：
(1) 横道图表法(Bar chart method)；
(2) 关键路线法(CPM-Critical path method)；
(3) 进度评估法(PERT-Programme evaluation and review technique)等。
承包商在索赔报告中，应该对工期延长、实际工期等进行详细的论述，说明自己要求工期延长(天数)的根据。

5. 证据部分

通常以索赔报告书附件的形式出现，它包括该索赔事项所涉及的一切有关证据及对这些证据的说明。索赔证据资料的范围甚广，可能包括施工过程中所涉及的有关政治、经济、技术、财务、气象等许多方面的资料。对重大的索赔事项，承包商还应提供直观记录资料，如录像、摄影等。

三 费用索赔的计算

费用索赔以补偿实际损失为原则，对发包人不具有任何惩罚性质。实际损失包括直接损失和间接损失两个方面。因此，所有干扰事件引起的损失以及这些损失的计算，都应有详细的具体证明，并在索赔报告中出具这些证据。没有证据，索赔要求不能成立。

1. 索赔费用的组成

(1) 人工费。索赔费用中的人工费部分包括：人工费是指完成合同之外的额外工作所花费的人工费用;由于非施工单位责任导致的工效降低所增加的人工费用;法定的人工费增长以及非施工单位责任工程延误导致的人员窝工费和工资上涨费等。

(2)材料费。索赔费用中的材料费部分包括:由于索赔事项的材料实际用量超过计划用量而增加的材料费;由于客观原因材料价格大幅度上涨;由于非施工单位责任工程延误导致的材料价格上涨和材料超期储存费用。

(3)施工机械使用费。索赔费用中的施工机械使用费部分包括:由于完成额外工作增加的机械使用费;非施工单位责任的工效降低增加的机械使用费;由于发包人或监理工程师原因导致机械停工的窝工费。

(4)分包费用。分包费用索赔指的是分包人的索赔费。分包人的索赔应如数列入总承包人的索赔款总额以内。

(5)工地管理费。工地管理费指施工单位完成额外工程、索赔事项工作以及工期延长期间的工地管理费,但如果对部分工人窝工损失索赔时,因其他工程仍然进行,可能不予计算工地管理费。

(6)利息。索赔费用中的利息部分包括:拖期付款利息;由于工程变更的工程延误增加投资的利息;索赔款的利息;错误扣款的利息。这些利息的具体利率,有这样几种规定:按当时的银行贷款利率;按当时的银行透支利率;按合同双方协议的利率。

(7)总部管理费。主要指工程延误期间所增加的管理费。

(8)利润。由于工程范围的变更和施工条件变化引起的索赔,承包人可列入利润。索赔利润的款额计算通常是与原报价单中的利润百分率保持一致,即在直接费用的基础上增加原报价单元中的利润率,作为该项索赔的利润。

2.索赔费用的计算方法

索赔金额的计算方法很多,各个工程项目都可能因具体情况不同而采用不同的方法,主要有三种。

(1)总费用法。计算出索赔工程的总费用,减去原合同报价,即得索赔金额。这种计算方法简单但不尽合理,因为实际完成工程的总费用中,可能包括由于承包人的原因(如管理不善,材料浪费,效率太低等)增加的费用,而这些费用是属于不该索赔的;另一方面,原合同价也可能因工程变更或单价合同中的工程量变化等原因而不能代表真正的工程成本。凡此种种原因,使得采用此法往往会引起争议,故一般不常用。

但是在某些特定条件下,当需要具体计算索赔金额很困难,甚至不可能时,则也有采用此法的。这种情况下,应具体核实已开支的实际费用,取消其不合理部分,以求接近实际情况。

(2)修正的总费用法。原则上与总费用法相同,计算对某些方面作出相应的修正,以使用结果更趋合理,修正的内容主要有:一是计算索赔金额的时期仅限于受事件影响的时段,而不是整个工期。二是只计算在该时期内受影响项目的费用,而不是全部工作项目的费用。三是不直接采用原合同报价,而是采用在该时期内如未受事件影响而完成该项目的合理费用。根据上述修正,可比较合理地计算出索赔事件影响,而实际增加的费用。

(3)实际费用法。实际费用法即根据索赔事件所造成的损失或成本增加,按费用项目逐项进行分析、计算索赔金额的方法。这种方法比较复杂,但能客观地反映施单位的实际损失,比较合理,易于被当事人接受,在国际工程中被广泛采用。实际费用法是按每个索赔事件所引起损失的费用项目分别分析计算索赔值的一种方法,通常分三步:第一步,分析每个或每类索赔事件所影响的费用项目,不得有遗漏。这些费用项目通常应与合同报价中的费用项目一致。第二步,计算每个费用项目受索赔事件影响的数值,通过与合同价中的费用价值进行比较即可得到该项费用的索赔值。第三步,将各费用项目的索赔值汇总,得出总费用索赔值。

四 工期索赔的计算

1. 工期索赔的定义

在工程施工过程中,常常发生一些未能预见的干扰事件使施工不能顺利进行,使预定的施工计划受到干扰,结果造成工期延长。这在实际工程中是屡见不鲜的。对此应先计算干扰事件对工程活动的影响,然后计算事件对整个工期有影响,计算出工期索赔值。

2. 工期索赔的原则

工程拖延可分为"可原谅拖期"和"不可原谅拖期"两种情况,详见表4-1。

工期索赔的处理原则　　　　　　　　　　　　表4-1

拖期性质	拖期原因	责任者	处理原则	索赔结果
可原谅拖期	(1)修改设计 (2)施工条件变化 (3)业主原因 (4)工程师原因	业主或工程师	可准予延长工期和给以经济补偿	工期延长+经济补偿
	不可抗力(如天灾、社会动乱,以及非为业主、工程师或承包商原因造成的拖期)等	客观原因	依据建设工程施工合同第39.3款确定	工期可延长,经济补偿依据建设工程施工合同第39.3款确定
不可原谅拖期	由承包商原因造成的拖期	承包商	不延长工期,不给予经济补偿,竣工结算时业主和扣除合同规定竣工误期违约赔偿金	无权索赔

《建设工程施工合同》第39.3款规定如下:"因不可抗力事件导致的费用及工期由双方按以下方法承担:

(1)工程本身的损害、因工程损害导致第三方人员伤亡和财产损失以及运至工地用于施工的材料和将要安装的设备的损害,由发包人承担。

(2)发包人和承包人人员伤亡由其所在单位负责,并承担相应费用。

(3)承包人机械设备损坏及停工损失,由承包人承担。

(4)停工期间,承包人应工程师要求留在施工场地的必要的管理人员及保卫人员的费用由发包人承担。

(5)工程所需清理、修复费用,由发包人承担。

(6)延误工期相应顺延。"

处理时应根据表 4-1 及上款规定判断如何处理各项索赔。

工程实际施工过程中，往往有两种或多种原因同时造成工期延误，这种情况称为"共同延误"或"平行延误"。这时应根据以下原则来确定哪一种情况是有效延误，即承包商可以据之得到工期延长，或既可得到工期延长，又可得到费用补偿。

（1）首先判断造成拖期的哪一种原因是最先发生的，即确定"初始延误"的责任者。在初始延误发生期间，其他平行发生的延误责任者不承担延误责任。

（2）如果初始延误责任者是业主或工程师，则在发包人造成的延误期内，承包商可得到工期延长，经济补偿按前述第39.3款处理。

（3）如果初始延误责任者是客观原因，则在客观因素发生影响的期间内，承包商可得到工期延长，经济补偿按前述第39.3款处理。

（4）如果初始延误责任者是承包商，则承包商不能索赔。

3. 工期索赔的计算

工期索赔的计算主要有网络图分析和比例计算法两种。

（1）网络分析法是利用进度计划的网络图，分析其关键线路。如果延误的工作为关键工作，则总延误的时间为批准顺延的工期；如果延误的工作为非关键工作，当该工作由于延误超过时差限制而成为关键工作时，可以批准延误时间与时差的差值；若该工作延误后仍为非关键工作，则不存在工期索赔问题。

（2）比例计算法的公式为：对已知部分工程的延期的时间：工期索赔值＝受干扰部分工程的合同价/原合同总价×该受干扰部分工期拖延时间对已知额外增加工程量的价格：工期索赔值＝额外增加的工程量的价格/原合同总价×原合同总工期。

比例计算法简单方便，但有时不尽符合实际情况，比例计算法不适用于变更施工顺序、加速施工、删减工程量等事件的索赔。

知识点 3 相关案例综合分析

案例1 工程索赔

北京某工程基坑开挖后发现地下情况和发包商提供的地质资料不符，有古河道，须将河道中的淤泥清除并对地基进行二次处理。为此，业主以书面形式通知施工单位停工10d，并同意合同工期顺延10d。为确保继续施工，要求工人、施工机械等不要撤离施工现场，但在通知中未涉及由此造成施工单位停工损失如何处理。施工单位认为对其损失过大，意欲索赔。

问题：

1. 施工单位的索赔能否成立，索赔证据是什么？
2. 由此引起的损失费用项目有哪些？
3. 如果提出索赔要求，应向业主提供哪些索赔文件？

【案例简析】

（1）索赔成立。这是因业主的原因造成的施工临时中断，从而导致承包商工期的拖延和费用支出的增加，因而承包商可提出索赔。索赔证据为业主以书面形式提出的要求停工通知书。

（2）此事项造成的后果是承包商的工人、施工机械等在施工现场窝工10d，给承包商造成

的损失主要是现场窝工的损失,因此承包商的损失费用项目主要有:

10d 的人工窝工费;10d 的机械台班窝工费;由于 10d 的停工而增加的现场管理费。

(3)索赔文件是承包商向业主索赔的正式书面材料,一般由以下三部分组成:

①索赔信。主要是说明索赔事项,列举索赔理由,提出索赔要求。

②索赔报告。这是索赔材料的正文,其主要内容是事实与理由,即叙述客观事实,合理引用合同条款,建立事实与损失之间的因果关系,说明索赔的合理合法性,从而最后提出要求补偿的金额及工期。

③附件。包括索赔证据和详细计算书,其作用是为所列举的事实、理由以及所要求的补偿提供证明材料。

案例 2　索赔报告

某施工单位(乙方)与某建设单位(甲方)签订了某土方工程与基础工程合同,承包商在合同标明有松软石的地方没有遇到松软石,因而工期提前 1 个月。但在合同中另一未标明有坚硬岩石的地方遇到了一些工程地质勘察没有探明的孤石。由于排除孤石拖延了一定的时间,使得部分施工任务不得不赶在雨期进行。施工过程中遇到数天季节性大雨后又转为特大暴雨引起山洪暴发,造成现场临时道路、管网和施工用房等设施以及已施工的部分基础被冲坏,施工设备损坏,运进现场的部分材料被冲走,乙方数名施工人员受伤,雨后,乙方用了很多工时清理现场和恢复施工条件。为此乙方按照索赔程序提出了延长工期和费用补偿要求。

问题:

1.你认为乙方提出的索赔要求能否成立?为什么?

2.一份完整的索赔报告通常由哪些内容组成?

【案例简析】

(1)对处理孤石引起的索赔,这是预先无法估计的地质条件变化,属于甲方应承担的风险,应给予乙方工期顺延和费用补偿。但是对于天气条件变化引起的索赔应分两种情况处理:

①前期的季节性大雨应该是一个有经验的承包商预先能够合理估计的因素,应在合同工期内考虑,由此造成的时间和费用损失不能给予补偿。

②后期特大暴雨引起的山洪暴发不能视为一个有经验的承包商预先能够合理估计的因素,应按不可抗力处理由此引起的索赔问题。被冲坏的现场临时道路、管网和施工用房等设施以及已施工的部分基础,被冲走的部分材料,清理现场和恢复施工条件等经济损失应由甲方承担;损坏的施工设备,受伤的施工人员以及由此造成的人员窝工和设备闲置等经济损失应由乙方承担,工期顺延。

(2)答案(略)。

案例 3　索赔条件

发包人与某建筑承包公司于 2010 年 8 月签订了一份土地平整工程合同。合同约定:承包人为发包人平整土地工程,造价 20.5 万元,交工日期是 2010 年 11 月底。在合同履行中因发包人未解决征用土地问题,承包人施工时被当地居民阻拦,使承包人 5 台推土机无法进入施工场地,窝工 240 个台班。后经双方协商同意将原合同规定的交工日期延迟到 2010 年 12 月底。工程完工结算时,双方又因停工、窝工问题发生争议,发包人拒付工程款。承包人诉至法院要求支付工程款,赔偿窝工损失。

问题：
1. 请问法院是否会支持承包人的主张？为什么？
2. 简述一般情况下承包商的索赔要求成立的条件。

【案例简析】

(1) 支持。因发包人未解决征用土地问题，造成承包人施工时被当地居民阻拦，以致窝工240个台班。也就是发包人未能及时交付场地，造成承包人窝工。根据《合同法》二百八十三条规定，"发包人未按照约定的时间和要求提供原材料、设备、场地、资金、技术资料的，承包人可以顺延工程日期，并有权要求赔偿停工、窝工等损失"。因此，承包人向发包人追讨停、窝工费用，是有事实和法律依据的，应该得到法院的支持。

(2) 承包商的索赔要求成立必须同时具备如下四个条件：
① 与合同相比较，已造成了实际的额外费用或工期损失；
② 造成费用增加或工期损失的原因不属于承包商的行为责任；
③ 造成费用增加或工期损失不是应由承包商承担的风险；
④ 承包商在事件发生后规定时间内提交索赔的书面意向通知和索赔报告。

案例4　合理索赔

某承包商通过公开投标获得一工程，在招标文件中，发包人提供了工程量计算规则，分部分项工程单价组成原则，合同文件内容，以清单报价形式投标，工程量清单由发包人提供，工程量为暂定数量，投标人填写综合单价，工程造价暂定7600万元，合同工期14个月，双方参照《建设工程施工合同》范本，签订了固定综合单价合同，施工过程中发生的工程数量按招标文件内要求的图纸标注净量计算。

在合同专用条款中明确了组成本合同的文件及优先解释顺序如下：(1)本合同协议书；(2)中标通知书；(3)投标书及附件；(4)本合同专用条款；(5)本合同通用条款；(6)标准、规范及有关技术文件；(7)图纸；(8)工程量清单；(9)工程报价单或预算书；(10)合同履行中，发包人、承包人有关工程的洽商、变更等书面协议或文件视为本合同的组成部分。在实际施工过程中发生如下事件：

事件1：2011年1月份，钢筋价格由原来的2600元/吨，上涨到3600元/吨，承包商经过计算，认为中标的钢筋制作安装的综合单价每吨亏损1000元，承包商在此情况下向发包人提出索赔，希望发包人考虑市场因素，给予酌情补偿。

事件2：2011年4~5月份当地出现了疫情，使本工程停止施工2个月。在疫情结束后，承包商根据合同文件内容和政府文件，本疫情未作为不可抗力因素，因此根据合同文件的第4项专用条款和第5项通用条款的约定，工期不得顺延。在10月份，甲乙双方多次磋商，发包人认为工期耽误不是施工单位原因造成的，并对现场的实际损失进行了详细的调查和计算，故书面同意将工期延长2个月，并给予100万元的经济补偿。在结算时，经过现场计算和套用合同中固定综合单价，结算价格定为8100万元+100万元，总计8200万元。

问题：
1. 承包商就事件1提出的索赔能否成立？为什么？
2. 在事件2中，发包人对工期的延长和经济补偿的文件，是否符合本合同文件的内容约定？

【案例简析】

(1) 不能成立。根据合同文件中招标文件和合同专用条款的有关约定,本工程属于固定综合单价包干合同,所有因素的调整将不予考虑。

(2) 符合。根据合同文件中第10项的约定,合同履行中,发包人、承包人有关工程的洽商、变更等书面协议或文件视为本合同的组成部分。

拓展资源链接

序号	资源名称	链接方式
1	工程索赔术语认知	
2	情境案例——工程索赔认知	
3	情境案例——工程索赔	
4	情境案例——工程费用索赔	
5	情境案例——工程工期索赔	
6	工程保险拒赔案例及思考	https://www.sohu.com/a/149066754_778477

行业能力测评

1. 索赔指在合同实施过程中,合同一方因对方不履行或未能正确履行合同所规定的义务或未能保证承诺的合同条件实现而(　　),向对方提出的补偿要求。
　　A. 拖延工期后　　　　　　　　B. 遭受损失后
　　C. 产生分歧后　　　　　　　　D. 提起公诉后

2. 工程施工过程中发生索赔事件后,承包人首先要做的工作是(　　)。
　　A. 向监理工程师提交索赔证据　　B. 提出索赔意向通知
　　C. 提交索赔报告　　　　　　　D. 与业主就索赔事项进行谈判

3. 下列资料中,可以作为承包人向业主索赔依据的是(　　)。

A. 合同履行中发包人和承包人洽商形成的协议
B. 承包人与分包人签订的分包合同
C. 承包人安全交底会议纪要
D. 承包人技术交底纪要

4. 施工的竣工验收应当由(　　)负责组织。
   A. 发包人　　　　B. 工程师　　　　C. 承包人　　　　D. 监理单位

5. 按当事人分类,索赔不包括(　　)。
   A. 承包商与发包人之间的索赔　　　　B. 承包人与分包人之间的索赔
   C. 分包人与发包人之间的索赔　　　　D. 承包人与保险人之间的索赔

项目 5

工程项目安全管理

1. 安全专员的岗位能力和工作内容

安全专员岗位能力和工作内容

2. 项目模块导学(建议学时:6 学时)

典型任务 1　工程施工安全法规普识

法律法规
- 新《安全生产法》
- 《绿色施工导则》
- 《文物保护法》
- 《环境保护法》

基本认知
- 职业健康安全事故
- 职业病
- 环境保护
- 绿色施工
- 四节-环保

重点难点
- 施工现场文明施工的要求
- 施工现场文明施工的措施
- 施工现场环境保护的要求
- 施工现场环境保护的措施
- 职业健康安全卫生的要求

资源拓展
- 安全管理"黑科技"
- 施工文物保护制度

典型任务2　工程施工安全管理认知

典型任务1　工程施工安全法规普识

由于建设工程规模大,周期长,参与人数多,环境复杂多变,安全生产的难度很大,通过建立各项制度,规范建设工程的生产行为,对提高建设工程安全生产水平是非常重要的。《建筑法》《安全生产法》《安全生产许可条例》等建设工程相关法律法规和部门规章对建设工程安全生产和管理行为进行了全面的规范,确立了一系列建设工程安全生产管理制度。现阶段正在执行的主要的安全生产管理制度包括:

(1)安全生产责任制度;
(2)安全生产许可证制度;
(3)政府安全生产监督检查制度;
(4)安全生产教育培训制度;
(5)安全措施计划制度;
(6)特种作业人员持证上岗制度;
(7)专项施工方案专家论证制度;
(8)危及施工安全工艺、设备、材料淘汰制度;
(9)施工起重机械使用登记制度;
(10)安全检查制度;
(11)安全生产事故报告和调查处理制度;
(12)"三同时"制度;
(13)安全预评价制度;
(14)意外伤害保险制度;
(15)各种安全技术操作规程;
(16)危险作业管理审批制度;
(17)易燃、易爆、剧毒、放射性、腐蚀性等危险物品生产、储运、使用的安全管理制度;
(18)防护物品的发放和使用制度;
(19)安全用电制度;
(20)危险场所动火作业审批制度;
(21)防火、防爆、防雷、防静电制度;
(22)危险岗位巡回检查制度;
(23)安全标志管理制度。

一　安全生产责任制度

它是最基本安全管理制度,是所有安全生产管理制度的核心。原则是:管生产的同时必须管安全。项目部专职安全员配备要按住建部规定:1万 m^2 以下1人;1万~5万 m^2,不少于2人;5万 m^2 以上不少于3人。

二 安全生产许可证制度

《安全生产许可证条例》规定国家对企业施工实行安全生产许可制度。其目的是为了严格规范安全生产条件,进一步加强安全生产监督管理,防止和减少安全生产事故。除央企外,其他企业安全生产许可证由省级建管部门颁发和管理。有效期3年,企业于期满前3个月向原颁发管理机关办理延期手续。在有效期内严格遵守安全生产的法律法规,未发生死亡事故,有效期届满时,经颁发管理机构同意,不再审查,延期3年。

三 安全生产教育培训制度

企业安全生产教育培训一般包括对管理人员、特种作业人员和企业员工的安全教育。

(1)根据《特种作业人员安全技术培训考核管理规定》,要求特种作业人员必须经专门的安全技术培训并考核合格,取得特种作业操作证,方可上岗。特种作业操作证全国范围有效,离开特种作业岗位6个月以上的人员,应重新实际操作考试,确认合格后方可上岗作业。

(2)已取得职业高中、技工学校及中专以上学历毕业生从事与其所学专业相应的特种作业,持学历证明经考核发证机关同意,可免予培训。

企业员工的安全教育:包括新员工上岗前的三级安全教育、改变工艺和变换岗位时安全教育、经常性安全教育。

(1)要求新员工通过三级安全教育和实际操作训练,经考核合格方可上岗。三级包括企业(公司)级、项目级和班组级。

(2)实施新工艺、新技术或使用新设备、新材料;或岗位调动;或因放长假离岗1年以上重新上岗的情况,企业必须进行相应的安全技术培训和教育。

(3)无论何种教育都不是一劳永逸的,安全教育必须坚持不懈,持久进行,在经常性安全教育中,安全思想和安全态度教育最重要。要通过各种形式的安全教育活动,如:每天的班前班后会上说明安全注意事项;安全活动日;安全生产会议;事故现场会;张贴安全生产招贴画、宣传标语及标志等激发员工搞好安全生产的热情,促使员工重视和真正实现安全生产。

四 安全措施计划制度

企业进行生产活动时,必须编制安全措施计划,它是企业有计划的改善劳动条件和安全卫生设施,防止工伤事故和职业病的重要措施之一。对企业加强劳动保护,改善劳动条件,保障职工的安全和健康,促进企业生产经营发展都有着积极作用。编制安全技术措施计划可按照以下步骤进行:工作活动分类;危险源识别;风险确定;风险评价;制定安全技术措施计划;评价安全技术措施计划的充分性。

五 专项施工方案专家论证制度

依据《建设工程安全生产管理条例》规定,对达到一定规模的危险性较大分部分项工程应编制专项施工方案,涉及深基坑、地下暗挖工程、高大模板工程的专项施工方案,施工单位还应组织专家论证、审查。

六 施工起重机械使用登记制度

《建设工程安全生产管理条例》规定,施工单位应当自施工起重机械和整体提升脚手架、模板等自升式架设设施验收合格之日起 30 日内,向建管部门登记。登记标志应当置于或附着于该设备的显著位置。这是对施工起重机械的使用进行监督和管理的重要制度,能够有效防止不合格机械和设施投入使用,同时以利于监督管理。

七 安全检查制度

安全检查制度是消除隐患、防止事故、改善劳动条件的重要手段,是企业安全生产管理工作的一项重要内容。通过安全检查可以发现企业及生产过程中的危险因素,以便有计划地采取措施,保证安全生产。

安全检查的主要内容有:查思想、查制度、查管理、查隐患、查整改、查伤亡事故处理等。

检查的重点是:"三违"和安全责任制的落实。

按照,登记、整改、复查、销案的程序处理安全隐患。

八 三同时制度

凡是我国境内新建、改建、扩建的基本建设项目,技术改建项目和引进的建设项目,其安全生产设施必须符合国家规定的标准,必须与主体工程同时设计、同时施工、同时投入生产和使用。

安全生产设施包括:安全技术方面设施、职业卫生方面设施、生产辅助性设施。安全设施投资应当纳入建设项目概算。

九 意外伤害保险制度

《建筑法》规定,职工意外伤害保险是法定的强制性保险。明确,施工企业应当为从事施工作业和管理的人员,在施工过程中发生的人身意外伤亡事故提供保障,办理意外伤害保险,支付保险费,范围应当覆盖工程项目。同时还对,保险期限,金额,保费,投保方式,索赔,安全服务及行业自保等都提出了指导性意见。

本任务必备知识体系：

- 知识点1　安全生产管理预警体系
- 知识点2　安全生产管理制度
- 知识点3　安全事故
- 知识点4　地铁安全事故
- 拓展资源链接
- 行业能力测评

知识点1 安全生产管理预警体系

事故的发生和发展是由于人的不安全行为、物的不安全状态以及管理的缺陷等方面相互作用的结果,因此在事故预防管理上,可针对事故特点建立事故预警体系。

一 安全生产管理预警体系

预警体系是以事故现象的成因、特征及其发展作为研究对象,运用现代系统理论和预警理论,构建对灾害事故能够起到"免疫",并能够预防和"矫正"各种事故现象的一种"自组织"系统,它是以警报为导向,以"矫正"为手段,以"免疫"为目的的防错、纠错系统。

1. 及时性

预警体系的出发点就是当事故还在萌芽状态时,就通过细致的观察、分析,提前做好各种防范的准备,及时发现、及时报告、及时采取有效措施加以控制和消除。

2. 全面性

对生产过程中人、物、环境、管理等各个方面进行全面监督,及时发现各方面的异常情况,以便采取合理对策。

3. 高效性

预警必须有高效率,只有如此,才能对各种隐患和事故进行及时预告,并制定合理适当的应急措施迅速改变不利局面。

4. 客观性

生产运行中,隐患的存在是客观的,必须正确引导有关单位和个人,不能因为隐患的存在可能影响形象,带来负面影响而隐匿有关信息,要积极主动地应对。

二 安全生产管理预警体系的要素

各种类型事故预警的管理过程可能不同,但预警的模式具有一致性。在构建预警体系时,需遵循信息论、控制论、决策论以及系统论的思想和方法,科学建立标准化的预警体系,保证预警的上下统一和协调。

一个完整的预警体系应由外部环境预警系统、内部管理不良的预警系统、预警信息管理系统和事故预警系统四部分构成。

(一)外部环境预警系统

1. 自然环境突变的预警

生产活动所处的自然环境突变诱发的事故主要是自然灾害及人类活动造成的破坏。

2. 政策法规变化的预警

国家对行业政策的调整、法规体系的修正和变更,对安全生产管理的影响非常大,应经常监测。

3. 技术变化的预警

现代安全生产一个重要标志是对科学技术进步的依赖越来越大。因而预警体系也应当关注技术创新、技术标准变动的预警。

(二) 内部管理不良的预警系统

1. 质量管理预

企业质量管理的目的是生产出合格的产品(工程),基本任务是确定企业的质量目标制定企业规划和建立健全企业的质量保证体系。

2. 设备管理预警

设备管理预警对象是生产过程的各种设备的维修、操作、保养等活动。

3. 人的行为活动管理预警

事故发生诱因之一是由人的不安全行为所引发的,人的行为活动预警对象主要是思想上的疏忽、知识和技能欠缺、性格上的缺陷、心理和生理弱点等。

(三) 预警信息管理系统

预警信息管理系统以管理信息系统(MIS)为基础,专用于预警管理的信息管理,主要是监测外部环境与内部管理的信息。预警信息的管理包括信息收集、处理、辨伪、存储、推断等过程。

(四) 事故预警系统

事故预警系统是综合运用事故致因理论(如系统安全理论)、安全生产管理原理(如预防原理),以事故预防和控制为目的,通过对生产活动和安全管理过程中各种事故征兆的监测、识别、诊断与评价,以及对事故严重程度和发生可能性的判别给出安全风险预警级别,并根据预警分析的结果对事故征兆的不良趋势进行矫正、预防与控制。当事故难以控制时,及时做出警告,并提供对策措施和建议。

预警体系功能的实现主要依赖于预警分析和预控对策两大子系统作用的发挥。预警分析主要由:预警监测、预警信息管理、预警评价指标体系构建、预测评价等工作内容组成。预控对策一般包括:组织准备、日常监控和事故危机管理三个活动阶段。

预警信号一般采用国际通用的颜色表示不同的安全状况。如:

Ⅰ级预警:用红色表示安全状况特别严重;
Ⅱ级预警:用橙色表示受到事故严重威胁;
Ⅲ级预警:用黄色表示处于事故的上升阶段;
Ⅳ级预警:用蓝色生产活动处于正常状态。

完善的预警体系为事故预警提供了物质基础。预警体系通过预警分析和预控对策实现事故的预警和控制。预警分析完成:监测、识别、诊断与评价功能。而预控对策完成对事故征兆的不良趋势进行纠错和治错的功能。

三 预警分析

1. 预警监测

实现和完成与事故有关的外部环境与内部管理状况的监测任务,并将采集的原始信息实时存入计算机,供预警信息系统分析使用。

2. 预警信息管理

预警信息管理是一个系统性的动态管理过程,包括信息收集、处理、辨伪、存储和推断等管理工作。

3. 预警评价指标体系的构建

预警评价指标能敏感地反映危险状态及存在问题的指标,是预警体系开展识别、诊断、预控等活动的前提,也是预警管理活动中的关键环节之一。构建预警评价指标体系的目的是使信息定量化、条理化和可操作化。预警评价指标体系内容一般包括:

(1) 预警评价指标的确定:一般可分为人的安全可靠性指标,生产过程的环境安全性指标,安全管理有效性的指标以及机(物)安全可靠性指标等。

(2) 预警准则的确定:预警准则指一套判别标准或原则,用来决定在不同预警级别情况下,是否应当发出警报及发出何种程度的警报。

(3) 预警方法的确定:包括指标预警、因素预警、综合预警、误警和漏警等方法。

(4) 预警阈值的确定:预警阈值确定原则上既要防止误报又要避免漏报,若采用指标预警,一般可根据具体规程设定报警阈值,或者根据具体实际情况,确定适宜的报警阈值。若为综合预警,一般根据经验和理论来确定预警阈值(即综合指标临界值),如综合指标值接近或达到这个阈值时,意味着将有事故出现,可以将此时的综合预警指标值确定为报警阈值。

4. 预警评价

预警评价包括确定评价的对象、内容和方法,建立相应的预测系统,确定预警级别和预警信号标准等工作。评价对象是导致事故发生的人、机、环、管等方面的因素,预测系统建立的目的是实现必要的未来预测和预警。预警信号一般采用国际通用的颜色表示不同的安全状况,如:

Ⅰ级预警,表示安全状况特别严重,用红色表示;
Ⅱ级预警,表示受到事故的严重威胁,用橙色表示;
Ⅲ级预警,表示处于事故的上升阶段,用黄色表示;
Ⅳ级预警,表示生产活动处于正常状态,用蓝色表示。

四 预控对策

预警的目标是实现对各种事故现象的早期预防与控制,并能对事故实施危机管理,预警是制定预控对策的前提,预控对策是根据具体的警情确定控制方案,尽早采取必要的预防和控制措施,避免事故的发生和人员的伤亡,减少财产损失等。预控对策一般包括组织准备、日常监控和事故危机管理三个活动阶段。

1. 组织准备

组织准备的目的在于预警分析及预控对策的实施提供组织保障,其任务:一是确定预警体系的组织构成、职能分配及运行方式;二是为事故状态下预警体系的运行和管理提供组织保障,确保预控对策的实施。

2. 日常监控

日常监控是对预警分析所确定的主要事故征兆(现象)进行特别监视与控制的管理活动。包括培训员工的预警知识和各种逆境的预测,模拟预警管理方案,总结预警监控活动的经验或教训,在特别状态时提出建议供决策层采纳等。

3. 事故危机管理

事故危机管理是指在日常监控活动无法有效扭转危险状态时的管理对策,是预警管理活动陷入危机状态时采取的一种特殊性质的管理,只有在特殊情况下才采用的特别管理方式。

五 安全生产管理预警体系的运行

完善的预警体系为事故预警提供了物质基础。预警体系通过预警分析和预控对策实现事故的预警和控制,预警分析完成监测、识别、诊断与评价功能,而预控对策完成对事故征兆的不良趋势进行纠错和治错的功能。

(一) 监测

监测是预警活动的前提,监测的任务包括两个方面:一是对生产中的薄弱环节和重要环节进行全方位、全过程的监测;二是利用预警信息管理系统对大量的监测信息进行处理(整理、分类、存储、传输)并建立信息档案。通过对前后数据、实时数据的收集、整理分析、存储和比较,建立预警信息档案,信息档案中的信息是整个预警系统共享的,它将监测信息及时、准确地输入下一预警环节。

(二) 识别

识别是运用评价指标体系对监测信息进行分析,以识别生产活动中各类事故征兆、事故诱因,以及将要发生的事故活动趋势。识别的主要任务是应用适宜的识别指标,判断已经发生的异常征兆、可能的连锁反应。

(三) 诊断

对已被识别的各种事故现象,进行成因过程的分析和发展趋势预测。诊断的主要任务是在诸多致灾因素中找出危险性最高、危险程度最严重的主要因素,并对其成因进行分析,对发展过程及可能的发展趋势进行准确定量的描述。诊断的工具是企业特性和行业安全生产共性相统一的评价指标体系。

(四) 评价

对已被确认的主要事故征兆进行描述性评价,以明确生产活动在这些事故征兆现象冲击下会遭受什么样的打击,通过预警评价判断此时生产所处状态是正常、警戒、还是危险、极度危险、危机状态,并把握其发展趋势,在必要时准确报警。

(五) 监测、识别、诊断、评价的关系

监测、识别、诊断、评价这四个环节预警活动,是有前后顺序的因果联系。其中,监测活动的检测信息系统,是整个预警管理系统所共享的,识别、诊断、评价这三个环节的活动结果将以信息方式存入到预警信息管理系统中。另外,这四个环节活动使用的评价指标,具有共享性和统一性。

知识点2　安全生产管理制度

一　安全生产责任制度

安全生产责任制是最基本的安全管理制度,是所有安全生产管理制度的核心。安全生产责任制是按照安全生产管理方针和"管生产的同时必须管安全"的原则,将各级负责人员、各职能部门及其工作人员和各岗位生产工人在安全生产方面应做的事情及应负的责任加以明确规定的一种制度。具体来说,就是将安全生产责任分解到相关单位的主要负责人、项目负责人、班组长以及每个岗位的作业人员身上。

根据《建设工程安全生产管理条例》和《建筑施工安全检查标准》的相关规定,安全生产责任制度的主要内容如下:

(1) 安全生产责任制度主要包括企业主要负责人的安全责任,负责人或其他副职的安全责任,项目负责人(项目经理)的安全责任,生产、技术、材料等各职能管理负责人及其工作人员的安全责任,技术负责人(工程师)的安全责任、专职安全生产管理人员的安全责任,施工员的安全责任,班组长的安全责任和岗位人员的安全责任等。

(2) 项目应对各级、各部门安全生产责任制规定检查和考核办法,并按规定期限进行考核,应对考核结果及兑现情况进行记录。

(3) 项目独立承包的工程在签订承包合同中必须有安全生产工作的具体指标和要求工程由多单位施工时,总分包单位在签订分包合同的同时要签订安全生产合同(协议)签订合同前要检查分包单位的营业执照、企业资质证、安全资格证等。分包队伍的资质应与工程要求相符,在安全合同中应明确总分包单位各自的安全职责,原则上,实行总承包的由总承包单位负责,分包单位向总包单位负责,服从总包单位对施工现场的安全管理分包单位在其分包范围内建立施工现场安全生产管理制度,并组织实施。

(4) 项目的主要工种应有相应的安全技术操作规程,砌筑、抹灰、混凝土、木工、电工、钢筋、机械、起重司机、信号指挥、脚手架、水暖、油漆、塔式起重机、电梯、电气焊等工种,特殊作业应另行补充。应将安全技术操作规程列为日常安全活动和安全教育的主要内容,并应悬挂在操作岗位前。

(5) 工程项目部专职安全人员的配备应按住建部的规定,1万 m^2 以下工程1人;1万~5万 m^2 的工程不少于2人;5万 m^2 以上的工程不少于3人。

总之,企业实行安全生产责任制必须做到在计划、布置、检查、总结、评比生产的时候,同时

计划、布置、检查、总结、评比安全工作。其内容大体分为两个方面:纵向方面是各级人员的安全生产责任制,即从最高管理者、管理者代表到项目负责人(项目经理)、技术负责人(工程师)、专职安全生产管理人员、施工员、班组长和岗位人员等各级人员的安全生产责任制;横向方面是各个部门的安全生产责任制,即各职能部门(如安全环保、设备、技术、生产、财务等部门)的安全生产责任制。只有这样,才能建立健全安全生产责任制,做到群防群治。

二 安全生产许可制度

《安全生产许可证条例》规定国家对建筑施工企业实施安全生产许可证制度。其目的是为了严格规范安全生产条件,进一步加强安全生产监督管理,防止和减少生产安全事故。

国务院建设主管部门负责中央管理的建筑施工企业安全生产许可证的颁发和管理他企业由省、自治区、直辖市人民政府建设主管部门进行颁发和管理,并接受国务院建设主管部门的指导和监督。

企业取得安全生产许可证,应当具备下列安全生产条件:
(1)建立、健全安全生产责任制,制定完备的安全生产规章制度和操作规程;
(2)安全投入符合安全生产要求;
(3)设置安全生产管理机构,配备专职安全生产管理人员;
(4)主要负责人和安全生产管理人员经考核合格;
(5)特种作业人员经有关业务主管部门考核合格,取得特种作业操作资格证书;
(6)从业人员经安全生产教育和培训合格;
(7)依法参加工伤保险,为从业人员缴纳保险费;
(8)厂房、作业场所和安全设施、设备、工艺符合有关安全生产法律、法规、标准和规程的要求;
(9)有职业危害防治措施,并为从业人员配备符合国家标准或者行业标准的劳动防护用品;
(10)依法进行安全评价;
(11)有重大危险源检测、评估、监控措施和应急预案;
(12)有生产安全事故应急救援预案、应急救援组织或者应急救援人员,配备必要的应急救援器材、设备;
(13)法律、法规规定的其他条件。

企业进行生产前,应当依照该条例的规定向安全生产许可证颁发管理机关申请领取安全生产许可证,并提供该条例第六条规定的相关文件、资料。安全生产许可证颁发管理机关应当自收到申请之日起4~5日内审查完毕,经审查符合该条例规定的安全生产条件的,颁发安全生产许可证;不符合该条例规定的安全生产条件的,不予颁发安全生产许可证,书面通知企业并说明理由。

安全生产许可证的有效期为3年。安全生产许可证有效期满需要延期的,企业应当于期满前3个月向原安全生产许可证颁发管理机关办理延期手续。

企业在安全生产许可证有效期内,严格遵守有关安全生产的法律法规,未发生死亡事故的,安全生产许可证有效期届满时,经原安全生产许可证颁发管理机关同意,不再审查,安全生产许可证有效期延期3年。

企业不得转让、冒用安全生产许可证或者使用伪造的安全生产许可证。

三 安全教育培训制度

(一) 管理人员的安全教育

1. 企业领导的安全教育

企业法定代表人安全教育的主要内容包括:
(1) 国家有关安全生产的方针、政策、法律、法规及有关规章制度;
(2) 安全生产管理职责、企业安全生产管理知识及安全文化;
(3) 有关事故案例及事故应急处理措施等。

2. 项目经理、技术负责人和技术干部的安全教育

项目经理、技术负责人和技术干部安全教育的主要内容包括:
(1) 安全生产方针、政策和法律、法规;
(2) 项目经理部安全生产责任;
(3) 典型事故案例剖析;
(4) 本系统安全及其相应的安全技术知识。

3. 行政管理干部的安全教育

行政管理干部安全教育的主要内容包括:
(1) 安全生产方针、政策和法律、法规;
(2) 基本的安全技术知识;
(3) 本职的安全生产责任。

4. 企业安全管理人员的安全教育

企业安全管理人员安全教育内容应包括:
(1) 国家有关安全生产的方针、政策、法律、法规和安全生产标准;
(2) 企业安全生产管理、安全技术、职业病知识、安全文件;
(3) 员工伤亡事故和职业病统计报告及调查处理程序;
(4) 有关事故案例及事故应急处理措施。

5. 班组长和安全员的安全教育

班组长和安全员的安全教育内容包括:
(1) 安全生产法律、法规、安全技术及技能、职业病和安全文化的知识;
(2) 本企业、本班组和工作岗位的危险因素、安全注意事项;
(3) 本岗位安全生产职责;
(4) 典型事故案例;
(5) 事故抢救与应急处理措施。

(二)企业员工的安全教育

企业员工的安全教育主要有新员工上岗前的三级安全教育、改变工艺和变换岗位安全教育、经常性安全教育三种形式。

1. 新员工上岗前的三级安全教育

三级安全教育通常是指进厂、进车间、进班组三级,对建设工程来说,具体指企业(公司)、项目(或工区、工程处、施工队)、班组三级。

企业新员工上岗前必须进行三级安全教育,企业新员工须按规定通过三级安全教育和实际操作训练,并经考核合格后方可上岗。

(1)企业(公司)级安全教育由企业主管领导负责,企业职业健康安全管理部门会同有关部门组织实施,内容应包括安全生产法律、法规,通用安全技术、职业卫生和安全文化的基本知识,本企业安全生产规章制度及状况、劳动纪律和有关事故案例等内容。

(2)项目(或工区、工程处、施工队)级安全教育由项目级负责人组织实施,专职或兼职安全员协助,内容包括工程项目的概况,安全生产状况和规章制度,主要危险因素及安全事项,预防工伤事故和职业病的主要措施,典型事故案例及事故应急处理措施等。

(3)班组级安全教育由班组长组织实施,内容包括遵章守纪,岗位安全操作规程,岗位间工作衔接配合的安全生产事项,典型事故及发生事故后应采取的紧急措施,劳动防护用品(用具)的性能及正确使用方法等内容。

2. 改变工艺和变换岗位时的安全教育

(1)企业(或工程项目)在实施新工艺、新技术或使用新设备、新材料时,必须对有关人员进行相应级别的安全教育,要按新的安全操作规程教育和培训参加操作的岗位员工和有关人员,使其了解新工艺、新设备、新产品的安全性能及安全技术,以适应新的岗位作业的安全要求。

(2)当组织内部员工发生从一个岗位调到另外一个岗位,或从某工种改变为另一工种,或因放长假离岗一年以上重新上岗的情况,企业必须进行相应的安全技术培训和教育,以使其掌握现岗位安全生产特点和要求。

3. 经常性安全教育

无论何种教育都不可能是一劳永逸的,安全教育同样如此,必须坚持不懈、持久地进行,这就是经常性安全教育。在经常性安全教育中,安全思想、安全态度教育最重要。进行安全思想、安全态度教育,要通过采取多种多样形式的安全教育活动,激发员工搞好安全生产的热情,促使员工重视和真正实现安全生产。经常性安全教育的形式有:每天的班前班后会上说明安全注意事项,安全活动日,安全生产会议,事故现场会,张贴安全生产招贴画、宣传标语及标志等。

四 特种作业人员持证上岗制度

(一)特种作业的定义

根据《特种作业人员安全技术培训考核管理规定》(国家安全生产监督管理总局令〔2010〕

第30号),特种作业,是指容易发生事故,对操作者本人、他人的安全健康及设备、设施的安全可能造成重大危害的作业。特种作业人员,是指直接从事特种作业的从业人员。

(二)特种作业的范围

根据《特种作业人员安全技术培训考核管理规定》(国家安全生产监督管理总局令〔2010〕第30号),特种作业的范围主要有(未详细列出):

(1)电工作业,包括高压电工作业、低压电工作业、防爆电气作业;
(2)焊接与热切割作业,包括熔化焊接与热切割作业、压力焊作业、钎焊作业;
(3)高处作业,包括登高架设作业,高处安装、维护、拆除作业;
(4)制冷与空调作业,包括制冷与空调设备运行操作作业、制冷与空调设备安装修理作业;
(5)煤矿安全作业;
(6)金属非金属矿山安全作业;
(7)石油天然气安全作业;
(8)冶金(有色)生产安全作业;
(9)危险化学品安全作业;
(10)烟花爆竹安全作业;
(11)安全监管总局认定的其他作业。

(三)特种作业人员应具备的条件

(1)年满18周岁,且不超过国家法定退休年龄;
(2)经社区或者县级以上医疗机构体检健康合格,并无妨碍从事相应特种作业的器质性心脏病、癫痫、美尼尔氏症、眩晕症、癔症、帕金森病、精神病、痴呆症以及其他疾病和生理缺陷;
(3)具有初中及以上文化程度;
(4)具备必要的安全技术知识与技能;
(5)相应特种作业规定的其他条件。

(四)特种作业人员安全教育要求

特种作业人员必须经专门的安全技术培训并考核合格,取得中华人民共和国特种作业操作证后,方可上岗作业。

特种作业人员应当接受与其所从事的特种作业相应的安全技术理论培训和实际操作培训。已经取得职业高中、技工学校及中专以上学历的毕业生从事与其所学专业相应的特种作业,持学历证明经考核发证机关同意,可以免予相关专业的培训。

跨省、自治区、直辖市从业的特种作业人员,可以在户籍所在地或者从业所在地参加培训。

五 安全检查制度

工程项目安全检查的目的是为了清除隐患,防止事故,改善劳动条件及提高员工安全生产意识,是安全控制工作的一项重要内容。通过安全检查可以发现工作中的危险因素,以便有计划地采取措施,保证安全生产。

(一) 安全检查的方式

施工项目的安全检查应由项目经理组织,定期进行。检查方式有定期安全检查,各级管理人员的日常巡回检查,专业性检查季节性检查,节假日前后的安全检查,班组自检、交接检查,不定期检查等。

(二) 安全检查的内容

安全检查的主要内容包括:查思想、查管理、查隐患、查整改、查伤亡事故处理等。安全检查的重点是检查"三违"和安全责任制的落实。检查后应编写安全检查报告,报告应包括以下内容:已达标项目,未达标项目,存在问题,原因分析,纠正和预防措施。

(三) 安全隐患的处理程序

对查出的安全隐患,不能立即整改的要制定整改计划,定人、定措施、定经费、定完日期,在未消除安全隐患前,必须采取可靠的防范措施,如有危及人身安全的紧急险情,应立即停工。应按照"登记-整改-复查-销案"的程序处理安全隐患。

六 安全生产检查监督制度

(一) 安全生产检查监督的主要类型

1. 全面安全检查

全面安全检查应包括职业健康安全管理方针、管理组织机构及其安全管理的职责、安全设施、操作环境、防护用品、卫生条件、运输管理、危险品管理、火灾预防、安全教育和安全检查制度等内容。对全面安全检查的结果必须进行汇总分析,详细探讨所出现的问题及相应对策。

2. 经常性安全检查

工程项目和班组应开展经常性安全检查,及时排除事故隐患。工作人员必须在工作前,对所用的机械设备和工具进行仔细的检查,发现问题立即上报。下班前,还必须进行班后检查,做好设备的维修保养和清整场地等工作,保证交接安全。

3. 专业或专职安全管理人员的专业安全检查

由于操作人员在进行设备的检查时,往往是根据其自身的安全知识和经验进行主观判断,因而有很大的局限性,不能反映出客观情况,流于形式。而专业或专职安全管理人员则有较丰富的安全知识和经验,通过其认真检查就能够得到较为理想的效果。专业或专职安全管理人员在进行安全检查时,必须不徇私情,按章检查,发现违章操作情况要立即纠正,发现隐患及时指出并提出相应防护措施,并及时上报检查结果。

4. 季节性安全检查

要对防风防沙、防涝抗旱、防雷电、防暑防害等工作进行季节性的检查,根据各个季节自然灾害的发生规律,及时采取相应的防护措施。

5. 节假日检查

在节假日,坚持上班的人员较少,往往思想警惕放松,容易发生意外,一旦发生意外事故,难以进行有效的救援和控制。因此,节假日必须安排专业安全管理人员进行安全检查,对重点部位要进行巡视。同时配备一定数量的安全保卫人员,搞好安全保卫工作,绝不能麻痹大意。

6. 要害部门重点安全检查

对企业要害部门和重要设备必须进行重点检查。由于其重要性和特殊性,一旦发生意外,会造成大的伤害,给企业的经济效益和社会效益带来不良的影响。为了确保安全对设备的运转和零件的状况要定时进行检查,发现损伤立刻更换,决不能"带病"作业;超过有效年限的设备即使没有故障,也应该及时更新,不能因小失大。

(二)安全生产检查监督的主要内容

1. 查思想

检查企业领导和员工对安全生产方针的认识程度,对建立健全安全生产管理和安全生产规章制度的重视程度,对安全检查中发现的安全问题或安全隐患的处理态度等。

2. 查制度

为了实施安全生产管理制度,工程承包企业应结合本身的实际情况,建立健全一整套本企业的安全生产规章制度,并落实到具体的工程项目施工任务中。在安全检查时,应对企业的施工安全生产规章制度进行检查。

3. 查管理

主要检查安全生产管理是否有效,安全生产管理和规章制度是否真正得到落实。

4. 查隐患

主要检查生产作业现场是否符合安全生产要求,检查人员应深入作业现场,检查工人的劳动条件、卫生设施、安全通道、零部件的存放、防护设施状况、电气设备、压力容器、化学用品的储存、粉尘及有毒有害作业部位点的达标情况,车间内的通风照明设施个人劳动防护用品的使用是否符合规定等。要特别注意对一些要害部位和设备加强检查如锅炉房、变电所、各种剧毒、易燃、易爆等场所。

5. 查整改

主要检查对过去提出的安全问题和发生安全生产事故及安全隐患后是否采取了安全技术措施和安全管理措施,进行整改的效果如何。

6. 查事故处理

检查对伤亡事故是否及时报告,对责任人是否已经作出严肃处理。在安全检查中必须成立一个适应安全检查工作需要的检查组,配备适当的人力物力。检查结束后应编写安全检查报告,说明已达标项目、未达标项目、存在问题、原因分析,给出纠正和预防措施的建议。

七 施工安全控制

1. 安全控制的概念

安全控制是生产过程中涉及的计划、组织、监控、调节和改进等一系列致力于满足生安全所进行的管理活动。

2. 安全控制的目标

安全控制的目标是减少和消除生产过程中的事故,保证人员健康安全和财产免受损失。具体应包括:

(1)减少或消除人的不安全行为的目标;

(2)减少或消除设备、材料的不安全状态的目标;

(3)改善生产环境和保护自然环境的目标。

3. 施工安全控制的特点

建设工程施工安全控制的特点主要有以下几个方面:

(1)控制面广

由于建设工程规模较大,生产工艺复杂、工序多,在建造过程中流动作业多,高处作业多,作业位置多变,遇到的不确定因素多,安全控制工作涉及范围大,控制面广。

(2)控制的动态性

①由于建设工程项目的单件性,每项工程所处的条件不同,所面临的危险因素和防范措施也会有所改变,员工在转移工地后,熟悉新的工作环境需要一定的时间,工作制度和安全技术措施也会有所调整,员工需要熟悉的过程。

②由于建设工程项目施工的分散性,现场施工分散于施工现场的各个部位,尽管有各种规章制度和安全技术交底的环节,但是面对具体的生产环境时,仍然需要自己的判断和处理,有经验的人员须适应不断变化的情况。

(3)控制系统交叉性

建设工程项目是开放系统,受自然环境和社会环境影响很大,同时也会对社会和环境造成影响,安全控制需要把工程系统、环境系统及社会系统结合起来。

(4)控制的严谨性

由于建设工程施工的危害因素复杂、风险程度高、伤亡事故多,所以预防控制措施必须严谨,如有疏漏就可能发展到失控,而酿成事故,造成损失和伤害。

八 施工安全技术措施

(一)施工安全技术措施的一般要求

1. 施工安全技术措施必须在工程开工前制定

施工安全技术措施是施工组织设计的重要组成部分,应在工程开工前与施工组织设计同编制。为保证各项安全设施的落实,在工程图纸会审时,就应特别注意考虑安全施工的问题,并在开工前制定好安全技术措施,使得用于该工程的各种安全设施有较充分的时间进行采购、制作和维护等准备工作。

2. 施工安全技术措施要有全面性

按照有关法律法规的要求,在编制工程施工组织设计时,应当根据工程特点制定相应的施工安全技术措施。大中型工程项目、结构复杂的重点工程,除必须在施工组织设计中编制施工安全技术措施外,还应编制专项工程施工安全技术措施,详细说明有关安全方面的防护要求和措施,确保单位工程或分部分项工程的施工安全。对爆破、拆除、起重吊装、水下、基坑支护和降水、土方开挖、脚手架、模板等危险性较大的作业,必须编制专项安全施工技术方案。

3. 施工安全技术措施要有针对性

施工安全技术措施是针对每项工程的特点制定的,编制安全技术措施的技术人员必须掌握工程概况、施工方法、施工环境、条件等一手资料,并熟悉安全法规、标准等,才能制定有针对性的安全技术措施。

4. 施工安全技术措施应力求全面、具体、可靠

施工安全技术措施应把可能出现的各种不安全因素考虑周全,制定的对策措施方案应力求全面、具体、可靠,这样才能真正做到预防事故的发生。但是,全面、具体不等于罗列一般通常的操作工艺、施工方法以及日常安全工作制度、安全纪律等。这些制度性规定安全技术措施中不需要再作抄录,但必须严格执行。

对大型群体工程或一些面积大、结构复杂的重点工程,除必须在施工组织总设计中编制施工安全技术总体措施外,还应编制单位工程或分部分项工程安全技术措施,详细地制定出有关安全方面的防护要求和措施,确保该单位工程或分部分项工程的安全施工。

5. 施工安全技术措施必须包括应急预案

由于施工安全技术措施是在相应的工程施工实施之前制定的,涉及的施工条件和危险情况大都是建立在可预测的基础上,而建设工程施工过程是开放的过程,在施工期间的变化是经常发生的,还可能出现预测不到的突发事件或灾害(如地震、火灾、台风、洪水等)。所以,施工技术措施计划必须包括面对突发事件或紧急状态的各种应急设施、人员逃生和救援预案,以便在紧急情况下,能及时启动应急预案,减少损伤,保护人员安全。

6. 施工安全技术措施要有可行性和可操作性

施工安全技术措施应能够在每个施工工序之中得到贯彻实施,既要考虑保证安全要求,又要考虑现场环境条件和施工技术条件能够做得到。

(二) 施工安全技术措施的主要内容

(1) 进入施工现场的安全规定;
(2) 地面及深槽作业的防护;
(3) 高处及立体交叉作业的防护;
(4) 施工用电安全;
(5) 施工机械设备的安全使用;

(6)在采取"四新"技术时,有针对性的专门安全技术措施;
(7)有针对自然灾害预防的安全措施;
(8)预防有毒、有害、易燃、易爆等作业造成危害的安全技术措施;
(9)现场消防措施。

安全技术措施中必须包含施工总平面图,在图中必须对危险的油库、易燃材料库、变电设备、材料和构配件的堆放位置、塔式起重机、物料提升机(井架、龙门架)、施工用电梯、垂直运输设备位置、搅拌台的位置等按照施工需求和安全规程的要求明确定位,并提出具体要求。

结构复杂,危险性大、特性较多的分部分项工程,应编制专项施工方案和安全措施。如基坑支护与降水工程、土方开挖工程、模板工程、起重吊装工程、脚手架工程、拆除工程、爆破工程等,必须编制单项的安全技术措施,并要有设计依据、有计算、有详图、有文字要求。

季节性施工安全技术措施,就是考虑夏季、雨季、冬季等不同季节和气候对施工生产带来的不安全因素可能造成的各种突发性事故,而从防护上、技术上、管理上采取的防护措施。一般工程可在施工组织设计或施工方案的安全技术措施中编制季节性施工安全措施;危险性大、高温期长的工程,应单独编制季节性的施工安全措施。

九 安全技术交底

(一)安全技术交底的内容

安全技术交底是一项技术性很强的工作,对贯彻设计意图、严格实施技术方案、按图施工、循规操作、保证施工质量和施工安全至关重要。

安全技术交底主要内容如下:
(1)本施工项目的施工作业特点和危险点;
(2)针对危险点的具体预防措施;
(3)应注意的安全事项;
(4)相应的安全操作规程和标准;
(5)发生事故后应及时采取的避难和急救措施。

(二)安全技术交底的要求

(1)项目经理部必须实行逐级安全技术交底制度,纵向延伸到班组全体作业人员;
(2)技术交底必须具体、明确,针对性强;
(3)技术交底的内容应针对分部分项工程施工中给作业人员带来的潜在危险因素和存在问题;
(4)应优先采用新的安全技术措施;
(5)对涉及"四新"项目或技术含量高、技术难度大的单项技术设计,必须经过两阶段技术交底,即初步设计技术交底和实施性施工图技术设计交底;
(6)应将工程概况、施工方法、施工程序、安全技术措施等向工长、班组长进行详细交底;
(7)定期向由两个以上作业队和多工种进行交叉施工的作业队伍进行书面交底;

(8)保存书面安全技术交底签字记录。

(三)安全技术交底的作用

(1)让一线作业人员了解和掌握该作业项目的安全技术操作规程和注意事项,减少因违章操作而导致事故的可能;

(2)是安全管理人员在项目安全管理工作中的重要环节;

(3)安全管理内业的内容要求,同时做好安全技术交底也是安全管理人员自我保护的手段。

知识点3 安 全 事 故

一、安全事故隐患

建设工程安全隐患包括三个部分的不安全因素:人的不安全因素、物的不安全状态和组织管理上的不安全因素。

在建设过程中,安全事故隐患是难以避免的,但要尽可能预防和消除安全事故隐患的发生。首先需要项目参与各方加强安全意识,做好事前控制,建立健全各项安全生产管理制度,落实安全生产责任制,注重安全生产教育培训,保证安全生产条件所需资金的投入,将安全隐患消除在萌芽之中。其次是根据工程的特点确保各项安全施工措施的落实,加强对工程安全生产的检查监督,及时发现安全事故隐患。再者是对发现的安全事故隐患及时进行处理,查找原因,防止事故隐患的进一步扩大。

(一)物的不安全状态

物的不安全状态是指能导致事故发生的物质条件,包括机械设备或环境所存在的不安全因素。

1. 物的不安全状态的内容

(1)物本身存在的缺陷;

(2)防护保险方面的缺陷;

(3)物的放置方法的缺陷;

(4)作业环境场所的缺陷;

(5)外部的和自然界的不安全状态;

(6)作业方法导致的物的不安全状态;

(7)保护器具信号、标志和个体防护用品的缺陷。

2. 物的不安全状态的类型

(1)防护等装置缺陷;

(2)设备、设施等缺陷;

(3)个人防护用品缺陷;

(4)生产场地环境的缺陷。

(二)组织管理上的不安全因素

组织管理的不安全因素即组织管理上的缺陷,也是事故潜在的不安全因素,作为间接的原因有以下方面：
(1)技术上的缺陷；
(2)教育上的缺陷；
(3)生理上的缺陷；
(4)心理上的缺陷；
(5)管理工作上的缺陷；
(6)学校教育和社会、历史上的原因造成的缺陷。

二 安全事故隐患治理原则

1. 冗余安全度治理原则

为确保安全，在治理事故隐患时应考虑设置多道防线，即使发生有一两道防线无效还有冗余的防线可以控制事故隐患。这就是冗余安全度治理原则。例如：道路上有一个坑，既要设防护栏及警示牌，又要设照明及夜间警示红灯。

2. 单项隐患综合治理原则

人、机、料、法、环境五者任一个环节产生安全事故隐患，都要从五者安全匹配的角度考虑，调整匹配的方法，提高匹配的可靠性。一件单项隐患问题的整改需综合(多角度)治理。人的隐患，既要治人也要治机具及生产环境等各环节。例如某工地发生触电事故，一方面要进行人的安全用电操作教育，同时现场也要设置漏电开关，对配电箱、用电线路进行防护改造，也要严禁非专业电工乱接乱拉电线。

3. 事故直接隐患与间接隐患并治原则

对人、机、环境系统进行安全治理的同时，还需治理安全管理措施。

4. 预防与减灾并重治理原

治理安全事故隐患时，需尽可能减少发生事故的可能性，如果不能安全控制事故的发生，也要设法将事故等级减低。但是不论预防措施如何完善，都不能保证事故绝对不会发生，还必须对事故减灾做好充分准备，研究应急技术操作规范。如应及时切断供料及切断能源的操作方法；应及时降压、降温、降速以及停止运行的方法；应及时排放毒物的方法；应及时疏散及抢救的方法；应及时请求救援的方法等。还应定期组织训练和演习，使该生产环境中每名干部及工人都真正掌握这些减灾技术。

5. 重点治理原则

按对隐患的分析评价结果实行危险点分级治理，也可以用安全检查表打分，对隐患危险程度分级。

6. 动态治理原则

动态治理就是对生产过程进行动态随机安全化治理，生产过程中发现问题及时治理，既可以及时消除隐患，又可以避免小的隐患发展成大的隐患。

三、安全事故隐患的处理

在建设工程中,安全事故隐患的发现可以来自各参与方,包括建设单位、设计单位、监理单位、施工单位、供货商、工程监管部门等。各方对事故安全隐患处理的义务和责任,以及相关的处理程序在《建设工程安全生产管理条例》中已有明确的界定。这里仅从施工单位角度谈其对事故安全隐患的处理方法。

(1)当场指正,限期纠正,预防隐患发生。对违章指挥和违章作业行为,检查人员应当场指出,并限期纠正,预防事故的。

(2)做好记录,及时整改,消除安全隐患。对检查中发现的各类安全事故隐患,应做好记录,分析安全隐患产生的原因,制定消除隐患的纠正措施,报相关方审查批准后进行整改,及时消除隐患。对重大安全事故隐患排除前或者排除过程中无法保证安全的,责令从危险区域内撤出作业人员或者暂时停止施工,待隐患消除再行施工。

(3)分析统计,查找原因,制定预防措施。对于反复发生的安全隐患,应通过分析统计,属于多个部位存在的同类型隐患,即"通病";属于重复出现的隐患,即"顽症",查找产生"通病"和"顽症"的原因,修订并完善安全管理措施,制定预防措施,从源头上消除安全事故隐患的发生。

(4)跟踪验证:检查单位应对受检单位的纠正和预防措施的实施过程和实施效果,进行跟踪验证,并保存验证记录。

四、应急预案

应急预案是对特定的潜在事件和紧急情况发生时采取措施的计划安排,是应急响应的行动指南。编制应急预案的目的:是防止一旦紧急情况发生时出现混乱,能够按照合理的响应流程采取救援措施。预防和减少可能随之引发的职业健康安全和环境影响。

应急预案应形成体系,针对各级各类可能发生的事故和所有危险源制订专项应急预案和现场应急处置方案,并明确事前,事发,事中,事后的各个过程中相关部门和有关人员的职责。生产规模小,危险因素少的施工单位,其综合应急预案和专项应急预案可以合并编写。

建设工程生产安全事故应急预案的管理包括:评审、备案、实施和奖惩。

应急管理部负责应急预案的综合协调管理工作。国务院其他负有安全生产监督管理职责的部门按照各自的职责负责本行业,本领域内应急预案的管理工作,县级以上地方各级人民政府安全生产监督管理部门负责本行政区域内应急预案的综合协调管理工作,县级以上地方各级人民政府其他负有安全生产监督管理职责的部门按照各自的职责负责辖区内本行业,本领域应急预案的管理工作。

五、职业伤害事故的分类

(一)按照事故发生的原因分类

按照我国《企业职工伤亡事故分类》(GB 6441—1986)规定,职业伤害事故分为20类,其中与建筑业有关的有以下12类。

(1)物体打击:指落物、滚石、锤击、碎裂、崩块、砸伤等造成的人身伤害,不包括因爆炸而引起的物体打击。

(2)车辆伤害:指被车辆挤、压、撞和车辆倾覆等造成的人身伤害。

(3)机械伤害:指被机械设备或工具绞、碾、碰、割、戳等造成的人身伤害,不包括车辆、起重设备引起的伤害。

(4)起重伤害:指从事各种起重作业时发生的机械伤害事故,不包括上下驾驶室时发生的坠落伤害,起重设备引起的触电及检修时制动失灵造成的伤害。

(5)触电:由于电流经过人体导致的生理伤害,包括雷击伤害。

(6)灼烫:指火焰引起的烧伤、高温物体引起的烫伤、强酸或强碱引起的灼伤、放射线引起的皮肤损伤,不包括电烧伤及火灾事故引起的烧伤。

(7)火灾:在火灾时造成的人体烧伤、窒息、中毒等。

(8)高处坠落:由于危险势能差引起的伤害,包括从架子、屋架上坠落以及平地坠入坑内等。

(9)坍塌:指建筑物、堆置物倒塌以及土石塌方等引起的事故伤害。

(10)火药爆炸:指在火药的生产、运输、储藏过程中发生的爆炸事故。

(11)中毒和窒息:指煤气、油气、沥青、化学、一氧化碳中毒等。

(12)其他伤害:包括扭伤、跌伤、冻伤、野兽咬伤等。

以上12类职业伤害事故中,在建设工程领域中最常见的是高处坠落、物体打击、机械伤害、触电、坍塌、中毒、火灾7类。

(二)按事故严重程度分类

我国《企业职工伤亡事故分类》(GB 6441—1986)规定,按事故严重程度分类,事故分为:

(1)轻伤事故,是指造成职工肢体或某些器官功能性或器质性轻度损伤,能引起劳动能力轻度或暂时丧失的伤害的事故,一般每个受伤人员休息1个工作日以上(含1个工作日),105个工作日以下;

(2)重伤事故,一般指受伤人员肢体残缺或视觉、听觉等器官受到严重损伤,能引起体长期存在功能障碍或劳动能力有重大损失的伤害,或者造成每个受伤人损失105工作日以上(含105个工作日)的失能伤害的事故;

(3)死亡事故,其中,重大伤亡事故指一次事故中死亡1~2人的事故;特大伤亡事故指一次事故死亡3人以上(含3人)的事故。

(三)按事故造成的人员伤亡或者直接经济损失分类

依据2007年6月1日起实施的《生产安全事故报告和调查处理条例》规定,按生安全事故(以下简称事故)造成的人员伤亡或者直接经济损失,事故分为:

(1)特别重大事故,是指造成30人以上死亡,或者100人以上重伤(包括急性工业中毒,下同),或者1亿元以上直接经济损失的事故;

(2)重大事故,是指造成10人以上30人以下死亡,或者50人以上100人以下重伤或者5000万元以上1亿元以下直接经济损失的事故;

(3)较大事故,是指造成3人以上10人以下死亡,或者10人以上50人以下重伤,或者

1000 万元以上 5000 万元以下直接经济损失的事故;

（4）一般事故,是指造成 3 人以下死亡,或者 10 人以下重伤,或者 1000 万元以下直接经济损失的事故。

目前,在建设工程领域中,判别事故等级较多采用的是《生产安全事故报告和调查处理条例》。

六 安全事故处理的原则

国家对发生事故后的"四不放过"处理原则,其具体内容如下:

1. 事故原因未查清不放过

要求在调查处理伤亡事故时,首先要把事故原因分析清楚,找出导致事故发生的真正原因,未找到真正原因决不轻易放过。直到找到真正原因并搞清各因素之间的因果关系才算达到事故原因分析的目的。

2. 事故责任人未受到处理不放过

这是安全事故责任追究制的具体体现,对事故责任者要严格按照安全事故责任追究的法律法规的规定进行严肃处理;不仅要追究事故直接责任人的责任,同时要追究有关负责人的领导责任。当然,处理事故责任者必须谨慎,避免事故责任追究的扩大化。

3. 事故责任人和周围群众没有受到教育不放过

使事故责任者和广大群众了解事故发生的原因及所造成的危害,并深刻认识到搞好安全生产的重要性,从事故中吸取教训,提高安全意识,改进安全管理工作。

4. 事故没有制定切实可行的整改措施不放过

必须针对事故发生的原因,提出防止相同或类似事故发生的切实可行的预防措施,并督促事故发生单位加以实施。只有这样,才算达到了事故调查和处理的最终目的。

知识点 4 地铁安全事故

一 地铁安全事故等级

地铁施工具有隐蔽性、复杂性和不确定性,极易发生坍塌等安全事故。如果事故发生后不采取有效的应急措施,避免其进一步扩大,将造成巨大的经济损失和恶劣的社会影响。因此,在地铁建设过程中,加强安全事故应急预案的编制、管理和培训等具有重要的意义。地铁安全事故主要由于施工技术和安全防护不当原因造成,其中主要是由于地下水的防止不当或不可预见等原因造成事故。地铁工程建设重大事故分四个等级:

一级事故是指死亡 30 人以上;或直接经济损失三百万元以上的事故。

二级事故是指死亡 10~29 人;或直接经济损失一百万元以上,不满三百万元的事故。

三级事故是指死亡 3~9 人,或重伤 20 人以上;或直接经济损失三十万元以上,不满一百万元的事故。

四级事故是指死亡 2 人以下,或重伤 3 人以上;或直接经济损失十万元以上,不满三十万元的事故。

应急预案将突发事故分成三级。应急预案要求，无论发生何级事故，施工单位都必须及时向有关部门报告。

一级突发事故是指由于地铁施工等原因导致周边建筑物、构筑物严重损坏或各类市政基础设施的燃气管线、上下水管线等有一条发生断裂、居民出现伤亡或人民生命安全无保障，且事态还在进一步发展的事故，一级事故的报告时间不得超过 1h。

二级突发事故的标准是由于地铁施工原因导致周边环境出现重大隐患，地面或建筑物、构筑物沉降超过 30mm，对各类市政基础设施安全运行构成重大隐患的，事故的报告时间不得超过 4h。

三级突发事故是指在地铁工程的施工区域内发生的各类突发事故和因工伤亡事故并未对社会造成影响，且施工单位有能力处理和控制的事故，事故的报告时间不得超过 12h。

二 地铁施工事故预案

(1) 高处坠落应急预案；
(2) 触电事故应急预案；
(3) 机械伤害事故应急预案；
(4) 坍塌事故应急预案；
(5) 煤气泄漏事故应急预案；
(6) 突发传染性疾病应急预案；
(7) 食物导致中毒应急预案；
(8) 火灾、爆炸与爆物应急预案；
(9) 上下水管道及污水管道破裂应急预案；
(10) 突发事件应急预案。

三 地铁施工中常见安全事故

(1) 地铁站施工在市区内的，多数采用地下连续墙，挖掘深度有的 40～50m，墙体挖掘施工完成，在未吊装钢筋网，进行混凝土浇筑前，因为未设置安全警示牌、临时护栏或盖板，发生人员坠入深坑的事故。

(2) 地铁站深基坑开挖一定深度后，深基坑周围设置的围挡因某些原因开口未恢复或围挡设置高度不够，发生吊车或反铲指挥人员只注意吊车或反铲在深基坑中作业，忽视自身安全而坠入深基坑引发伤亡事故。

(3) 深基坑旁随意放置了施工材料，地面人员或车辆触碰，而引发施工材料等坠入深基坑，造成基坑内施工人员因高空坠物发生伤亡事故。

(4) 城市主要干道上的地铁站深基坑旁未设置防碰撞护栏和安全警示牌、夜间安全警示灯，引发车辆坠入施工中的深基坑，造成人身伤亡事故。

(5) 深基坑周围未设置 30～50mm 高挡水墙和排水沟，下暴雨时大量雨水涌入深基坑，排水设备排水能力不足，造成基坑大量积水，引发坍塌事故或人员伤亡事故。

(6)深基坑钢支撑因质量问题或设计承载能力不够,发生断裂引发基坑坍塌事故或发生人员伤亡事故。

(7)始发井或地铁站始发井上方的门式起重机安装时,门式起重机基座临时支撑断裂,引发基座倒塌,发生安装人伤亡事故。

(8)门式起重机在轨道上行走时,施工人员站在轨道旁或轨道上,由此引发机械设备造成的机械伤亡事故。

(9)门式起重机在吊装集土箱时,因钢丝绳质量或非专用钢丝绳或超载,造成钢丝绳断裂,引发高空坠物,发生安全事故。

(10)起重作业时,在起重设备作业范围内,禁止有人员作业,交叉作业,容易发生高空坠物事故。

(11)起重作业设备基座不稳,加之超载或气象原因不允许条件下,施工作业,引发起重设备倾倒或坠入基坑引发的安全事故。

(12)起重机械驾驶员驾驶不当或指挥人员失误,造成车辆坠入深基坑,引发基坑内作业人员因高空物体打击造成伤亡的安全事故。

(13)地铁站主体结构施工过程中的一些空洞未设置护栏或用盖板覆盖,造成人员坠入基坑,引发安全事故。

(14)地面设置的注浆池,未设置安全护栏或护栏不符合高度要求,造成人员坠入注浆池,引发安全事故。

(15)盾构机在始发井中安装,在盾构机圆形外壳施工时,未采取相关防护措施,发生安装人员沿圆形外壳滑落至基坑中,引发高空坠落伤亡事故。

(16)盾构机出洞前,施工人员凿除混凝土外墙,为使用安全带或施工作业平台不稳,引发的高空坠落事故。

(17)盾构机刀头刚出洞,需做洞口处理时,盾构机刀头上的积土掉落,将在洞口施工人员砸伤。

(18)电瓶车与行人道路分开,并设护栏防护,施工人员禁止在电瓶车轨道上行走,防止引发车辆伤害事故。

(19)电瓶车拖带重物,在通过岔道口时,应缓慢,防止车辆偏离轨道,造成人员伤亡、车辆损坏、洞体被破坏等安全事故。

(20)隧道内,电瓶车轨道上方有施工时,应设置安全警示灯和支撑架构,车辆通行时应缓慢,防止引发车辆伤害事故。

(21)隧道内应定期检测一氧化碳、二氧化碳、硫化氢、氧气、甲烷等气体含量,通风设备运转正常,防止引发人员中毒或易燃气体浓度超警戒值,而发生爆炸,起火的安全事故。

(22)管片安装过程中,管片连接螺丝未上紧或管片拼装机设备故障,造成管片坠落,发生人身伤亡事故。

(23)隧道内照明用电和设备用电不规范,引发触电事故。洞内电缆应做好定期检查,尤其是电缆在转弯或易磨损处,做好相关措施,设置用电安全警示牌。

(24)隧道内动火作业,作业人员需持证上岗,须动火操作票才,设置消防器材和警戒区,有人监护,氧气瓶与乙炔气瓶保持安全距离后,方可开工。

(25)隧道施工过程中,地层情况发生变化或注浆不规范,勘测或监测不到位等原因,造成地面建筑物发生沉降事故。

（26）深基坑施工,地面整捆钢筋吊运至深基坑中时,钢筋捆扎不牢固或钢筋碰撞基坑内的钢支撑或混凝土支撑时发生倾斜,钢筋坠入基坑引发的伤人事故。

（27）反铲等特种机械施工时,在机械作业半径内,有施工人员逗留,引发机械伤害事故。

（28）施工人员没有从专用楼梯进入深基坑施工,而是从基坑的支撑结构或钢管支架等架构上违章攀爬进入深基坑,引发人员坠落伤害事故。

（29）钢支撑上搬运施工材料,造成人员坠落,引发的伤亡事故。

（30）因暴雨或基坑支护不够,造成深基坑发生坍塌事故。

（31）盾构施工过程中,通过有大量沼气的区间时,可在挖掘区打井,释放沼气,施工人员下井严禁携带打火机,防止引发的爆炸事故。需加强监测和通风。

拓展资源链接

序号	资源名称	链接方式
1	情境案例——南京地铁施工安全管理	
2	情境案例——特种设备管理	
3	情境案例——盾构施工及常见风险	
4	安全员谈安全——正确佩戴安全帽	
5	一分钟了解——国家安全秘密法	
6	一分钟了解——文物保护法	
7	2021安全月主题视频:生命至上 人民至上	https://mp.weixin.qq.com/s?__biz=Mzg5MTcxNzgzOA==&mid=2247559435&idx=2&sn=5a940f7994ff13ab8a72abf7ebf8975a&source=41#wechat_redirect
8	济南地铁挤岔脱轨事故原因分析	https://mp.weixin.qq.com/s/UWiQbI756EP6UhkCr6k1oQ

行业能力测评

1. 《安全生产许可条例》规定,未取得安全生产许可证的,不得(　　)。
   A. 项目开工　　　　　　　　　B. 从事建筑施工活动
   C. 参与项目投标　　　　　　　D. 办理过程竣工验收
2. 根据《安全生产许可条例》规定,安全生产许可证的有效期为(　　)年。
   A. 2　　　　　　　　　　　　B. 3
   C. 5　　　　　　　　　　　　D. 因企业类型不同而不同
3. 下列不属于建设工程安全生产基本方针的是(　　)。
   A. 安全第一　　　　　　　　　B. 预防为主
   C. 防治结合　　　　　　　　　D. 综合治理
4. 《安全生产许可条例》规定,负责地方建筑施工企业安全生产许可证颁发和管理的部门是(　　)。
   A. 省、自治区、直辖市人民政府建设主管部门
   B. 省、自治区、直辖市人民政府
   C. 省、自治区、直辖市人民政府安全监督部门
   D. 省、自治区、直辖市发改委
5. 在安全生产管理工作中具体体现群众路线的法律制度是(　　)。
   A. 安全生产责任制度　　　　　B. 群策群力制度
   C. 群防群治制度　　　　　　　D. 合议制度

典型任务2　工程施工安全管理认知

【建设工程职业健康安全管理】

职业健康安全管理的目的是在生产活动中,通过职业健康安全生产的管理活动,对影响生产的具体因素进行状态控制,使生产因素中的不安全行为和状态尽可能减少或消除且不引发事故,以保证生产活动中人员的健康和安全。对建设工程项目,职业健康安全管理的目的是防止和尽可能减少生产安全事故、保护产品生产者的健康与安全、保障人民群众的生命和财产免受损失;控制影响或可能影响工作场所内的员工或其他工作人员(包括临时工和承包方员工)、访问者或任何其他人员的健康安全的条件和因素;避免因管理不当对在组织控制下工作的人员健康和安全造成危害。

【建设工程环境管理】

环境保护是我国的一项基本国策。环境管理的目的是保护生态环境,使社会的经济发展与人类的生存环境相协调。对建设工程项目,环境保护主要是指保护和改善施工现场的环境。企业应当遵照国家和地方的相关法律法规以及行业和企业自身的要求,采取措施控制施工现场的各种粉尘、废水、废气、固体废弃物以及噪声、振动对环境的污染和危害,并且要注意节约

项目 5　工程项目安全管理

资源和避免资源的浪费。

依据建设工程产品的特性,建设工程职业健康安全与环境管理有以下特点:

(一) 复杂性

建设项目的职业健康安全和环境管理涉及大量的露天作业,受到气候条件、工程地质和水文地质、地理条件和地域资源等不可控因素的影响较大。

(二) 多变性

一方面是项目建设现场材料、设备和工具的流动性大;另一方面由于技术进步,项目不断引入新材料、新设备和新工艺,这都加大了相应的管理难度。

(三) 协调性

项目建设涉及的工种甚多,包括大量的高空作业、地下作业、用电作业、爆破作业、施工机械、起重作业等较危险的工程,并且各工种经常需要交叉或平行作业。

(四) 持续性

项目建设一般具有建设周期长的特点,从设计、实施直至投产阶段,诸多工序环环相扣。前一道工序的隐患,可能在后续的工序中暴露,酿成安全事故。

(五) 经济性

产品的时代性、社会性与多样性决定环境管理的经济性。

(六) 多样性

产品的时代性和社会性决定了环境管理的多样性。

 本任务必备知识体系:
- 知识点 1　职业健康安全管理
- 知识点 2　建设工程环境管理
- 知识点 3　相关案例综合分析
- 拓展资源链接
- 行业能力测评

知识点 1　职业健康安全管理

(一) 建设工程现场职业健康安全卫生的要求

根据我国相关标准,施工现场职业健康安全卫生主要包括现场宿舍、现场食堂、现场厕所、其他卫生管理等内容。基本要符合以下要求:

（1）施工现场应设置办公室、宿舍、食堂、厕所、淋浴间、开水房、文体活动室、密闭式垃圾站（或容器）及盥洗设施等临时设施。临时设施所用建筑材料应符合环保、消防要求。

（2）办公区和生活区应设密闭式垃圾容器。

（3）办公室内布局合理，文件资料宜归类存放，并应保持室内清洁卫生。

（4）施工企业应根据法律、法规的规定，制定施工现场的公共卫生突发事件应急。

（5）施工现场应配备常用药品及绷带、止血带、颈托、担架等急救器材。

（6）施工现场应设专职或兼职保洁员，负责卫生清扫和保洁。

（7）办公区和生活区应采取灭鼠、蚊、蝇、蟑螂等措施，并应定期投放和喷洒药物。

（8）施工企业应结合季节特点，做好作业人员的饮食卫生和防暑降温、防寒保暖、防煤气中毒、防疫等工作。

（9）施工现场必须建立环境卫生管理和检查制度，并应做好检查记录。

（二）建设工程现场职业健康安全卫生的措施

施工现场的卫生与防疫应由专人负责，全面管理施工现场的卫生工作，监督和执行卫生法规规章、管理办法，落实各项卫生措施。

1. 现场宿舍的管理

（1）宿舍内应保证有必要的生活空间，室内净高不得小于 2.4m，通道宽度不得小于 0.9m，每间宿舍居住人员不得超过 16 人通铺。

（2）施工现场宿舍必须设置可开启式窗户，宿舍内的床铺不得超过 2 层，严禁使用通铺。

（3）宿舍内应设置生活用品专柜，有条件的宿舍宜设置生活用品储藏室。

（4）宿舍内应设置垃圾桶，宿舍外宜设置鞋柜或鞋架，生活区内应提供为作业人员晾晒衣服的场地。

2. 现场食堂的管理

（1）食堂必须有卫生许可证，炊事人员必须持身体健康证上岗。

（2）炊事人员上岗应穿戴洁净的工作服、工作帽和口罩，并应保持个人卫生。不得穿工作服出食堂，非炊事人员不得随意进入制作间。

（3）食堂炊具、餐具和公用饮水器具必须清洗消毒。

（4）施工现场应加强食品、原料的进货管理，食堂严禁出售变质食品。

（5）食堂应设置在远离厕所、垃圾站、有毒有害场所等污染源的地方。

（6）食堂应设置独立的制作间、储藏间，门扇下方应设不低于 0.2m 的防鼠挡板。制作间灶台及其周边应贴瓷砖，所贴瓷砖高度不宜小于 1.5m，地面应做硬化和防滑处理粮食存放台距墙和地面应大于 0.2m。

（7）食堂应配备必要的排风设施和冷藏设施。

（8）食堂的燃气罐应单独设置存放间，存放间应通风良好并严禁存放其他物品。

（9）食堂制作间的炊具宜存放在封闭的橱柜内，刀、盆、案板等炊具应生熟分开。食品应有遮盖，遮盖物品应用正反面标识。各种作料和副食应存放在密闭器皿内，并应有标识。

（10）食堂外应设置密闭式泔水桶，并应及时清运。

3. 现场厕所的管理

（1）施工现场应设置水冲式或移动式厕所，厕所地面应硬化，门窗应齐全。蹲位之间宜设置隔板，隔板高度不宜低于0.9m。

（2）厕所大小应根据作业人员的数量设置。高层建筑施工超过8层以后，每隔四层宜设置临时厕所。厕所应设专人负责清扫、消毒、化粪池应及时清掏。

4. 其他临时设施的管理

（1）淋浴间应设置满足需要的淋浴喷头，可设置储衣柜或挂衣架。

（2）盥洗设施应设置满足作业人员使用的盥洗池，并应使用节水龙头。

（3）生活区应设置开水炉、电热水器或饮用水保温桶；施工区应配备流动保温水桶。

（4）文体活动室应配备电视机、书报、杂志等文体活动设施、用品。

（5）施工现场作业人员发生法定传染病、食物中毒或急性职业中毒时，必须在2h内向施工现场所在地建设行政主管部门和有关部门报告，并应积极配合调查处理。

（6）现场施工人员患有法定传染病时，应及时进行隔离，并由卫生防疫部门进行处置。

知识点2　建设工程环境管理

一、建设工程现场文明施工

（一）建设工程现场文明施工的要求

文明施工是指保持施工现场良好的作业环境、卫生环境和工作秩序。因此，文明施工也是保护环境的一项重要措施。文明施工主要包括：规范施工现场的场容，保持作业环境的整洁卫生；科学组织施工，使生产有序进行；减少施工对周围居民和环境的影响；遵守施工现场文明施工的规定和要求，保证职工的安全和身体健康。

文明施工可以适应现代化施工的客观要求，有利于员工的身心健康，有利于培养和提高施工队伍的整体素质，促进企业综合管理水平的提高，提高企业的知名度和市场竞争力。

依据我国相关标准，文明施工的要求主要包括现场围挡、封闭管理、施工场地、材料堆放、现场住宿、现场防火、治安综合治理、施工现场标牌、生活设施、保健急救、社区服务11项内容。总体上应符合以下要求：

（1）有整套的施工组织设计或施工方案，施工总平面布置紧凑，施工场地规划合理符合环保、市容、卫生的要求；

（2）有健全的施工组织管理机构和指挥系统，岗位分工明确；工序交叉合理，交接责任明确；

（3）有严格的成品保护措施和制度，大小临时设施和各种材料构件、半成品按平面布置堆放整齐；

（4）施工场地平整，道路畅通，排水设施得当，水电线路整齐，机具设备状况良好使用合理，施工作业符合消防和安全要求；

(5)搞好环境卫生管理,包括施工区、生活区环境卫生和食堂卫生管理;

(6)文明施工应贯穿施工结束后的清场。

实现文明施工,不仅要抓好现场的场容管理,而且还要做好现场材料、机械、安全技术、保卫、消防和生活卫生等方面的工作。

(二)建设工程现场文明施工的措施

1. 加强现场文明施工的管理

(1)建立文明施工的管理组织

应确立项目经理为现场文明施工的第一责任人,以各专业工程师、施工质量、安全材料、保卫等现场项目经理部人员为成员的施工现场文明管理组织,共同负责本工程现场文明施工工作。

(2)健全文明施工的管理制度

包括建立各级文明施工岗位责任制、将文明施工工作考核列入经济责任制,建立定期的检查制度,实行自检、互检、交接检制度,建立奖惩制度,开展文明施工立功竞赛,加强文明施工教育培训等。

2. 落实现场文明施工的各项管理措施

针对现场文明施工的各项要求,落实相应的各项管理措施。

3. 建立检查考核制度

国家和各地针对建设工程文明施工大多制定了标准或规定,也有比较成熟的经验。在实际工作中,项目应结合相关标准和规定建立文明施工考核制度,推进各项文明施工措施的落实。

4. 抓好文明施工建设工作

(1)建立宣传教育制度。现场宣传安全生产、文明施工、国家大事、社会形势、企业精神、优秀事迹等。

(2)坚持以人为本,加强管理人员和班组文明建设。教育职工遵纪守法,提高企业整体管理水平和文明素质。

(3)主动与有关单位配合,积极开展共建文明活动,树立企业良好的社会形象。

(三)现场文明施工的各项管理措施

1. 施工平面布置

施工总平面图是现场管理、实现文明施工的依据。施工总平面图应对施工机械设备材料和构配件的堆场、现场加工场地,以及现场临时运输道路、临时供水供电线路和其他临时设施进行合理布置,并随工程实施的不同阶段进行场地布置和调整。

2. 现场围挡、标牌

(1)施工现场必须实行封闭管理,设置进出口大门,制定门卫制度,严格执行外来人员进场登记制度。沿工地四周连续设置围挡,市区主要路段和其他涉及市容景观路段的工地设置围挡的高度不低于2.5m,其他工地的围挡高度不低于1.8m,围挡材料要求坚固、稳定、统一、整洁、美观。

(2)施工现场必须设有"五牌一图",即工程概况牌、管理人员名单及监督电话牌、消防保卫(防火责任)牌、安全生产牌、文明施工牌和施工现场总平面图。

(3)施工现场应合理悬挂安全生产宣传和警示牌,标牌悬挂牢固可靠,特别是主要施工部位、作业点和危险区域以及主要通道口都必须有针对性地悬挂醒目的安全警示牌。

3. 施工场地

(1)施工现场应积极推行硬地坪施工,作业区、生活区主干道地面必须用一定厚度的混凝土硬化,场内其他道路地面也应硬化处理。

(2)施工现场道路畅通、平坦、整洁,无散落物。

(3)施工现场设置排水系统,排水畅通,不积水。

(4)严禁泥浆、污水、废水外流或未经允许排入河道,严禁堵塞下水道和排水河道。

(5)施工现场适当地方设置吸烟处,作业区内禁止随意吸烟。

(6)积极美化施工现场环境,根据季节变化,适当进行绿化布置。

4. 材料堆放、周转设备管理

(1)建筑材料、构配件、料具必须按施工现场总平面布置图堆放,布置合理。

(2)建筑材料、构配件及其他料具等必须做到安全、整齐堆放(存放),不得超高。堆料分门别类,悬挂标牌,标牌应统一制作,标明名称、品种、规格数量等。

(3)建立材料收发管理制度,仓库、工具间材料堆放整齐,易燃易爆物品分类堆放,专人负责,确保安全。

(4)施工现场建立清扫制度,落实到人,做到工完料尽场地清,车辆进出场应有防泥带出措施。建筑垃圾及时清运,临时存放现场的也应集中堆放整齐、悬挂标牌。不用的施工机具和设备应及时出场。

(5)施工设施、大模板、砖夹等,集中堆放整齐,大模板成对放稳,角度正确。钢模及零配件、脚手扣件分类分规格,集中存放。竹木杂料,分类堆放,规则成方,不散不乱,不作他用。

5. 现场生活设施

(1)施工现场作业区与办公、生活区必须明显划分,确因场地狭窄不能划分的,要有可靠的隔离栏防护措施。

(2)宿舍内应确保主体结构安全,设施完好。宿舍周围环境应保持整洁、安全。

(3)宿舍内应有保暖、消暑、防煤气中毒、防蚊虫叮咬等措施。严禁使用煤气灶、煤油炉、电饭煲、热得快、电炒锅、电炉等器具。

(4)食堂应有良好的通风和洁卫措施,保持卫生整洁,炊事员持健康证上岗。

(5)建立现场卫生责任制,设卫生保洁员。

(6)施工现场应设固定的男、女简易淋浴室和厕所,并要保证结构稳定、牢固和防风雨。并实行专人管理、及时清扫,保持整洁,要有灭蚊蝇滋生措施。

6. 现场消防、防火管理

(1)现场建立消防管理制度,建立消防领导小组,落实消防责任制和责任人员,做到思想重视、措施跟上、管理到位。

(2) 定期对有关人员进行消防教育,落实消防措施。

(3) 现场必须有消防平面布置图,临时设施按消防条例有关规定搭设,做到标准规范。

(4) 易燃易爆物品堆放间、油漆间、木工间、总配电室等消防防火重点部位要按规定设置灭火器和消防沙箱,并有专人负责,对违反消防条例的有关人员进行严肃处理。

(5) 施工现场用明火做到严格按动用明火规定执行,审批手续齐全。

7. 医疗急救的管理

展开卫生防病教育,准备必要的医疗设施,配备经过培训的急救人员,有急救措施、急救器材和保健医药箱。在现场办公室的显著位置张贴急救车和有关医院的电话号码等。

8. 社区服务的管理

建立施工不扰民的措施。现场不得焚烧有毒、有害物质等。

9. 治安管理

(1) 建立现场治安保卫领导小组,有专人管理。

(2) 新入场的人员做到及时登记,做到合法用工。

(3) 按照治安管理条例和施工现场的治安管理规定搞好各项管理工作。

(4) 建立门卫值班管理制度,严禁无证人员和其他闲杂人员进入施工现场,避免安全事故和失盗事件的发生。

二 建设工程施工现场环境保护

(一) 建设工程施工现场环境保护的要求

根据《中华人民共和国环境保护法》和《中华人民共和国环境影响评价法》的有关规定,建设工程项目对环境保护的基本要求如下:

(1) 涉及依法划定的自然保护区、风景名胜区、生活饮用水水源保护区及其他需要特别保护的区域时,应当符合国家有关法律法规及该区域内建设工程项目环境管理的规定,不得建设污染环境的工业生产设施;建设的工程项目设施的污染物排放不得超过规定的排放标准。已经建成的设施,其污染物排放超过排放标准的,限期整改。

(2) 开发利用自然资源的项目,必须采取措施保护生态环境。

(3) 建设工程项目选址、选线、布局应当符合区域、流域规划和城市总体规划。

(4) 应满足项目所在区域环境质量、相应环境功能区划和生态功能区划标准或要求。

(5) 拟采取的污染防治措施应确保污染物排放达到国家和地方规定的排放标准,满足污染物总量控制要求;涉及可能产生放射性污染的,应采取有效预防和控制放射性污染措施。

(6) 建设工程应当采用节能、节水等有利于环境与资源保护的建筑设计方案、建筑材料、装修材料、建筑构配件及设备。建筑材料和装修材料必须符合国家标准。禁止生产销售和使用有毒、有害物质超过国家标准的建筑材料和装修材料。

(7) 尽量减少建设工程施工中产生的干扰周围生活环境的噪声。

(8)应采取生态保护措施,有效预防和控制生态破坏。

(9)对环境可能造成重大影响、应当编制环境影响报告书的建设工程项目,可能严重影响项目所在地居民生活环境质量的建设工程项目,以及存在重大意见分歧的建设工程项目,环保部门可以举行听证会,听取有关单位、专家和公众的意见,并公开听证结果,说明对有关意见采纳或不采纳的理由。

(10)建设工程项目中防治污染的设施,必须与主体工程同时设计、同时施工、同时投产使用。防治污染的设施必须经原审批环境影响报告书的环境保护行政主管部门验收合格后,该建设工程项目方可投入生产或者使用。防治污染的设施不得擅自拆除或者闲置确有必要拆除或者闲置的,必须征得所在地的环境保护行政主管部门同意。

(11)新建工业企业和现有工业企业的技术改造,应当采取资源利用率高、污染物排放量少的设备和工艺,采用经济合理的废弃物综合利用技术和污染物处理技术。

(12)排放污染物的单位,必须依照国务院环境保护行政主管部门的规定申报登记。

(13)禁止引进不符合我国环境保护规定要求的技术和设备。

(14)任何单位不得将产生严重污染的生产设备转移给没有污染防治能力的单位使用。

《中华人民共和国海洋环境保护法》规定:在进行海岸工程建设和海洋石油勘探开发时,必须依照法律的规定,防止对海洋环境的污染损害。

(二)大气污染的防治

1. 大气污染物的分类

大气污染物的种类有数千种,已发现有危害作用的有100多种,其中大部分是有机物。大气污染物通常以气体状态和粒子状态存在于空气中。

2. 施工现场空气污染的防治措施

(1)施工现场垃圾渣土要及时清理出现场。

(2)高大建筑物清理施工垃圾时,要使用封闭式的容器或者采取其他措施处理高空废弃物,严禁凌空随意抛撒。

(3)施工现场道路应指定专人定期洒水清扫,形成制度,防止道路扬尘。

(4)细颗粒散体材料(如水泥、粉煤灰、白灰等)的运输、储存要注意遮盖、密封,防止和减少扬尘。

(5)车辆开出工地要做到不带泥沙,基本做到不撒土、不扬尘,减少对周围环境污染。

(6)除设有符合规定的装置外,禁止在施工现场焚烧油毡、橡胶、塑料、皮革、树叶、枯草、各种包装物等废弃物品以及其他会产生有毒、有害烟尘和恶臭气体的物质。

(7)机动车都要安装减少尾气排放的装置,确保符合国家标准。

(8)工地茶炉应尽量采用电热水器。若只能使用烧煤茶炉和锅炉时,应选用消烟除尘型茶炉和锅炉,大灶应选用消烟节能回风炉灶,使烟尘降至允许排放范围为止。

(9)大城市市区的建设工程已不容许搅拌混凝土。在容许设置搅拌站的工地,应将搅拌站封闭严密,并在进料仓上方安装除尘装置,采用可靠措施控制工地粉尘污染。

(10)拆除旧建筑物时,应适当洒水,防止扬尘。

(三)噪声污染的防治

1. 噪声的分类

按噪声来源可分为交通噪声(如汽车、火车、飞机等)、工业噪声(如鼓风机、汽轮机、冲压设备等)、建筑施工的噪声(如打桩机、推土机、混凝土搅拌机等发出的声音)社会生活噪声(如高音喇叭、收音机等)。噪声妨碍人们正常休息、学习和工作,为防止噪声扰民,应控制人为强噪声。

2. 施工现场噪声的控制措施

噪声控制技术可从声源、传播途径、接收者防护等方面来考虑。

(1)声源控制

①声源上降低噪声,这是防止噪声污染的最根本的措施。

②尽量采用低噪声设备和加工工艺代替高噪声设备与加工工艺,如低噪声振捣器风机、电动空压机、电锯等。

③在声源处安装消声器消声,即在通风机、鼓风机、压缩机、燃气机、内燃机及各类排气放空装置等进出风管的适当位置设置消声器。

(2)传播途径的控制

①吸声:利用吸声材料(大多由多孔材料制成)或由吸声结构形成的共振结构(金属或木质薄板钻孔制成的空腔体)吸收声能,降低噪声。

②隔声:应用隔声结构,阻碍噪声向空间传播,将接收者与噪声声源分隔。隔声结构包括隔声室、隔声罩、隔声屏障、隔声墙等。

③消声:利用消声器阻止传播。允许气流通过的消声降噪是防治空气动力性噪声的主要装置。如对空气压缩机、内燃机产生的噪声等。

④减振降噪:对来自振动引起的噪声,通过降低机械振动减小噪声,如将阻尼材料涂在振动源上,或改变振动源与其他刚性结构的连接方式等。

(3)接收者的防护

让处于噪声环境下的人员使用耳塞、耳罩等防护用品,减少相关人员在噪声环境中的暴露时间,以减轻噪声对人体的危害。

(4)严格控制人为噪声

①进入施工现场不得高声喊叫、无故甩打模板、乱吹哨等,限制高音喇叭的使用,最大限度地减少噪声扰民。

②凡在人口稠密区进行强噪声作业时,须严格控制作业时间,一般晚10点到次日早6点之间停止强噪声作业。确系特殊情况必须昼夜施工时,尽量采取降低噪声措施,并会同建设单位找当地居委会、村委会或当地居民协调,出安民告示,求得群众谅解。

(四)固体废物的处理

1. 建设工程施工工地上常见的固体废物

建设工程施工工地上常见的固体废物主要有:

(1)建筑渣土：包括砖瓦、碎石、渣土、混凝土碎块、废钢铁、碎玻璃、废屑、废弃装饰材料等。

(2)废弃的散装大宗建筑材料：包括水泥、石灰等。

(3)生活垃圾：包括炊厨废物、丢弃食品、废纸、生活用具、废电池、废日用品、玻璃、陶瓷碎片、废塑料制品、煤灰渣、废交通工具等。

(4)设备、材料等的包装材料。

(5)粪便。

2.固体废物的处理和处置

固体废物处理的基本思想是：采取资源化、减量化和无害化的处理，对固体废物产生的全过程进行控制。固体废物的主要处理方法如下。

(1)回收利用

回收利用是对固体废物进行资源化的重要手段之一。粉煤灰在建设工程领域的广泛应用就是对固体废弃物进行资源化利用的典型范例。又如发达国家炼钢原料中有70%是利用回收的废钢铁，所以，钢材可以被看成是可再生利用的建筑材料。

(2)减量化处理

减量化是对已经产生的固体废物进行分选、破碎、压实浓缩、脱水等减少其最终处置量，减低处理成本，减少对环境的污染。在减量化处理的过程中，也包括和其他处理技术相关的工艺方法，如焚烧、热解、堆肥等。

(3)焚烧

焚烧用于不适合再利用且不宜直接填埋处置的废物，除有符合规定的装置外，不得在施工现场熔化沥青和焚烧油毡、油漆，亦不得焚烧其他可产生有毒有害和恶臭气体的废弃物，垃圾焚烧处理应使用符合环境要求的处理装置，避免对大气的二次污染。

(4)稳定和固化

稳定和固化处理是利用水泥、沥青等胶结材料，将松散的废物胶结包裹起来，减少有害物质从废物中向外迁移、扩散，从而减少废物对环境的污染。

(5)填埋

填埋是固体废物经过无害化、减量化处理的废物残渣集中到填埋场进行处置。禁止将有毒有害废弃物现场填埋，填埋场应利用天然或人工屏障。尽量使需处置的废物与环境隔离，并注意废物的稳定性和长期安全性。

知识点3 相关案例综合分析

案例 暗挖隧道透水事故

1.事故经过

某车站采用明挖二层(局部五层)、站台暗挖的明暗挖结合方案，暗挖隧道长108.5m，利用2个竖井提升，竖井深34.25m，与车站站厅交叉作业。2007年9月底，因初次小范围涌水，曾停工进行处理。10月1日至10月3日，某市停止爆破用品的供应，该站随之停止掘进，并对掌子面喷混凝土进行封闭，现场采用超前小导管注浆进行预加固，其中拱部范围注浆采用

$\phi32\times3.25$ 小导管,长度 4m,环向间距 0.3m 左右,注水泥浆 $8.7m^3$。

10月4日恢复掘进施工,21:30左右,右线隧道上台阶完成格栅钢架、锁脚锚管、钢筋网等施工,项目部质检工程师会同监理工程师进行了质量检查,认为符合设计要求,同意进行下道工序。现场随后即进行喷射混凝土施工。

10月5日凌晨3:00左右,喷射混凝土完成后突然有大股不明水从封闭的掌子面顶部涌出,且出现夹带泥沙的小掉块。现场人员紧急喷混凝土进行封堵,但无法止住水头。见此情形,现场施工员立即组织井下作业人员撤离,并将险情报告项目部值班领导。项目部接报告后,立即启动应急预案:①清点确认从井下撤离至地面人员的人数;②对地表塌陷区设立警戒;③组织专人疏散周边居民130人至安全地带;④立即将险情报告有关单位。至凌晨4:13左右,涌水部位地表已塌陷成面积约 $1000m^2$ 的大坑,临近的多间平房倒塌。此次事故未造成人员伤亡。

2. 事故原因分析

直接原因:

大股不明性质的水夹带大量泥沙,在极短的时间内快速冲入隧道,15min左右,就充满已开挖的洞室,现有技术无法控制险情。

间接原因:

车站西侧紧邻一条大江,常年地下水位标高在 $4.22\sim5.88m$,地下水与江河水连通,软弱底层广泛分布,地址条件复杂。

3. 经验教训

(1)在招投标期间需充分考虑施工场地周边环境对地质的影响和对施工过程的影响;在施工组织编制之前,必须深入了解地层结构,对危险地层采取避让措施。

(2)在施工过程中,应重视应急预案的针对性和有效性,加强预案的演练。事故调查过程中,该施工现场的总承包方在事故发生前曾根据应急预案有针对性地进行了隧道坍塌事故的应急演练,该演练提升了作业人员的应急能力,起到了良好的效果,是事故发生后能够在极短的时间内将作业面的工人及工地附近的群众进行有效的疏散,避免了人员伤亡的关键所在。

(3)落实安全专项保护设计。安全管理的重点是事故前预防,在工程设计的过程中必须考虑周边环境对结构及施工安全的影响,落实安全专项保护设计,实现本质安全。

(4)工程管理人员应熟悉施工现场的环境,对施工过程中可能存在的不利因素,尤其是地质条件和周边建、构筑物情况要有充分认识。必要时要组织对地质、水文情况进行超前预报,以指导施工。

(5)积极推动前期工程进展,降低工程风险,地下工程危险性极大,稍有不慎即有可能造成无法挽救的后果,故应尽量推动前期工程进展,以减少施工对周边的影响。

(6)保证节假日安全生产。节假日期间出现生产安全事故存在社会影响大,人员、物资到位情况不佳等特点,处理来颇为不利。在节假日之前,各级管理单位必须进行详细的安全检查,并对员工进行安全教育。节假日期间,必须落实值班制度,保证安全信息畅通。如遇春节等重大节假日,有条件的工地应放假停工;仍需进行生产的工地必须要保证应急救援体系能够正常运作,施工现场应有专人进行安全监控,保证各项安全措施落实到位。

拓展资源链接

序号	资源名称	链接方式
1	情境案例——大盾构施工安全管理	
2	情境案例——武汉地铁盾构施工	
3	情境案例——地铁事故案例汇编	
4	情境案例——文明施工标准化图册	
5	情境案例——地铁施工安全控制	
6	情境案例——施工安全知识	
7	情境案例——安全管理认知	
8	安全生产月——跟着总书记学安全	https://mp.weixin.qq.com/s?__biz=Mzg5MTcxNzgzOA==&mid=2247559426&idx=1&sn=b410411e211e2aecb2ffed5e9cc6c669&source=41#wechat_redirect
9	深圳地铁1号线隧道结构被打穿事故调查报告	https://www.sohu.com/a/466251454_682294
10	安全帽不系帽带按隐患处理最高可罚15万	https://mp.weixin.qq.com/s/FhCyF37_b-ivWz9C15uIsA

行业能力测评

1.影响作业场所内的员工、临时工作人员、合同方人员、访问者和其他人员健康安全的条件和因素被称为(   )。

  A.职业健康安全   B.劳动安全

C. 环境管理　　　　　　　　　　D. 环境保护

2. 《环境管理体系要求及使用指南》(GB/T 24001—2016)中的"环境"是指(　　)。
   A. 组织运行活动的外部存在
   B. 各种天然和经过人工改造的自然因素的总体
   C. 废水、废气、废渣的存在和分布情况
   D. 周边大气、阳光和水分的总称

3. 关于建设工程职业健康安全与环境管理的说法,正确的是(　　)。
   A. 职业健康安全通常是指影响作业场所内员工、临时工等工作人员的健康安全的条件和因素
   B. 环境就是组织运行活动的外部存在
   C. 职业健康安全管理体系应独立于组织的管理体系之外
   D. 环境管理体系应独立于组织的管理体系之外

4. 职业健康安全和环境管理体系的不同点是(　　)。
   A. 管理目标　　　　　　　　　　B. 不规定具体绩效标准
   C. 管理原理　　　　　　　　　　D. 管理的侧重点

5. 建设工程项目的职业健康安全管理的目的是(　　)。
   A. 保护建设工程产品生产者的健康与安全
   B. 控制工作场所内员工及其他进入现场人员的安全条件和因素
   C. 避免因使用不当对使用者造成的健康和安全的危害
   D. 保护建设工程产品生产者和使用者的健康与安全

项目 6

工程项目目标控制

1. 项目质量管理专员的岗位能力和工作内容

> 1. 贯彻执行国家有关规范质量检验评定标准和公司质量部下发的各项文件,以及项目部质量体系文件,项目质量保证计划,负责健全项目质量保证体系;
> 2. 按国家施工规范与标准,独立行使质量检查、监督权;
> 3. 做好质量记录和隐蔽工程验收签证手续;
> 4. 协助有关生产管理人员,做好日常质量检验和评定;
> 5. 填好各分项工程的质量自检表,并做好自检质量等级评定工作;
> 6. 向技术部门资料员定期送交完整的已签资料手续;
> 7. 监督检查各施工队,在施工过程中执行质量计划情况;
> 8. 落实工序隐检,负责核定分项工程质量评定;
> 9. 督促施工队落实三检制,组织项目部的工程质量检查;
> 10. 负责办理工程开工报告,施工许可证等有关事项;
> 11. 负责向监理工程师呈报日进度报表,周进度报表;
> 12. 参加一般质量事故分析,监督检查措施实施情况,并进行验证;
> 13. 组织对已施工完毕的项目进行自检复核;
> 14. 负责监督检查工程质量,并做好相关记录;
> 15. 协助生产经理及质量经理做好其他的质量控制工作。

项目质量管理专员岗位职责

▎项目质量管理专员工作内容

一、进场
- 成立以项目经理为主要责任人的项目质量管理机构，进行图纸会审并形成图纸会审纪要。
- 技术部门收集工程施工所涉及的各种施工及验收规范及当地规定。
- 质量管理部门配合总工进行《项目质量管理（创优）策划》的编写，质量管理制度编制贯彻。
- 测量工程师对交桩点测量复核工作。
- 质量管理部协同物资部对所用材料考察调研。

二、施工阶段
- 项目总工针对项目工序、工艺特点对项目施工管理人员进行技术交底培训工作，进行施工质量要求培训，并下达作业指导书交底。
- 各种不同工艺施工前做出样板，操作工艺流程。
- 原材进场物资部门同质量部门查看证明文件验收，并取样进行复检，试验合格后方可使用。

三、完工阶段
- 施工过程中质量控制由工长现场指导施工，施工完毕后班组自检、质检人员检查，合格后报监理检查验收，不合格下达质量整改单，并跟踪进行整改。每周进行质量例会。
- 成立QC小组，确保施工质量提高。

四、竣工阶段和竣工后（保修期）
- 对施工完成品半成品进行实测实量，对成品采取保护措施，对一些功能要求进行检试验工作。
- 依据施工质量验收规范，对竣工资料的收集整理移交工作。
- 对有质量缺陷的，进行缺陷维修、返工、不做处理等。
- 竣工验收期要定人定岗，采取有效防护措施，保护已完工程。发生丢失、损坏时应及时补救。
- 保修期内出现的问题进行总结，在以后施工中改进避免出错。

质量专员工作内容

2. 项目模块导学（建议学时：8学时）

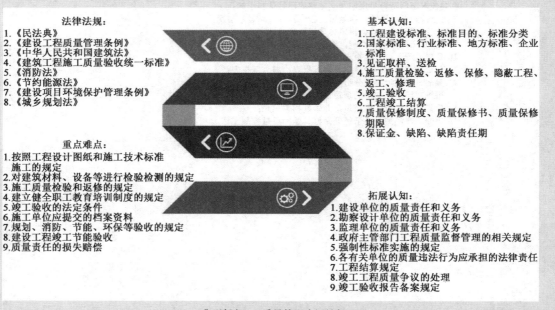

典型任务1　质量管理内涵认知

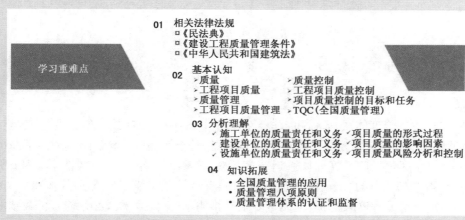

典型任务2 工程施工质量控制

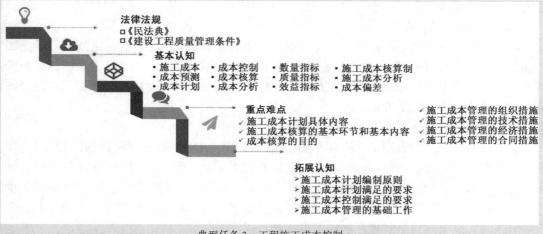

典型任务3 工程施工成本控制

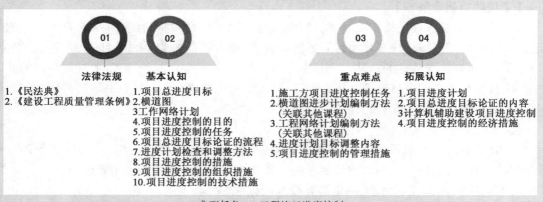

典型任务4 工程施工进度控制

典型任务1 质量管理内涵认知

【质量】

我国标准《质量管理体系 基础和术语》(GB/T 19000—2016)关于质量的定义是:一组固有特性满足要求的程度。该定义可理解为:质量不仅是指产品的质量,也包括产品生产活动或过程的工作质量,还包括质量管理体系运行的质量;质量由一组固有的特性来表征(所谓"固有的"特性是指本来就有的、永久的特性),这些固有特性是指满足顾客和其他相关方要求的特性,以其满足要求的程度来衡量;而质量要求是指明示的、隐含的或必须履行的需要和期望,这些要求又是动态的、发展的和相对的。也就是说,质量"好"或者"差",以其固有特性满足质量要求的程度来衡量。

【建设工程项目质量】

建设工程项目质量是指通过项目实施形成的工程实体的质量,是反映建筑工程满足相关标准规定或合同约定的要求,包括其在安全、使用功能及其在耐久性能、环境保护等方面所有明显和隐含能力的特性总和。其质量特性主要体现在适用性、安全性、耐久性、可靠性、经济性及与环境的协调性等六个方面。

【质量管理】

我国标准《质量管理体系 基础和术语》(GB 19000—2016)关于质量管理的定义是:在质量方面指挥和控制组织的协调的活动。与质量有关的活动,通常包括质量方针和质量目标的建立、质量策划、质量控制、质量保证和质量改进等。所以,质量管理就是建立和确定质量方针、质量目标及职责,并在质量管理体系中通过质量策划、质量控制、质量保证和质量改进等手段来实施和实现全部质量管理职能的所有活动。

【工程项目质量管理】

工程项目质量管理是指在工程项目实施过程中,指挥和控制项目参与各方关于质量的相互协调的活动,是围绕着使工程项目满足质量要求,而开展的策划、组织、计划、实施、检查、监督和审核等所有管理活动的总和。它是工程项目的建设、勘察、设计、施工、监理等单位的共同职责,项目参与各方的项目经理必须调动与项目质量有关的所有人员的积极性,共同做好本职工作,才能完成项目质量管理的任务。

【质量控制】

根据国家标准《质量管理体系 基础和术语》(GB/T 19000—2016)的定义,质量控制是质量管理的一部分,是致力于满足质量要求的一系列相关活动。这些活动主要包括:

(1)设定目标:即设定要求,确定需要控制的标准、区间、范围、区域。

(2)测量结果:测量满足所设定目标的程度。

(3)评价:即评价控制的能力和效果。

(4)纠偏:对不满足设定目标的偏差,及时纠偏,保持控制能力的稳定性。

也就是说,质量控制是在明确的质量目标和具体的条件下,通过行动方案和资源配置的计划、实施、检查和监督,进行质量目标的事前预控、事中控制和事后纠偏控制,实现预期质量目标的系统过程。

【工程项目质量控制】

工程项目的质量要求是由业主方提出的项目的质量目标,是业主的建设意图通过项目策划,包括项目的定义及建设规模、系统构成、使用功能和价值、规格、档次、标准等的定位策划和目标决策来确定的。工程项目质量控制,就是在项目实施整个过程中,包括项目的勘察设计、招标采购、施工安装、竣工验收等各个阶段,项目参与各方致力于实现业主要求的项目质量总目标的一系列活动。

工程项目质量控制包括项目的建设、勘察、设计、施工、监理各方的质量控制活动。

  本任务必备知识体系:

> 知识点1　质量控制的责任和义务
> 知识点2　项目实施中的质量风险
> 知识点3　工程质量控制体系
> 拓展资源链接
> 行业能力测评

知识点1　质量控制的责任和义务

建设工程项目质量控制的目标,就是实现由项目决策所决定的项目质量目标,使项目的适应性、安全性、耐久性、可靠性、经济性及与环境的协调性等方面满足建设单位需要,并符合国家法律、行政法规和技术标准、规范的要求。项目的质量涵盖设计质量、材料质量、设备质量、施工质量和影响项目运行或运营的环境质量等,各项质量均应符合相关的技术规范和标准的规定,满足业主方的质量要求。

工程项目质量控制的任务就是对项目的建设、勘察、设计、施工、监理单位的工程质量行为,以及涉及工程项目实体质量的设计质量、材料质量、设备质量、施工安装质量进行控制。

由于项目的质量目标最终是由项目工程实体的质量来体现,而项目工程实体的质量最终是通过施工作业过程直接形成的,设计质量、材料质量、设备质量往往也要在施工过程中进行检验,因此,施工质量控制是项目质量控制的重点。

一　建设单位的质量责任和义务

(1)建设单位应当将工程发包给具有相应资质等级的单位,不得将建设工程肢解发包。

(2)建设单位应当依法对工程建设项目的勘察、设计、施工、监理以及与工程建设有关的重要设备、材料等的采购进行招标。

(3)建设单位必须向有关的勘察、设计、施工、工程监理等单位提高与建设工程有关的原始资料。原始资料必须真实、准确、齐全。

(4)建设工程发包单位不得迫使承包方以低于成本的价格竞标,不得任意压缩合理工期;不得明示或暗示设计单位或者施工单位违反工程建设强制性标准,降低建设工程质量。

(5)建设单位应当将施工图设计文件报县级以上人民政府建设行政主管部门或者其他有关部门审查。施工图设计文件未经审查批准的,不得使用。

(6)实行监理的建设工程,建设单位应当委托具有相应资质等级的工程监理单位进行监理。

(7)建设单位在领取施工许可证或者开工报告前,应当按照国家有关规定办理工程质量监督手续。

(8)按照合同约定,由建设单位采购建筑材料、建筑构配件和设备的,建设单位应当保证建筑材料、建筑构配件和设备符合设计文件和合同要求。建设单位不得明示或者暗示施工单位使用不合格的建筑材料、建筑构配件和设备。

(9)涉及建筑主体和承重结构变动的装修工程,建设单位应当在施工前委托原设计单位或者具有相应资质等级的设计单位提出设计方案;没有设计方案的,不得施工。

(10)建设单位收到建设工程竣工报告后,应当组织设计、施工、工程监理等有关单位进行竣工验收。经验收合格的建设工程,可交付使用。

(11)建设单位应当严格按照国家有关档案管理的规定,及时收集、整理建设项目各环节的文件资料,建立、健全建设项目档案,并在建设工程竣工验收后,及时向建设行政主管部门或者其他有关部门移交建设项目档案。

二、勘察、设计单位的质量责任和义务

(1)从事建设工程勘察、设计的单位应当依法取得相应等级的资质证书,在其资质等级许可的范围内承揽工程,并不得转包或者违法发包所承揽的工程。

(2)勘察、设计单位必须按照工程建设强制性标准进行勘察、设计,并对其勘察、设计的质量负责。注册建筑师、注册结构工程师等注册执业人员应当在设计文件上签字,对设计文件负责。

(3)勘察单位提供的地质、测量、水文等勘察成果必须真实、准确。

(4)设计单位应当根据勘察成果文件进行建设工程设计。设计文件应当符合国家规定的设计深度要求,注明工程合理使用年限。

(5)设计单位在设计文件中选用的建筑材料、建筑构配件和设备,应当注明规格、型号、性能等技术指标,其质量要求必须符合国家规定的标准。除有特殊要求的建筑材料、专用设备、工艺生产线等外,设计单位不得指定生产、供应商。

(6)设计单位应当就审查合格的施工图设计文件向施工单位作出详细说明。

(7)设计单位应当参与建设工程质量事故分析,并对因设计造成的质量事故,提出相应的技术处理方案。

三、施工单位的质量责任和义务

(1)施工单位应当依法取得相应等级的资质证书,在其资质等级许可的范围内承揽工程,并不得转包或者违法发包工程。

(2)施工单位对建设工程的施工质量负责。施工单位应当建立质量责任制,确定工程项

目的项目经理、技术负责人和施工管理负责人。建设工程实行总承包的,总承包单位应当对全部建设工程质量负责;建设工程勘察、设计、施工、设备采购的一项或者多项实行总承包的,总承包单位应当对其承包的建设工程或者采购的设备的质量负责。

(3)总承包单位依法将建设工程分包给其他单位的,分包单位应当按照分包合同的约定对其分包工程的质量向总承包单位负责,总承包单位与分包单位对分包工程的质量承担连带责任。

(4)施工单位必须按照工程设计图纸和施工技术标准施工,不得擅自修改工程设计,不得偷工减料。施工单位在施工过程中发现设计文件和图纸有差错的,应当及时提出意见和建议。

(5)施工单位必须按照工程设计要求、施工技术标准和合同约定,对建筑材料、建筑构配件、设备和商品混凝土进行检验,检验应当有书面记录和专人签字;未经检验或者检验不合格的,不得使用。

(6)施工单位必须建立、健全施工质量的检验制度,严格工序管理,做好隐蔽工程的质量检查和记录。隐蔽工程在隐蔽前,施工单位应当通知建设单位和建设工程质量监督机构。

(7)施工人员对涉及结构安全的试块、试件以及有关材料,应当在建设单位或者工程监理单位监督下现场取样,并送具有相应资质等级的质量检测单位进行检测。

(8)施工单位对施工中出现质量问题的建设工程或者竣工验收不合格的建设工程,应当负责返修。

(9)施工单位应当建立、健全教育培训制度,加强对职工的教育培训;未经教育培训或者考核不合格的人员,不得上岗作业。

四 工程监理单位的质量责任和义务

(1)工程监理单位应当依法取得相应等级的资质证书,在其资质等级许可的范围内承担工程监理业务,并不得转让工程监理业务。

(2)工程监理单位与被监理工程的施工承包单位以及建筑材料、建筑构配件和设备供应单位有隶属关系或者其他利害关系的,不得承担该项建设工程的监理业务。

(3)工程监理单位应当依照法律、法规以及有关技术标准、设计文件和技术工程承包合同,代表建设单位对施工质量实施监理,并对施工质量承担监理责任。

(4)工程监理单位应当选派具备相应资格的总监理工程师和监理工程师进驻施工现场。未经监理工程师签字,建筑材料、建筑构配件和设备不得在工程上使用或者安装,施工单位不得进行下一道工序的施工。未经总监理工程师签字,建设单位不拨付工程款,不进行竣工验收。

(5)监理工程师应当按照工程监理规范的要求,采取旁站、巡视和平行检验等形式,对建设工程实施监理。

五 建设工程项目质量的基本特性

建设工程项目从本质上说是一项拟建或在建的建筑产品,它和一般产品具有同样的质量内涵,即一组固有特性满足需要的程度。这些特性是指产品的适用性、可靠性、安全性、耐久性、经济性及与环境的协调性等。由于建筑产品一般是采用单件性筹划、设计和施工的生产组织方式，因此，其具体的质量特性指标是在各建设工程项目的策划、决策和设计过程中进行定义的。建设工程项目质量的基本特性可以概况如下：

1. 反映使用功能的质量特性

工程项目的功能性质量，主要表现为反映项目使用功能需求的一系列特性指标，如房屋建筑工程的平面空间布局、通风采光性能；工业建筑工程的生产能力和工艺流程；道路交通工程的路面等级、通行能力等。按照现代质量管理理念，功能性质量必须以顾客关注为焦点，满足顾客的需求或期望。

2. 反映安全可靠的质量特性

建筑产品不仅要满足使用功能和用途的要求，而且在正常的使用条件下应能达到安全可靠的标准，如建筑结构自身安全可靠、使用过程防腐蚀、防坠、防火、防盗、防辐射以及设备系统运行与使用安全等。可靠性质量必须在满足功能性质量需求的基础上，结合技术标准、规范（特别是强制性条文）的要求进行确定与实施。

3. 反映文化艺术的质量特性

建筑产品具有深刻的社会文化背景，人们历来都把建筑产品视同艺术品。其个性的艺术效果，包括建筑造型、立面外观、文化内涵、时代表征以及装修装饰、色彩视觉等，不仅使用者关注，而且社会也关注；不仅现在关注，而且未来的人们也会关注和评价。工程项目艺术文化特性的质量来自设计者的设计理念、创意和创新，以及施工者对设计意图的领会与精益施工。

4. 反映建筑环境的质量特性

作为项目管理对象（或管理单元）的工程项目，可能是独立的单项工程或单位工程甚至于某一主要分部工程；也可能是一个由群体建筑或线型工程组成的建设项目，如新、改扩建的工业厂区，大型城或校区，交通枢纽，航运港区，高速公路，油气管线等。建筑环境质量包括项目用地范围内的规划布局、交通组织、绿化景观、节能环保；还要追求其与周边环境的协调性或适宜性。

六 项目质量管理的八项原则

质量管理八项原则是 ISO 9000 族标准的编制基础，是世界各国质量管理成功经验的科学总结，其中不少内容与我国全面质量管理的经验吻合。它的贯彻执行能促进企业管理水平的提高，提高顾客对其产品或服务的满意程度，帮助企业达到持续成功的目的。质量管理八项原则的具体内容如下：

1. 以顾客为关注焦点

组织（从事一定范围生产经营活动的企业）依存于其顾客。组织应理解顾客当前的和未来的需求，满足顾客要求并争取超越顾客的期望。

2. 领导作用

领导者确立本组织统一的宗旨和方向，并营造和保持使员工充分参与实现组织目标的内部环境。因此,领导在企业的质量管理中起着决定性的作用。只有领导重视,各项质量活动才能有效开展。

3. 全员参与

各级人员都是组织之本,只有全员充分参加,他们的才干才能为组织带来收益。

产品质量是产品形成过程中全体人员共同努力的结果,其中也包含着他们提供支持的管理、检查、行政人员的贡献。企业领导应对员工进行质量意识等方面的教育,激发他们的积极性和责任感,为其能力、知识、经验的提高提供机会,发挥创造精神,鼓励持续改进,给予必要的物质和精神奖励,使全员积极参与,为达到让顾客满意的目标而奋斗。

4. 过程方法

将活动和相关的资源作为过程进行管理,可以更高效地得到期望的结果。任何使用资源的生产活动和将输入转化为输出的一组相关联的活动都可视为过程。ISO 9000 族标准是建立在过程控制的基础上。一般在过程的输入端、过程的不同位置及输出端都存在着可以进行测量、检查的机会和控制点,对这些控制点实行测量、检测和管理,便能控制过程的有效实施。

5. 管理的系统方法

将相关联的过程作为系统加以识别、理解和管理,有助于组织提供实现其目标的有效性和效率。不同企业应根据自己的特点,建立资源管理、过程实现、测量分析改进等方面的关联,并加以控制,即采用过程网络的方法建立质量管理体系,实施系统管理。建立实施质量管理体系的工作内容一般包括:

(1) 确定顾客期望;
(2) 建立质量目标和方针;
(3) 确定实现目标的过程和职责;
(4) 确定必须提供的资源;
(5) 规定测量过程有效性的方法;
(6) 实施测量确定过程的有效性;
(7) 确定防止不合格并清除产生原因的措施;
(8) 建立和应用持续改进质量管理体系的过程。

6. 持续改进

持续改进总体业绩是组织的一个永恒目标,其作用在于增强企业满足质量要求的能力,包括产品质量、过程及体系的有效性和效率的提高。持续改进是增强和满足质量要求能力的循环活动,是使企业的质量管理走上良性循环轨道的必由之路。

7. 基于事实的决策方法

有效的决策应建立在数据和信息分析的基础上,数据和信息分析是事实的高度提炼。以事实为依据做出决策,可防止决策失误。为此企业领导应重视数据信息的收集、汇总和分析,以便为决策提供依据。

8. 与供方互利的关系

组织与供方是相互依存的,建立双方的互利关系可以增强双方创造价值的能力。供方提供的产品是企业提供产品的一个组成部分。处理好与供方的关系,涉及企业能否持续稳定地为顾客提供满意的产品的重要问题。因此,对供方不能只讲控制,不讲合作互利,特别是关键供方,更要建立互利关系,这对企业与供方双方都有利。

知识点 2　项目实施中的质量风险

一　项目质量的形成过程

建设工程项目质量的形成过程,贯穿于整个建设项目的决策过程和各个子项目的设计与施工过程,体现在建设项目质量从目标决策、目标细化到目标实现的系统过程。

1. 质量需求的识别过程

在建设项目决策阶段,主要工作包括建设项目发展策划、可行性研究、建设方案论证和投资决策。这一过程的质量管理职能在于识别建设意图和需求,对建设项目的性质、规模、使用功能、系统构成和建设标准要求等进行策划、分析、论证,为整个建设项目的质量总目标及项目内各个子项目的质量目标提出明确要求。

必须指出,由于建筑产品采取定制式的承发包生产,因此,其质量目标的决策是建设单位(业主)或项目法人的质量管理职能。尽管建设项目的前期工作,业主可以采用社会化、专业化的方式,委托咨询机构、设计单位或建设工程总承包企业进行,但这一切并不能改变业主或项目法人决策的性质。业主的需求和法律法规的要求,是决定建设项目质量目标的主要依据。

2. 质量目标的定义过程

建设工程项目质量目标的具体定义过程,主要是在工程设计阶段。工程项目的设计任务,因其产品对象的单件性,总体上符合目标设计与标准设计相结合的特征。总体规划设计与单体方案设计阶段,相当于目标产品的开发设计;总体规划和方案设计经过可行性研究和技术经济论证后,进入工程的标准设计;在这整个过程中实现对工程项目质量目标的明确定义。由此可见,工程项目设计的任务就是按照业主的建设意图、决策要点、相关法规和标准、规范的强制性条文要求,将工程项目的质量目标具体化。通过方案设计、扩大初步设计、技术设计和施工图设计等环节,对工程项目各细部的质量特性指标进行明确定义,即确定各项质量目标值,为工程项目的施工安装作业活动及质量控制提供依据。其次,承包方有时也会为了创造品牌工程或根据业主的创优要求及具体情况来制定更高的项目质量目标,创造精品工程。

3. 质量目标的实现过程

工程项目质量目标实现的最重要和最关键的过程是在施工阶段,包括施工准备过程和施工作业技术活动过程。其任务是安装质量策划的要求,制定企业或工程项目内控标准,实施目标管理、过程监控、阶段考核、持续改进的方法,严格按设计图纸和施工技术标准施工;把特定的劳动对象转化成符合质量标准的建设工程产品。

综上所述,建设工程项目质量的形成过程,贯穿于项目的决策过程和实施过程,这些过程的各个重要环节构成了工程建设的基本程序,它是工程建设客观规律的体现。无论哪个国家和地区,也无论其发达程度如何,只要讲求科学,都必须遵循这样的客观规律。尽管在信息技术高度发展的今天,流程可以再造、可以优化,但不能改变流程反映的事物本身的内在规律。

工程项目质量的形成过程，在某种意义上说，也就是在遵循建设程序的实施过程中，对工程项目实体注入一组固有的质量特性，以满足业主的预期需求。在这个过程中，业主方的项目管理，担负着对整个工程项目质量总目标的策划、决策和实施监控的任务；而工程项目各参与方，则直接承担着项目质量目标的控制职能和相应的质量责任。

二 项目质量的影响因素

建设工程项目质量的影响因素，主要是指在项目质量目标策划、决策和实现过程中影响质量形成的各种客观因素和主观因素，包括人的因素、机械因素、材料因素、方法因素和环境因素。

1. 人的因素

在工程项目质量管理中，人的因素起决定性的作用。项目质量控制应以控制人的因素为基本出发点。影响项目质量的人的因素，包括两个方面：一是指直接履行项目质量职能的决策者、管理者和作业者个人的质量意识及质量活动能力；二是指承担项目策划、决策或实施的建设单位、勘察设计单位、咨询服务机构、工程承包企业等实体组织的质量管理体系及管理能力。前者是个体的人，后者是群体的人。我国实行建筑企业经营资质管理制度、市场准入制度、执业资格注册制度、作业及管理人员持证上岗制度等，从本质上说，都是对从事建设工程活动的人的素质和能力进行必要的控制。作为控制对象，人的工作应避免失误；作为控制动力，应充分调动人的积极性，发挥人的主导作用。因此，必须有效控制项目参与各方的人员素质，不断提高人的质量和活动能力，这样才能保证项目质量。

2. 机械因素

机械包括工程设备、施工机械和各类施工工器具。工程设备是指组成工程实体的工艺设备和各类机具，如各类生产设备、装置和负责配套的电梯、泵机，以及通风空调、消防、环保设备等等，它们是工程项目的重要组成部分，其质量的优劣，直接影响到工程使用功能的发挥。施工机械和各类工器具是指施工过程中使用的各类机具设备，包括运输设备、吊装设备、操作工具、测量仪器、计量器具以及施工安全设施等。施工机械设备是所有施工方案和工法得以实施的重要物质基础，合理选择和正确使用施工机械设备是保证项目施工质量和安全的重要条件。

3. 材料因素

材料包括工程材料和施工用料，又包括原材料、半成品、成品、构配件和周转材料等。各类材料是工程施工的基本物质条件，材料质量是工程质量的基础，材料质量不符合要求，工程质量就不可能达到标准。所以加强对材料的质量控制，是保证工程质量的基础。

4. 方法因素

方法因素也可以称为技术因素，包括勘察、设计、施工所采用的技术和方法，以及工程检测、试验的技术和方法等。从某种程度上说，技术方案和工艺水平的高低，决定了项目质量的优劣。依据科学的理论，采用先进合理的技术方案和措施，按照规范进行勘察、设计、施工，必将对保证项目的结构安全和满足使用功能，对组成质量因素的产品精度、强度、平整度、清洁度、耐久性等物理、化学特性等方面起到良好的推进作用。比如建设主管部门近年在建筑业中推广应用的 10 项新的应用技术，包括地基基础和地下空间工程技术、高性能混凝土技术、高效钢筋和预应力技术、新型模板及脚手架应用技术、钢结构技术、建筑防水技术等,对消除质量通病保证建设工程质量起到了积极作用,取得了明显的效果。

5. 环境因素

影响项目质量的环境因素包括项目的自然环境因素、社会环境因素、管理环境因素和作业环境因素。

三 项目实施过程中常见的质量风险

(一)从风险产生的原因分类

1. 自然风险

自然风险包括客观自然条件对项目质量的不利影响和突发自然灾害对项目质量造成的损害。软弱、不均匀的岩土地基,恶劣的水文、气象条件,是长期存在的可能损害项目质量的隐患;地震、暴风、雷电、暴雨以及由此派生的洪水、滑坡、泥石流等突然发生的自然灾害都可能对项目质量造成严重破坏。

2. 技术风险

技术风险包括现有技术水平的局限和项目实施人员对工程技术的掌握、应用不当对项目质量造成的不利影响。人类对自然规律的认识有一定的局限性,现有的科学技术水平不一定能够完全解决和正确处理工程实践中的所有问题;项目实施人员自身技术水平的局限,在项目决策和设计、施工、监理过程中,可能发生技术上的错误:这两方面的问题都可能对项目质量造成不利影响,特别是在不够成熟的新结构、新技术、新工艺、新材料的应用上可能存在的风险更大。

3. 管理风险

工程项目的建设、设计、施工、监理等工程质量责任单位的质量管理体系存在缺陷,组织结构不合理,工作流程组织不科学,任务分工和职能划分不恰当,管理制度不健全,或者各级管理者的管理能力不足和责任心不强,这些因素都可能对项目质量造成损害。

4. 环境风险

环境风险包括项目实施的社会环境和项目实施现场的工作环境对项目质量造成的不利影响。社会上的种种腐败现象和违法行为,都会给项目质量带来严重的隐患;项目现场的空气污染、水污染、光污染和噪声、固体废弃物等都可能对项目实施人员的工作质量和项目实体质量造成不利影响。

(二)从风险损失责任承担的角度分类

1. 业主方的风险

项目决策的失误,设计、施工、监理单位选择错误,向设计、施工单位提供的基础资料不准确,项目实施过程中对项目参与各方的关系协调不当,对项目的竣工验收有疏忽等,以上对项目质量造成的不利影响都是业主方的风险。

2. 勘察设计方的风险

水文地质勘察的疏漏,设计的错误,造成项目的结构安全和主要使用功能方面不满足要求,是勘察设计方的风险。

3. 施工方的风险

在项目实施过程中,由于施工方管理松懈、混乱,施工技术错误,或者材料、机械使用不当,导致发生安全、质量事故,是施工方的风险。

4. 监理方的风险

在项目实施过程中,由于监理方没有依法履行在过程质量和安全方面的监理责任,因而留下质量隐患,或发生安全、质量事故,是监理方的风险。

(三) 质量风险识别的方法

项目质量风险具有广泛性,影响质量的各方面因素都可能存在风险,项目实施的各个阶段都有不同的风险。进行风险识别应在广泛收集质量风险相关信息的基础上,集合从事项目实施的各方面工作和具有各方面知识的人员参加。风险识别可按风险责任单位和项目实施阶段分别进行,如设计单位在设计阶段或施工阶段的质量风险识别、施工单位在施工阶段或保修阶段的质量风险识别等。识别可分三步进行:

(1) 采用层次分析法画出质量风险结构层次图。可以按风险的种类列出各类风险因素可能造成的质量风险;也可以按项目结构图列出各个子项目可能存在的质量风险;还可以按工作流程图列出各个实施步骤(或工序)可能存在的质量风险。不要轻易否定或排除某些风险,对不能排除但又不能确认存在的质量风险,宁可信其有,不可信其无。

(2) 分析每种风险的促发因素。分析的方法可以采用头脑风暴法、专家调查(访谈)法、经验判断法或因果分析图等。

(3) 将风险识别的结果汇总成质量风险识别报告。报告没有固定格式,通常可以采用列表的形式,内容包括:风险编号、风险的种类、促发风险的因素、可能发生的风险事故的简单描述以及风险承担的责任方等。

(四) 质量风险控制

项目质量风险控制是在对质量风险进行识别、评估对基础上,按照风险管理计划对各种质量风险进行监控,包括对风险对预测、预警。

项目质量风险控制需要项目对建设单位、设计单位、施工单位和监理单位共同参与。这些单位质量风险控制的主要工作内容如下:

1. 建设单位质量风险控制

(1) 确定工程项目质量风险控制方针、目标和策略;根据相关法律法规和工程合同的约定,明确项目参与各方的质量风险控制职责。

(2) 对项目实施过程中业主方对质量风险进行识别、评估,确定相应对应对策略,制订质量风险控制计划和工作实施办法,明确项目机构各部门质量风险控制职责,落实风险控制的具体责任。

(3)在工程项目实施期间,对建设工程项目质量风险控制实施动态管理,通过合同约束,对参建单位质量风险管理工作进行督导、检查和考核。

2. 设计单位质量风险控制

(1)设计阶段,做好方案比选工作,选择最优设计方案,有效降低工程项目实施期间和运营期间的质量风险。在设计文件中,明确高风险施工项目质量风险控制的工程措施,并就施工阶段必要的预控措施和注意事项,提出防范质量风险的指导性建议。

(2)将施工图审查工作纳入风险管理体系,保证其公正独立性,摆脱业主方、设计方和施工方的干扰,提高设计产品的质量。

(3)项目开工前,由建设单位组织设计、施工、监理单位进行设计交底,明确存在重大质量风险源的关键部位或工序,提出风险控制要求或工作建议,并对参建方对疑问进行解答、说明。

(4)工程实施中,及时处理新发现的不良地质条件等潜在风险因素或风险事件,必要时进行重新验算或变更设计。

3. 施工单位质量风险控制

(1)制订施工阶段质量风险控制计划和工作实施细则,并严格贯彻执行。

(2)开展与工程质量相关的施工环境、社会环境风险调查,按承包合同约定办理施工质量保险。

(3)严格进行施工图审查和现场地质核对,结合设计交底及质量风险控制要求,编制高风险分部分项工程专项施工方案,并按规定进行论证审批后实施。

(4)按照现场施工特点和实际需要,对施工人员进行针对性的岗前质量风险教育培训;关键项目的质量管理人员、技术人员及特殊作业人员,必须持证上岗。

(5)加强对建筑构件、材料的质量控制,优选构件、材料的合格分供方,构件、材料进场要进行质量复验,确保不将不合格的构件、材料用到项目上。

(6)在项目施工过程中,对质量风险进行实时跟踪监控,预测风险变化趋势,对新发现的风险事件和潜在的风险因素提出预警,并及时进行风险识别评估,制定相应对策。

4. 监理单位质量风险控制

(1)编制质量风险管理监理实施细则,并贯彻执行。

(2)组织并参与质量风险源调查与识别、风险分析与评估等工作。

(3)对施工单位上报的专项方案进行审核,重点审查风险控制对策中的保障措施。

(4)对施工现场各种资源配置情况、各风险要素发展变化情况进行跟踪检查,尤其是对专项方案中的质量风险防范措施落实情况进行检查确认,发现问题及时处理。

(5)对关键部位、关键工序的施工质量派专人进行旁站监理;对重要对建筑构件、材料进行平行检验。

知识点3 工程质量控制体系

一 全面质量管理(TQC)的思想

全面质量管理(Total Quality Control,TQC),是20世纪中期开始在欧美和日本广泛应用对质量管理理念和方法。我国从20世纪80年代开始引进和推广全面质量管理,其基本原理就是强调在企业或组织最高管理者的质量方针指引下,实行全面、全过程和全员参与的质量管理。

TQC的主要特点是:以顾客满意为宗旨;领导参与质量方针和目标的制定;提倡预防为主、科学管理、用数据说话等。在当今世界标准化组织颁布的ISO 9000:2005质量管理体系标准中,处处都体现了这些重要特点和思想。建设工程项目的质量管理,同样应贯彻"三全"管理的思想和方法。

1. 全面质量管理

建设工程项目的全面质量管理,是指项目参与各方所进行的工程项目质量管理的总称,其中包括工程(产品)质量和工作质量的全面管理。工作质量是产品质量的保证,工作质量直接影响产品质量的形成。建设单位、监理单位、勘察单位、设计单位、施工总承包单位、施工发包单位、材料设备供应商等,任何一方、任何环节的怠慢疏忽或质量责任不落实都会造成对建设工程质量的不利影响。

2. 全过程质量管理

全过程质量管理,是指根据工程质量对形成规律,从源头抓起,全过程推进。《质量管理体系 基础和术语》(GB/T 19000—2016)强调质量管理的"过程方法"管理原则,要求应用"过程方法"进行全过程质量控制。要控制的主要过程有:项目策划与决策过程;勘察设计过程;设备材料采购过程;施工组织与实施过程;检测设施控制与计量过程;施工生产的检验试验过程;工程质量的评定过程;工程竣工验收与交付过程;工程回访维修服务过程等。

3. 全员参与质量管理

按照全面质量管理的思想,组织内部的每个部门和工作岗位都承担着相应的质量职能,组织的最高管理者确定了质量方针和目标,就应组织和动员全体员工参与到实施质量方针的系统活动中去,发挥自己的角色作用。开展全员参与质量管理的重要手段就是运用目标管理方法,将组织的质量总目标逐级进行分解,使之形成自上而下的质量目标分解体系和自下而上的质量目标保证体系,发挥组织系统内部每个工作岗位、部门或团队在实现质量总目标过程中的作用。

二 质量管理的PDCA循环

在长期的生产实践和理论研究中形成的PDCA循环,是建立质量管理体系和进行质量管理的基本方法。从某种意义上说,管理就是确定任务目标,并通过PDCA循环来实现预期目标。每一循环都围绕着实现预期的目标,进行计划、实施、检查和处置活动,随着对存在问题的解决和改进,在一次一次的滚动循环中逐步上升,不断增强质量管理能力,不断提高质量水平。循环中的四大职能活动相互联系,共同构成了质量管理的系统过程。

1. 计划P(Plan)

计划由目标和实现目标的手段组成,所以说计划是一条"目标-手段链"。质量管理的计划职能,包括确定质量目标和制定实现质量目标的行动方案两方面。实践表明质量计划的严谨周密、经济合理和切实可行,是保证工作质量、产品质量和服务质量的前提条件。

建设工程项目的质量计划,是由项目参与各方根据其在项目实施中所承担的任务、责任范围和质量目标,分别制定质量计划而形成的质量计划体系。其中,建设单位的工程项目质量计划,包括确定和论证项目总体的质量目标,制定项目质量管理的组织、制度、工作程序、方法和要求。项目其他各参与方,则根据国家法律法规和工程合同规定的质量责任和技术方法、业务流程、资源配置、检验试验要求、质量记录方式、不合格处理及相应管理措施等具体内容和做法的质量管理文件,同时亦须对其实现预期目标的可行性、有效性、经济合理性进行分析论证,并按照规定的程序与权限,经过审批后执行。

2. 实施 D(Do)

实施职能在于将质量的目标值,通过生产要素的投入、作业技术活动和产出过程,转换为质量的实际值。为保证工程质量的产出或形成过程能够达到预期的结果,在各项质量活动实施前,要根据质量管理计划进行行动方案的部署和交底;交底的目的在于使具体的作业者和管理者明确计划的意图和要求,掌握质量标准及其实现的程序与方法。在质量活动的实施过程中,则要求严格执行计划的行动方案,规范行为,把质量管理计划的各项规定和安排落实到具体的资源配置和作业技术活动中去。

3. 检查 C(Check)

指对计划实施过程进行各种检查,包括作业者的自检、互检和专职管理者专检。各类检查也都包含两大方面:一是检查是否严格执行了计划的行动方案,实际条件是否发生了变化,不执行计划的原因;二是检查计划执行的结果,即产出的质量是否达到标准的要求,对此进行确认和评价。

4. 处置 A(Action)

对质量检查所发现的质量问题或质量不合格,及时进行原因分析,采取必要对措施,予以纠正,保持工程质量形成过程的受控状态。处置分纠偏和预防改进两个方面。前者是采取有效措施,解决当前的质量偏差、问题或事故;后者是将目前质量状况信息反馈到管理部门,反思问题症结或计划时的不周,确定改进目标和措施,为今后类似的质量问题预防提供借鉴。

三 项目质量控制体系的性质、特点和构成

(一)项目质量控制体系的性质

建设工程项目质量控制体系既不是业主方的也不是施工方的质量管理体系或质量保证体系,而是整个建设工程项目目标控制的一个工作系统,其性质如下:

(1)项目质量控制体系是以项目为对象,由项目实施的总组织者负责建立的面向项目对象开展质量控制的工作体系;

(2)项目质量控制体系是项目管理组织的一个目标控制体系,它与项目投资控制、进度控制、职业健康安全与环境管理等目标控制体系,共同依托于同一项目管理的组织机构;

(3)项目质量控制体系根据项目管理的实际需要而建立,随着项目的完成和项目管理

组织的解体而消失，因此，是一个一次性的质量控制工作体系，不同于企业的质量管理体系。

（二）项目质量控制体系的特点

如前所述，建设工程项目质量控制系统是面向项目对象而建立的质量控制工作体系，它与建筑企业或其他组织机构按照《质量管理体系 基础和术语》（GB/T 19000—2016）族标准建立的质量管理体系相比较，有以下不同：

1. 建立的目的不同

项目质量控制体系只用于特定的项目质量控制，不用于建筑企业或组织的质量管理，其建立的目的不同。

2. 服务的范围不同

项目质量控制体系涉及项目实施过程所有的质量责任主体，而不只是针对某一个承包企业或组织机构，其服务的范围不同。

3. 控制的目标不同

项目质量控制体系的控制目标是项目的质量目标，并非某一具体建筑企业或组织的质量管理目标，其控制的目标不同。

4. 作用的时效不同

项目质量控制体系与项目管理组织系统相融合，是一次性的质量工作体系，并非永久性的质量管理体系，其作用的时效不同。

5. 评价的方式不同

项目质量控制体系的有效性一般由项目管理的总组织者进行自我评价与诊断，不需进行第三方认证，其评价的方式不同。

（三）项目质量控制体系的结构

建设工程项目质量控制体系，一般形成多层次、多单元的结构形态，这是由实施任务的委托方式和合同结构所决定的。

1. 多层次结构

多层次结构是对应项目工程系统纵向垂直分解的单项、单位工程项目的质量控制体系。在大中型工程项目尤其是群体工程项目中，第一层次的质量控制体系应由建设单位的工程项目管理机构负责建立；在委托代建、委托项目管理或实行交钥匙式工程总承包的情况下，应由相应的代建方项目管理机构、受托项目管理机构或工程总承包企业项目管理机构负责建立。第二层次的质量控制体系，通常是指分别由项目的设计总负责单位、施工总承包单位等建立的相应管理范围内的质量控制体系。第三层次及以下，是承担工程设计、施工安装、材料设备供应等各承包单位的现场质量自控体系，或称各自的施工质量保证体系。系统纵向层次机构的合理性是项目质量目标、控制责任和措施分解落实的重要保证。

2. 多单元结构

多单元结构是指在项目质量控制总体系下,第二层次的质量控制体系及其以下的质量自控或保证体系可能有多个。这是项目质量目标、责任和措施分解的必然结果。

四 项目质量控制体系的建立

项目质量控制体系的建立过程,实际上就是项目质量总目标的确定和分解过程,也是项目各参与方之间质量管理关系和控制责任的确立过程。为了保证质量控制体系的科学性和有效性,必须明确体系建立的原则、内容、程序和主体。

(一) 建立的原则

实践经验表明,项目质量控制体系的建立,遵循以下原则。对质量目标的规划、分解和有效实施控制是非常重要的。

1. 分层次规划原则

项目质量控制体系的分层次规划,是指项目管理的总组织者和承担项目实施任务的各参与单位,分别进行不同层次和范围的建设工程项目质量控制体系规划。

2. 目标分解原则

项目质量控制系统总目标的分解,是根据控制系统内工程项目方分解结构,将工程项目的建设标准和质量总体目标分解到各个责任主体,明示于合同条件,由各责任主体制定出相应的质量计划,确定其具体的控制方式和控制措施。

3. 质量责任制原则

项目质量控制体系的建立,应安装《建筑法》和《建设工程质量管理条例》有关工程质量责任的规定,界定各方的质量责任范围和控制要求。

4. 系统有效性原则

项目质量控制体系,应从实际出发,结合项目特点、合同结构和项目管理组织系统的构成情况,建立项目各参与方共同遵循的质量管理制度和控制措施,并形成有效的运行机制。

(二) 建立的程序

项目质量控制体系的建立过程,一般可按以下环节依次展开工作:

1. 确立系统质量控制网络

首先明确系统各层面的工程质量控制负责人。一般应包括承担项目实施任务的项目经理(或工程负责人)、总工程师,项目监理机构的总监理工程师、专业监理工程师等,以形成明确的项目质量控制责任者的关系网络架构。

2. 制定质量控制制度

包括质量控制例会制度、协调制度、报告审批制度、质量验收制度和质量信息管理制度等,形成建设工程项目质量控制体系的管理文件或手册,作为承担建设工程项目实施任务各方主体共同遵循的管理依据。

3. 分析质量控制界面

项目质量控制体系的质量控制界面,包括静态界面和动态界面。一般说静态界面根据法律法规、合同条件、组织内部职能分工来确定。动态界面主要是指项目实施过程中设计单位之间、施工单位之间、设计与施工单位之间的衔接配合关系及其责任划分,必须通过分析研究,确定管理原则与协调方式。

4. 编制质量控制计划

项目管理总组织者,负责主持编制建设工程项目总质量计划,并根据质量控制体系的要求,部署各质量责任主体编制与其承担任务范围相符合的质量计划,并按规定程序完成质量计划的审批,作为其实施自身工程质量控制的依据。

(三) 建立质量控制体系的责任主体

根据建设工程项目质量控制体系的性质、特点和结构,一般情况下,项目质量控制体系应由建设单位或工程项目总承包企业的工程项目管理机构负责建立;在分阶段依次对勘察、设计、施工、安装等任务进行分别招标发包的情况下,该体系通常应由建设单位或其委托的工程项目管理企业负责建立,并由各承包企业根据项目质量控制体系的要求,建立隶属于总项目质量控制体系的设计项目、施工项目、采购供应项目等分质量保证体系(可称相应的质量控制子系统),以静态实施其质量责任范围内的质量管理和目标控制。

五 项目质量控制体系的运行

项目质量控制体系的建立,为项目的质量控制提供了组织制度方面的保证。项目质量控制体系的运行,实质上就是系统功能的发挥过程,也是质量活动职能和效果的控制过程。质量控制体系要有效地运行,还有赖于系统内部的运行环境和运行机制的完善。

(一) 运行环境

项目质量控制体系的运行环境,主要是指以下几方面为系统运行提供支持的管理关系、组织制度和资源配置的条件。

1. 项目的合同结构

建设工程项目的合同是联系建设工程项目各参与方的纽带,只有在项目合同结构合理,质量标准和责任条款明确,并严格进行履约管理的条件下,质量控制体系的运行才能成为各方的自觉行动。

2. 质量管理的资源配置

质量管理的资源配置,包括专职的工程及时人员和质量管理人员的配置;实施技术管理和质量管理所必需的设备、设施、器具、软件等物质资源的配置。人员和资源的合理配置是质量控制体系得以运行的基础条件。

3. 质量管理的组织制度

项目质量控制体系内部的各项管理制度和程序性文件的建立，为质量控制系统各个环节的运行提供了必要的行动指南、行为准则和评价基准的依据，是系统有序运行的基本保证。

(二) 运行机制

项目质量控制体系的运行机制，是由一系列质量管理制度安排所形成的内在动力。运行机制是质量控制体系的生命，机制缺陷是造成系统运行无序、失效和失控的重要原因。因此，在系统内部的管理制度设计时，必须予以高度的重视，防止重要管理制度的缺失、制度本身的缺陷、制度之间的矛盾等现象出现，才能为系统的运行注入动力机制、约束机制、反馈机制和持续改进机制。

1. 动力机制

动力机制是项目质量控制体系运行的核心机制，它来源于公正、公开、公平的竞争机制和利益机制的制度设计或安排。这是因为项目的实施过程是由多主体参与的价值增值链，只有保持合理的供方及分供方等各方关系，才能形成合力，这是项目管理成功的重要保证。

2. 约束机制

没有约束机制的控制体系是无法使工程质量处于受控状态的。约束机制取决于各质量责任主体内部的自我约束能力和外部的监控效力。约束能力表现为组织及个人的经营理念、质量意识、职业道德及技术能力的发挥；监控效力取决于项目实施主体外部对质量工作的推动和检查监督。两者相辅相成，构成了质量控制过程的制衡关系。

3. 反馈机制

运行状态和结果的信息反馈，是对质量控制系统的能力和运行效果进行评价，并为及时作出处置提供决策依据。因此，必须有相关的制度安排，保证质量信息反馈的及时和准确；检查质量管理者深入生产第一线，掌握第一手资料，才能形成有效的质量信息反馈机制。

4. 持续改进机制

在项目实施的各个阶段，不同的层面、不同的范围和不同的质量责任主体之间，应用PDCA循环原理，即计划、实施、检查和处置不断循环的方式展开质量控制，同时注重抓好控制点的设置，加强重点控制和例外控制，并不断寻求改进机会、研究改进措施，才能保证建设过程项目质量控制系统的不断完善和持续改进，不断提高质量控制能力和控制水平。

拓展资源链接

序号	资源名称	链接方式
1	建设工程质量管理条例	https://baike.sogou.com/v6064013.htm?fromTitle=%E5%BB%BA%E8%AE%BE%E5%B7%A5%E7%A8%8B%E8%B4%A8%E9%87%8F%E7%AE%A1%E7%90%86%E6%9D%A1%E4%BE%8B
2	鲁班奖工程的8项基本要求	https://mp.weixin.qq.com/s/5jf4UjhYWuvoP7IVYR8AjA
3	解密港铁如何管理项目质量	https://www.docin.com/p-680417908.html

行业能力测评

1. 质量控制与质量管理的关系是(　　)。
   A. 质量控制是质量管理的一部分
   B. 质量管理是质量控制的一部分
   C. 质量管理和质量控制相互独立
   D. 质量管理和质量控制相互包容
2. 工程质量控制是围绕致力于满足(　　)的质量总目标而展开的。
   A. 法律法规
   B. 工程合同
   C. 明确以及隐含
   D. 业主要求
3. 工程质量控制重点做好质量的(　　)，以预防为主，加强过程和中间产品的质量检查和控制。
   A. 事前控制和事中控制
   B. 事前控制和事后控制
   C. 自控和监控
   D. 全过程控制
4. 在我国，实行建筑企业经营资质管理制度，执业资格注册制度，作业及管理人员持证上岗制度等，从本质上说，都是工程项目质量影响因素中(　　)的控制。
   A. 管理因素
   B. 人的因素
   C. 环境因素
   D. 技术因素
5. 建立质量体系和进行质量管理的基本方法是(　　)。
   A. 组织论
   B. 控制论
   C. 系统论
   D. PDCA 循环

典型任务2　工程施工质量控制

工程项目核心问题是该项目能否在预定的时间内完成，项目管理所追求的工期、费用、质量这三大目标当中，费用发生在项目的各项作业中，质量取决于每个作业过程，工期则依赖于进度控制上时间的保证，这些目标均能通过进度管理加以掌握，所以，进度管理是项目管理工作的首要内容，是项目的灵魂。项目的进度管理是采用科学的方法确定进度目标，编制进度计划和资源供应计划，进行进度控制，在与质量、费用目标协调的基础上，实现工期目标。进度管理的核心是进度控制，实施进度控制的依据是明确工期目标、编制进度计划，编制进度计划的基础条件是要明确项目的工作范围，即要有清晰的项目结构分解。

众所周知，不同的生产或经济领域具有很大的互补性。对当今的建设工程管理体系实施现代化的管理，可以方便大范围地与其他生产或者经营领域进行合作，从而有利于整个社会经济发展。若想提高建设工程的质量管理，必须提升质量战略，在企业中塑造质量体系。因为单凭全面质量管理理论是没有办法从根本解决建筑工程的质量问题，只有通过战略策划，并加入更多的质量文化内容，才能真正实现建筑工程质量的改进。实际上，建筑工程的全面质量管理并不是管理思想与理论的不足，而是由市场竞争压力增大导致。

同时，由于当今建设行业的快速发展和大量非专业人员的加入，使得企业的管理机制被严重削弱,导致质量问题和工程事故以及鉴定不利等管理方面的问题大量出现,因此必须对现代的建设工程管理体系加强管理,才能很好地解决这些问题。这也对建设工程管理提出了更高的要求,而工程的全面质量管理则需要在技术与方法上进一步改进,质量管理作为建设工程中的一个子系统,应考虑与其他系统的结合,以实现整个系统的全局最优化。质量管理作为建设工程管理理论中的重要内容,其方法与手段的实施也需要随着工程管理目标的变化而改变。

 本任务必备知识体系：
- 知识点1　施工质量控制
- 知识点2　施工质量验收
- 知识点3　相关案例综合分析
- 拓展资源链接
- 行业能力测评

知识点1　施工质量控制

一　施工质量的基本要求

施工质量要达到的最基本要求是:通过施工形成的项目工程实体质量经检查验收合格。项目施工质量验收合格应符合下列要求:

(1)符合《建筑工程施工质量验收统一标准》(GB 50300—2013)和相关专业验收规范的规定;

(2)符合工程勘察、设计文件的要求;

(3)符合施工承包合同的约定。

要求(1)是国家法律、法规的要求。国家建设行政主管部门为了加强建筑工程质量管理,规范建筑工程施工质量的验收,保证工程质量,制订相应的标准和规范。这些标准、规范是主要从技术的角度,为保证房屋建筑各专业工程的安全性、可靠性、耐久性而提出的一般性要求。

要求(2)是勘察、设计对施工提出的要求。工程勘察、设计单位针对本工程的水文地质条件,根据建设单位的要求,从技术和经济结合的角度,为满足工程的使用功能和安全性、经济性、与环境的协调性要求,以图纸、文件的形式对施工提出要求,是针对每个工程项目的个性化要求。

要求(3)是施工承包合同约定的要求。施工承包合同的约定具体体现了建设单位的要求和施工单位的承诺,合同的约定全面体现了对施工形成的工程实体的适用性、安全性、耐久性、可靠性、经济性和与环境的协调性六个方面质量特性的要求。

为了达到上述要求,项目的建设单位、勘察单位、设计单位、施工单位、工程监理单位应切实履行法定的质量责任和义务,在整个施工阶段对影响项目质量的各项因素实行有效的控制,以保证项目实施过程的工作质量来保证项目工程实体的质量。

"合格"是对项目质量的最基本要求,国家鼓励采用先进的科学技术和管理方法,提高建设工程质量,全国和地方(部门)的建设主管部门或行业协会设立了"中国建筑工程鲁班奖(国家优质工程)""金钢奖""白玉兰奖"和以"某某杯"命名的各种优质工程奖等,都是为了鼓励项目参建单位创造更好的工程质量。

二 施工质量控制的基本环节

施工质量控制应贯彻全面、全员、全过程质量管理的思想,运用动态控制原理,进行质量的事前控制、事中控制和事后控制。

(一)事前质量控制

事前质量控制即在正式施工前进行的事前主动质量控制,通过编制施工质量计划,明确质量目标,制订施工方案,设置质量管理点,落实质量责任,分析可能导致质量目标偏离的各种影响因素,针对这些影响因素制定有效的预防措施,防患于未然。

事前质量预控必须充分发挥组织在技术和管理方面的整体优势,把长期形成的先进技术、管理方法和经验智慧,创造性地应用于工程项目。

事前质量预控要求针对质量控制对象的控制目标、活动条件、影响因素进行周密分析,找出薄弱环节,制定有效的控制措施和对策。

(二)事中质量控制

指在施工质量形成过程中,对影响施工质量的各种因素进行全面的动态控制。事中质量控制也称作业活动过程质量控制,包括质量活动主体的自我控制和他人监控的控制方式。自我控制是第一位的,即作业者在作业过程中对自己质量活动行为的约束和技术能力的发挥,以完成符合预定质量目标的作业任务;他人监控是对作业者的质量活动过程和结果,由来自企业内部管理者和企业外部有关方面进行监督检查,如工程监理机构、政府质量监督部门等的监控。

施工质量的自控和监控是相辅相成的系统过程。自控主体的质量意识和能力是关键,是施工质量的决定因素;各监控主体进行的施工质量监控是对自控行为的推动和约束。因此,自控主体必须正确处理自控和监控的关系,在致力于施工质量自控的同时,还必须接受来自业主、监理等方面对其质量行为和结果进行的监督管理,包括质量检查、评价和验收。自控主体不能因为监控主体的存在和监控职能的实施而减轻或免除其质量责任。

事中质量控制的目标是确保工序质量合格,杜绝质量事故发生;控制的关键是坚持质量标准;控制的重点是工序质量、工作质量和质量控制点的控制。

(三)事后质量控制

事后质量控制也称为"事后质量把关",使不合格的工序或最终产品(包括单位工程或整个工程项目)不流入下道工序、不进入市场。事后控制包括对质量活动结果的评价、认定;对工序质量偏差的纠正;对不合格产品进行整改和处理。控制的重点是发现施工质量方面的缺陷,并通过分析提出施工质量改进的措施,保持质量处于受控状态。

以上三大环节不是相互独立和截然分开的,它们共同构成有机的系统过程,实质上也就是质量管理 PDCA 循环的具体化,在每一次滚动循环中不断提高,达到质量管理和质量控制的持续改进。

三 施工质量计划

在建筑施工企业的质量管理体系中,以施工项目为对象的质量计划称为施工质量计划。

(一)施工质量计划的形式

目前,我国除了已经建立质量管理体系的施工企业直接采用施工质量计划的形式外,通常还采用在工程项目施工组织设计或施工项目管理实施规划中包含质量计划内容的形式,因此,现行的施工质量计划有三种形式:

(1)工程项目施工质量计划;

(2)工程项目施工组织设计(含施工质量计划);

(3)施工项目管理实施规划(含施工质量计划)。

施工组织设计或施工项目管理实施规划之所以能发挥施工质量计划的作用,是因为根据建筑生产的技术经济特点,每个工程项目都需要进行施工生产过程的组织与计划,包括施工质量、进度、成本、安全等目标的设定,实现目标的计划和控制措施的安排等。因此,施工质量计划要求的内容,理所当然地被包含于施工组织设计或项目管理实施规划中,而且能够充分体现施工项目管理目标(质量、工期、成本、安全)的关联性、制约性和整体性,这也和全面质量管理的思想方法一致。

(二)施工质量计划的基本内容

在已经建立质量管理体系的情况下,质量计划的内容必须全面体现和落实企业质量管理体系文件的要求(也可引用质量体系文件中的相关条文),编制程序、内容和编制依据符合有关规定,同时结合本工程的特点,在质量计划中编写专项管理要求。施工质量计划的基本内容一般应包括:

(1)工程特点及施工条件(合同条件、法规条件和现场条件等)分析;

(2)质量总目标及其分解目标;

(3)质量管理组织机构和职责,人员及资源配置计划;

(4)确定施工工艺与操作方法的技术方案和施工组织方案;

(5)施工材料、设备等物资的质量管理及控制措施;

(6)施工质量检验、检测、试验工作的计划安排及其实施方法与检测标准;

(7)施工质量控制点及其跟踪控制的方式与要求;

(8)质量记录的要求等。

(三)施工质量计划的编制

建设工程项目施工任务的组织,无论业主方采用平行发包还是总分包方式,都将涉及多方参与主体的质量责任。也就是说建筑产品的直接生产过程,是在协同方式下进行的,因此,在工程项目质量控制系统中,要按照谁实施、谁负责的原则,明确施工质量控制的主体构成及其各自的控制范围。

1. 施工质量计划的编制主体

施工质量计划应由自控主体即施工承包企业进行编制。在平行发包方式下,各承包单位应分别编制施工质量计划;在总分包模式下,施工总承包单位应编制总承包工程范围的施工质量计划,各分包单位编制相应分包范围的施工质量计划,作为施工总承包方质量计划的深化和组成部分。施工总承包方有责任对各分包方施工质量计划的编制进行指导和审核,并承担相应施工质量的连带责任。

2. 施工质量计划涵盖的范围

施工质量计划涵盖的范围,按整个工程项目质量控制的要求,应与建筑安装工程施工任务的实施范围一致,以此保证整个项目建筑安装工程的施工质量总体受控;对具体施工任务承包单位而言,施工质量计划涵盖的范围,应能满足其履行工程承包合同质量责任的要求。项目的施工质量计划,应在施工程序、控制组织、控制措施、控制方式等方面形成一个有机的质量计划系统,确保实现项目质量总目标和各分解目标的控制能力。

(四) 施工质量计划的审批

施工单位的项目施工质量计划或施工组织设计文件编成后,应按照工程施工管理程序进行审批,包括施工企业内部的审批和项目监理机构的审查。

1. 企业内部的审批

施工单位的项目施工质量计划或施工组织设计的编制与内部审批,应根据企业质量管理程序性文件规定的权限和流程进行。通常是由项目经理部主持编制,报企业组织管理层批准。

施工质量计划或施工组织设计文件的内部审批过程,是施工企业自主技术决策和管理决策的过程,也是发挥企业职能部门与施工项目管理团队的智慧和经验的过程。

2. 项目监理机构的审查

实施工程监理的施工项目,按照我国建设工程监理规范的规定,施工承包单位必须填写《施工组织设计(方案)报审表》并附施工组织设计(方案),报送项目监理机构审查规范规定项目监理机构"在工程开工前,总监理工程师应组织专业监理工程师审查承包单位报送的施工组织设计(方案)报审表,提出意见,并经总监理工程师审核、签认后报建设单位"。

3. 审批关系的处理原则

正确执行施工质量计划的审批程序,是正确理解工程质量目标和要求,保证施工部署、技术工艺方案和组织管理措施的合理性、先进性和经济性的重要环节,也是进行施工质量事前预控的重要方法,因此,在执行审批程序时,必须正确处理施工企业内部审批和监理机构审批的关系,其基本原则如下。

(1) 充分发挥质量自控主体和监控主体的共同作用,在坚持项目质量标准和质量控制能力的前提下,正确处理承包人利益和项目利益的关系;施工企业内部的审批首先应从履行工程承包合同的角度,审查实现合同质量目标的合理性和可行性,以项目质量计划向发包方提供可信任的依据。

(2) 施工质量计划在审批过程中,对监理机构审查提出的建议、希望、要求等意见是否采纳及采纳的程度,应由负责质量计划编制的施工单位自主决策。在满足合同和相关法规要求的情况下,确定质量计划的调整、修改和优化,并对相应执行结果承担责任。

(3) 经过按规定程序审查批准的施工质量计划,在实施过程中如因条件变化需要对某些重要决定进行修改时,其修改内容仍应按照相应程序经过审批后执行。

四 施工质量控制点

施工质量控制点的设置是施工质量计划的重要组成内容。施工质量控制点是施工质量控制的重点对象。

(一) 质量控制点的设置

质量控制点应选择那些技术要求高、施工难度大、对工程质量影响大或是发生质量问题时危害大的对象进行设置。一般选择下列部位或环节作为质量控制点:

(1) 对工程质量形成过程产生直接影响的关键部位、工序、环节及隐蔽工程;
(2) 施工过程中的薄弱环节,或者质量不稳定的工序、部位或对象;
(3) 对下道工序有较大影响的上道工序;
(4) 采用新技术、新工艺、新材料的部位或环节;
(5) 施工质量无把握的、施工条件困难的或技术难度大的工序或环节;
(6) 用户反馈指出的和过去有过返工的不良工序。

(二) 质量控制点的重点控制对象

质量控制点的选择要准确,还要根据对重要质量特性进行重点控制的要求,选择质量控制点的重点部位、重点工序和重点的质量因素作为质量控制点的重点控制对象,进行重点预控和监控,从而有效地控制和保证施工质量,质量控制点的重点控制对象主要包括以下几个方面:

(1) 人的行为:某些操作或工序,应以人为重点控制对象,如高空、高温,水下、易燃易爆、重型构件吊装作业以及操作要求高的工序和技术难度大的工序等,都应从人的生理、心理、技术能力等方面进行控制。

(2) 材料的质量与性能:这是直接影响工程质量的重要因素,在某些工程中应作为控制的重点,如钢结构工程中使用的高强度螺栓、某些特殊焊接使用的焊条,都应重点控制其材质与性能;又如水泥的质量是直接影响混凝土工程质量的关键因素,施工中就应对进场的水泥质量进行重点控制,必须检查核对其出厂合格证,并按要求进行强度和安定性的复验等。

(3) 施工方法与关键操作:某些直接影响工程质量的关键操作应作为控制的重点,如预应力钢筋的张拉工艺操作过程及张拉力的控制,是可靠地建立预应力值和保证预应力构件质量的关键过程。同时,那些易对工程质量产生重大影响的施工方法,也应列为控制的重点,如大模板施工中模板的稳定和组装问题、液压滑模施工时支撑杆稳定问题、升板法施工中提升量的控制问题等。

(4) 施工技术参数:如混凝土的外加剂掺量、水灰比,回填土的含水量,砌体的砂浆饱满度,防水混凝土的抗渗等级,建筑物沉降与基坑边坡稳定监测数据,大体积混凝土内外温差及混凝土冬期施工受冻临界强度等技术参数都是应重点控制的质量参数与指标。

(5)技术间歇:有些工序之间必须留有必要的技术间歇时间,如砌筑与抹灰之间,应在墙体砌筑后留6~10d时间,让墙体充分沉陷、稳定、干燥,然后再抹灰,抹灰层干燥后,才能喷白、刷浆;混凝土浇筑与模板拆除之间,应保证混凝土有一定的硬化时间,达到规定拆模强度后方可拆除等。

(6)施工顺序:某些工序之间必须严格控制先后的施工顺序,如对冷拉的钢筋应当先焊接后冷拉,否则会失去冷强;屋架的安装固定,应采取对角同时施焊方法,否则会由于焊接应力导致校正好的屋架发生倾斜。

(7)易发生常见的质量通病:如混凝土工程的蜂窝、麻面、空洞,墙、地面、屋面工程渗水、漏水、空鼓、起砂、裂缝等,都与工序操作有关,均应事先研究对策,提出预防措施。

(8)新技术、新材料及新工艺的应用:由于缺乏经验,施工时应将其作为重点进行。

(9)产品质量不稳定和不合格率较高的工序应列为重点,认真分析,严格控制。

(10)特殊地基或特种结构:对湿陷性黄土、膨胀土、红黏土等特殊土地基的处理,以及大跨度结构、高耸结构等技术难度较大的施工环节和重要部位,均应予以特别的重视。

(三)质量控制点的管理

设定了质量控制点,质量控制的目标和工作重点就更加明晰。首先,要做好施工质量控制点的事前质量预控工作,包括:明确质量控制的目标与控制参数;编制作业指导书和质量控制措施;确定质量检查检验方式及抽样的数量与方法;明确检查结果的判断标准及质量记录与信息反馈要求等。

其次,要向施工作业班组进行认真交底,使每一个控制点上的作业人员明白施工作业规程及质量检验评定标准,掌握施工操作要领;在施工过程中,相关技术管理和质量控制人员要在现场进行重点指导和检查验收。

同时,还要做好施工质量控制点的动态设置和动态跟踪管理。所谓动态设置,是指在工程开工前、设计交底和图纸会审时,可确定项目的一批质量控制点,随着工程的展开和施工条件的变化,随时或定期进行控制点的调整和更新。动态跟踪是应用动态控制原理要落实专人负责跟踪和记录控制点质量控制的状态和效果,并及时向项目管理组织的高层管理者反馈质量控制信息,保持施工质量控制点的受控状态。

对危险性较大的分部分项工程或特殊施工过程,除按一般过程质量控制的规定执行外,还应由专业技术人员编制专项施工方案或作业指导书,经施工单位技术负责人、项目总监理工程师、建设单位项目负责人签字后执行。超过一定规模的危险性较大的分部分项工程,还要组织专家对专项方案进行论证。作业前施工员、技术员做好交底和记录,使操作人员在明确工艺标准、质量要求的基础上进行作业。为保证质量控制点的目标实现,应严格按照三级检查制度进行检查控制。在施工中发现质量控制点有异常时,应立即停止施工,召开分析会,查找原因采取对策予以解决。

施工单位应积极主动地支持、配合监理工程师的工作,应根据现场工程监理机构的要求,对施工作业质量控制点,按照不同的性质和管理要求,细分为"见证点"和"待检点"进行施工质量的监督和检查。凡属"见证点"的施工作业,如重要部位、特种作业、专门工艺等,施工方必须在该项作业开始前24h,书面通知现场监理机构到位旁站,见证施工作业过程;凡属"待检点"的施工作业,如隐蔽工程等,施工方必须在完成施工质量自检的基础上,提前通知项目监理机构进行检查验收,然后才能进行工程隐蔽或下道工序的施工。未经过项目监理机构检查验收合格,不得进行工程隐蔽或下道工序的施工。

五 施工生产要素的质量控制

(一) 施工人员的质量控制

施工人员的质量包括参与工程施工各类人员的施工技能、文化素养、生理体能、心理行为等方面的个体素质,以及经过合理组织和激励每个人员能够发挥个体潜能从而综合形成的群体素质。因此,企业应通过择优录用、加强思想教育及技能方面的教育培训,合理组织、严格考核并辅以必要的激励机制,使企业员工的潜在能力得到充分的发挥和最好的组合,使施工人员在质量控制系统中发挥主体自控作用。

施工企业必须坚持执业资格注册制度和作业人员持证上岗制度;对所选派的施工项目领导者、组织者进行教育和培训,使其质量意识和组织管理能力能满足施工质量控制的要求;对所属施工队伍进行全员培训,加强质量意识的教育和技术训练,提高每个作业者的质量活动能力和自控能力;对分包单位进行严格的资质考核和施工人员的资格考核,其资质、资格必须符合相关法规的规定,与其分包的工程相适应。

(二) 材料设备的质量控制

原材料、半成品及工程设备是工程实体的构成部分,其质量是项目工程实体质量的基础。加强原材料、半成品及工程设备的质量控制,不仅是提高工程质量的必要条件,也是实现工程项目投资目标和进度目标的前提。

对原材料、半成品及工程设备进行质量控制的主要内容为:控制材料设备的性能、标准、技术参数与设计文件的相符性;控制材料、设备各项技术性能指标、检验测试指标与标准规范要求的相符性;控制材料、设备进场验收程序的正确性及质量文件料的完备性;控制优先采用节能低碳的新型建筑材料和设备,禁止使用国家明令禁用或淘汰的建筑材料和设备等。

施工单位应在施工过程中贯彻执行企业质量程序文件中关于材料和设备封样、采购、进场检验、抽样检测及质保资料提交等方面明确规定的一系列控制标准。

(三) 工艺方案的质量控制

施工工艺的先进合理是直接影响工程质量、工程进度和工程造价的关键因素,施工工艺的合理可靠也直接影响到工程施工安全。因此在工程项目质量控制系统中,制定和采用技术先进、经济合理、安全可靠的施工技术工艺方案,是工程质量控制的重要环节。对施工工艺方案的质量控制主要包括以下内容:

(1) 深入、正确地分析工程特征、技术关键及环境条件等资料,明确质量目标、验收标准、控制的重点和难点；

（2）制定合理有效的、有针对性的施工技术方案和组织方案，前者包括施工工艺、施工方法，后者包括施工区段划分、施工流向及劳动组织等；

（3）合理选用施工机械设备和设置施工临时设施，合理布置施工总平面图和各阶段施工平面图；

（4）选用和设计保证质量和安全的模具、脚手架等施工设备；

（5）编制工程所采用的新材料、新技术、新工艺的专项技术方案和质量管理方案；

（6）针对工程具体情况，分析气象、地质等环境因素对施工的影响，制定应对措施。

（四）施工机械的质量控制

施工机械是指施工过程中使用的各类机械设备，包括起重运输设备、人货两用电梯、机械、操作工具、测量仪器、计量器具以及专用工具和施工安全设施等。施工机械设备是所有施工方案和工法得以实施的重要物质基础，合理选择和正确使用施工机械设备是保证施工质量的重要措施。

（1）施工所用的机械设备，应根据工程需要从设备选型、主要性能参数及使用操作要求等方面加以控制，符合安全、适用、经济、可靠和节能、环保等方面的要求。

（2）施工中使用的模具、脚手架等施工设备，除可按适用的标准定型选用之外，一般需按设计及施工要求进行专项设计，对其设计方案及制作质量的控制及验收应作为重点进行控制。

（3）按现行施工管理制度要求，工程所用的施工机械、模板、脚手架，特别是危险性较大的现场安装的起重机械设备，不仅要对其设计安装方案进行审批，而且安装完毕交付使用前必须经专业管理部门的验收，合格后方可使用。同时，在使用过程中尚需落实相应的管理制度，以确保其安全正常使用。

（五）施工环境因素的控制

环境的因素主要包括施工现场自然环境因素、施工质量管理环境因素和施工作业环境因素。环境因素对工程质量的影响，具有复杂多变和不确定性的特点，具有明显的风险特性。要减少其对施工质量的不利影响，主要是采取预测预防的风险控制方法。

1. 对施工现场自然环境因素的控制

对地质、水文等方面影响因素，应根据设计要求，分析工程岩土地质资料，预测不利因素，并会同设计单位等制定相应的措施，采取如基坑降水、排水、加固围护等技术控制方案。

对天气气象方面的影响因素，应在施工方案中制定专项紧急预案，明确在不利条件下的施工措施，落实人员、器材等方面的准备，加强施工过程中的监控与预警。

2. 对施工质量管理环境因素的控制

施工质量管理环境因素主要指施工单位质量保证体系、质量管理制度和各参建施工单位之间的协调等因素。要根据工程承发包的合同结构，理顺管理关系，建立统一的现场施工组织系统和质量管理的综合运行机制，确保质量保证体系处于良好的状态，创造良好的质量管理环境和氛围，使施工顺利进行，保证施工质量。

3. 对施工作业环境因素的控制

施工作业环境因素主要是指施工现场的给水排水条件,各种能源介质供应,施工照明、通风、安全防护设施,施工场地空间条件和通道,以及交通运输和道路条件等因素。要认真实施经过审批的施工组织设计和施工方案,落实保证措施,严格执行相关管理制度和施工纪律,保证上述环境条件良好,使施工顺利进行,使施工质量得到保证。

六 施工准备的质量控制

(一) 施工技术准备工作的质量控制

施工技术准备是指在正式开展施工作业活动前进行的技术准备工作。这类工作内容繁多,主要在室内进行,例如:熟悉施工图纸,组织设计交底和图纸审查;进行工程项目检查验收的项目划分和编号;审核相关质量文件,细化施工技术方案和施工人员、机具的配置方案,编制施工作业技术指导书,绘制各种施工详图(如测量放线图、大样图及配筋、配板、配线图表等),进行必要的技术交底和技术培训。如果施工准备工作出错,必然影响施工进度和作业质量,甚至直接导致质量事故的发生。

技术准备工作的质量控制,包括对上述技术准备工作成果的复核审查,检查这些成果是否符合设计图纸和施工技术标准的要求;依据经过审批的质量计划审查、完善施工质量控制措施;针对质量控制点,明确质量控制的重点对象和控制方法;尽可能地提高上述工作成果对施工质量的保证程度等。

(二) 现场施工准备工作的质量控制

1. 计量控制

这是施工质量控制的一项重要基础工作。施工过程中的计量,包括施工生产时的投料计量、施工测量、监测计量以及对项目、产品或过程的测试、检验、分析计量等。开工前要建立和完善施工现场计量管理的规章制度;明确计量控制责任者和配置必要的计量人员;严格按规定对计量器具进行维修和校验;统一计量单位,组织量值传递,保证量值统一,从而保证施工过程中计量的准确。

2. 测量控制

工程测量放线是建设工程产品由设计转化为实物的第一步。施工测量质量的好坏,直接决定工程的定位和标高是否正确,并且制约施工过程有关工序的质量。因此,施工单位在开工前应编制测量控制方案,经项目技术负责人批准后实施。要对建设单位提供的原始坐标点、基准线和水准点等测量控制点进行复核,并将复测结果上报监理工程师审核,批准后施工单位才能建立施工测量控制网,进行工程定位和标高基准的控制。

3. 施工平面图控制

建设单位应按照合同约定并充分考虑施工的实际需要,事先划定并提供施工用地和现场临时设施用地的范围,协调平衡和审查批准各施工单位的施工平面设计。施工单位要严格按照批准的施工平面布置图,科学合理地使用施工场地,正确安装设置施工机械设备和其他临时设施,维护现场施工道路畅通无阻和通信设施完好,合理控制材料的进场与堆放,保持良好的防洪排水能力,保证充分的给水和供电。建设(监理)单位应会同施工单位制定严格的施工场地管理制度、施工纪律和相应的奖惩措施,严禁乱占场地和擅自断水、断电、断路,及时制止和处理各种违纪行为,并做好施工现场的质量检查记录。

七 施工过程的质量控制

(一)工序施工质量控制

工序是人、材料、机械设备、施工方法和环境因素对工程质量综合起作用的过程,所以对施工过程的质量控制,必须以工序作业质量控制为基础和核心。因此,工序的质量控制是施工阶段质量控制的重点。只有严格控制工序质量,才能确保施工项目的实体质量。工序施工质量控制主要包括工序施工条件质量控制和工序施工效果质量控制。

1. 工序施工条件控制

工序施工条件是指从事工序活动的各生产要素质量及生产环境条件。工序施工条件控制就是控制工序活动的各种投入要素质量和环境条件质量。控制的手段主要有:检查、测试、试验、跟踪监督等。控制的依据主要是:设计质量标准、材料质量标准、机械设备技术性能标准、施工工艺标准以及操作规程等。

2. 工序施工效果控制

工序施工效果主要反映工序产品的质量特征和特性指标。对工序施工效果的控制就是控制工序产品的质量特征和特性指标能否达到设计质量标准以及施工质量验收标准的要求。工序施工效果控制属于事后质量控制,其控制的主要途径是实测获取数据、统计分析获取的数据、判断认定质量等级和纠正质量偏差。

(二)施工作业自控的意义

施工作业质量的自控,从经营的层面上说,强调的是作为建筑产品生产者和经营者的施工企业,应全面履行企业的质量责任,向顾客提供质量合格的工程产品;从生产的过程来说,强调的是施工作业者的岗位质量责任,向后道工序提供合格的作业成果(中间产品)。因此,施工方是施工阶段质量自控主体。施工方不能因为监控主体的存在和监控责任的实施而减轻或免除其质量责任。我国《建筑法》和《建设工程质量管理条例》规定:建筑施工企业对工程的施工质量负责;建筑施工企业必须按照工程设计要求、施工技术标准和合同的约定,对建筑材料、建筑构配件和设备进行检验,不合格的不得使用。

施工方作为工程施工质量的自控主体,既要遵循本企业质量管理体系的要求,也要根据其在所承建的工程项目质量控制系统中的地位和责任,通过具体项目质量计划的编制与实施,有效地实现施工质量的自控目标。

工序作业质量是直接形成工程质量的基础,为达到对工序作业质量控制的效果,在加强工序管理和质量目标控制方面应坚持多方面要求。

(三) 施工作业质量自控的要求

1. 预防为主

严格按照施工质量计划的要求,进行各分部分项施工作业的部署。同时,根据施工作业的内容、范围和特点,制定施工作业计划,明确作业质量目标和作业技术要领,认真进行作业技术交底,落实各项作业技术组织措施。

2. 重点控制

在施工作业计划中,一方面要认真贯彻实施施工质量计划中的质量控制点的控制措施,同时,要根据作业活动的实际需要,进一步建立工序作业控制点,深化工序作业的重点控制。

3. 坚持标准

工序作业人员在工序作业过程应严格进行质量自检,通过自检不断改善作业,并创造条件开展作业质量互检,通过互检加强技术与经验的交流。对已完工序作业产品,即检验批或分部分项工程,应严格坚持质量标准。对不合格的施工作业质量,不得进行验收签证,必须按照规定的程序进行处理。

《建筑工程施工质量验收统一标准》(GB 50300—2013)及配套使用的专业质量验收规范,是施工作业质量自控的合格标准。有条件的施工企业或项目经理部应结合自己的条件编制高于国家标准的企业内控标准或工程项目内控标准,或采用施工承包合同明确规定的更高标准,列入质量计划中,努力提升工程质量水平。

4. 记录完整

施工图纸、质量计划、作业指导书、材料质保书、检验试验及检测报告、质量验收记录等,是形成可追溯性的质量保证依据,也是工程竣工验收所不可缺少的质量控制资料。因此,对工序作业质量,应有计划、有步骤地按照施工管理规范的要求进行填写记载,做到及时、准确、完整、有效,并具有可追溯性。

(四) 施工作业质量的监控主体

为了保证项目质量,建设单位、监理单位、设计单位及政府的工程质量监督部门,在施工阶段依据法律法规和工程施工承包合同,对施工单位的质量行为和项目实体质量实施监督控制。

设计单位应当就审查合格的施工图纸设计文件向施工单位作出详细说明;应当参与建设工程质量事故分析,并对因设计造成的质量事故,提出相应的技术处理方案。

建设单位在领取施工许可证或者开工报告前,应当按照国家有关规定办理工程质量监督手续。

作为监控主体之一的项目监理机构,在施工作业实施过程中,根据其监理规划与实施细则,采取现场旁站、巡视、平行检验等形式,对施工作业质量进行监督检查,如发现工程施工不符合工程设计要求、施工技术标准和合同约定的,有权要求建筑施工企业改正。监理机构应进行检查而没有检查或没有按规定进行检查的,给建设单位造成损失时应承担赔偿责任。

必须强调,施工质量的自控主体和监控主体,在施工全过程相互依存、各尽其责,共同推动着施工质量控制过程的展开和最终实现工程项目的质量总目标。

(五)现场质量检查

现场质量检查是施工作业质量的监控的主要手段。

1. 现场质量检查的内容：

(1) 开工前的检查；
(2) 工序交接检查；
(3) 隐蔽工程的检查；
(4) 停工后复工的检查；
(5) 分项、分部工程完工后的检查；
(6) 成品保护的检查。

2. 现场质量检查的方法：

(1) 目测法：即凭借感官进行检查，其手段可概括为"看、摸、敲、照"。
(2) 实测法：通过实测数据和施工规范、质量标准的要求及允许偏差值进行对照，以此判断质量是否符合要求，其手段可概括为"靠、量、吊、套"。
(3) 试验法：是通过必要的试验手段对质量进行判断的检查方法。主要包括理化试验和无损检测。

(六)技术核定与见证取样送检

1. 技术核定

在建设工程项目施工过程中，因施工方对施工图纸的某些要求不明白，或图纸内部存在矛盾，或工程材料调整与代用，或改变建筑节点构造、管线位置或走向等，需要通过设计单位明确或确认的，施工方必须以技术核定单的方式向监理工程师提出，报送设计单位核准确认。

2. 见证取样送检

为了保证建设工程质量，我国规定对工程所使用的主要材料、半成品、构配件以及施工过程留置的试块、试件等应实行现场见证取样送检。见证人员由建设单位及工程监理机构中有相关专业知识的人员担任；送检的试验室应具备经国家或地方工程检验检测主管部门核准的相关资质；见证取样送检必须严格按执行规定的程序进行，包括取样见证并记录、样本编号、填单、封箱、送试验室、核对、交接、试验检测、报告等。

检测机构应当建立档案管理制度。检测合同、委托单、原始记录、检测报告应当按年度统一编号，编号应当连续，不得随意抽撤、涂改。

(七)隐蔽工程验收与施工成品质量保护

1. 隐蔽工程验收

凡被后续施工所覆盖的施工内容，如地基基础工程、钢筋工程、预埋管线等均属隐蔽工程。加强隐蔽工程质量验收，是施工质量控制的重要环节。其程序要求施工方首先应完成自检并合格，然后填写专用的《隐蔽工程验收单》。验收单所列的验收内容应与已完的隐蔽工程实物相一致,并事先通知监理机构及有关方面,按约定时间进行验收。验收合格的隐蔽工程由各方共同签署验收记录;验收不合格的隐蔽工程,应按验收整改意见进行整改后重新验收。严格隐蔽工程验收的程序和记录,对预防工程质量隐患,提供可追溯质量记录具有重要作用。

2. 施工成品质量保护

建设工程项目已完施工的成品保护,目的是避免已完施工成品受到来自后续施工及其他方面的污染或损坏。已完施工的成品保护问题和相应措施,在工程施工组织设计与计划阶段就应该从施工顺序上进行考虑,防止施工顺序不当或交叉作业造成相互干扰、污染和损坏;成品形成后可采取防护、覆盖、封闭、包裹等相应措施进行保护。

八 项目设计质量的控制

(一) 项目设计质量的控制

要保证施工质量,首先要控制设计质量。项目设计质量的控制,主要是从满足项目建设需求入手,包括国家相关法律法规、强制性标准和合同规定的明确需求以及潜在需求,以使用功能和安全可靠性为核心,进行下列设计质量的综合控制。

1. 项目功能性质量控制

功能性质量控制的目的,是保证建设工程项目使用功能的符合性,其内容包括项目内部的平面空间组织、生产工艺流程组织,如满足使用功能的建筑面积分配以及宽度、高度、净空、通风、保暖、日照等物理指标和节能、环保、低碳等方面的符合性要求。

2. 项目可靠性质量控制

主要是指建设工程项目建成后,在规定的使用年限和正常的使用条件下,保证使用安全和建筑物、构筑物及其设备系统性能稳定、可靠。

3. 项目观感性质量控制

对于建筑工程项目,主要是指建筑物的总体格调、外部形体及内部空间观感效果,整体环境的适宜性、协调性,文化内涵的韵味及其魅力等的体现;道路、桥梁等基础设施工程同样也有其独特的构型格调、观感效果及其环境适宜的要求。

4. 项目经济性质量控制

建设工程项目设计经济性质量,是指不同设计方案的选择对建设投资的影响。设计经济性质量控制目的,在于强调设计过程的多方案比较,通过价值工程、优化设计,不断提高建设工程项目的性价比。在满足项目投资目标要求的条件下,做到经济高效,防止浪费。

5. 项目施工可行性质量控制

任何设计意图都要通过施工来实现,设计意图不能脱离现实的施工技术和装备水平,否则再好的设计意图也无法实现。设计一定要充分考虑施工的可行性,并尽量做到方便施工,确保施工顺利进行,保证项目施工质量。

(二) 施工与设计的协调

从项目施工质量控制的角度来说，项目建设单位、施工单位和监理单位，都要注重施工与设计的相互协调。这个协调工作主要包括以下几个方面：

1. 设计联络

项目建设单位、施工单位和监理单位应组织施工单位到设计单位进行设计联络，其任务主要是：

（1）了解设计意图、设计内容和特殊技术要求，分析其中的施工重点和难点，以便有针对性地编制施工组织设计，及早做好施工准备。对以现有的施工技术和装备水平实施有困难的设计，要及时提出意见，协商修改设计，或者探讨通过技术攻关提高技术装备水平来实施的可能性，同时向设计单位介绍和推荐施工新技术、新工艺和工法，争取通过适当的设计，使这些新技术、新工艺和工法在施工中得到应用。

（2）了解设计进度，根据项目进度控制总目标、施工工艺顺序和施工进度安排，提出设计出图的时间和顺序要求，对设计和施工进度进行协调，使施工连续顺利进行。

（3）从施工质量控制的角度，提出合理化建议，优化设计，为保证和提高施工质量创造更好的条件。

2. 设计交底和图纸会审

建设单位和监理单位应组织设计单位向所有的施工实施单位进行详细的设计交底，使实施单位充分理解设计意图，了解设计内容和技术要求，明确质量控制的重点和难点；同时应认真地进行图纸会审，深入发现和解决各专业设计之间可能存在的矛盾，消除施工图的差错。

3. 设计现场服务和技术核定

建设单位和监理单位应要求设计单位派出得力的设计人员到施工现场进行设计服务解决施工中发现和提出的与设计有关的问题，及时做好相关设计核定工作。

4. 设计变更

在施工期间无论是建设单位、设计单位或施工单位提出，需要进行局部设计变更的内容，都必须按照规定的程序，先将变更意图或请求报送监理工程师审查，经设计单位审核认可并签发《设计变更通知书》后，再由监理工程师下达《变更指令》。

知识点2　施工质量验收

【工程质量检查验收的项目划分】

一个建设工程项目从施工准备开始到竣工交付使用，要经过若干工序、工种的配合施工。施工质量的优劣，取决于各个施工工序、工种的管理水平和操作质量。因此，为了便于控制、检查、评定和监督每个工序和工种的工作质量，就要把整个项目逐级划分为若干个子项目，并分级进行编号，在施工过程中据此来进行质量控制和检查验收。这是进行施工质量控制的一项重要准备工作，应在项目施工开始之前进行。项目划分越合理、明细，越有利于分清质量责任，便于施工人员进行质量自控和检查监督人员检查验收，也有利于质量记录等资料的填写、整理和归档。

根据《建筑工程施工质量验收统一标准》(GB 50300—2013)的规定,建筑工程质量验收应逐级划分为单位(子单位)工程、分部(子分部)工程、分项工程和检验批。

(1)单位工程的划分应按下列原则确定:

①具备独立施工条件并能形成独立使用功能的建筑物或构筑物为一个单位工程;

②建筑规模较大的单位工程,可将其能形成独立使用功能的部分划为一个子单位工程。

(2)分部工程的划分应按下列原则确定:

①分部工程的划分应按专业性质、建筑部位确定,例如,一般的建筑工程可划分为地基与基础、主体结构、建筑装饰装修、建筑屋面、建筑给水排水及采暖、建筑电气、智能建筑、通风与空调、电梯等分部工程;

②当分部工程较大或较复杂时,可按材料种类、施工特点、施工程序、专业系统及类别等划分为若干子分部工程。

(3)分项工程应按主要工种、材料、施工工艺、设备类别等进行划分。

(4)分项工程可由一个或若干个检验批组成,检验批可根据施工及质量控制和专业验收需要按施工段等进行划分。

一 施工过程的质量验收

检验批和分项工程是质量验收的基本单元;分部工程是在所含全部分项工程验收的基础上进行验收的,在施工过程中随完工随验收,并留下完整的质量验收记录和资料;单位工程作为具有独立使用功能的完整的建筑产品,进行竣工质量验收。

施工过程的质量验收包括以下验收环节,通过验收后留下完整的质量验收记录和资料,为工程项目竣工质量验收提供依据。

(一)检验批质量验收

所谓检验批是指"按同一的生产条件或按规定的方式汇总起来供检验用的,由一定数量样本组成的检验体",检验批可根据施工及质量控制和专业验收需要按楼层、施工段、变形缝等进行划分。检验批是工程验收的最小单位,是分项工程乃至整个建筑工程质量验收的基础。

检验批应由监理工程师(建设单位项目技术负责人)组织施工单位项目专业质量(技术)负责人等进行验收。

检验批质量验收合格应符合下列规定:

(1)主控项目和一般项目的质量经抽样检验合格;

(2)具有完整的施工操作依据、质量检查记录。

主控项目是指建筑工程中的对安全、卫生、环境保护和公众利益起决定性作用的检验项目。主控项目的验收必须从严要求,不允许有不符合要求的检验结果,主控项目的检查具有否决权。除主控项目以外的检验项目称为一般项目。

(二)分项工程质量验收

分项工程的质量验收在检验批验收的基础上进行。一般情况下,两者具有相同或相近的性质,只是批量的大小不同而已。

分项工程可由一个或若干检验批组成分项工程应由监理工程师(建设单位项目技术负责人)组织施工单位项目专业质量(技术)负责人进行验收。分项工程质量验收合格应符合下列规定:

(1)分项工程所含的检验批均应符合合格质量的规定;
(2)分项工程所含的检验批的质量验收记录应完整。

(三)分部工程质量验收

分部工程的验收在其所含各分项工程验收的基础上进行。

分部工程应由总监理工程师(建设单位项目负责人)组织施工单位项目负责人和技术、质量负责人等进行验收;地基与基础、主体结构分部工程的勘察、设计单位工程项目负责人和施工单位技术、质量部门负责人也应参加相关分部工程验收。

分部(子分部)工程质量验收合格应符合下列规定:

(1)分部(子分部)工程所含分项工程的质量均应验收合格;
(2)质量控制资料应完整;
(3)地基与基础、主体结构和设备安装等分部工程有关安全及功能的检验和抽样检测结果应符合有关规定;
(4)观感质量验收应符合要求。

必须注意的是,由于分部工程所含的各分项工程性质不同,因此它并不是在所含分项验收基础上的简单相加,即所含分项验收合格且质量控制资料完整只是分部工程质量验收的基本条件,还必须在此基础上对涉及安全和使用功能的地基基础、主体结构、有关安全及重要使用功能的安装分部工程进行见证取样试验或抽样检测;而且还需要对其观感质量进行验收,并综合给出质量评价,对评价为"差"的检查点应通过返修处理等进行补救。

(四)施工过程质量验收不合格的处理

施工过程的质量验收是以检验批的施工质量为基本验收单元。检验批质量不合格可能是由于使用的材料不合格,或施工作业质量不合格,或质量控制资料不完整等原因所致,其处理方法有:

(1)在检验批验收时,发现存在严重缺陷的应推倒重做,存在一般缺陷的可通过返修或更换器具、设备消除缺陷后重新进行验收;
(2)个别检验批发现某些项目或指标(如试块强度等)不满足要求难以确定是否验收时,应请有资质的法定检测单位检测鉴定,当鉴定结果能够达到设计要求时,应予以验收;
(3)当检测鉴定达不到设计要求,但经原设计单位核算仍能满足结构安全和使用功能的检验批,可予以验收;
(4)严重质量缺陷或超过检验批范围内的缺陷,经法定检测单位检测鉴定以后,认为不能满足最低限度的安全储备和使用功能,则必须进行加固处理,虽然改变外形尺寸,但能满足安全使用要求,可按技术处理方案和协商文件进行验收,责任方应承担经济责任;
(5)通过返修或加固处理后仍不能满足安全使用要求的分部工程严禁验收。

二 竣工质量验收

项目竣工质量验收是施工质量控制的最后一个环节,是对施工过程质量控制成果的全面检验,是从终端把关方面进行质量控制。未经验收或验收不合格的工程,不得交付使用。

(一) 竣工质量验收的依据

工程项目竣工质量验收的依据有:
(1) 国家相关法律法规和建设主管部门颁布的管理条例和办法;
(2) 工程施工质量验收统一标准;
(3) 专业工程施工质量验收规范;
(4) 批准的设计文件、施工图纸及说明书;
(5) 工程施工承包合同;
(6) 其他相关文件。

(二) 竣工质量验收的要求

建筑工程施工质量应按下列要求进行验收:
(1) 建筑工程施工质量应符合本标准和相关专业验收规范的规定;
(2) 建筑工程施工应符合工程勘察、设计文件的要求;
(3) 参加工程施工质量验收的各方人员应具备规定的资格;
(4) 工程质量的验收均应在施工单位自行检查评定的基础上进行;
(5) 隐蔽工程在隐蔽前应由施工单位通知有关单位进行验收,并应形成验收文件;
(6) 涉及结构安全的试块、试件以及有关材料,应按规定进行见证取样检测;
(7) 检验批的质量应按主控项目和一般项目验收;
(8) 对涉及结构安全和使用功能的重要分部工程应进行抽样检测;
(9) 承担见证取样检测及有关结构安全检测的单位应具有相应资质;
(10) 工程的观感质量应由验收人员通过现场检查,并应共同确认。

(三) 竣工质量验收的标准

单位工程是工程项目竣工质量验收的基本对象。单位(子单位)工程质量验收合格应符合下列规定:
(1) 单位(子单位)工程所含分部(子分部)工程的质量均应验收合格;
(2) 质量控制资料应完整;
(3) 单位(子单位)工程所含分部工程有关安全和功能的检验资料应完整;
(4) 主要功能项目的抽查结果应符合相关专业质量验收规范的规定;
(5) 观感质量验收应符合要求。

(四) 竣工验收备案

我国实行建设工程竣工验收备案制度。新建、扩建和改建的各类房屋建筑工程和市政基础设施工程的竣工验收,均应按《建设工程质量管理条例》规定进行备案。

(1)建设单位应当自建设工程竣工验收合格之日起 15 日内,将建设工程竣工验收报告和规划、公安消防、环保等部门出具的认可文件或准许使用文件,报建设行政主管部门或者其他相关部门备案。

(2)备案部门在收到备案文件资料后的 15 日内,对文件资料进行审查,符合要求的工程,在验收备案表上加盖"竣工验收备案专用章",并将一份退建设单位存档。如审查中发现建设单位在竣工验收过程中,有违反国家有关建设工程质量管理规定行为的,责令停止使用,重新组织竣工验收。

(3)建设单位有下列行为之一的,责令改正,处以工程合同价款 2%～4% 的罚款,造成损失的依法承担赔偿责任:

①未组织竣工验收,擅自交付使用的;
②验收不合格,擅自交付使用的;
③对不合格的建设工程按照合格工程验收的。

三 工程质量事故

工程质量事故具有成因复杂、后果严重、种类繁多、往往与安全事故共生的特点,建设工程质量事故的分类有多种方法,不同专业工程类别对工程质量事故的等级划分也不尽相同。

(一)按事故造成损失的程度分级

根据工程质量事故造成的人员伤亡或者直接经济损失,将工程质量事故划分为 4 个等级:

(1)特别重大事故,是指造成 30 人以上死亡,或者 100 人以上重伤,或者 1 亿元以上直接经济损失的事故;

(2)重大事故,是指造成 10 人以上 30 人以下死亡,或者 50 人以上 100 人以下重伤或者 5000 万元以上 1 亿元以下直接经济损失的事故;

(3)较大事故,是指造成 3 人以上 10 人以下死亡,或者 10 人以上 50 人以下重伤或者 1000 万元以上 5000 万元以下直接经济损失的事故;

(4)一般事故,是指造成 3 人以下死亡,或者 10 人以下重伤,或者 100 万元以上 1000 万元以下直接经济损失的事故。

等级划分里的"以上"包括本数,所称的"以下"不包括本数。

(二)按事故责任分类

(1)指导责任事故:指由于工程实施指导或领导失误而造成的质量事故。例如,由工程负责人片面追求施工进度,放松或不按质量标准进行控制和检验,降低施工质量标准等。

(2)操作责任事故:指在施工过程中,由于操作者不按规程和标准实施操作,而造成的质量事故。例如,浇筑混凝土时随意加水,或振捣疏漏造成混凝土质量事故等。

(3)自然灾害事故:指由于突发的严重自然灾害等不可抗力造成的质量事故。例如地震、台风、暴雨、雷电、洪水等对工程造成破坏。这类事故虽然不是人为责任直接造成,但灾害事故造成的损失程度也往往与人们是否在事前采取了有效的预防措施有关,相关责任人员也可能有一定责任。

(三)施工质量事故发生的原因

施工质量事故发生的原因大致有如下四类:

1. 技术原因

由于在项目勘察、设计、施工中技术上的失误而引发质量事故。例如,地质勘察过于疏略,对水文地质情况判断错误,致使地基基础设计采用不正确的方案;或结构设计方案不正确,计算失误,构造设计不符合规范要求;施工管理及实际操作人员的技术素质差,采用了不合适的施工方法或施工工艺等。这些技术上的失误是造成质量事故的常见原因。

2. 管理原因

由于管理上的不完善或失误而引发质量事故。例如,施工单位或监理单位的质量管理体系不完善,质量管理措施落实不力,施工管理混乱,不遵守相关规范,违章作业,检验制度不严密,质量控制不严格,检测仪器设备管理不善而失准,以及材料质量检验不严等原因引起质量事故。

3. 社会、经济原因

由于社会上存在的不正之风及经济上的原因,滋长了建设中的违法违规行为,而导致出现质量事故。例如,违反基本建设程序,无立项、无报建、无开工许可、无招投标、无资质、无监理、无验收的"七无"工程,边勘察、边设计、边施工的"三边"工程,屡见不鲜,几乎所有的重大施工质量事故都能从这个方面找到原因;某些施工企业盲目追求利润而不顾工程质量,在投标报价中随意压低标价,中标后则依靠违法的手段或通过修改方案追加工程款,甚至偷工减料等。这些因素都会导致发生重大工程质量事故。

4. 人为事故和自然灾害原因

由于人为的设备事故、安全事故,导致连带发生质量事故,以及严重的自然灾害等不可抗力造成质量事故。

(四)施工质量事故预防的具体措施

1. 严格按照基本建设程序办事

首先要做好项目可行性论证,不可未经深入的调查分析和严格论证就盲目拍板定案;要彻底搞清工程地质水文条件才可开工;杜绝无证设计、无图施工;禁止任意修改设计和不按图纸施工;工程竣工不进行试车运转、不经验收不得交付使用。

2. 认真做好工程地质勘察

地质勘察时要适当布置钻孔位置和设定钻孔深度。钻孔间距过大,不能全面反映地基实际情况;钻孔深度不够,难以查清地下软土层、滑坡、墓穴、孔洞等有害地质构造。地质勘察报告必须详细、准确,防止因根据不符合实际情况的地质资料而采用错误的基础方案,导致地基不均匀沉降、失稳,使上部结构及墙体开裂、破坏、倒塌。

3. 科学地加固处理好地基

对软弱土、冲填土、杂填土、湿陷性黄土、膨胀土、岩层出露、岩溶、土洞等不均匀地基要进行科学的加固处理。要根据不同地基的工程特性，按照地基处理与上部结构相结合使其共同工作的原则，从地基处理与设计措施、结构措施、防水措施、施工措施等方面综合考虑治理。

4. 进行必要的设计审查复核

要请具有合格专业资质的审图机构对施工图进行审查复核，防止因设计考虑不周、结构构造不合理、设计计算错误、沉降缝及伸缩缝设置不当、悬挑结构未通过抗倾覆验算等原因，导致质量事故的发生。

5. 严格把好建筑材料及制品的质量关

要从采购订货、进场验收、质量复验、存储和使用等几个环节，严格控制建筑材料及制品的质量，防止不合格或是变质、损坏的材料和制品用到工程上。

6. 对施工人员进行必要的技术培训

要通过技术培训使施工人员掌握基本的建筑结构和建筑材料知识，懂得遵守施工验收规范对保证工程质量的重要性，从而在施工中自觉遵守操作规程，不蛮干，不违章操作，不偷工减料。

7. 依法进行施工组织管理

施工管理人员要认真学习、严格遵守国家相关政策法规和施工技术标准，依法进行施工组织管理；施工人员首先要熟悉图纸，对工程的难点和关键工序、关键部位应编制专项施工方案并严格执行；施工作业必须按照图纸和施工验收规范、操作规程进行；施工技术措施要正确，施工顺序不可搞错，脚手架和楼面不可超载堆放构件和材料；要严格按照制度进行质量检查和验收。

8. 做好应对不利施工条件和各种灾害的预案

要根据当地气象资料的分析和预测，事先针对可能出现的风、雨、高温、严寒、雷电等不利施工条件，制定相应的施工技术措施；还要对不可预见的人为事故和严重自然灾害做好应急预案，并有相应的人力、物力储备。

9. 加强施工安全与环境管理

许多施工安全和环境事故都会连带发生质量事故，加强施工安全与环境管理，也是预防施工质量事故的重要措施。

（五）施工质量事故处理的依据

1. 质量事故的实况资料

包括质量事故发生的时间、地点；质量事故状况的描述；质量事故发展变化的情况；有关质量事故的观测记录、事故现场状态的照片或录像；事故调查组调查研究所获得的第一手资料。

2. 相关合同及合同文件

包括工程承包合同、设计委托合同、设备与器材购销合同、监理合同及分包合同等。

3. 相关技术文件和档案

主要是有关的设计文件(如施工图纸和技术说明)、与施工有关的技术文件、档案和资料(如施工方案、施工计划、施工记录、施工日志、有关建筑材料的质量证明资料、现场制备材料的质量证明资料、质量事故发生后对事故状况的观测记录、试验记录或试验报告等)。

4. 相关的建设法规

主要有《建筑法》《建设工程质量管理条例》和《关于做好房屋建筑和市政基础设施工程质量事故报告和调查处理工作的通知》(建质〔2010〕1111号)等与工程质量及质量事故处理有关的法规,以及勘察、设计、施工、监理等单位资质管理和从业者资格管理方面的法规,建筑市场管理方面的法规,以及相关技术标准、规范、规程和管理办法等。

(六)施工质量事故报告和调查处理程序

1. 事故报告

工程质量事故发生后,事故现场有关人员应当立即向工程建设单位负责人报告;工程建设单位负责人接到报告后,应于1h内向事故发生地县级以上人民政府住房和城乡建设主管部门及有关部门报告;同时应按照应急预案采取相应措施。情况紧急时,事故现场有关人员可直接向事故发生地县级以上人民政府住房和城乡建设主管部门报告。

事故报告应包括下列内容:

(1)事故发生的时间、地点、工程项目名称、工程各参建单位名称;
(2)事故发生的简要经过、伤亡人数和初步估计的直接经济损失;
(3)事故原因的初步判断;
(4)事故发生后采取的措施及事故控制情况;
(5)事故报告单位、联系人及联系方式;
(6)其他应当报告的情况。

2. 事故调查

事故调查要按规定区分事故的大小分别由相应级别的人民政府直接或授权委托有关部门组织事故调查组进行调查。未造成人员伤亡的一般事故,县级人民政府也可以委托事故发生单位组织事故调查组进行调查。事故调查应力求及时、客观、全面,以便为事故的分析与处理提供正确的依据。调查结果要整理撰写成事故调查报告,其主要内容应包括:

(1)事故项目及各参建单位概况;
(2)事故发生经过和事故救援情况;
(3)事故造成的人员伤亡和直接经济损失;
(4)事故项目有关质量检测报告和技术分析报告;
(5)事故发生的原因和事故性质;
(6)事故责任的认定和事故责任者的处理建议;

（7）事故防范和整改措施。

3. 事故的原因分析

事故的原因分析要建立在调查事故情况的基础上，避免主观推断出的事故原因。特别是对涉及勘察、设计、施工、材料和管理等方面的质量事故，事故的原因往往错综复杂，因此，必须基于调查得到的数据、资料，依据国家有关法律法规和工程建设标准分析事故的直接原因和间接原因，必要时组织对事故项目进行检测鉴定和专家技术论证，去伪存真，找出造成事故的主要原因。

4. 制定事故处理的技术方案

事故的处理要建立在原因分析的基础上，要广泛地听取专家及有关方面的意见，经科学论证，决定事故是否要进行技术处理和怎样处理。在制定事故处理的技术方案时，应做到安全可靠、技术可行、不留隐患、经济合理、具有可操作性、满足项目的安全和使用功能要求。

5. 事故处理

事故处理的内容包括：事故的技术处理，按经过论证的技术方案进行处理，解决事故造成的质量缺陷问题；事故的责任处罚，依据有关人民政府对事故调查报告的批复和有关法律法规的规定，对事故相关责任者实施行政处罚，负有事故责任的人员涉嫌犯罪的，依法追究刑事责任。

6. 事故处理的鉴定验收

质量事故的技术处理是否达到预期的目的，是否依然存在隐患，应当通过检查鉴定和验收作出确认。事故处理的质量检查鉴定，应严格按施工验收规范和相关质量标准的规定进行，必要时还应通过实际测量、试验和仪器检测等方法获取必要的数据，以便准确地对事故处理的结果做出鉴定，形成鉴定结论。

7. 提交事故处理报告

事故处理后，必须尽快提交完整的事故处理报告，其内容包括：事故调查的原始资料、测试的数据；事故原因分析和论证结果；事故处理的依据；事故处理的技术方案及措施；实施技术处理过程中有关的数据、记录、资料；检查验收记录；对事故相关责任者的处罚情况和事故处理的结论等。

（七）施工质量缺陷处理的基本方法

1. 返修处理

当项目的某些部分的质量虽未达到规范、标准或设计规定的要求，存在一定的缺陷，但经过采取整修等措施后可以达到要求的质量标准，又不影响使用功能或外观的要求时，可采取返修处理的方法。例如，某些混凝土结构表面出现蜂窝、麻面，或者混凝土结构部出现损伤，如结构受撞击、局部未振实、冻害、火灾、酸类腐蚀、碱骨料反应等，当这些缺陷或损伤仅仅在结构的表面或局部，不影响其使用和外观，可进行返修处理。再比如对混凝土结构出现裂缝，经分析研究后如果不影响结构的安全和使用功能时，也可采取返修处理。当裂缝宽度不大于 0.2mm 时，可采用表面密封法；当裂缝宽度大于 0.3m 时，采用嵌缝密闭法；当裂缝较深时，则应采取灌浆修补的方法。

2. 加固处理

主要是针对危及结构承载力的质量缺陷的处理。通过加固处理,使建筑结构恢复或提高承载力,重新满足结构安全性与可靠性的要求,使结构能继续使用或改作其他用途。对混凝土结构常用的加固方法主要有:增大截面加固法、外包角钢加固法、粘钢加固法、增设支点加固法、增设剪力墙加固法、预应力加固法等。

3. 返工处理

当工程质量缺陷经过返修、加固处理后仍不能满足规定的质量标准要求,或不具备修补的可能性时,则必须采取重新制作、重新施工的返工处理措施。例如,某防洪堤坝填筑压实后,其压实土的干密度未达到规定值,经核算将影响土体的稳定且不满足抗渗能力的要求,须挖除不合格土,重新填筑,重新施工;某公路桥梁工程预应力按规定张拉系数为1.3,而实际仅为0.8,属严重的质量缺陷,也无法修补,只能重新制作。再比如某高层住宅施工中,有几层的混凝土结构误用了安定性不合格的水泥,无法采用其他补救办法不得不爆破拆除重新浇筑。

4. 限制使用

当工程质量缺陷按修补方法处理后无法保证达到规定的使用要求和安全要求,而又无法返工处理的情况下,不得已时可作出诸如结构卸荷或减荷及限制使用的决定。

5. 不作处理

某些工程质量问题虽然达不到规定的要求或标准,但其情况不严重,对结构安全或使用功能影响很小,经过分析、论证、法定检测单位鉴定和设计单位等认可后可不作专门处理。一般可不作专门处理的情况有以下几种:

(1)不影响结构安全和使用功能的。例如,有的工业建筑物出现放线定位的偏差,且严重超过规范标准规定,若要纠正会造成重大经济损失,但经过分析、论证其偏差不影响生产工艺和正常使用,在外观上也无明显影响,可不作处理。又如,某些部位的混凝土表面的裂缝,经检查分析,属于表面养护不够的干缩微裂,不影响安全和外观,也可不作处理。

(2)后道工序可以弥补的质量缺陷。例如,混凝土结构表面的轻微麻面,可通过后续的抹灰、刮涂、喷涂等弥补,也可不作处理。再比如,混凝土现浇楼面的平整度偏差达到10mm,但由于后续垫层和面层的施工可以弥补,所以也可不作处理。

(3)法定检测单位鉴定合格的。例如,某检验批混凝土试块强度值不满足规范要求,强度不足,但经法定检测单位对混凝土实体强度进行实际检测后,其实际强度达到规范允许和设计要求值时,可不作处理。对经检测未达到要求值,但相差不多,经分析论证,只要使用前经再次检测达到设计强度,也可不作处理,但应严格控制施工荷载。

(4)出现的质量缺陷,经检测鉴定达不到设计要求,但经原设计单位核算,仍能满足结构安全和使用功能的。例如,某一结构构件截面尺寸不足,或材料强度不足,影响结构承载力,但按实际情况进行复核验算后仍能满足设计要求的承载力时,可不进行专门处理。这种做法实际上是挖掘设计潜力或降低设计的安全系数,应谨慎处理。

6. 报废处理

出现质量事故的项目,通过分析或实践,采取上述处理方法后仍不能满足规定的质量要求或标准,则必须予以报废处理。

项目 6　工程项目目标控制

知识点 3　相关案例综合分析

杭州地铁塌陷事故

2008年11月15日15时12分杭州地铁湘湖站项目发生坍塌事故。截至2008年11月20日下午，已造成8人死亡，13人失踪。此次事故影响面之大、社会负面影响力之强是地铁施工中前所未有的。事故发生的当天下午，项目部领导迅速组成救援小组，第一时间赶赴事故现场实施救援工作。2008年11月16日地铁公司下达全线停工令。

发生坍塌事故的杭州地铁1号线湘湖站工段，建设单位是杭州地铁集团有限公司，设计单位为北京城建设计研究总院，施工单位为中国中铁股份有限公司中铁四局，监理单位为上海同济工程项目监理咨询有限公司。

同年11月18日，原国家安监总局发出通报指出，经初步分析，此次事故暴露出五个方面的问题：一是企业安全生产责任不落实，管理不到位；二是对发现的事故隐患治理不坚决、不及时、不彻底；三是对施工人员的安全技术培训流于形式，甚至不培训就上岗；四是劳务用工管理不规范，现场管理混乱；五是地方政府有关部门监管不力。

1. 设计方案不合理

主要是地下连续墙设置深度不足，插入深度不到1倍，据地质专家分析，在杭州地区，因土层软，水量丰富，至少要达1.5倍，甚至2倍，他说这样的问题在东南沿海城市地铁施工中就已暴露，并发生了事故，可惜杭州地铁却没有吸取这样的教训，致使事故再次重演。另一位专家也认为1倍的深度可能是临界状态，是一种整体的滑移破坏，整个地铁结构就像坐在一个不稳定的西瓜皮上，内部再如何加强，都于事无补，即是在施工阶段不出现问题，正式运营也会出现，从而造成更惨重的结果。据了解，承担此次设计任务的设计院为北方某设计院，据该院设计师介绍，他们对南方地铁，尤其是如何在杭州复杂地质条件下进行设计还没有足够的认识，这可能也会导致隐患的发生。

2. 风情大道汽车荷载超标严重

据杭州市交通部门透露的信息，原道路设计车流量为3000辆，因附近几条道路整修，所有车辆均从风情大道通过，预计达30000辆/日，超标10倍，且有大量超重车通行，而设计单位根本没有预料到这样的情况，造成地铁工程承受严重过多的荷载，从而发生重大事故。据称施工单位多次向资方反应，要求限制车辆通行，且报告路面出现裂纹和下沉的现象，但资方反应冷淡，说"要限制车辆通行，我说了不算，有本事自己去找市长"，拒绝受理，态度相当强硬。

3. 典型的地方政绩工程

这表现在急功近利、贪图虚名，不坚持科学的发展观，不按经济规律办事，靠拍脑袋、靠谁官大谁就说了算办事。据调查，杭州地铁至少存在以下严重问题：好大喜功，盲目求快。杭州地铁1号线国家发改委批复完工日期为2010年，而该线主管部门的部分领导，不顾在拆迁滞后一年，于今年6月才实际开工的客观实事，仍要求工期提前至2009年完成，实际工期仅1年半，要求打造全国最快，甚至世界第一快的"杭州"速度（据查资料，合理的工期应为3~4年，而国外发达国家却往往为 6~7 年),迫使将原分段分层的开挖方法改变为大区段整体开挖,以满足工期要求。

4. 存在"边规划、边建设、边修改、边拆迁"等"多边"现象

各种不合理的情况,最终不在施工阶段暴发,就会在运营阶段暴发,据知情人介绍,红线范围内的别墅在事故几天内仍未拆迁,增加了许多多余的荷载。据资方一位不愿透露姓名的人士说,杭州地铁至今仍有很多手续尚未完善,如安全生产许可证未到工商行政部门备案等,可以说是典型的违规工程。

拓展资源链接

序号	资源名称	链接方式
1	数理统计方法在工程质量管理中的应用	
2	工程建设质量监督	
3	建设工程质量法律制度	
4	情境案例——工程质量控制认知	
5	区块链 + 工程项目管理	http://c.justwin.cn/Custom/JWWebsite/JWView/005Analysis/005_3807.html
6	"一带一路"视频百科	https://www.yidaiyilu.gov.cn/ydylbksp.htm

行业能力测评

1. 关于质量控制点的说法,正确的有( )。
    A. 建设工程项目的所有部位和环节都应设为质量控制点
    B. 质量控制点的设置应由监理工程师决定
    C. 质量控制点一般设置好后就不会再改变
    D. 质量控制点的实施是通过控制点的动态设置和动态跟踪管理来实现的
    E. 关键技术,重要部位以及新技术,新设备,新材料,新工艺等均可列为质量控制点
2. 关于施工作业质量控制点中,"见证点""待检点"的说法,错误的有( )。

A. 见证点通常指重要部位,特种作业,专门工艺等
B. 见证点,施工方应该在施工完后 24h 内,书面通知监理单位
C. 待检点包括隐蔽工程等
D. 待检点施工检查前必须自检完成
E. 待检点应提前 48h 通知监理单位

3. 施工质量控制点的管理应该是动态的。一般在(　　)时可确定一批整个项目的质量控制点,以后随时或定期进行控制点范围的调整和更新。
A. 工程开工前　　　　　　　　B. 施工图设计
C. 关键工序施工前　　　　　　D. 设计交底
E. 图纸会审

4. 影响工程质量的因素中,对人的控制目的在于(　　)。
A. 避免人的失误
B. 全面提高人的素质,以适应工程需要
C. 便于对影响工程质量的因素进行综合控制
D. 调动人的主观能动性,以便用人的工作质量去保证工程质量
E. 预防为主,防止质量事故

5. 关于工序施工质量控制说法,正确的是(　　)。
A. 工序施工条件控制的主要手段有检查、测试、跟踪监督等
B. 工序施工效果控制属于事后质量控制
C. 设计质量标准是工序施工条件控制的依据
D. 工序质量资料验收后即可进行下道工序
E. 来自作业者外部的监督不是必须的

典型任务 3　工程施工成本控制

建设工程项目施工成本管理应从工程投标报价开始,直至项目保证金返还为止,贯穿于项目实施的全过程。成本作为项目管理的一个关键性目标,包括责任成本目标和计划成本目标。
(1)责任成本目标反映公司对施工成本目标的要求。
(2)计划成本目标是前者的具体化,把施工成本在公司层和项目经理部的运行有机地连接起来。
根据成本运行规律,成本管理责任体系应包括公司层和项目经理部。
(1)公司层的成本管理除生产成本以外,还包括经营管理费用。公司层贯穿于项目投标、实施和结算过程,体现效益中心的管理职能。
(2)项目经理部的成本管理是对生产成本进行管理。
项目经理部着眼于执行公司确定的施工成本管理目标,发挥现场生产成本控制中心的管理职能。
施工成本是指在建设工程项目的施工过程中所发生的全部生产费用的总和,包括:
(1)所消耗的原材料、辅助材料、构配件等费用;

(2)周转材料的摊销费或租赁费;
(3)施工机械的使用费或租赁费;
(4)支付给生产工人的工资、奖金、工资性质的津贴;
(5)进行施工组织与管理所发生的全部费且支出等。

建设工程项目施工成本由直接成本和间接成本所组成。

(1)直接成本是指施工过程中耗费的构成工程实体或有助于工程实体形成的各项费用支出,是可以直接计入工程对象的费用。包括人工费、材料费和施工机具使用费等。

(2)间接成本是指准备施工、组织和管理施工生产的全部费用支出,是非直接用于也无法直接计入工程对象,但为进行工程施工所必须发生的费用,包括管理人员工资,办公费等。

 本任务必备知识体系:

- ➤ 知识点1 工程施工成本管理
- ➤ 知识点2 工程施工成本计划
- ➤ 知识点3 工程施工成本控制
- ➤ 知识点4 工程施工成本分析
- ➤ 知识点5 相关案例综合分析
- ➤ 拓展资源链接
- ➤ 行业能力测评

知识点1 工程施工成本管理

一 工程施工成本管理的任务

工程项目施工成本管理是在保证满足工程质量、工期等合同要求的前提下,对工程项目实施过程中所发生的费用,进行有效的组织、实施、控制、跟踪、分析和考核等管理活动,实现预定的成本目标,以达到强化经营管理,完善成本管理制度,提高成本核算水平,降低工程成本,实现目标利润,创造良好经济效益的一种科学的管理活动。是工程项目管理内容的重要组成部分,对实现工程项目预定的三大效益,即项目的经济效益、环境效益、社会效益有直接影响。由此可见,加强工程项目成本管理是施工企业积蓄财力,增强企业竞争力的必由之路。

二 工程施工成本管理的环节

施工成本管理的每一个环节都是相互联系、相互作用的。成本预测是成本决策的前提,成本计划是成本决策所确定目标的具体化。成本计划控制则是对成本计划的实施进行控制和监督,保证决策的成本目标的实现,成本核算又是对成本计划是否实现的最后检验,它提供的成本信息又将为下一个施工项目成本预测和决策提供基础资料,成本考核是实现成本目标责任制的保证和实现决策目标的重要手段。

(一)施工项目成本预测

施工项目成本预测是通过成本信息和施工项目的具体情况,采用一定的预测方法,对未来的成本水平及其可能发展趋势做出科学的估计。它可以帮助项目经理部在满足业主和企业要求的前提下,选择出成本低、效益好的最佳方案;并能在施工项目成本形成过程中,针对薄弱环节,加强成本控制,克服盲目性,提高预见性。

(二)施工项目成本计划

施工项目成本计划是以货币形成编制的施工项目在计划期内的生产费用、成本水平、成本降低率以及为降低成本所采取的主要措施和规划的书面方案,它是建立施工项目成本管理责任制、开展成本控制和核算的基础,是施工项目降低成本的指导文件,是建立目标成本的依据。可以说,成本计划是目标成本的一种形式。

(三)施工项目成本控制

施工成本控制是在施工过程中,对影响施工成本的各种因素加强管理,并采取各种有效措施,将施工中实际发生的各种消耗和支出严格控制在成本计划范围内;通过动态监控并及时反馈,严格审查各项费用是否符合标准,计算实际成本和计划成本之间的差异并进行分析,进而采取多种措施,减少或消除施工中的损失浪费。

建设工程项目施工成本控制应贯穿于项目从投标阶段开始直至保证金返还的全过程,它是企业全面成本管理的重要环节。施工成本控制可分为事先控制、事中控制和事后控制。在项目的施工过程中,需按动态控制原理对实际施工成本的发生过程进行有效控制。

合同文件和成本计划规定了成本控制的目标,进度报告、工程变更与索赔资料是成本控制过程中的动态资料。

成本控制的程序体现了动态跟踪控制的原理。成本控制报告可单独编制,也可以根据需要与进度、质量、安全和其他进展报告结合,提出综合进展报告。

成本控制应满足以下要求:

(1)要按照计划成本目标值来控制生产要素的采购价格,并认真做好材料、设备进场数量和质量的检查、验收与保管;

(2)要控制生产要素的利用效率和消耗定额,如任务单管理、限额领料、验工报告审核等。同时要做好不可预见成本风险的分析和预控,包括编制相应的应急措施等;

(3)控制影响效率和消耗量,进而引起成本增加的其他因素(如工程变更等);

(4)把施工成本管理责任制度与对项目管理者的激励机制结合起来,以增强管理人员的成本意识和控制能力;

(5)承包人必须有一套健全的项目财务管理制度,按规定的权限和程序对项目资金的使用和费用的结算支付进行审核、审批,使其成为施工成本控制的一个重要手段。

(四)施工项目成本核算

1. 施工项目成本核算的基本环节

施工成本核算包括两个基本环节:一是按照规定的成本开支范围对施工费用进行归集和分配,计算出施工费用的实际发生额;二是根据成本核算对象,采用适当的方法,计算出该施工项目的总成本和单位成本。施工成本管理需要正确及时地核算施工过程中发生的各项费用,计算施工项目的实际成本。施工项目成本核算所提供的各种成本信息,是成本预测、成本计划、成本控制、成本分析和成本考核等各个环节的依据。

2. 施工项目成本核算的基本内容

施工成本核算一般以单位工程为对象,但也可以按照承包工程项目的规模、工期、结构类型、施工组织和施工现场等情况,结合成本管理要求,灵活划分成本核算对象。施工成本核算的基本内容包括:

(1)人工费核算;
(2)材料费核算;
(3)周转材料费核算;
(4)结构件费核算;
(5)机械使用费核算;
(6)措施费核算;
(7)分包工程成本核算;
(8)企业管理费核算;
(9)项目月度施工成本报告编制。

3. 施工项目成本核算制

施工成本核算制是明确施工成本核算的原则、范围、程序、方法、内容、责任及要求的制度。项目管理必须实行施工成本核算制,它和项目经理责任制等共同构成了项目管理的运行机制。公司层与项目经理部的经济关系、管理责任关系、管理权限关系,以及项目管理组织所承担的责任成本核算的范围、核算业务流程和要求等,都应以制度的形式作出明确的规定。

项目经理部的工作内容包括建立一系列项目业务核算台账和施工成本会计账户,实施全过程的成本核算,具体可分为定期的成本核算和竣工工程成本核算。定期的成本核算包括:每天、每周、每月的成本核算等,是竣工工程全面成本核算的基础。

4. 成本项目核算的目的

形象进度、产值统计、实际成本归集"三同步",即三者的取值范围应是一致的。形象进度表达的工程量、统计施工产值的工程量和实际成本归集所依据的工程量均应是相同的数值。

对竣工工程的成本核算,应分为竣工工程现场成本和竣工工程完全成本,分别由项目经理部和企业财务部门进行核算分析,其目的在于分别考核项目管理绩效和企业经营效益。

(五)施工项目成本分析

1. 成本分析

施工成本分析是在施工成本核算的基础上,对成本的形成过程和影响成本升降的因素进行分析,以寻求进一步降低成本的途径,包括有利偏差的挖掘和不利偏差的纠正。施工成本分析贯穿于施工成本管理的全过程,它是在成本的形成过程中,主要利用施工项目的成本核算资料(成本信息),与目标成本、预算成本以及类似的施工项目的实际成本等进行比较,了解成本的变动情况;同时也要分析主要技术经济指标对成本的影响,系统地研究成本变动的因素,检查成本计划的合理性,并通过成本分析,深入研究成本变动的规律,寻找降低施工项目成本的途径,以便有效地进行成本控制。对成本偏差的控制,分析是关键,纠偏是核心;要针对分析得出的偏差发生原因,采取切实措施,加以纠正。

2. 成本偏差

成本偏差分为局部成本偏差和累计成本偏差。局部成本偏差包括按项目的月度(或周、天等)核算成本偏差、按专业核算成本偏差以及按分部分项作业核算成本偏差等;累计成本偏差是指已完工程在某一时间点上实际总成本与相应的计划总成本的差异。分析成本偏差的原因,应采取定性和定量相结合的方法。

(六)施工项目成本考核

施工项目成本考核是指在施工项目完成后,对施工项目成本形成中的各责任者,按施工项目成本目标责任制的有关规定,将成本的实际指标与计划、定额、预算进行对比和考核,评定施工项目成本计划的完成情况和各责任者的业绩,并以此给予相应的奖励和处罚。通过成本考核,做到有奖有惩,赏罚分明,这样才能有效地调动每一位员工在各自施工岗位上努力完成目标成本的积极性,从而降低施工项目成本,提高企业的效益。

施工项目成本考核是衡量成本降低的实际成果,也是对成本指标完成情况的总结和评价。成本考核制度包括考核的目的、时间、范围、对象、方式、依据、指标、组织领导、评价与奖惩原则等内容。

以施工成本降低额和施工成本降低率作为成本考核的主要指标,要加强公司层对项目经理部的指导,并充分依靠技术人员、管理人员和作业人员的经验和智慧,防止项目管理在企业内部异化为靠少数人承担风险的以包代管模式。成本考核也可分别考核公司层和项目经理部。

公司层对项目经理部进行考核与奖惩时,既要防止虚盈实亏,也要避免实际成本归集差错等的影响,使施工成本考核真正做到公平、公正、公开,在此基础上落实施工成本管理责任制的奖励或激励措施。

三 施工项目成本管理的基础工作

施工项目成本管理的基础工作是多方面的,成本管理责任的建立是其中最根本最重要的基础工作,涉及成本管理的一系列组织制度、工作程序、业务标准和责任制度的建立。除此之外,应从以下几方面为施工成本管理创造良好的基础条件。

(1)统一组织内部工程项目成本计划的内容和格式。其内容应能反映施工成本的划分、各成本项目的编码及名称、计量单位、单位工程量计划成本及合计金额等。这些成本计划的内容和格式应由各个企业按照自己的管理习惯和需要进行设计。

(2)建立企业内部施工定额并保持其适应性、有效性和相对的先进性,为施工成本计划的编制提供支持。

(3)建立生产资料市场价格信息的收集网络和必要的派出询价网点,做好市场行情预测,保证采购价格信息的及时性和准确性。同时,建立企业的分包商、供应商评审注册名录,发展稳定、良好的供方关系,为编制施工成本计划与采购工作提供支持。

(4)建立已完项目的成本资料、报告报表等的归集、整理、保管和使用管理制度。

(5)科学设计施工成本核算账册体系、业务台账、成本报告报表,为施工成本管理的业务操作提供统一的规范。

四 施工项目成本管理的措施

降低施工项目成本的途径,应该是既开源又节流,或者说既增收又节支。只开源不节流,或者只节流不开源,都不可能达到降低成本的目的,达不到理想的降低成本效果。控制项目成本的措施归纳起来有三大方面:组织措施、技术措施、经济措施、合同措施。

1. 组织措施

组织措施是从施工成本管理的组织方面采取的措施。施工成本控制是全员的活动,如实行项目经理责任制,落实施工成本管理的组织机构和人员,明确各级施工成本管理人员的任务和职能分工、权力和责任。施工成本管理不仅是专业成本管理人员的工作,各级项目管理人员都负有成本控制责任。

组织措施的另一方面是编制施工成本控制工作计划、确定合理详细的工作流程。要做好施工采购计划,通过生产要素的优化配置、合理使用、动态管理,有效控制实际成本;加强施工定额,管理好施工任务单管理,控制活劳动和物化劳动的消耗;加强施工调度,避免因施工计划不周和盲目调度造成窝工损失、机械利用率降低、物料积压等现象。成本控制工作只有建立在科学管理的基础之上,具备合理的管理体制,完善的规章制度,稳定作业秩序,完整准确的信息传递,才能取得成效。组织措施是其他各类措施的前提和保障,而且一般不需要增加额外的费用,运用得当可以取得良好的效果。

2. 技术措施

施工过程中降低成本的技术措施,包括:进行技术经济分析,确定最佳的施工方案;结合施工方法,进行材料使用的比选,在满足功能要求的前提下,通过代用改变配合比、使用外加剂等方法降低材料消耗的费用;确定最合适的施工机械、设备使用方案;结合项目的施工组织设计及自然地理条件,降低材料的库存成本和运输成本;应用先进的施工技术,运用新材料,使用先进的机械设备等。在实践中,要避免仅从技术角度选定方案而忽视对其经济效果的分析论证。

技术措施不仅可以帮助解决施工成本管理过程中的技术问题,而且对纠正施工成本管理目标偏差也起到相当重要的作用。因此,运用技术纠偏措施的关键,一是要能提出多各不同的技术方案;二是要对不同的技术方案进行技术经济分析比较,以选择最佳方案。

3. 经济措施

经济措施是最易为人们所接受和采用的措施。管理人员应编制资金使用计划,确定、分解施工成本管理目标。对施工成本管理目标进行风险分析,并制定防范性对策。对各种支出,应认真做好资金的使用计划,并在施工中严格控制各项开支。及时准确地记录、收集、整理、核算实际支出的费用。对各种变更,及时做好增减账,及时落实业主签证,及时结算工程款。通过偏差分析和未完工程预测,可发现一些潜在的、可能引起未完工程施工成本增加的问题,对这些问题应以主动控制为出发点,及时采取预防措施。因此,经济措施的运用绝不仅仅是财务人员的事情。

4. 合同措施

采用合同措施控制施工成本,应贯穿整个合同周期,包括从合同谈判开始到合同终结的全过程。对于分包项目,首先是选用合适的合同结构,对各种合同结构模式进行分析、比较,在合同谈判时,要争取选用适合工程规模、性质和特点的合同结构模式。其次,在合同的条款中应仔细考虑一切影响成本和效益的因素,特别是潜在的风险因素。通过对引起成本变动的风险因素的识别和分析,采取必要的风险对策,如通过合理的方式,增加承担风险的个体数量,降低损失发生的比例,并最终将这些策略体现在合同的具体条款中。在合同执行期间,既要密切注视对方合同执行的情况,以寻求合同索赔的机会;同时也要密切关注自己履行合同的情况,以防被对方索赔。

知识点 2 工程施工成本计划

一、工程施工成本计划的类型

对施工项目而言,其成本计划的编制是一个不断深化的过程。在这一过程的不同阶段形成深度和作用不同的成本计划,若按照其发挥的作用可以分为以下三类:

1. 竞争性成本计划

竞争性成本计划是施工项目投标及签订合同阶段的估算成本计划。这类成本计划以招标文件中的合同条件、投标者须知、技术规范、设计图纸和工程量清单为依据,以有关价格条件说明为基础,结合调研、现场踏勘、答疑等情况,根据施工企业自身的工料消耗标准、水平、价格资料和费用指标等,对本企业完成投标工作所需要支出的全部费用进行估算。在投标报价过程中,虽也着力考虑降低成本的途径和措施,但总体上比较粗略。

2. 指导性成本计划

指导性成本计划是选派项目经理阶段的预算成本计划。是项目经理的责任成本目标。是以合同价为依据,按照企业的预算定额标准制定的设计预算成本计划,且一般情况下确定责任总成本目标。

3. 实施性成本计划

实施性成本计划是项目施工准备阶段的施工预算成本计划。它是以项目实施方案为依据,以落实项目经理责任目标为出发点,采用企业的施工定额通过施工预算的编制而形成的实施性施工成本计划。

以上三类成本计划相互衔接、不断深化,构成了整个工程项目施工成本的计划过程。其中,竞争性成本计划带有成本战略的性质,是施工项目投标阶段商务标书的基础,而有竞争力的商务标书又是以其先进合理的技术标书为支撑的。因此,它奠定了施工成本的基本框架和水平。指导性成本计划和实施性成本计划,都是战略性成本计划的进一步开展和深化,是对战略性成本计划的战术安排。

二 工程施工成本计划的编制依据

施工保持计划是施工项目成本控制的一个重要环节,是实现降低施工成本任务的指导性文件。针对施工项目编制的成本计划达不到目标成本要求时,就必须组织施工项目经理部的有关人员重新研究,寻找降低成本的途径,重新进行编制。同时,编制成本计划的过程也是动员全体施工项目管理人员的过程,是挖掘降低成本潜力的过程,是检验施工技术质量管理、工期管理、物资消耗和劳动力消耗管理等是否有效落实的过程。

编制施工成本计划,需要广泛收集相关资料并进行整理,以作为施工成本计划编制的依据。在此基础上,根据有关设计文件、工程承包合同、施工组织设计、施工成本预测资料等,按照施工项目应投入的生产要素,结合各种因素变化的预测和拟采取的各种措施,估算施工项目生产费用支出的总水平,进而提出施工项目的成本计划控制指标,确定目标总成本。目标总成本确定后,应将目标分解落实到各级部门,以便有效地进行控制。最后,通过综合平衡,编制完成施工成本计划。施工成本计划的编制依据包括:

(1)投标报价文件;
(2)企业定额、施工预算;
(3)施工组织设计或施工方案;
(4)人工、材料、机械台班的市场价;
(5)企业颁布的材料指导价、企业内部机械台班价格、劳动力内部挂牌价格;
(6)周转设备内部租赁价格、摊销损耗标准;
(7)已签订的工程合同、分包合同(或估价书);
(8)结构件外加工计划和合同;
(9)有关财务成本核算制度和财务历史资料;
(10)施工成本预测资料;
(11)拟采取的降低施工成本的措施;
(12)其他相关资料。

三 工程施工成本计划的编制方法

1. 按施工成本组成编制施工成本计划的方法

施工成本计划的编制以成本预测为基础,关键是确定目标成本。计划的制定,需结合施工组织设计的编制过程,通过不断地优化施工技术方案和合理配置生产要素,进行工、料、机消耗的分析,制定一系列节约成本的措施,确定施工成本计划。一般情况下,施工成本计划总额应控制在目标成本的范围内,并建立在切实可行的基础上。

施工总成本目标确定之后,还需通过编制详细的实施性施工成本计划把目标成本层层分解,落实到施工过程的每个环节,有效地进行成本控制。施工成本计划的编制方式有:

(1)按施工成本构成编制施工成本计划;
(2)按施工项目组成编制施工成本计划;
(3)按施工进度编制施工成本计划。

按照成本构成要素划分,建筑安装工程费由人工费、材料(包含工程设备)费、施工机具使用费、企业管理费、利润、规费和税金组成。其中人工费、材料费、施工机具使用费、企业管理费和利润包含在分部分项工程费、措施项目费、其他项目费中。

施工成本可以按成本构成分解为人工费、材料费、施工机具使用费和企业管理费等,在此基础上,编制按施工成本构成分解等施工成本计划。

2. 按施工项目组成编制施工成本计划的方法

大中型工程项目通常是由若干单项工程构成的,而每个单项工程包括了多个单位工程,每个单位工程又是由若干个分部分项工程构成。因此,首先要把项目总施工成本分解到单项工程和单位工程中,再进一步分解到分部工程和分项工程中。

在完成施工项目成本目标分解之后,接下来就是要具体地分配成本,编制分项工程的成本支出计划,从而形成详细的成本计划表。

在编制成本支出计划时,要在项目总体层面上考虑总的预备费,也要在主要的分项工程中安排适当的不可预见费,避免在具体编制成本计划时,可能发现个别单位工程或工程量表中某项内容的工程量计算有较大出入,偏离原来的成本预算。因此,应在项目实施过程中对其尽可能地采取一些措施。

3. 按施工进度编制施工成本计划的方法

按施工进度编制施工成本计划,通常可在控制项目进度的网络图的基础上,进一步扩充得到,即在建立网络图时,一方面确定完成各项工作所需花费的时间,另一方面确定完成这一工作合适的施工成本支出计划。在实践中,将工程项目分解为既能方便地表示时间,又能方便地表示施工成本支出计划的工作是不容易的,通常如果项目分解程度对时间控制合适的话,则对施工成本支出计划可能分解过细,以至于不可能对每项工作确定其施工成本支出计划;反之亦然。因此在编制网络计划时,应在充分考虑进度控制对项目划分要求的同时,还要考虑确定施工成本支出计划对项目划分的要求,做到二者兼顾。

通过对施工成本目标按时间进行分解,在网络计划基础上,可获得项目进度计划对横道图。并在此基础上编制成本计划。其表示方式有两种:一种是在时标网络图上按月编制对成本计划直方图;另一种是用时间-成本累积曲线(S形曲线)表示。

知识点3 工程施工成本控制

一 工程施工成本控制的依据

施工成本控制的依据包括以下内容:

1. 工程承包合同

施工成本控制要以工程承包合同为依据,围绕降低工程成本这个目标,从预算收入和实际成本两个方面,研究节约成本、增加收益的有效途径,以求获得最大的经济效益。

2. 施工成本计划

施工成本计划是根据施工项目的具体情况制定的施工成本控制方案,既包括预定的具体成本控制目标，又包括实现控制目标的措施和规划，是施工成本控制的指导文件。

3. 进度报告

进度报告提供了对应时间节点的工程实际完成量，工程施工成本实际支付情况等重要信息。施工成本控制工作正是通过实际情况与施工成本计划相比较，找出二者之间的差别，分析偏差产生的原因，从而采取措施改进以后的工作。此外，进度报告还有助于管理者及时发现工程实施中存在的隐患，并在可能造成重大损失之前采取有效措施，尽量避免损失。

4. 工程变更

在项目的实施过程中，由于各方面的原因，工程变更是很难避免的。工程变更一般包括设计变更、进度计划变更、施工条件变更、技术规范与标准变更、施工次序变更、工程量变更等。一旦出现变更，工程量、工期、成本都有可能发生变化，从而使得施工成本控制工作变得更加复杂和困难。因此，施工成本管理人员应当通过对变更要求中各类数据及时进行计算、分析，及时掌握变更情况，包括已发生工程量、将要发生工程量、工期是否拖延、支付情况等重要信息，判断变更以及变更可能带来的索赔额度等。

二 工程施工成本控制程序

能否达到预期的成本目标，是施工成本控制是否成功的关键。对各岗位人员的成本管理行为进行控制，就是为了保证成本目标的实现。施工项目成本指标控制程序如下。

（1）确定施工项目成本目标及月度成本目标。

在工程开工之初，项目经理部应根据公司与项目签订的《项目承包合同》确定项目的成本管理目标，并根据工程进度计划确定月度成本计划目标。

（2）收集成本数据，监测成本形成过程。

过程控制的目的就在于不断纠正成本形成过程中的偏差，保证成本项目的发生是在预定范围之内。因此，在施工过程中要定期收集反映施工成本支出情况的数据，并将实际发生情况与目标计划进行对比，从而保证有效控制成本的整个形成过程。

（3）分析偏差原因，制定对策。

施工过程是一个多工种、多方位立体交叉作业的复杂活动，成本的发生和形成是很难按预定的目标进行的，因此，需要对产生的偏差及时分析原因，分清是客观因素（如市场调价）还是人为因素（如管理行为失控），及时制定对策并予以纠正。

（4）用成本指标考核管理行为，用管理行为来保证成本指标。

管理行为的控制程序和成本指标的控制程序是对项目施工成本进行过程控制的主要内容，这两个程序在实施过程中，是相互交叉、相互制约又相互联系的。只有把成本指标的控制程序和管理行为的控制程序相结合，才能保证成本管理工作能够有序地、富有成效地进行。

三 工程施工成本控制方法

施工阶段是成本发生的主要阶段，这个阶段的成本控制主要是通过确定成本目标并按计划成本组织施工，合理配置资源，对施工现场发生的各项成本费用进行有效控制，主要包括如下：

（一）人工费的控制

人工费的控制实行"量价分离"的方法，将作业用工及零星用工按定额工日的一定比例综合确定用工数量与单价，通过劳务合同进行控制。

1. 人工费的影响因素

（1）社会平均工资水平。建筑安装工人人工单价必须和社会平均工资水平趋同。社会平均工资水平取决于经济发展水平。由于我国改革开放以来经济迅速增长，社会平均工资也有大幅增长，从而导致人工单价的大幅提高。

（2）生产消费指数。生产消费指数的提高会导致人工单价的提高，以减少生活水平的下降，维持原来的生活水平。生活消费指数的变动取决于物价的变动，尤其取决于生活消费品物价的变动。

（3）劳动力市场供需变化。劳动力市场如果供不应求，人工单价就会提高；供过于求，人工单价就会下降。

（4）政府推行的社会保障和福利政策也会影响人工单价的变动。

（5）经会审的施工图、施工定额、施工组织设计等决定人工的消耗量。

2. 控制人工费的方法

加强劳动定额管理，提高劳动生产率，降低工程耗用人工工日，是控制人工费支出的主要手段。

（1）制定先进合理的企业内部劳动定额，严格执行劳动定额，并将安全生产、文明施工及零星用工下达到作业队进行控制。全面推行全额计件的劳动管理办法和单项工程集体承包的经济管理办法，以不超出施工图预算人工费指标为控制目标，实行工资包干制度。认真执行按劳分配的原则，使职工个人所得与劳动贡献相一致，充分调动广大职工的劳动积极性，以提高劳动力效率。把工程项目的进度、安全、质量等指标与定额管理结合起来，提高劳动者的综合能力，实行奖励制度。

（2）提高生产工人的技术水平和作业队的组织管理水平，根据施工进度、技术要求，合理搭配各工种工人的数量，减少和避免无效劳动。不断地改善劳动组织，创造良好的工作环境，改善工人的劳动条件，提高劳动效率。合理调节各工序人数安排情况，安排劳动力时，尽量做到技术工不做普通工的工作，高级工不做低级工的工作，避免技术上的浪费，既要加快工程进度，又要节约人工费用。

（3）加强职工的技术培训和多种施工作业技能的培训，不断提高职工的业务技术水平和熟练操作程度，培养一专多能的技术工人，提高作业工效。提倡技术革新和推广新技术，提高技术装备水平和工厂化生产水平，提高企业的劳动生产率。

（4）实行弹性需求的劳务管理制度。对施工生产各环节上的业务骨干和基本的施工力量，要保持相对稳定。对短期需要的施工力量，要做好预测、计划管理，通过企业内部的劳务市场及外部协作队伍进行调剂。严格做到项目部的定员随工程进度要求及时进行调整，进行弹性管理。要打破行业、工种界限，提倡一专多能，提高劳动力的利用效率。

(二)材料费的控制

材料费控制同样按照"量价分离"原则,控制材料用量和材料价格。

1. 材料用量的控制

在保证符合设计要求和质量标准的前提下,合理使用材料,通过定额控制、指标控制、计量控制、包干控制等手段有效控制物资材料的消耗,具体方法如下。

【定额控制】

对有消耗定额的材料,以消耗定额为依据,实行限额领料制度。

(1)限额领料的形式

①按分项工程实行限额领料:就是按照分项工程进行限额,如钢筋绑扎、混凝土浇筑、砌筑、抹灰等,它是以施工班组为对象进行的限额领料。

②按工程部位实行限额领料:就是按工程施工工序分为基础工程、结构工程和装饰工程,它是以施工专业队为对象进行的限额领料。

③按单位工程实行限额领料:就是对一个单位工程从开工到竣工全过程的建设工程项目的用料实行的限额领料,它是以项目经理部或分包单位为对象开展的限额领料。

(2)限额领料的依据

①准确的工程量。是按工程施工图纸计算的正常施工条件下的数量,是计算限额领料量的基础。

②现行的施工预算定额或企业内部消耗定额,是制定限额用量的标准。

③施工组织设计,是计算和调整非实体性消耗材料的基础。

④施工过程中发包人认可的变更洽商单,是调整限额量的依据。

(3)限额领料的实施

①确定限额领料的形式。施工前,根据工程的分包形式,与使用单位确定限额领料的形式。

②签发限额领料单。根据双方确定的限额领料形式,根据有关部门编制的施工预算和施工组织设计,将所需材料数量汇总后编制材料限额数量,经双方确认后下方。

③限额领料单的应用。限额领料单一式三份,一份交保管员作为控制发料的依据;一份交使用单位,作为领料的依据;一份由签发单位留存,作为考核的依据。

④限额量的调整。在限额领料的执行过程中,会有许多因素影响材料的使用,如:工程量的变更、设计更改、环境因素的影响等。限额领料的主管部门在限额领料的执行过程中要深入施工现场,了解用料情况,根据实际情况及时调整限额数量,以保证施工生产的顺利进行和限额领料制度的连续性、完整性。

⑤限额领料的核算。根据限额领料形式,工程完工后,双方应及时办理结算手续,检查限额领料的执行情况,结合具体施工项目的内容和要求,制定领用材料指标,以控制发料。超过指标的材料,必须经过一定的审批手续才可领用。

【指标控制】

对没有消耗定额的材料,则实行计划管理和按指标控制的办法。根据以往项目的实际耗用情况,结合具体施工项目的内容和要求,制定领用材料指标,以控制发料。超过指标的材料,必须经过一定的审批手续方可领用。

【计量控制】

准确做好材料物资的收发计量检查和投料计量检查。

【包干控制】

在材料使用过程中,对部分小型及零星材料(如钢钉、钢丝等)根据工程量计算出所需材料量,将其折算成费用,由作业者包干使用。

2. 材料价格的控制

材料价格主要由材料采购部门控制。由于材料价格是由买价、运杂费、运输中的合理损耗等所组成,因此控制材料价格,主要是通过掌握市场信息,应用招标和询价等方式控制材料、设备的采购价格。

施工项目的材料物资,包括构成工程实体的主要材料和结构件,以及有助于工程实体形成的周转使用材料和低值易耗品。从价值角度看,材料物资的价值约占建筑安装工程造价的60%甚至70%以上,因此,对材料价格的控制非常重要。由于材料物资的供应渠道和管理方式各不相同,所以控制的内容和所采取的控制方法也将有所不同。

(三)施工机械使用费的控制

合理选择施工机械设备,合理使用施工机械设备对成本控制具有十分重要的意义,尤其是高层建筑施工。据某些工程实例统计,高层建筑地面以上部分的总费用中,垂直运输机械费用占6%~10%。由于不同的器重运输机械各有不同的特点,因此在选择起重运输机械时,首先应根据工程特点和施工条件确定采取的起重运输机械的组合方式。在确定采用何种组合方式时,首先应满足施工需要,其次要考虑到费用的高低和综合经济效益。

施工机械使用费主要由台班数量和台班单价两方面决定,因此为有效控制施工机械使用费支出,应主要从这两个方面进行控制。

1. 台班数量

(1)根据施工方案和现场实际情况,选择适合项目施工特点的施工机械,制定设备需求计划,合理安排施工生产,充分利用现有机械设备,加强内部调配,提高机械设备的利用率。

(2)保证施工机械设备的作业时间,安排好生产工序的衔接,尽量避免停工、窝工、尽量减少施工中所消耗的机械台班数量。

(3)核定设备台班定额产量,实行超产奖励办法,加快施工生产进度,提高机械设备单位时间的生产效率和利用率。

(4)加强设备租赁计划管理,减少不必要的设备闲置和浪费,充分利用社会闲置机械资源。

2. 台班价格

(1)加强现场设备的维修、保养工作。降低大修、经常性修理等各项费用的开支,提高机械设备的完好率,最大限度地提高机械设备的利用率,避免因使用不当造成机械设备的停置。

(2)加强机械操作人员的培训工作。不断提高操作技能,提高施工机械台班的生产效率。

(3)加强配件的管理。建立健全配件领发料制度,严格按油料消耗定额控制油料消耗,做到修理有记录,消耗有定额,统计有报表,损耗有分析。通过经常分析总结,提高修理质量,降低配件消耗,减少修理费用的支出。

(4)降低材料成本。做好施工机械配件和工程材料采购计划,降低材料成本。

(5)成立设备管理领导小组,负责设备调度、检查、维修、评估等具体事宜。主要工作包括对主要部件及其保养情况建立档案,分清责任,便于尽早发现问题,找到解决问题的办法。

四 项目成本控制原则

施工项目成本控制原则是企业成本管理的基础和核心,施工项目经理部在对项目施工过程进行成本控制时,必须遵循以下基本原则。

(1)成本最低化原则。施工项目成本控制的根本目的,在于通过成本管理的各种手段,不断降低施工项目成本,以达到可能实现最低的目标成本的要求。在实行成本最低化原则时,应注意降低成本的可能性和合理的成本最低化。一方面挖掘各种降低成本的能力,使可能性变为现实;另一方面要从实际出发,制定通过主观努力可以达到的、合理的最低成本水平。

(2)全面成本控制原则。全面成本管理是全企业、全员和全过程的管理,亦称"三全"管理。项目成本的全员控制有一个系统的实质性内容,包括各部门、各单位的责任网络和班组经济核算等等,应防止"成本控制人人有责却人人不管"的现象。项目成本的全过程控制要求成本控制工作要随着项目施工进展的各个阶段连续进行,既不能疏漏,又不能时紧时松,应使施工项目成本自始至终置于有效的控制之下。

(3)动态控制原则。施工项目是一次性的,成本控制应强调项目的中间控制,即动态控制,因为施工准备阶段的成本控制只是根据施工组织设计的具体内容确定成本目标、编制成本计划、制订成本控制的方案,为今后的成本控制做好准备;而竣工阶段的成本控制,由于成本盈亏已基本定局,即使发生了纠差,也已来不及纠正。

(4)目标管理原则。目标管理的内容包括:目标的设定和分解,目标的责任到位和执行,检查目标的执行结果,评价目标和修正目标,形成目标管理的计划、实施、检查、处理循环,即PDCA循环。

(5)责、权、利相结合的原则。在项目施工过程中,项目经理部各部门、各班组在肩负成本控制责任的同时,享有成本控制的权力,同时项目经理要对各部门、各班组在成本控制中的业绩进行定期的检查和考评,实行有奖有罚。只有真正做好责、权、利相结合的成本控制,才能收到预期的效果。

五 分阶段成本控制

(一)施工前成本控制

施工前的成本控制是工程施工项目成本管理的第一个阶段,包括投标阶段成本控制和施工准备阶段成本控制。

1. 投标阶段成本控制

投标报价的高低关系到施工企业能否中标与项目盈亏,合理地确定投标报价是施工企业最重要的工作之一。施工单位的市场营销(经营)部门应与相关部门联合,根据企业近期发展战略,结合本企业的技术、设备、经济、管理等水平合理确定投标报价。在策略上可以采取不平衡报价,即在相同的总标价内,不同的分项工程采取不同的单价,对实际施工中可能增加工程量的分项工程采取高报价,对实际施工中变化不大或可能减少的工程量应采取低价,这样就能在施工过程中为实现盈利创造条件。

2. 施工准备阶段成本控制

(1)制定科学、先进、优化可行的施工组织设计方案。在制定方案时,要认真研究设计图纸和业主要求,在确保工程质量和工期的前提下,充分利用项目当地的各种有利资源,充分发挥企业本身的人力、机械设备、材料等现有条件,要使施工工序的各环节互相衔接协调,通过采用新工艺、新技术,提高生产效率、降低成本。施工企业一般要制定几套施工组织设计方案,并通过可行性、技术性、经济性比较来确定最佳方案。

(2)根据最佳的施工组织设计方案,进行施工项目成本预测,确定项目成本总体控制目标。

(3)根据企业和项目的实际情况,选取合适的项目部,签订项目管理承包责任书,核定项目责任成本目标,进行责任目标分解和成本实时监控。

(二)施工阶段成本控制

施工阶段的成本控制是整个工程项目成本控制的核心环节,也是整个工程项目成本控制的关键。

合理控制项目施工过程中的各项直接费用。

1. 人工费控制

人工费一般约占建安费的15%～25%,其发生额会随我国经济的发展与人民生活水平的提高而不断地增加。人工费控制一般包括4个方面:根据施工组织设计计划和网络进度计划,合理安排各工序各工种的用工人数,做到各工序工种之间的衔接与协调,避免窝工;根据不同的工种与人员、结合人力资源市场价格,合理确定与适时调整人工单价;加强技术工人与较固定农民用工的技能培训,提高工作效率,降低工时;加强对各分部分项工程用工数量的考核与管理,适时调控用工数量,将人工费支出严格控制在清单报价之内。

2. 材料费控制

材料费一般占工程造价的60%以上,是工程项目成本控制的重点。材料费控制有以下三方面内容:

①严格控制材料的采购成本。

要充分进行市场调查,随时掌握工程所用各种材料的市场价格,在满足工程质量要求的前提下,选择质量优、价格低、运距近的材料供应商,大型施工企业应维护信誉好较稳定的材料供应商,以获取价格优惠,采取阳光采购,杜绝暗箱操作,对像钢材、水泥等用材量大的材料可以实行公开招标。

②实行按工程量清单数量限额领料制度,杜绝施工过程中材料的浪费,降低材料各种损耗,鼓励采用新技术、新工艺、新材料降低单位工程材料用量的各种措施。

③依据工程进度和材料采购计划,适时进行材料采购,要尽量缩短材料库存时间,减少材

料保管损耗和保管费用、减少占用流动资金。

3. 机械费控制

机械费主要是由机械台班消耗量和台班单价两方面决定。其成本控制包括：
①有效控制台班支出。
要制定切实可行的施工组织设计，合理地配置施工机械的型号和数量，合理安排机械的安放位置、进退场时间等，避免设备闲置，充分发挥设备的使用效率。
②加强机械操作人员的技术培训。
避免因操作不当而影响设备使用，要及时对设备进行维修和保养，提高设备的完好率与利用率，避免由于设备不能使用而影响工期计划，造成施工成本上升。
③加强机械设备的使用调度。
尽可能使用自有设备或可以在企业内部调剂的设备，加强设备租赁计划管理，控制好机械租赁费用。对企业内部没有的设备，根据工期的长短和工程量的多少，以及对以后工程使用的预测，进行购买与租赁的经济比较，比如对工期长、工程量大的项目所需的设备，企业以后还要经常使用的设备，或特殊的专用设备，可购买，反之，可以租赁，要严格控制人力、动力、燃料等费用的支出，力求从各个角度来降低机械使用的各种费用。

(三) 工程结算阶段的成本管理

包含工程验收后的结算和工程款的回收工作。要做好工程技术资料的收集、整理、汇总、归档，及时办理竣工决算，以明确债权、债务关系。同时应指定专人负责与业主方联系，力争尽快回笼资金。

知识点 4　工程施工成本分析

一　施工成本分析的依据

通过施工成本分析，可从账簿、报表反映的成本现象中看清成本的实质，从而增强项目成本的透明度和可控性，为加强成本控制、实现项目成本目标创造条件。施工成本分析的主要依据是会计核算、业务核算和统计核算所提供的资料。

1. 会计核算

会计核算主要是指价值核算。会计是对一定单位的经济业务进行计量、记录、分析和检查，作出预测，参与决策，实行监督，旨在实现最优经济效益的一种管理活动。它通过设置账户、复式记账、填制和审核凭证、登记账簿、成本计算、财产清查和编制会计报表等一系列有组织有系统的方法，来记录企业的一切生产经营活动，然后据此提出一些用货币来反映的有关各种综合性经济指标的数据，如资产、负债、所有者权益、收入、费用和利润等。由于会计记录具有连续性、系统性、综合性等特点，所以它是施工成本分析的重要依据。

2. 业务核算

业务核算是各业务部门根据业务工作的需要建立的核算制度，它包括原始记录和计算登记表，如单位工程及分部分项工程进度登记，质量登记，工效、定额计算登记，物资消耗定额记录、测试记录等。业务核算的范围比会计、统计核算要广。会计和统计核算一般是对已经发生的经济活动进行核算,而业务核算不但可以核算已经完成的项目是否达到原定的目的、取得预期的效果,而且可以对尚未发生或正在发生的经济活动进行核算,以确定该项经济活动是否有经济效果,是否有执行的必要。它的特点是可对个别的经济业务进行单项核算,例如各种技术措施、新工艺等项目。业务核算的目的,在于迅速取得资料,以便在经济活动中及时采取措施进行调整。

3. 统计核算

统计核算是利用会计核算资料和业务核算资料,把企业生产经营活动客观现状的大量数据,按统计方法加以系统整理,以发现其规律性。它的计量尺度比会计宽,可以用货币计算,也可以用实物或劳动量计量。它通过全面调查和抽样调查等特有的方法,不仅能提供绝对数指标,还能提供相对数和平均数指标,可以计算当前的实际水平,还可以确定变动速度以预测发展的趋势。

二 施工成本分析的方法

(一) 比较法

比较法又称"指标对比分析法",是指对比技术经济指标,检查目标的完成情况,分析产生差异的原因,进而挖掘降低成本的方法。这种方法通俗易懂、简单易行、便于掌握,因而得到了广泛的应用,但在应用时必须注意各技术经济指标但可比性。比较法的应用通常有以下形式。

1. 将实际指标与目标指标对比

以此检查目标完成情况,分析影响目标完成的积极因素和消极因素,以便及时采取措施,保证成本目标的实现。在进行实际指标与目标指标对比时,还应注意目标本身有无问题,如果目标本身出现问题,则应调整目标,重新评价实际工作。

2. 本期实际指标与上期实际指标对比

通过本期实际指标与上期实际指标对比,可以看出各项技术经济指标的变动情况,反映施工管理水平的提高程度。

3. 与本行业平均水平、先进水平对比

通过这种对比,可以反映本项目的技术和经济管理水平与行业的平均及先进水平的差距,进而采取措施提高本项目管理水平。

(二) 比率法

比率法是指用两个以上的指标的比例进行分析的方法。它的基本特点是:先把对比分析的数值变成相对数,再观察其相互之间的关系。常用的比率法有以下几种。

1. 相关比率法

由于项目经济活动的各个方面是相互联系、相互依存、相互影响的,因而可以将两个性质不同且相关的指标加以对比,求出比率,并以此来考察经营成果的好坏。例如:产值和工资是

两个不同的概念,但他们是投入与产出的关系。在一般情况下,都希望以最少的工资支出完成最大的产值。因此,用产值工资率指标来考核人工费的支出水平,可以很好地分析人工成本。

2. 构成比率法

又称比重分析法或结构对比分析法。通过构成比率,可以考察成本总量的构成情况及各项成本项目占总成本的比重,同时也可看出预算成本、实际成本和降低成本的比例关系,从而寻求降低成本的途径。

3. 动态比率法

动态比率法是将同类指标不同时期的数值进行对比,求出比率,以分析该项指标的发展方向和发展速度。动态比率的计算,通常采用基期指数和环比指数两种方法。

三 综合成本的分析方法

综合成本是指涉及多种生产要素,并受多种因素影响的成本费用,如分部分项工程成本,月(季)度成本、年度成本等。由于这些成本都是随着项目施工的进展而逐步形成的,与生产经营有着密切的关系,因此,做好上述成本的分析工作,无疑将促进项目的生产经营管理,提高项目的经济效益。

1. 分部分项工程成本分析

分部分项工程成本分析是施工项目成本分析的基础。分部分项工程成本分析的对象为已完成分部分项工程,分析的方法是:进行预算成本、目标成本和实际成本的"三算"对比,分别计算实际偏差和目标偏差,分析偏差产生的原因,为今后的分部分项工程成本寻求节约途径。

分部分项工程成本分析的资料来源为:预算成本来自投标报价成本,目标成本来自施工预算,实际成本来自施工任务单的实际工程量、实耗人工和限额领料单的实耗材料。

由于施工项目包括很多分部分项工程,无法也没有必要对每一个分部分项工程都进行成本分析。特别是一些工程量小、成本费用少的零星工程。但是,对那些主要分部分项工程必须进行成本分析,而且要做到从开工到竣工进行系统的成本分析。因为通过主要分部分项工程成本的系统分析,可以基本上了解项目成本形成的全过程,为竣工成本分析和今后的项目成本管理提供参考资料。

2. 月(季)度成本分析

月(季)度成本分析,是施工项目定期的、经常性的中间成本分析,对施工项目来说具有特别重要的意义。通过月(季)度成本分析,可以及时发现问题,以便按照成本目标指定的方向进行监督和控制,保证项目成本目标的实现。

3. 年度成本分析

企业成本要求一年结算一次,不得将本年成本转入下一年度。而项目成本则以项目的寿命周期为结算期,要求从开工到竣工直至保修期结束连续计算,最后结算出总成本及其盈亏。由于项目的施工周期一般较长,除进行月(季)度成本核算和分析外,还要进行年度成本的核算和分析。这不仅是企业汇编年度报表的需要,同时也是项目成本管理的需要,通过年度成本的综合分析,可以总结一年来成本管理的成绩和不足,为今后的成本管理提供经验和教训,从而可对项目成本进行更有效的管理。

4. 竣工成本的综合分析

凡是有几个单位工程且单独进行成本核算(即成本核算对象)的施工项目,其竣工成本分析应以各单位工程竣工成本分析资料为基础,再加上项目管理层的经营效益(如资金调度、对外分包等所产生的效益)进行综合分析。如果施工项目只有一个成本核算对象(单位工程),就以该成本核算对象的竣工成本资料作为成本分析的依据。

四 成本项目的分析方法

(一)人工费分析

项目施工需要的人工和人工费,由项目经理部与作业队签订劳务分包合同,明确承包范围、承包金额和双方的权利、义务。除了按合同规定支付劳务费以外,还可能发生一些其他人工费支出,主要有:

(1)因实物工程量增减而调整的人工和人工费;

(2)定额人工以外的计日工工资(如果已按定额人工的一定比例由作业队包干,并已列入承包合同的,不再另行支付);

(3)对在进度、质量、节约、文明施工等方面作出贡献的班组和个人进行奖励的费用。

项目管理层应根据上述人工费的增减,结合劳务分包合同的管理进行分析。

(二)材料费分析

材料费分析包括主要材料和结构件费用的分析、周转材料使用费分析、采购保管费分析以及材料储备资金分析。

1. 主要材料和结构件费用的分析

主要材料和结构件费用的高低,主要受价格和消耗数量的影响。而材料价格的变动,受采购价格、运输费用、途中损耗、供应不足等因素的影响;材料消耗数量的变动,则受操作损耗、管理损耗和返工损失等因素的影响。因此,可在价格变动较大和数量超用异常的时候再进行深入分析。

2. 周转材料使用费分析

在实行周转材料内部租赁制的情况下,项目周转材料费的节约或超支,取决于材料周转率和损耗率,周转减慢,则材料周转的时间增长,租赁费支出就增加;而超过规定的损耗,则要照价赔偿。

3. 采购保管费分析

材料采购保管费属于材料的采购成本,包括:材料采购保管人员的工资、工资附加费、劳动保护费、办公费、差旅费,以及材料采购保管过程中发生的固定资产使用费、工具用具使用费、检验试验费、材料整理及零星运费和材料物资的盘亏及毁损等。材料采购保管费一般应与材料采购数量同步,即材料采购多,采购保管费也会相应增加。因此,应根据每月实际采购的材料数量(金额)和实际发生的材料采购保管费,分析保管费率的变化。

4. 材料储备资金分析

材料的储备资金是根据日平均用量、材料单价和储备天数(即从采购到进场所需要的时间)计算的。上述任何一个因素变动,都会影响储备资金的占用量。材料储备资金的分析,可以应用"因素分析法"。

(三)机械使用费分析

由于项目施工具有一次性的特点,项目经理部不能随时拥有自己的机械设备,而是随着施工的需要,向企业动力部门或其他单位租用。在机械设备的租用过程中,存在两种情况,一是按产量进行承包,并按完成产量计算费用,如土方工程。项目经理部只要按实际挖掘的土方工程量结算挖土费用,而不必考虑挖土机械的完好程度和利用程度。另一种是按使用时间(台班)计算机械费用的,如塔式起重机、搅拌机、砂浆机等,如果机械完好率低或在使用中调度不当,必然会影响机械的利用率,从而延长使用时间,增加使用费。因此,项目经理部应该给予一定的重视。

由于建筑施工的特点,在流水作业和工序搭接上往往会出现某些必然或偶然的施工间隙,影响机械的连续作业;有时,在加快施工进度和工种配合的要求下,需要机械日夜不停地运转,这样便造成机械综合利用效率不高,比如机械停工,则需要支付停班费。因此,在机械设备的使用过程中,应以满足施工需要为前提,加强机械设备的平衡调度,充分发挥机械的效用;同时,还要加强平时的机械设备的维修保养工作,提高机械的完好率,保证机械的正常运转。

(四)管理费分析

现场管理费分析,也应通过预算(或计划)数与实际数的比较来进行。

五 专项成本分析方法

针对与成本有关的特定事项的分析,包括成本盈亏异常分析、工期成本分析、资金成本分析等内容。

(一)成本盈亏异常分析

施工项目出现成本盈亏异常情况,必须高度重视,必须彻底查明原因并及时纠正。

检查成本盈亏异常的原因,应从经济核算的"三同步"入手。因为项目经济核算的基本规律是:在完成多少产值、消耗多少资源、发生多少成本之间,有着必然的同步关系。如果违背这个规律,就会发生成本的盈亏异常。

"三同步"检查是提高项目经济核算水平的有效手段,不仅适用于成本盈亏异常的检查,也可用于月度成本的检查。"三同步"检查可以通过以下五个方面的对比分析来实现。

(1)产值与施工任务单的实际工程量和形象进度是否同步;

(2)资源消耗与施工任务单的实耗人工、限额领料单的实耗材料、当期租用的周转材料和施工机械是否同步;

(3)其他费用(如材料价、超高费和台班费等)的产值统计与实际支付是否同步;
(4)预算成本与产值统计是否同步;
(5)实际成本与资源消耗是否同步。
通过以上五个方面的分析,可以探明成本盈亏的原因。

(二)工期成本分析

工期成本分析是计划工期成本与实际工期成本的比较分析。计划工期成本是指在假定完成预期利润的前提下计划工期内所耗用的计划成本;而实际成本是在实际工期中耗用的实际成本。

工期成本分析一般采用比较法,即将计划工期成本与实际工期成本进行比较,然后应用"因素分析法"分析各种因素的变动对工期成本差异的影响程度。

(三)资金成本分析

资金与成本的关系是指工程收入与成本支出的关系。根据工程成本核算的特点,工程收入与成本支出有很强的相关性。进行资金成本分析通常应用"成本支出率"指标,即成本支出占工程款收入的比例,计算公式如下:

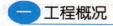

成本支持率 = (计算期实际成本支出/计算期实际工程款收入) × 100%

通过对"成本支出率"的分析,可以看出资金收入中用于成本支出的比重。结合储备金和结存资金的比重,可以分析资金使用的合理性。

知识点5 相关案例综合分析

结合成都地铁1号线一期工程盾构施工2标,分析如何进行施工成本控制。

一 工程概况

中、日两国盾构隧道各项成本费用构成详见表6-1。

中日两国盾构隧道各项成本费用 表6-1

项目	比例(%)	项目	比例(%)
中国		日本	
管片	34~38	管片	30~40
二次衬砌	12~15	二次衬砌	5~10
盾构机	17~19	盾构机	20~30
工程设备	5~8	工程设备	10~15
掘进设备	9~15	掘进设备	5~10
废土处理	7~16	废土处理	10左右
掘进劳务费	5~11	掘进劳务费	5左右
竖井建造	7~18	竖井建造	5~10
进出洞防护	4~10	进出洞防护	3~5
其他	4~8	其他	10以内

二 成本控制措施

影响盾构施工成本的因素很多,因此控制盾构施工成本要从多方面入手。针对综合原因分析,成都地铁2标从合理的盾构机选型、渣土改良、刀具的消耗、其他消耗性材料、盾构施工风险性成本等方面控制了盾构施工成本。

1. 刀具的成本控制

在盾构施工中,刀具的消耗始终是一个最大的成本消耗,也是一个不确定的成本消耗。有许多难以预测的成本消耗如盾构机被困、必须带压换刀等都是由于刀具的不及时更换造成的。刀具的消耗与以下几方面有关:

(1) 盾构机的刀盘的形式和刀具的布置是否与掘进的地质相适应;
(2) 盾构机掘进时注入泡沫、膨润土的数量和质量;
(3) 盾构机司机的操作水平;
(4) 刀具是否能够及时更换。

在成都地质条件下盾构机刀盘的形式已经确定,无法进行更改,主要要找出一个比较理想的刀具布置方案,才能将大卵石破碎。根据掘进情况考虑是否将周边单刃滚刀布置成双刃滚刀。同时盾构机司机的操作技术对刀具的磨损也起着决定性的作用,在成都地质条件下应该将刀盘的旋转速度控制在 0.5~1r/min,推进速度控制为 30~50mm/min,时刻观察刀盘前方的声音,以判断在刀盘前方是否有难以破碎的大卵石存在。当有大卵石长时间存在时要开仓进行人工破碎。单刃和中心双刃滚刀需及时更换时,可以只更换刀圈,刀毂可再次利用,这样可以降低刀具的成本。另一降低刀具消耗成本的方法是要将宽刮刀和周边刮刀修理后再次使用。

盾构施工中刀具的及时更换是非常必要的。如果在掘进过程中由于某种原因刀具未能及时更换,会造成刀具的深度磨损,刀毂无法再次利用。由于刀具的超磨损造成盾构机掘进速度降低,添加剂相应会有所增加,同时电能的消耗也会相应增加。如果在无法推进时还不能常压换刀的地质条件下不得不采用带压换刀或地层加固等措施,会加大盾构的施工成本,降低效益,有可能会造成无法掘进的后果。

因此,在成都地质盾构机掘进中,预选考虑盾构机的换刀位置和换刀的方法。

(1) 要尽可能在始发井、到达站内刀具全部更新;
(2) 考虑在预定位置降水条件下常压进行换刀;
(3) 尽量减少换刀的次数,同时提高换刀的效率,以减少换刀中的危险;
(4) 常压换刀无法进行情况下,带压换刀要有充足准备,以降低换刀时风险。

2. 其他消耗性材料成本控制

盾构机掘进中有许多消耗及损耗性的材料,需要管理人员对材料的多余损耗进行控制,降低损耗,同时将消耗性产品找出最适合于盾构机掘进施工的量,做到盾构机即能顺利掘进,又能减少消耗,主要体现在以下几个方面:

(1) 扣板、螺栓、钢枕拉杆等材料采取逐级点验,从物资部出库开始,经地面工班长、始发井下随车员、隧道内施工人员、隧道内两工班交接人员都要进行材料名称和数量的交接,以达到损耗最小之目的。

（2）盾尾脂、HBW脂、润滑脂根据盾构机的掘进技术和不同的厂家材料性能决定不同的注入数量和速率，如麦斯的盾尾脂注脂压力控制在20bar，康达特的盾尾脂注脂压力控制在25bar等，并且要控制好盾构机的掘进姿态、选择好管片类型、各系统出现故障及时处理，防止盾尾间隙不好漏浆等，以减少非正常的材料消耗。

（3）各种消耗产品要使用干净，如盾尾脂、HBW脂、润滑脂等气动泵难以泵出部分要清理干净，移到另一待泵桶中，以减少损耗。

（4）盾构施工人员要爱护盾构机上各个部件，不能随意踩踏，在换刀时要将易碰撞部件保护起来，减少人为损坏。

3. 盾构施工风险成本控制

众所周知，盾构机施工是高风险的施工。主要是因为盾构施工中不可预测的风险很多。如盾构机掘进过程中超挖引起的隧道上方建筑物的沉降，盾构机刀具的超磨损造成的盾构机被困等风险造成的盾构施工成本急剧增加。这是盾构施工中管理人员最难控制的成本。

为了控制盾构施工风险成本，需要盾构机司机具有良好的心理素质，高的掘进技术，在工作中具有高度的责任心，在掘进工作中精神高度集中，才能有效控制隧道上方建筑物的沉降。同时刀具工程师根据掘进情况分析盾构机刀盘刀具的磨损情况，提出最佳的换刀位置和换刀时间，使盾构机的掘进速度可以一直在快速、连续、均衡的状态下掘进。

拓展资源链接

序号	资源名称	链接方式
1	施工成本控制认知案例	
2	《解密港铁》第三篇：成本管理	https://ziliao.co188.com/p47876091.html

行业能力测评

1. 建设工程项目施工成本管理涉及的时间范围是（　　）。
   A. 设计准备开始至项目竣工验收为止
   B. 设计准备开始至项目动用为止
   C. 工程投标报价开始至项目竣工结算完成为止
   D. 项目开工时至项目竣工结算完成为止
2. 施工成本管理就是要在（　　）情况下，采取相应管理措施，把成本控制在计划范围内。
   A. 保证工期和确保质量优良　　　　　　B. 保证工期和满足质量要求

C. 缩短工期和确保质量优　　　　　　D. 缩短工期和满足质量要求

3. 工程项目施工成本管理过程中,完成成本预测后,应进行下列工作：(1)成本计划；(2)成本核算；(3)成本控制；(4)成本考核；(5)成本分析,其正确顺序为( )。

A. (1)(3)(2)(5)(4)　　　　　　B. (1)(2)(3)(4)(5)
C. (1)(3)(4)(2)(5)　　　　　　D. (1)(4)(2)(3)(5)

4. 施工成本预测的工作是在施工项目( )进行。

A. 施工以前　　　　　　B. 施工前
C. 施工中期　　　　　　D. 施工后期

5. ( )是项目降低成本的指导文件,是设立目标成本的依据。

A. 施工成本预测　　　　　　B. 施工成本计划
C. 施工成本控制　　　　　　D. 施工成本核算

典型任务4　工程施工进度控制

本任务必备知识体系：

➢ 知识点1　工程施工进度控制及优化
➢ 知识点2　工程施工进度检查与调整
➢ 知识点3　相关案例综合分析
➢ 拓展资源链接
➢ 行业能力测评

知识点1　工程施工进度控制及优化

一、工程项目进度管理

工程项目的进度管理是指对工程项目各建设阶段的工作内容、工作程序、持续时间和逻辑关系编制计划,将该计划付诸实施,在实施过程中经常检查实际进度是否按计划要求进行,对出现的偏差分析原因,采取补救措施或调整、修改原计划,直至工程竣工,交付使用。进度控制的最终目的是确保项目总目标,即工程项目的工期的实现。

(一)综合性措施对进度实施全面的控制

(1)明确进度控制的目标

进度、投资、质量是工程项目的三大目标,它们之间有着相互依赖和相互制约的关系。进行进度控制应当在考虑三大目标对立统一的基础上,明确进度控制目标,包括总目标和各阶段、各部分的分目标。工程师应根据业主的委托要求科学、合理地确定进度控制目标。

(2)进度控制的综合性措施

进度控制的综合性措施包括组织措施、技术措施、合同措施等。组织协调是实现有效进度控制的关键。与建设项目进度有关的单位较多,如果不能有效地与这些单位做好协调,进度控制将十分困难。

(3) 全面的进度控制

既然工程建设监理进度控制的总目标贯穿整个项目的实施阶段,那么监理工程师在进行进度控制时就要考虑建设项目的各个方面,需要实施全面进度控制。

①工程建设全过程的控制。进度控制不仅包括施工阶段,还包括设计阶段、施工准备阶段等,它涵盖了项目建设的全过程。

②整个项目结构的控制。监理工程师进行进度控制必须实现全方位控制,也就是对组成项目的所有构成部分的进度都要进行控制。无论是土建工程还是设备安装、给水排水、采暖通风、道路、绿化、电气等工程以及与这些工程相关的工作,如工程招标、施工准备等都应进行控制。

③影响进度的因素控制。影响进度的因素很多,要实现有效的进度控制就必须对这些影响因素实施控制,采取措施减少或避免这些因素的影响。

(二) 措施

进度控制采取的措施主要有组织措施、技术措施、经济措施、合同措施和信息管理措施等。

1. 组织措施

组织是目标能否实现的决定性因素,为实现项目的进度目标,应充分重视健全项目管理的组织体系。在项目组织结构中应有专门的工作部门和符合进度控制岗位资格的专人辅助进度控制工作。

进度控制的主要工作环节包括进度目标的分析和论证、编制进度计划、定期跟踪进度计划的执行情况、采取纠偏措施以及调整进度计划。这些工作任务和相应的管理职能应在项目管理组织时间的任务分工表和管理职能分工表中标示并落实。

应编制项目进度控制的工作流程,如:

(1) 定义项目进度计划系统的组成;

(2) 各类进度计划的编制程序、审批程序和计划调整程序等。

进度控制工作包含了大量的组织和协调工作,而会议是组织和协调的重要手段,应进行有关进度控制会议的组织设计,以明确:

(1) 会议的类型;

(2) 各类会议的主持人及参加单位和人员;

(3) 各类会议的召开时间;

(4) 各类会议文件的整理、分发和确认等。

2. 技术措施

建设工程项目进度控制的技术措施涉及对实现进度目标有利的技术和施工技术的选用。不同的设计理念、设计技术路线、设计方案会对工程进度产生不同的影响,在设计工作的前期,特别是在设计方案评审和选用时,应对设计技术与工程进度的关系作分析比较。在工程进度受阻时,应分析是否存在设计技术的影响因素,为实现进度目标有无设计变更的可能性。

施工方案对工程进度有直接的影响,在决策其选用时,不仅应分析技术的先进性和经济合理性,还应考虑其对进度的影响。在工程进度受阻时,应分析是否存在施工技术的影响因素,为实现进度目标有无改变施工技术、施工方法和施工机械的可能性。

3. 经济措施

建设工程项目进度控制的经济措施涉及资金需求计划、资金供应的条件和经济激励措施等。为确保进度目标等实现,应编制与进度计划相适应等资源需求计划(资源进度计划),包括资金需求计划和其他资源(人力和物力资源)需求计划,以反映工程实施的各时段所需要的资源。通过资源需求的分析,可发现所编制的进度计划实现的可能性,若资源条件不具备,则应调整进度计划。资金需求计划也是工程融资的重要依据。

资金供应条件包括可能的资金总供应量、资金来源(自有资金和外来资金)以及资金供应的时间。在工程预算中应考虑加快工程进度所需要的资金,其中包括为实现进度目标将要采取的经济激励措施所需要的费用。

4. 合同措施

合同措施是采用有利于进度目标实现的合同模式,通过签订合同明确进度控制责任,加强合同管理,以合同管理为手段保证进度目标的实现。

(1)在合同文件中明确合同工期及各阶段的进度目标;

(2)分标合同工期与总进度计划的协调性;

(3)如实际进度与计划进度存在偏差,应及时调整进度计划。非承包商责任的工程延期,通过审查后给予批准,而由于承包商责任造成的工期延误,其损失由承包商承担,并责令其尽快调整进度、减少延误工期;

(4)按合同条件规定,向承包商提供施工设备和施工图纸,保证施工的和顺利进行;

(5)对隐蔽及主要工程项目及时组织阶段性验收,避免影响后续施工项目的进度。

5. 信息管理措施

信息管理措施是收集项目实施中有关工程项目的进度信息,比较分析计划进度的执行情况,定期向业主提供分析报告,通过内部管理提高进度控制水平,通过管理消除或减轻各种因素对进度的影响。

(三)原理

工程项目进度控制原理包括以下几点:

1. 动态控制原理

项目的进行是一个动态的过程。因此进度控制随着项目的进展而不断进行。项目管理人员需要在项目各阶段制定各种层次的进度计划,需要不断监控项目进度并根据实际情况及时进行调整。

2. 系统原理

项目各实施主体、各阶段、各部分、各层次的计划构成了项目的计划系统,它们之间相互联系、相互影响;每一计划的制定和执行过程也是一个完整的系统。因此必须用系统的理论和方法解决进度控制问题。

3. 封闭循环原理

项目进度控制的全过程是一种循环的例行活动,包括编制计划、实施计划、检查、比较与分析、确定调整措施、修改计划,这些活动形成了一个封闭的循环系统。进度控制过程就是这种封闭的循环系统不断运行的过程。

4. 信息原理

信息是项目进度控制的依据,因此必须建立信息系统,及时有效地进行信息的传递和反馈。

5. 弹性原理

工程项目工期长、体积庞大、影响因素多而复杂。因此要求编制计划时必须留有余地,使计划有一定的弹性。

(四)过程

(1)采用各种控制手段保证项目及各个工程活动按计划及时开始,在工程过程中记录各工程活动的开始和结束时间及完成程度。

(2)在各控制期末(如月末、季末,一个工程阶段结束)将各活动的完成程度与计划对比,确定整个项目的完成程度,并结合工期、生产成果、劳动效率、消耗等指标,评价项目进度状况,分析其中的问题,找出哪些地方需要采取纠正措施。

(3)对下期工作作出安排,对一些已开始,但尚未结束的项目单元的剩余时间作估算,提出调整进度的措施,根据已完成状况作新的安排和计划,调整网络(如变更逻辑关系、延长、缩短持续时间,增加新的活动等),重新进行网络分析,预测新的工期状况。

(4)对调整措施和新计划作出评审,分析调整措施的效果,分析新的工期是否符合目标要求。

(五)程序

(1)根据施工合同确定的开工日期、总工期和竣工日期确定施工进度目标,明确计划开始日期、总工期和竣工日期,并确定项目分期分批的开工、竣工日期。

(2)编制施工计划应根据工艺关系、组织关系、搭接关系、起止时间、劳动力计划、机械计划及其他保证性计划等因素综合确定。

(3)向监理工程师提交开工申请报告,并应按监理工程师下达的开工令指定的日期开工。

(4)实施施工进度计划中出现进度偏差时,应及时进行调整并应不断预测未来进度情况。

(六)内容

(1)编制工程项目进度控制的主要工作;
(2)编制或审核工程项目进度计划;
(3)按年、季、月编制工程项目计划;
(4)监督进度计划的实施;
(5)组织现场协调会;

(6)处理争议和索赔;
(7)整理工程项目的进度资料;
(8)工程项目的移交;
(9)批准延期。

知识点2　工程施工进度检查与调整

一 工程进度控制指标

进度计划是进度控制的依据,是实现工程项目工期目标的保证。因此进度控制首先要有一个完备的进度计划。但进度计划实施过程中,由于各种条件的不断变化,需要对进度计划进行不断的监控和调整,以确保能够最终实现工期目标。具体要对施工的各个环节进行分解,按施工的逻辑进行合理安排,以反映施工顺序和各阶段工程面貌及完成情况,然后确定各个工序所需的时间,并根据逻辑关系绘制施工进度计划横道图或者网络计划图。在项目实施的过程中根据该计划对施工进度进行控制,当出现偏差及时作出调整。

进度控制的基本对象是工程活动。它包括项目结构图上各个层次的单元,上至整个项目,下至各个工作包(有时直到最低层次网络上的工程活动)。项目进度状况通常是通过各工程活动完成程度(百分比)逐层统计汇总计算得到的。进度指标的确定对进度的表达、计算、控制有很大影响。由于一个工程有不同的子项目、工作包,它们工作内容和性质不同,必须挑选一个共同的、对所有工程活动都适用的计量单位。

1. 持续时间

持续时间(工程活动的或整个项目的)是进度的重要指标。人们常把已经使用的工期与计划工期相比较以描述工程完成程度。例如计划工期两年,已经进行了一年,则工期已达50%;一个工程活动,计划持续时间为30天,已经进行了15天,则已完成50%。但通常还不能说工程进度已达50%,因为工期与人们通常概念上的进度是不一致的。工程的效率和速度不是一个直线,如通常工程项目开始时工作效率很低,进度慢,到工程中期投入最大,进度最快,而后期投入又较少。所以工期下来一半,并不能表示进度达到了一半,何况在已进行的工期中还存在各种停工、窝工、干扰作用,实际效率远低于计划的效率。

2. 按工程活动的结果状态数量描述

这主要针对专门的领域,其生产对象简单、工程活动简单。

3. 已完成工程的价值量

即用已经完成的工作量与相应的合同价格(单价)或预算价格计算。将不同种类的分项工程统一起来,能够较好地反映工程的进度状况。这是常用的进度指标。

4. 资源消耗指标

最常用的有劳动工时、机械台班、成本的消耗等。它们有统一性和较好的可比性,即各个工程活动直到整个项目都可用它们作为指标,这样可以统一分析尺度。但在实际工程中要注意如下问题:

(1)投入资源数量和进度有时会有背离,会产生误导。例如某活动计划需 100 工时,已用了 60 工时,则进度已达 60%。这仅是偶然的,计划劳动效率和实际效率不会完全相等。

(2)由于实际工作量和计划经常有差别,即计划 100 工时,由于工程变更,工作难度增加,工作条件变化,应该需要 120 工时。现完成 60 工时,实质上仅完成 50%,而不是 60%,所以只有当计划正确(或反映最新情况),并按预定的效率施工时才得到正确的结果。

(3)用成本反映工程进度是经常的,但这里有如下因素要剔除:

①不正常原因造成的成本损失,如返工、窝工、工程停工;

②由于价格原因(如材料涨价、工资提高)造成的成本的增加;

③考虑实际工程量,工程(工作)范围的变化造成的影响。

二、工程进度控制方法

目前,国内外进度控制管理的方法有许多,主要有甘特图法(横道图法)、S 形曲线比较法、香蕉型曲线比较法、行政干预法和网络计划技术等方法。

1. 甘特图法

基本是一条线条图,横轴表示时间,纵轴表示活动(项目),线条表示在整个期间上计划和实际的活动完成情况。它直观地表明任务计划在什么时候进行,及实际进展与计划要求的对比。管理者由此可便利地弄清一项任务(项目)还剩下哪些工作要做,并可评估工作进度(图 6-1)。

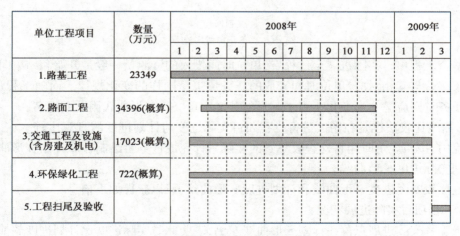

图 6-1 施工计划横道图

横道图用于小型项目或大型项目子项目上,或用于计算资源需要量、概要预示进度,也可用于其他计划技术的表示结果。

横道图比较直观,能直接看出进度状况,但反映不出工作之间的逻辑关系。

但是,横道图进度计划法也存在一些问题,如:

(1)工序(工作)之间的逻辑关系可以设法表达,但不易表达清楚;

(2)适用于手工编制计划;

（3）没有通过严谨的进度计划时间参数计算,不能确定计划的关键工作、关键路线与时差;

（4）计划调整只能用手工方式进行,其工作量较大;

（5）难以适应大的进度计划系统。

2. S形曲线比较法

S形曲线比较法是以横坐标表示时间,纵坐标表示累计完成任务量,绘制一条按计划时间累计完成任务量的S形曲线;然后将工程项目实施过程中各检查时间实际累计完成任务量的S形曲线也绘制在同一坐标系中,进行实际进度与计划进度比较的一种方法(图6-2)。

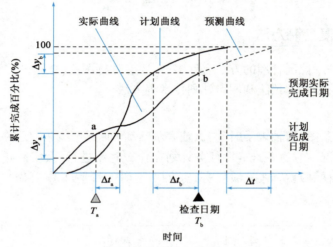

图6-2 S形曲线比较法

从整个工程项目实际进展全过程看,单位时间投入的资源量一般是开始和结束时较少,中间阶段较多。与其相对应,单位时间完成的任务量也呈同样的变化规律。而随工程进展累计完成的任务量则应呈S形变化。由于其形似英文字母"S",S形曲线因此而得名。

S形曲线比较法也是在图上进行工程项目实际进度与计划进度的直观比较。在工程项目实施过程中,按照规定时间将检查收集到的实际累计完成任务量绘制在原计划S形曲线图上,即可得到实际进度S形曲线。

通过比较实际进度S形曲线和计划进度S形曲线,可以获得如下信息:

（1）工程项目实际进展状况

如果工程实际进展点落在计划S形曲线左侧,表明此时实际进度比计划进度超前,如图示中的a点;如果工程实际进展点落在S形计划曲线右侧,表明此时实际进度拖后,图中的b点;如果工程实际进展点正好落在计划S形曲线上,则表示此时实际进度与计划进度一致。

（2）工程项目实际进度超前或拖后的时间

在S形曲线比较图中可以直接读出实际进度比计划进度超前或拖后的时间。如图所示,ΔT_a表示T_a时刻实际进度超前的时间;ΔT_b表示T_b时刻实际进度拖后的时间。

（3）工程项目实际超额或拖欠的任务量

在S形曲线比较图中也可直接读出实际进度比计划进度超额或拖欠的任务量。如图所示，ΔQ_a 表示 T_a 时刻超额完成的任务量，ΔQ_b 表示 T_b 时刻拖欠的任务量。

(4)后期工程进度预测

如果后期工程按原计划速度进行，则可做出后期工程计划 S 形曲线如图中虚线所示，从而可以确定工期拖延预测值 ΔT。

3."香蕉"形曲线比较法

"香蕉"形曲线是由两条以同一开始时间、同一结束时间的 S 形曲线组合而成。其中，一条 S 形曲线是工作按最早开始时间安排进度所绘制的 S 形曲线，简称 ES 曲线；而另一条 S 形曲线是工作按最迟开始时间安排进度所绘制的 S 形曲线，简称 LS 曲线。除了项目的开始和结束点外，ES 曲线在 LS 曲线的上方，同一时刻两条曲线所对应完成的工作量是不同的。在项目实施过程中，理想的状况是任一时刻的实际进度在这两条曲线所包区域内的曲线 R，如图 6-3 所示。

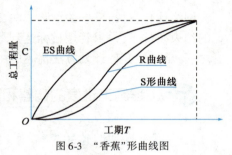

图 6-3 "香蕉"形曲线图

4. 网络计划技术

网络计划技术是指用于工程项目的计划与控制的一项管理技术。它是五十年代末发展起来的，依其起源有关键路径法(CPM)与计划评审法(PERT)之分。1956 年，美国杜邦公司在制定企业不同业务部门的系统规划时，制定了第一套网络计划。这种计划借助于网络表示各项工作与所需要的时间，以及各项工作的相互关系。通过网络分析研究工程费用与工期的相互关系，并找出在编制计划及计划执行过程中的关键路线。这种方法称为关键路线法(CPM)；1958 年美国海军武器部，在制定研制"北极星"导弹计划时，同样地应用了网络分析方法与网络计划，但它注重对各项工作安排的评价和审查，这种计划称计划评审法(PERT)。鉴于这两种方法的差别，CPM 主要应用于在以往类似工程中已有一定经验的承包工程，PERT 更多地应用于研究与开发项目。

网络计划技术能够清楚地反映各工作之间的相互依存和相互制约关系，人们可以用来对复杂而难度大的工程做出有序而可行的安排，从而产生良好的管理效果和经济效益；利用网络计划，通过计算，可以找出网络计划的关键线路和次关键线路；利用网络计划，可以计算出除关键工作之外的其他工作的机动时间，有利于工作中利用这些机动时间，优化资源强度，调整工作进程，降低成本；网络计划有利于计算机技术的应用。但是网络计划也有缺点，就是进度状况不能一目了然，绘图的难度和修改的工作量都很大，对应用者要求较高，识图较困难。对大型工程采用网络计划比较合适。

网络计划技术包括以下基本内容：

(1)网络图

网络图是指网络计划技术的图解模型，反映整个工程任务的分解和合成。分解，是指对工程任务的划分；合成，是指解决各项工作的协作与配合。分解和合成是解决各项工作之间，按逻辑关系的有机组成。绘制网络图是网络计划技术的基础工作。

(2)时间参数

在实现整个工程任务过程中，包括人、事、物的运动状态。这种运动状态都是通过转化为时间函数来反映的。反映人、事、物运动状态的时间参数包括:各项工作的作业时间、开工与完工的时间、工作之间的衔接时间、完成任务的机动时间及工程范围和总工期等。

(3)关键路线

通过计算网络图中的时间参数,求出工程工期并找出关键路径。在关键路线上的作业称为关键作业,这些作业完成的快慢直接影响着整个计划的工期。在计划执行过程中关键作业是管理的重点,在时间和费用方面则要严格控制。

(4)网络优化

网络优化,是指根据关键路线法,通过利用时差,不断改善网络计划的初始方案,在满足一定的约束条件下,寻求管理目标达到最优化的计划方案。网络优化是网络计划技术的主要内容之一,也是较其他计划方法优越的主要方面。

三 工程施工进度的调整和工程延期的控制

(一)网络计划调整的内容

(1)调整关键线路的长度;
(2)调整非关键工作时差;
(3)增、减工作项目;
(4)调整逻辑关系;
(5)重新估计某些工作的持续时间;
(6)对资源的投入作相应调整。

(二)网络计划调整的方法

1. 调整关键线路的方法

(1)当关键线路的实际进度比计划进度拖后时,应在尚未完成的关键工作中,选择资源强度小或费用低的工作缩短其持续时间,并重新计算未完成部分的时间参数,将其作为一个新计划实施。

(2)当关键线路的实际进度比计划进度提前时,若不拟提前工期,应选用资源用量大或者直接费用高的后续关键工作,适当延长其持续时间,以降低其资源强度或费用;当确定要提前完成计划时,应将计划尚未完成的部分作为一个新计划,重新确定关键工作的持续时间,按新计划实施。

2. 非关键工作时差的调整方法

非关键工作时差的调整应在其时差的范围内进行,以便更充分地利用资源、降低成本或满足施工的需要。每一次调整后都必须重新计算时间参数,观察该调整对计划全局的影响。可采用以下几种调整方法:

(1)将工作在其最早开始时间与最迟完成时间范围内移动;
(2)延长工作的持续时间;
(3)缩短工作的持续时间。

3. 增、减工作项目时的调整方法

增、减工作项目时应符合下列规定：

(1) 不打乱原网络计划总的逻辑关系，只对局部逻辑关系进行调整；

(2) 在增减工作后应重新计算时间参数，分析对原网络计划的影响；当对工期有影响时，应采取调整措施，以保证计划工期不变。

4. 调整逻辑关系

逻辑关系的调整只有当实际情况要求改变施工方法或组织方法时才可进行。调整时应避免影响原定计划工期和其他工作的顺利进行。

5. 调整工作的持续时间

当发现某些工作的原持续时间估计有误或实现条件不充分时，应重新估算其持续时间，并重新计算时间参数，尽量使原计划工期不受影响。

6. 调整资源的投入

当资源供应发生异常时，应采用资源优化的方法对计划进行调整，或采取应急措施，使其对工期的影响最小。

网络计划的调整，可以定期进行，亦可根据计划检查的结果在必要时进行。

(三) 工期延期的控制

1. 工期延期

工期延期是由于建设单位、建设单位代表(监理单位)、合同缺陷、工程变更等原因造成的；工期延误是因施工单位组织不力或管理不善等造成的。工期延期是可以通过向建设单位、建设单位代表(监理单位)申请获得批准而增加工期的，我们在工作中，应注意区别工期延期和工期延误的概念。

2. 工期延期获得批准的条件

(1) 必须符合合同条件，亦即导致工期拖延的原因不是施工单位自身的原因引起的，例如，施工场地条件的变更；建设、合同文件的缺陷；由于建设单位或设计原因造成的临时停工、工期耽搁；由业主供应的材料、设备的推迟到货；工程施工时受到其他主要的承包商(施工单位)的干扰；建设单位、监理工程师关于施工方面的变更等……因上述原因的工期拖延是工期延期申请获得批准的首要条件。

(2) 发生延期事件的工程部件，必须是在施工进度计划的关键线路上，才能获得工期延期的批准。若延期事件是发生在非关键线路上，且延长的时间未超过总时差时，例如屋面防水层的变更发生在工程结构施工阶段，即使符合批准为工程延期的合同条件，是不能获得工期延期申请的。

(3) 工期延期的批准还必须符合实际情况和注意时效。对延期事件发生后的各类有关细节进行详细记载，及时向建设单位代表或监理工程师提出申请，递交详细报告。通常是在延期事件发生的 14 天内提出申请，外商投资的工程则根据 FIDIC 合同条件的规定，在延期事件发生的 28 天递交意向书，在此之后的 28 天递交正式的申请报告，否则过期申请无效。

施工进度控制是技术性要求较强的工作，不仅要求施工管理人员要掌握施工组织设计的

编制,还要熟悉建筑施工、建筑工程劳动定额与工程预算定额、技术方案方面的知识,并熟悉相关专业的知识,如建筑设计、建筑材料、《合同法》等建筑法规的知识,另外还要求细心收集和整理有关设计变更、现场签证、自然灾害等资料。在工程项目实施过程中,进度控制就是经过不断地计划、执行、检查、分析和调整的动态循环,因此做好施工进度的计划与衔接,跟踪检查施工进度计划的执行情况,在必要时进行调整,在保证工程质量的前提下,确保工程建设进度目标的实现。

四 进度计划的检查

(一)进度计划的检查方法

1. 计划执行中的跟踪检查

在网络计划的执行过程中,必须建立相应的检查制度,定时、定期地对计划的实际执行情况进行跟踪检查,收集反映实际进度的有关数据。

2. 收集数据的加工处理

收集反映实际进度的原始数据量大面广,必须对其进行整理、统计和分析,形成与计划进度具有可比性的数据,以便在网络图上进行记录。根据记录的结果可以分析判断进度的实际状况,计算发现进度偏差,为网络图的调整提供信息。

3. 实际进度检查记录的方式

(1)当采用时标网络计划时,可采用实际进度前锋线记录计划实际执行状况,进行实际进度与计划进度的比较。

实际进度前锋线是在原时标网络计划上,自上而下从计划检查时刻的时标点出发,用点画线依此将各项工作实际进度达到的前锋点连接而成的折线。通过实际进度前锋线与原进度计划中各工作箭线交点的位置可以判断实际进度与计划进度的偏差。

(2)当采用无时标网络计划时,可在图上直接用文字、数字、适当符号或列表记录计划的实际执行状况,进行实际进度与计划进度的比较。

(二)网络计划检查的主要内容

(1)关键工作进度;
(2)非关键工作的进度及时差利用情况;
(3)实际进度对各项工作之间逻辑关系的影响;
(4)资源状况;
(5)成本状况;
(6)存在的其他问题。

(三)对检查结果进行分析判断

通过对网络计划执行情况检查的结果进行分析判断,可为计划的调整提供依据。一般应进行如下分析判断：

（1）对时标网络计划宜利用绘制的实际进度前锋线，分析计划的执行情况及其发展趋势，对未来的进度作出预测、判断，找出偏离计划目标的原因及可供挖掘的潜力。

（2）对无时标网络计划宜按网络计划检查结果分析表记录的情况对计划中未完成的工作进行分析判断。

五 工程项目的资源优化

（一）质量成本优化

对施工企业而言，产品质量并非越高越好，超过合理水平时，属于质量过剩。无论是质量不足或过剩，都会造成质量成本的增加，都要通过质量成本管理加以调整。

质量成本管理的目标是使各类质量成本的综合达到最低值。一般来说，质量预防费用起初较低，随着质量要求的提高逐渐会增加，当质量达到一定水平再要求提高时，该项费用就会急剧上升。质量检验费用较为稳定，不过随着质量的提高也会有一定程度的增长。而质量损失则不然，开始时因质量较差，损失很大，随着产品质量不断改进，该项损失逐步减少。三者交叉的作用，必须能找到一个质量成本最低的理想点。

正确处理质量成本中几个方面的相互关系即质量损失（内、外部故障损失）、预防费用和检验费用间的相互关系，采用科学合理、先进实用的技术措施，在确保施工质量达到设计要求水平的前提下，尽可能降低工程成本。项目经理部也不能为了提高企业信誉和市场竞争力而使工程全面出现质量过剩现象，导致完成工程量不少，经济效益低下的被动局面。

（二）工期成本优化

如何处理工期与成本的关系，是施工项目成本管理工作中的一个重要课题，即工期成本的管理与控制对施工企业和施工项目经理部来说，并不是越短越好，而是需要通过对工期的合理调整来寻求最佳工期点成本，把工期成本控制在最低点。

工期成本管理的目标是正确处理工期与成本的关系，使工期成本的总和达到最低值。工期成本表现在两个方面，一方面是项目经理部为了保证工期而采取的措施费用；另一方面是因为工期拖延而导致的业主索赔成本，这种情况可能是由于施工环境及自然条件引起的，也可能是内部因素所造成，如停工、窝工、返工等，因此所引起的工期费用，可称为工期损失。一般来说，工期越短，工期措施成本越小；但当工期短至一定限度时，工期措施成本则会急剧上升。而工期损失则不然，因自然条件引起的工期损失，其损失额度相应较小，通常情况下不予赔偿或赔偿额度较小，该部分工期损失可不予考虑。因施工项目内部因素造成的工期损失，随着时间的推移，经验的积累会逐渐减少。综合工期成本的各种因素，就会找到一个工期成本为最低的理想点。这一点也就是工期最短并且成本最低的最优点。

由于内外部环境条件及合同条件的制约，保证合同工期和降低工程成本是一个十分艰巨的任务，因此，必须正确处理工期和成本这两个方面的相互关系，即工期措施成本和工期损失之间的相互关系。在确保工期达到合同条件的前提下，尽可能降低工期成本，切不可为了提高企业信誉和市场竞争力,盲目抢工期赶进度,造成增大项目成本,导致项目亏损。

(三) 工期费用优化

所谓工期费用优化,是指根据计划规定的工期,规划成本;或根据最低成本的要求,寻求最佳施工周期。

1. 工期费用优化的基本思路

基本思路是:整个工程总费用包括直接费用和间接费用,前者会随着工期的缩短而增加,后者则会随着工期的缩短而减少。所以,如果赶工一天需增加的直接费用小于节约一天工期所节约的间接费用,就能通过赶工来缩短工程周期,节约总费用,实现工期-费用的优化。

2. 工期费用优化计算

工程作业的成本由直接费用和间接费用组成的。

(1) 直接费用

与生产过程中各工序的延续时间有关,包括直接生产工人的工资及附加费、材料费、工具费等。缩短生产周期,需要采取一定的技术组织措施,相应地要增加一部分直接费用。

(2) 间接费用

与生产过程无直接关系,包括管理人员工资、办公费等,它按工序的作业时间长短分摊到每个工序。在一定的生产规模内,工序的作业时间越短,分摊的间接费用越少。

完成工程项目的直接费用、间接费用、总费用与工程完工的关系。

正常时间 T 是在现有的生产技术水平下,由各工序的作业所构成各工程完工时间,这也就是工程完工的最低成本日程。对应正常时间的直接费用就是正常直接费用。极限时间是为了缩短各工序的作业时间而采取一切可能的技术组织措施后,可能达到的完成工程的最短时间。对应极限时间的直接费用就是极限直接费用。

此时,可以计算工序直接费用变动率,即缩短每一个单位工序时间所需增加的直接费用。在编制网络计划技术时,无论是以降低费用为主要目标,还是以尽量缩短工程完工时间为主要目标,关键是要计算最低成本日程,从而进行时间-费用优化。

3. 工期费用优化的步骤

(1) 按正常工期编制网络计划,并计算计划的工期和完成计划的直接费。

(2) 列出构成整个计划的各项工作在正常工期和最短工期时的直接费,以及缩短单位时间所增加的费用,即单位时间费用变化率。

(3) 根据费用最小原则,找出关键工作中单位时间费用变化率最小的工序首先予以压缩。这样使直接费增加的最少。

(4) 计算加快某关键工作后,计划的总工期和直接费,并重新确定关键线路。

(5) 重复(3)、(4)的内容,直到网络计划中关键线路上的工序都达到最短持续时间不能再压缩为止。

(6) 根据以上计算结果可以得到一条直接费曲线,如果间接费曲线已知,叠加直接费与间接费曲线得到总费用曲线。

(7) 总费用曲线上的最低点所对应的工期,就是整个项目的最优工期。

(四) 网络技术优化

项目在实施阶段有三个目标：一是高质量；二是不能超过投资总额；三是短工期。项目的三大目标组成了一个完整的目标系统，三者之间的关系是相互制约、相互影响的。比如，缩短工期往往会引起成本上升和质量下降；一个质量要求很高的项目在成本和工期上则不可能要求达到最优。为适应大规模生产的发展和关系复杂的现代科学研究的需要，国内外陆续采用以网络图为基础的计划管理新方法，即网络计划技术。

网络计划技术，也称网络分析法，是指在计划管理中通过网络图的形式，用来安排工程计划，控制施工进度和费用，使其达到预定目标的一种科学管理方法。网络也是整个施工计划的模型。实践证明：采用网络计划技术，对缩短工期、提高工效、降低成本、合理使用资源等方面，都能取得良好效果。网络计划应进行资源均衡优化，其优化主要分为两类：一是"资源有限，工期最短"优化，即在满足资源限制的条件下，使工期延长幅度达到最小；二是"工期固定，资源均衡"优化，即在保持工期不变的条件下，使资源需要量尽可能分布均衡。这里介绍"资源有限、工期最短"的优化方法。

一项工程的计划完成时间总是以一定的资源条件为基础的。在实际施工项目中，在一定时间内，由于各方面的原因，所能得到的资源总是有一定限度的。在初始网络计划中，如果某一阶段资源的需求量超出可能供给的限度，就必须调整网络计划以解决供求矛盾。解决方法有两种：

(1) 延长某些工序的持续时间，以降低某一时段资源需要强度，这要调整施工组织设计，属常规优化方法；

(2) 使该时段内部分工序让路，向后推迟，推迟的时间一旦超过总时差的范围，则要延长计划工期，只有通过优化方法使资源在有限情况下工期最短。

(五) 强化工程质量、工期、安全成本控制

施工企业要正确认识工程质量、工期、安全与成本之间的对立统一关系，同时在施工过程中要始终贯彻项目的质量成本、工期成本及安全成本的管理思想，力争做到实现价值最大化，浪费最小化。

1. 工程质量成本控制

工程质量成本是指为保证和提高工程质量而支出的一切费用，可分为内部故障成本（如返工、停工等费用）、外部故障成本（如保修、索赔等费用）、质量预防费用和质量检验费用等。工程质量是施工企业的信誉保障，是赢得市场的关键，且是终身负责制，因此，施工企业要加强工程项目的技术质量检验及人员的技术，提高操作人员的技术素质，树立每个人都对工程质量终身负责的理念，严把各道工序质量关，提高工程质量一次合格率，避免返工及质量事故的发生，降低质量成本。但是，工程质量并非越高越好，超过合同要求的质量标准则属于质量过剩，对施工企业来说，无论是质量过剩还是质量不足，都会造成质量成本的增加，此时要通过质量成本管理加以调整，通过质量成本优化达到质量成本最低值。一般说来，质量预防措施费用起初较低，慢慢随着质量要求的提高逐渐会增加，当质量达到一定水平再要求提高时，该项费用就会急剧上升；质量检验成本一般较为稳定，不过，随着质量的提高也会有一定程度的增长；质量损失则不然，开始时因质量较差，损失较大，随着产品质量不断改进，该项损失逐渐减少。三

者交叉的作用，必然找到一个质量成本最低的理想点。要搞好质量成本控制，降低质量成本，就要找到这个质量成本最低的理想控制点来实施质量控制。

2. 工期成本控制

工期成本是为了实现工期目标或完成合同工期而采取措施的费用，以及因工期延误而导致的业主索赔费用。工期并不是越短越好，缩短工期虽会减少设备等费用支出，但同时，赶工会造成人力、物力投入量的增加，有可能造成窝工，引起成本费的上升，工期缩短到一定程度后，成本费会急剧增加，此时如果得不到业主的合理补偿就会造成施工成本的额外增加；相反，如果工期延长，不需要花费赶工措施费用，但人工费、临时设施费和机械设备的租赁费都有可能增加，如不能满足合同工期要求，还可能造成业主索赔。所以，在前期安排施工组织设计时，一定要结合工程的特点和合同条件，综合工期与成本的各种因素，对工期做合理计算，进行周密部署和安排，找到工期成本最低的理想点，以降低工期成本。

知识点3 相关案例综合分析

案例1 某地下工程现浇钢筋混凝土框架结构，基础为管桩基础。建设单位与施工总承包单位签订了施工总承包合同，合同工期为29个月。按合同约定，施工总承包单位将预应力管桩工程分包给了符合资质要求的专业分包单位。施工总承包单位提交的施工总进度计划如图6-4所示（时间单位：月），该计划通过了监理工程师的审查和确认。

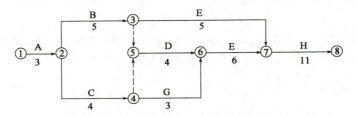

图6-4 施工总进度计划网络图

合同履行过程中，发生了如下事件。

事件1：专业分包单位将管桩专项施工方案报送监理工程师审批，遭到了监理工程师拒绝。在桩基施工过程中，由于专业分包单位没有按设计图纸要求对管桩进行封底施工，监理工程师向施工总承包单位下达了停工令，施工总承包单位认为监理工程师应直接向专业分单位下达停工令，拒绝签收停工令。

事件2：在工程施工进行到第7个月时，因建设单位提出设计变更，导致G工作停止施工1个月。由于建设单位要求按期完工，施工总承包单位据此向监理工程师提出了赶工费索赔。根据合同约定，赶工费标准为18万元/月。

事件3：在H工作开始前，为了缩短工期，施工总承包单位将原施工方案中H工作的异节奏流水施工调整为成倍节拍流水施工。原施工方案中H工作异节奏流水施工横道图如图6-5所示（时间单位：月）。

问题：

1. 施工总承包单位计划工期能否满足合同工期要求？为保证工程进度目标，施工总承包单位应重点控制哪条施工线路？

2. 事件1中，监理工程师及施工总承包单位的做法是否妥当？分别说明理由。

3. 事件2中，施工总承包单位可索赔的赶工费为多少万元？说明理由。

4. 事件3中，流水施工调整后，H工作相邻工序的流水步距为多少个月？工期可缩短多少个月？按照图6-5格式绘制调整后H工作的施工横道图。

施工工序	施工进度(月)										
	1	2	3	4	5	6	7	8	9	10	11
P	Ⅰ		Ⅱ		Ⅲ						
R					Ⅰ	Ⅱ	Ⅲ				
Q						Ⅰ		Ⅱ		Ⅲ	

图6-5 H工作异节奏流水施工横道图

【案例简析】

（1）施工总承包单位计划工期能满足合同工期要求。为保证工程进度目标，施工总承包单位应重点控制的施工线路是①→②→③→⑤→⑥→⑦→⑧。

（2）事件1中，监理工程师及施工总承包单位做法是否妥当的判断及其理由。

①监理工程师做法妥当。

理由：专业分包单位与建设单位没有合同关系，分包单位不得与建设单位和监理单位发生工作联系，所以，拒收分包单位报送专项施工方案以及对总承包单位下达停工令是妥当的。

②施工总承包单位做法不妥当。

理由：因为专业分包单位与建设单位没有合同关系，监理单位不得对分包单位下达停工令；而总承包单位与建设单位有合同关系，并且应对分包工程质量和分包单位负有连带责任，所以施工总承包单位拒签停工令的做法是不妥当的。

（3）事件2中，施工总承包单位不可索赔赶工费。

理由：由于G工作的总时差 = 29 - 27 = 2（个月），因设计变更原因导致G工作停工1个月，没有超过G工作2个月的总时差，不影响合同工期，总承包单位不需要赶工都能按期完成，所以总承包单位不能索赔赶工费。

（4）事件3中，流水施工调整后，H工作相邻工序的流水步距 = min[2, 1, 2]个月 = 1个月。H工作的工期 = (3 + 5 - 1) × 1 = 7（个月），工期可缩短 = 11 - 7 = 4（个月）。绘制调整后H工作的施工横道图如图6-6所示。

施工过程	专业工作队	施工进度(月)						
		1	2	3	4	5	6	7
P	1	Ⅰ		Ⅲ				
	2		Ⅱ					
R	3			Ⅰ	Ⅱ	Ⅲ		
Q	4				Ⅰ		Ⅲ	
	5					Ⅱ		

图6-6 调整后H工作的施工横道图

案例 2 某工程施工进度计划网络图如图 6-7 所示。

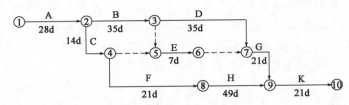

图 6-7 施工进度计划网络图

施工中发生了以下事件。

事件 1：A 工作因设计变更停工 10d。

事件 2：B 工作因施工质量问题返工，延长工期 7d。

事件 3：E 工作因建设单位供料延期，推迟 3d 施工。

事件 4：在设备管道安装气焊作业时，火星溅落到正在施工的地下室设备用房聚氨酯防水涂膜层上，引起火灾。

在施工进展到第 120d 后，施工项目部对第 110d 前的部分工作进行了统计检查。统计数据详见表 6-2。

工作检查统计数据表　　　　　　　　表 6-2

工作代号	计划完成工作预算成本 BCWS(万元)	已完成工作量(%)	实际发生成本 ACWP(万元)	实际完成工作的预算成本 BCWP(万元)
1	540	100	580	
2	820	70	600	
3	1620	80	840	
4	490	100	490	
5	240	0	0	
合计				

问题：

1. 本工程计划总工期和实际总工期各为多少天？
2. 施工总承包单位可否就事件 1～3 获得工期索赔？分别说明理由。
3. 施工现场焊、割作业的防火要求有哪些？
4. 计算截止到第 110d 的合计 BCWP 值。
5. 计算第 110d 的成本偏差 CV 值，并做 CV 值结论分析。
6. 计算第 110d 的进度偏差 SV 值，并做 SV 值结论分析。

【案例简析】

(1) 本工程计划总工期 = 28 + 35 + 35 + 21 + 21 = 140 (天)。实际总工期 = 140 + 10 + 7 = 157 (天)。

(2) 施工总承包单位可否就事件 1～3 获得工期索赔的判定及其理由。

①事件 1 可以获得工期索赔。

理由:A 工作是因设计变更而停工,应由建设单位承担责任,且 A 工作属于关键工作。
②事件 2 不可以获得工期索赔。
理由:B 工作是因施工质量问题返工,应由施工总承包单位承担责任。
③事件 3 不可以获得工期索赔。
理由:E 工作虽然是因建设单位供料延期而推迟施工,但 E 工作不是关键工作,且推迟 3d 未超过其总时差。

(3)施工现场焊、割作业的防火要求。
①焊工必须持证上岗,无证者不准进行焊、割作业。
②属一、二、三级动火范围的焊、割作业,未经办理动火审批手续,不准进行焊、割。
③焊工不了解焊、割现场的周围情况,不得进行焊、割。
④焊工不了解焊件内部是否有易燃、易爆物时,不得进行焊、割。
⑤各种装过可燃气体、易燃液体和有毒物质的容器,未经彻底清洗,或未排除危险之前,不准进行焊、割。
⑥用可燃材料保温层、冷却层、隔声和隔热设备的部位,或火星能飞溅到的地方,在未采取切实可靠的安全措施之前,不准焊、割。
⑦有压力或密闭的管道、容器,不准焊、割。
⑧焊、割部位附近有易燃易爆物品,在未做清理或未采取有效的安全防护措施前,不准焊、割。
⑨附近有与明火作业相抵触的工种在作业时,不准焊、割。
⑩与外单位相连的部位,在没有弄清有无险情,或明知存在危险而未采取有效的措施之前,不准焊、割。

(4)计算截至第 110d 的合计 BCWP 值详见表 6-3。

第 110d 的合计 BCWP 值计算表 表 6-3

工作代号	计划完成工作预算成本 BCWS(万元)	已完成工作量(%)	实际发生成本 ACWP(万元)	实际完成工作的预算成本 BCWP(万元)
1	540	100	580	540
2	820	70	600	574
3	1620	80	840	1296
4	490	100	490	490
5	240	0	0	0
合计	3710	—	2510	2900

截至第 110d 的合计 BCWP 值为 2900 万元。
(5)第 110d 的成本偏差 CV = BCWP − ACWP = 2900 − 2510 = 390(万元)。
CV 值结论分析:由于成本偏差为正,说明成本节约 390 万元。
(6)第 110d 的进度偏差 SV = BCWP − BCWS = 2900 − 3710 = −810(万元)。
SV 值结论分析:由于进度偏差为负,说明进度延误了 810 万元。

案例3 "北京地铁大兴线04标盾构工程"进度控制

一 合同总工期安排

（1）前期人员进场准备从2009年4月20日开始至2009年5月10日结束；
（2）高米店-枣园区间盾构工程从2009年6月10日开始至2010年4月20日结束；
（3）枣园-清源站区间盾构工程从2009年5月10日开始至2010年3月20日结束。

二 具体例会报告

2009年7月盾构机到场进行组装，因业主要求工期提前，故重新安排施工计划，加紧施工，至月底盾构组装、调试完成，但未进行始发掘进。比调整后的计划稍有滞后。

2009年8月盾构机正式进行右线掘进施工，截至8月31日共计掘进482环，计划掘进600环，完成当月进度计划的80.3%，占全部计划的60%。没有完成计划任务。

2009年9月盾构掘进至20日结束，当月共掘进322环，计划掘进204环，完成当月计划进度157.8%，占全部计划的40%，全部完成右线掘进任务。至9月30日盾构机解体转场完成约70%，比计划进度稍有滞后。

2009年10月盾构机组装完成，并进行调试，完成进度计划。

2009年11月盾构机于本月2日开始左线始发掘进，至12日结束，共掘进60环，本月计划掘进440环，完成当月进度计划的13.6%。11月17日开始正式掘进，截至11月30日共掘进385环，完成当月进度计划的87.5%，占全部计划任务的47.9%。没有完成计划任务。

2009年12月左线盾构掘进结束，本月共掘进419环，计划掘进364环，完成当月进度计划的115.1%，占全部计划任务的52.1%。全部完成左线掘进任务。

2010年1月开始撤场和现场清理工作，截至1月15日完成，全部完成计划任务。

三 进度控制偏差分析

2009年7月没有完成进度计划的原因是盾构机生产厂家未按时发货，盾构机进场时间推迟，耽误了组装的时间，致使本月未进行始发掘进。

2009年8月没有完成进度计划的原因是盾构机故障太多；部分部件设计部合理，需进行改造；辅助设备如电葫芦、电瓶车频频出现故障，严重耽误掘进时间，致使掘进计划不能按时完成。

2009年9月没有完成进度计划的原因是盾构机解体方式与之前的有所不同，使施工进度稍有滞后。

2009年11月没有完成进度计划的原因是天车钢丝绳磨损严重，需要更换；电瓶车频频出现故障，在一定程度上影响了施工进度；现场因自来水管破裂而停水，施工用水靠水车供给，直接影响了施工进度。

四 盾构施工进度分析纠偏措施

经分析，拼装在整个工序中占的时间最长，达到了90min/环，而国内一般的拼装速度为

45min/环,最佳达到 20min/环。

1. 第一次调整

针对具体情况,小组成员进行讨论,分析因果详见表6-4。

第一次调整分析因果表　　　　　　　　　　　　　　　表6-4

序号	拼装效率低原因分析					
	人	料	机	法	环	测
1	工艺方案交底不够	管片螺栓弧度不合理	盾尾出现椭圆	首块拼装方法不合理	工作场地狭窄	测量有误
2	施工人员思想认识不足	注浆材料不能及时到位	盾构附属设备加工未完成	—	隧道温度高	—
3	拼装人员实际操作经验不足	—	—	—	—	—

经因素确认后,得因素对策表(表6-5)。

第一次调整因素对策表　　　　　　　　　　　　　　　表6-5

序号	要因	对策	目标	措施	地点	责任人	完成时间
1	拼装人员实际操作经验不足	利用合同中人员培训的约定和资金奖励的办法激励拼装人员尽快提高自身的素质	拼装人员尽快熟悉设备,掌握拼装技巧	制定奖励标准,标准随拼装人员熟练程度的提高而提高	现场	××× ××× ××× ×××	2009年8月
2	工艺方案交底不够	针对盾构施工的特点,对各个工种进行有针对性的施工技术交底	每一个施工操作人员能按要求施工工艺施工	施工方案和交底形成书面文件,传达到每一个人手中,并就施工工艺和施工方案召开所有施工人员参加的交底会	现场		2009年7月
3	管片螺栓设计不尽合理	和设计单位进行技术变更	使管片螺栓能够顺利穿插	设计单位对螺栓的弧段部分进行部分调整	现场	××× ×××	2009年7月
4	首块拼装方法不合理	寻找合理的拼装方法	使首块管片一次拼装成型	首先分析上环管片与盾壳的间隙量,确定下环首块的搁置位置,同时根据首块与上环管片的纵向螺栓眼之间的距离来进行首块管片的就位	现场		2009年7月
5	测量数据有误	增加人工测量	消除自动测量中较大的误差	管片拼装配合人员进行人工测量	现场	××× ×××	2009年7月
6	隧道温度高	加强隧道内的通风	降低隧道内的温度	增加通风设备	现场	×××	2009年7月

第一次调整,效果确认,达到了全国的平均水平。

2. 第二次调整

当拼装速度提高到45min/环之后,影响拼装的因素发生了变化,详见表6-6。

第二次调整分析因果表　　　　　　　　　　　　　　　　　　　表6-6

序号	末端因素	确认方法	确认情况	责任人	是否要因
1	人员分配不合理	调查分析	各岗位人员分配合理，没有闲散人员	×××	否
2	拼装机千斤顶伸长量不足	现场调查	拼装机的水平千斤顶伸长量影响管片的姿态调整，伸长量不足使管片姿态调整范围受到限制	××× ×××	是
3	出土天车维修	调查分析	现场有两个天车，可以用另个暂时代替	×××	否
4	吊装头设计不合理	现场调查	吊装头没有排气、水孔，影响螺栓的拧紧，降低了管片在洞内倒运的效率，且存在安全隐患	××× ×××	是
5	运输方案不合理	调查分析	现有的运输方案，运输效率不高，没有完全发挥电瓶车的运输能力	×××	是
6	洞内工作环境恶劣	现场调查	工作环境已经改善	××× ×××	否

根据确认结果：运输方案不合理、拼装机千斤顶伸长量不足、吊装头设计不合适为要因。得对策表（表6-7）。

第二次调整因素对策表　　　　　　　　　　　　　　　　　　　表6-7

序号	要因	对策	目标	措施	地点	责任人	完成时间
1	运输方案不合理	制定新的运输方案	提高运输效率消除等待时间	购买新的管片拖车	现场	×××	2009年11月
2	拼装机千斤顶伸长量不足	增加千斤顶伸长量	增大管片姿态调整范围	增加拼装机千斤顶垫片的厚度，从程序上解除拼装机水平千斤顶与主顶千斤顶的连锁	现场	××× ×××	2009年9月
3	吊装头设计不合适	更换拼装头	使吊装头能够顺利地拧紧	设计新的吊装头，并尽快加工	现场	×××	2009年9月

第二次调整，效果确认，达到了全国较先进水平。

3. 第三次调整

小组成员与公司顾问专家组及外请专家进行讨论，得出因果表6-8。

第三次调整分析因果表　　　　　　　　　　　　　　　　　　　表6-8

序号	末端因素	确认方法	确认情况	责任人	确认结果
1	同步浆液配比需改进	调查分析	同步浆液的胶凝时间不稳定，随着推进速度的提高，盾尾内侧会有漏浆的情况发生	××× ×××	是
2	盾尾有积水	现场调查	有盾尾泄漏积水，工作地面湿滑，不利于安全操作	××× ×××	是
3	测量方法有待改进	调查分析	对于拼装好的管片的错台的测量方法，采用一环一测，占用时间	×××	是

问题分析,制定对策表6-9。

第三次调整因素对策表　　　　　　　　　　　　　　　表6-9

序号	要因	对策	目标	措施	责任人	完成时间
1	漏浆	寻找合适的浆液配比	使漏浆现象减少或消失	进行浆液配比试验,找出不同土层下合适的浆液配比	×××	2009年12月
2	盾尾处积水	快速清理盾尾处积水	清理积水,使其不致对拼装造成影响	合理的注入盾尾密封油脂,增加一台真空泵,及时的清理盾尾处的积水	×××	2009年12月
3	错台测量方法	改进测量方法	减少测量占用时间	成环管片先用拼装及拼装配合人员目测,到一定环数后有质量控制人员统一测量	×××	2009年12月

效果确认:通过努力,拼装速度由原来的30分/环提高到了25分/环,日拼装速度最高达到了29环/天,平均速度达到了16环/天,对北京乃至全国来说都已经达到了较高的水平。

同时,各月根据进度偏差产生的具体原因还采取了其他的措施,具体如下:

(1)2009年8月为了解决盾构机故障问题,积极与厂家联系,要求厂家增派技术人员,保证在设备出现问题时技术人员能尽快到达现场;根据以往施工经验更换或者改进不合理的部件,全力保证掘进的正常进行。

(2)2009年9月为了争取工期,将之前耽误的时间抢回来,项目部采取了每班掘进破坏奖励措施,充分调动施工人员的积极性,掀起了阶段性的大干高潮。

(3)2009年10月为了左线掘进顺利,利用盾构机解体组装的时间,项目部决定更换不合理的部件,重新采购了部分辅助设备,如一、二次电葫芦等;对电瓶车进行维修、保养。

(4)2009年12月为保证按期完成施工任务,项目部继续采取奖励措施,并加大奖励力度,再次调动了全员积极性。

拓展资源链接

序号	资源名称	链接方式
1	施工进度控制认知案例	（二维码）
2	《解密港铁》第四篇:工期管理	https://www.docin.com/p-222427908.html
3	大商务管理	https://max.book118.com/html/2021/0918/7036016200004005.shtm

行业能力测评

1. 建设工程项目进度控制的目的是(　　)。
   A. 通过控制实现进度的控制目标　　　B. 编制进度计划
   C. 论证进度目标是否合理　　　　　　D. 跟踪检查进度计划

2. 建设工程项目进度控制的主要工作环节包括:(1)进度目标的分析和论证;(2)进度计划的跟踪检查;(3)进度计划的编制;(4)进度计划的调整。其正确的控制程序是(　　)。
   A.(1)(3)(2)(4)　　　　　　　　　　B.(3)(1)(2)(4)
   C.(2)(1)(3)(4)　　　　　　　　　　D.(3)(2)(1)(4)

3. 建设工程项目是在开放环境下实施的,因此进度控制是一个(　　)的管理过程。
   A. 动态　　　　B. 静态　　　　C. 封闭　　　　D. 开放

4. 施工方进度控制的任务是依据(　　)对施工进度的要求控制施工进度。
   A. 施工组织设计　　　　　　　　　　B. 施工任务委托合同
   C. 施工平面布置图　　　　　　　　　D. 施工图

5. 建设工程项目总进步目标的控制是(　　)项目管理的任务。
   A. 施工方　　　　B. 供货方　　　　C. 管理方　　　　D. 业主方

项目 7

工程项目信息管理

1. 资料专员的岗位能力和工作内容

1. 工程项目内所有图纸资料的接收、清点、登记、发放、归档、管理工作都由资料员负责。
2. 竣工图采用散装方式折叠,按资料目录的顺序,按专业分类。
3. 收集整理施工过程中所有技术变更、洽商记录、会议纪要等资料并归档。
4. 负责项目文件资料的登记、分办、催办、签收、签章、传递、立卷、归档和销毁等工作。
5. 来往文件资料收发应及时登记台账,视文件资料的内容和性质准确及时递交项目经理批阅,并及时送有关部门办理。
6. 确保设计变更、洽商的完整性,要求各方严格执行接收手续,所接收到的设计变更、洽商,须经各方签字确认,并加盖公章。
7. 施工中各种试块、试件的取样、送检、结果回索、上报、分类保管等。
8. 施工资料的编制、管理,做到完整、及时与工程进度同步。
9. 按照《建设工程文件归档整理规范》对所有资料进行归档、立卷。
10. 计量员就是要对施工过程中所有工程量及时进行统计,每月按时做月报,申请工程进度款。

资料专员岗位职责和工作内容

2. 项目模块导学(建议学时:6 学时)

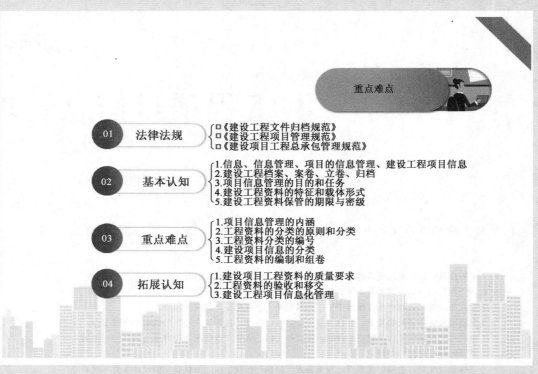

典型任务1　项目信息管理普识

典型任务2　工程项目资料管理

项目7　工程项目信息管理

典型任务1　项目信息管理普识

【信息】

信息指的是用口头的方式、书面的方式或电子的方式传输(传达、传递)的知识、新闻或情报。声音、文字、数字和图像等都是信息表达的形式。建设工程项目的实施需要人力资源和物质资源,应认识到信息也是项目实施的重要资源之一。

【信息管理】

信息管理指的是信息传输的合理组织和控制。

【项目的信息管理】

项目的信息管理是通过对各个系统、各项工作和各种数据的管理,使项目的信息能方便、有效地获取、存储、存档、处理和交流。项目的信息管理的目的旨在通过有效的项目信息传输组织和控制为项目建设的增值服务。

【建设工程项目的信息】

建设工程项目的信息包括在项目决策过程、实施过程(设计准备、设计、施工和物资采购过程等)和运行过程中产生的信息,以及其他与项目建设有关的信息,包括项目的组织类信息、管理类信息、经济类信息、技术类信息和法规类信息。

【工程管理信息化】

信息化最初是从生产力发展的角度来描述社会形态演变的综合性概念,信息化和工业化一样,是人类社会生产力发展的新标志。

信息化的出现给人类带来新的资源、新的财富和新的社会生产力,形成了以创造形信息劳动者为主体,以电子计算机等新型工具体系为基本劳动手段,以再生性信息为主要劳动对象,以高技术型企业为骨干,以信息产业为主导产业的新一代信息生产力,在传统经济中,人们对资源的争夺主要表现占有土地、矿产和石油等,而今天,信息资源日益成为争夺的重点,带来了国际社会新的竞争方式、竞争手段和竞争内容。在信息技术开发和应用领域尤其是网络技术方面存在的差距,导致信息获取和创新产生落差,于是就产生国与国、地区与地区、产业与产业、社会阶层与社会阶层之间的"数字鸿沟"。

我国不仅在生产力各个领域应用信息技术,与工业发达国家相比存在较大的数字鸿沟。在国内各地区间也存在数字鸿沟,并有不断扩大的趋势,数字鸿沟造成的差别正在成为我国继城乡差别、工农差别、脑体差别"三大差别"之后的"第四大差别"。

产业与产业之间,由于建筑业的特性,目前建筑业信息技术的开发和应用及信息资源的开发和利用效率较差,使建筑业相对其他产业存在较大的数字鸿沟。

本任务必备知识体系:

- 知识点1　工程文件资料的分类、编号与保管期限及密级
- 知识点2　工程资料的编制与组卷

- ➤ 知识点3　工程资料的验收与移交
- ➤ 知识点4　工程资料微机管理技术
- ➤ 拓展资源链接
- ➤ 行业能力测评

知识点1　工程文件资料的分类、编号与保管期限及密级

建设工程资料具有复杂性、随机性、时效性、真实性和综合性的特征。工程资料是工程施工活动中形成的大量真实记载，包括各单项工程施工、竣工资料、隐蔽工程施工、竣工验收资料、设计文件和图纸、主要技术档案以及工程建设中的来往文件等，它不仅能够反映出施工过程中的管理水平，同时还能有效证明建筑物是否安全可靠。因此，它是工程交付使用的必备条件。

根据《建筑工程资料管理规程》（JGJ 185—2009），建设工程资料管理的基本规定如下：

(1) 工程资料应与建筑工程建设过程同步形成，反映建筑工程的建设情况和实体质量。

(2) 工程资料的管理应符合下列规定：

① 工程资料管理应制度健全、岗位责任明确，程建设管理的各个环节和各级相关人员的职责范围；

② 工程资料的套数、费用、移交时间应在合同中明确；

③ 工程资料的收集、整理、组卷、移交及归档应及时。

(3) 工程资料的形成应符合下列规定：

① 工程资料形成单位应对资料内容的真实性、完整性、有效性负责；由多方形成的资料，应各负其责；

② 工程资料的填写、编制、审核、审批、签认应及时进行，其内容应符合相关规定；

③ 工程资料不得随意修改；当需修改时，应实行划改，并由划改人签署；

④ 工程资料的文字、图表、印章应清晰。

(4) 工程资料应为原件；当为复印件时，提供单位应在复印件上加盖单位印章，并应有经办人签字及日期。提供单位应对资料的真实性负责。

(5) 工程资料应内容完整、结论明确、签认手续齐全。

(6) 工程资料宜采用信息化技术进行辅助管理。

一　工程资料分类的原则

(1) 建筑工程资料的分类是按照文件资料的来源、类别、形成的先后顺序以及收集和整理单位的不同，来进行分类的，以便于资料的收集、整理、组卷。从整体上把全部的资料划分为4大类，即分为建设单位的文件资料、监理单位的文件资料、施工单位的文件资料、竣工图资料。

(2) 建设单位的文件资料又划分为立项文件、建设规划用地文件、勘察设计文件、工程招投标及合同文件、工程开工文件、商务文件、工程竣工验收及备案文件、其他文件等8小类。

(3) 监理单位的文件资料划分为监理管理资料、监理质量控制资料、监理进度控制资料、监理造价控制资料等4小类。

(4)施工单位的文件资料可划分为施工管理资料、施工技术资料、施工物资资料、施工测量记录、施工记录、隐蔽工程检查验收记录、施工检测资料、施工质量验收记录、单位(子单位)工程竣工验收资料9小类。

(5)竣工图资料划分为综合竣工图、室外专业竣工图、专业竣工图3小类。

(6)在每一小类中,再细分为若干种文件、资料、或表格。

(7)施工资料的分类应根据类别和专业系统来划分。参见《建设工程文件归档规范》(GB/T 50328—2014)(以下简称《规范》)和《建筑工程施工质量验收统一标准》(GB 50300—2013)。

(8)施工资料的分类、整理和保存除执行《规范》或地方标准及规程外,尚应执行相应的国家法律法规及行业或地方的有关规定。

二 建筑工程资料编号方法

1. 各大类的编号

分别用大写的英文字母"A""B""C""D"来表示建设单位的文件资料、监理单位的文件资料、施工单位的文件资料和竣工图资料。即分别编为A类、B类、C类、D类四大类资料。

2. 各小类的编号

对A类资料中所包含的8小类资料,分别按照A1、A2、A3、A4、A5、A6、A7、A8的顺序来依次排列编号;B类资料中所包含的4小类资料,分别按照B1、B2、B3、B4的顺序来依次排列编号;C类资料中所包含的9小类资料,分别按照C1、C2、C3、C4、C5、C6、C7、C8、C9的顺序来依次排列编号;D类资料中所包含的3小类资料,分别按照D1、D2、D3的顺序来依次排列编号。见《建设工程文件归档整理规范》附录A。

3. 具体文件、资料或表格的编号

在每一小类中,再细分的若干种类的文件、资料或表格等的编号,按如下原则编号。如:A1中的第9种资料,就编号为A1-09,B2中的第10种资料,就编号为B2-10。

4. 施工资料的编号

通常情况下施工资料的编号应该有7位数,由分部工程代号(2位)、资料类别代号(2位)和顺序代号(3位)组成,每部分之间用横线隔开。编号的形式如:××-××-×××。共7位代号。分部工程代号2位,应根据资料所属的分部工程,按照上表编写 资料类别代号应根据资料所属类别按上表编写 顺序代号,应根据相同表格、相同检查项目,按时间自然形成的先后顺序编写。

应单独组卷的子分部工程,资料的编号应为9位数,由分部工程2位数、子分部工程2位数、资料类别代号2位数和顺序号3位数组成,中间用横线隔开。

三 工程资料的保管期限与密级

(1)保管期限分为永久、长期、短期三种期限。各类文件保管期限见《建设工程文件归档整理规范》附录A。

"永久"是指工程档案需永久保存。

"长期"是指工程档案的保存期限等于该工程的使用寿命。

"短期"是指工程档案保存20年以下。

同一案卷内有不同保管期限的文件,该案卷保管期限应从长。

(2)密级分为绝密、机密、秘密三种。同一案卷内有不同密级的文件,应以高密级为本卷密级。

四 科技档案的种类和编号

1. 科技档案的种类

科技档案是指企业在建设工程项目、科学研究、生产技术等活动中形成的,具有保存价值的文字、图纸、图表、照片、影片、磁盘、光盘、录像、录音带等科技文件材料。根据内容和载体材料的不同,可划分为:

(1)纸质文件:图样(按制作过程、内容细分)、文字材料、表格等;

(2)感光材料:照片、影片等;

(3)磁性材料文件:磁带、磁盘等;

(4)光盘。

不同内容不同载体的科技档案互为补充,从耐久性考虑,纸质文件和光盘是资料档案保存的主要形式。

2. 科技档案的编号

科技档案分类编号必须遵循唯一性、合理性、稳定性、扩充性、简单性的原则。科技档案分类编号代号采用汉语拼音和阿拉伯数字。

科技档案分为一级类目、二级类目、三级类目、四级类目及案卷号,其中一、二、三级类目必须按规定填写,四级类目各单位自定(一般填写专业代号),空缺时补零;档案号组成:一级类目、二级类目、三级类目、四级类目及案卷号。

知识点2 工程资料的编制与组卷

一 工程资料的编制

归档文件的质量要求

(1)归档的工程文件应为原件。

(2)工程文件的内容及其深度必须符合国家有关工程勘察、设计、施工、监理等方面的技术规范、标准和规程。

说明:监理文件按《建设工程监理规范》(GB 503129—2013)编制;市政工程施工技术文件及其竣工接收文件在建设部印发的《市政工程施工技术资料管理规定》(城建〔1994〕469号)编制,建筑安装工程施工技术文件及其竣工验收文件在建设部没有作出规定以前,按各省有关规定编制。竣工图的编制应按《关于编制基本建设工程竣工图的几项暂行规定》(82建发施字 50 号)执行。地下管线工程竣工图的编制,应按《城市地下管线探测技术规程》(CJJ 61—2017)中的有关规定执行。

(3)工程文件的内容及其深度必须符合国家有关工程勘察、设计、施工、监理等方面的技术规范、标准和规程。

(4)工程文件应采用耐久性强的书写材料,如碳素墨水、蓝黑墨水,不得使用易褪色的书写材料,如:红色墨水、纯蓝墨水、圆珠笔、复写纸、铅笔等。

(5)工程文件应字迹清楚,图样清晰,图表整洁,签字盖章手续完备。

(6)工程文件中文字材料幅面尺寸规格宜为 A4 幅面(297mm×210mm)。图纸宜采用国家标准图幅。

(7)工程文件的纸张应采用能够长期保存的韧力大、耐久性强的纸张。图纸一般采用蓝晒图,竣工图应是新蓝图。计算机出图必须清晰,不得使用计算机出图的复印件。

二、工程资料的组卷

1. 立卷的原则和方法

(1)立卷应遵循工程文件的自然形成规律,保持卷内文件的有机联系,便于档案的保管和利用。

说明:此条款为立卷的基本原则。

(2)一个建设工程由多个单位工程组成时,工程文件应按单位工程组卷。

(3)立卷可采用如下方法:

①工程文件可按建设程序划分为工程准备阶段的文件、监理文件、施工文件、竣工图、竣工验收文件 5 部分;

②工程准备阶段文件可按建设程序、专业、形成单位等组卷;

③监理文件可按单位工程、分部工程、专业、阶段等组卷;

④施工文件可按单位工程、分部工程、专业、阶段等组卷;

⑤竣工图可按单位工程、专业等组卷;

⑥竣工验收文件按单位工程、专业等组卷。

(4)立卷过程中宜遵循下列要求:

①案卷不宜过厚,一般不超过 40mm;

②案卷内不应有重份文件;不同载体的文件一般应分别组卷。

2. 卷内文件的排列

(1)文字材料按事项、专业顺序排列。同一事项的请示与批复、同一文件的印本与定稿、主体与附件不能分开,并按批复在前、请示在后,印本在前、定稿在后,主体在前、附件在后的顺序排列。

(2)图纸按专业排列,同专业图纸按图号顺序排列。

(3)既有文字材料又有图纸的案卷,文字材料排前,图纸排后。

3. 案卷的编目

(1)编制卷内文件页号应符合下列规定:

①卷内文件均按有书写内容的页面编号。每卷单独编号,页号从"1"开始。

②页号编写位置:单面书写的文件在右下角;双面书写的文件,正面在右下角,背面在左下角。折叠后的图纸一律在下角。

③成套图纸或印刷成册的科技文件材料,自成一卷的,原目录可代替卷内目录,不必重新编写页码。

④案卷封面、卷内目录、卷内备考表不编写页号。

(2)卷内目录的编制应符合下列规定:

①卷内目录式样宜符合《规范》附录B的要求。

②序号:以一份文件为单位,用阿拉伯数字从1依次标注。

③责任者:填写文件的直接形成单位和个人。有多个责任者时,选择两个主要责任者,禁用"等"代替。

④文件编号:填写工程文件原有的文号或图号。

⑤日期:填写文件形成的日期。

⑥页次:填写文件在卷内文件首页之前。

⑦卷内目录排列在卷内文件首面之前。

(3)卷内备考表的编制应符合下列规定:

①卷内备考表的式样宜符合《规范》附录C的要求。

②卷内备考表主要标明卷内文件的总页数、各类文件页数(照片张数),以及立卷单位对案卷情况的说明。

③卷内备考表排列在卷内文件的尾页之后。

说明:案卷备考表的说明,主要说明卷内文件复印件情况、页码错误情况、文件的更换情况等。没有需要说明的事项可不必填写说明。

(4)案卷封面的编制应符合下列规定:

①案卷封面印刷在卷盒、卷夹的正表面,也可采用内封面形式。案卷封面的式样宜符合《规范》附录D的要求。

②案卷封面的内容应包括:档号、档案馆代号、案卷题名、编制单位、起止日期、密级、保管期限、共几卷、第几卷。

③档号应由分类号、项目号和案卷号组成。档号由档案保管单位填写。

④档案馆代号应填写国家给定的本档案馆的编号。档案馆代号由档案馆填写。

⑤案卷题名应简明、准确地提示卷内文件的内容。案卷题名应包括工程名称、专业名称、卷内文件的内容。

⑥编制单位应填写案卷内文件的形式单位或主要责任者。

⑦起止日期应填写案卷内全部文件形成的起止日期。

说明:城建档案馆的分类号依据建设部《城市建设分类大纲》(建办档〔1993〕103号)编写,一般为大类号加属类号。档号按《城市建设档案著录规范》(GB/T 50323—2001)编写。

案卷题名中"工程名称"一般包括工程项目名称、单位工程名称。

编制单位:工程准备阶段文件和竣工验收文件的编制单位一般为建设单位;勘察、设计文件的编制单位一般为工程的勘察、设计单位;监理文件的编制单位一般为监理单位;施工文件的编制单位一般为施工单位。

(5)案卷可采用装订与不装订两种形式。文字材料必须装订。既有文字材料,又有图纸的案卷应装订。装订应采用线绳三孔左侧装订法,要整齐、牢固,便于保管和利用。

4.案卷装订

(1)案卷可采用装订与不装订两种形式。文字材料必须装订。既有文字材料,又有图纸的案卷应装订。装订应采用线绳三孔左侧装订法,要整齐、牢固,便于保管和利用。

(2)装订时必须剔除金属物。

5.卷盒、卷夹两种形式。

(1)案卷装具一般采用卷盒、卷夹两种形式。
①卷盒的外表尺寸为310mm×220mm,厚度分别为20、30、40、50mm。
②卷夹的外表尺寸为310mm×220mm,厚度一般为20~30mm。
③卷盒、卷夹应采用无酸纸制作。

(2)案卷脊背
案卷脊背的内容包括档号、案卷题名。式样宜符合《规范》附录E。

知识点3 工程资料的验收与移交

一 工程资料的验收

(1)列入城建档案馆(室)档案接收范围的工程,建设单位在组织工程竣工验收前,应提请城建档案管理机构对工程档案进行预验收。建设单位未取得城建档案管理机构出具的认可文件,不得组织工程竣工验收。

(2)城建档案管理机构在进行工程档案预验收时,应重点验收以下内容:
①工程档案齐全、系统、完整;
②工程档案的内容真实、准确地反映工程建设活动和工程实际状况;
③工程档案已整理立卷,立卷符合本规范的规定;
④竣工图绘制方法、图式及规格等符合专业技术要求,图面整洁,盖有竣工图章;
⑤文件的形成、来源符合实际,要求单位或个人签章的文件,其签章手续完备;
⑥文件材质、幅面、书写、绘图、用墨、托裱等符合要求。

二 工程资料的移交

(1)列入城建档案馆(室)接收范围的工程,建设单位在工程竣工验收后3个月内,必须向城建档案馆(室)移交一套符合规定的工程档案。

(2)停建、缓建建设工程的档案,暂由建设单位保管。

(3)对改建、扩建和维修工程,建设单位应当组织设计、施工单位据实修改、补充和完善原工程档案。对改变的部位,应当重新编制工程档案,并在工程验收后3个月内向城建档案馆(室)移交。

(4)建设单位向城建档案馆(室)移交工程档案时,应办理移交手续,填写移交目录,双方签字、盖章后交接。

三 基本规定

(1)建设、勘察、设计、施工、监理等单位应将工程文件的形成和积累纳入工程建设管理的各个环节和有关人员的职责范围。

(2)在工程文件与档案的整理立卷、验收移交工作中,建设单位应履行下列职责:

①在工程招标及勘察、设计、施工、监理等单位签订协议、合同时,应对工程文件的套数、费用、质量、移交时间等提出明确要求;

②收集和整理工程准备阶段、竣工验收阶段形成的文件,并进行立卷归档;

③负责组织、监督和检查勘察、设计、施工、监理等单位的工程文件的形成、积累和立卷归档工作;

④收集和汇总勘察、设计、施工、监理等单位立卷归档的工程档案;

⑤在组织工程竣工验收前,应提请当地的城建档案管理机构对工程档案进行预验收;未取得工程档案验收认可文件,不得组织工程竣工验收;

⑥对列入城建档案馆(室)接收范围的工程,工程竣工验收后3个月内,向当地城建档案馆(室)移交一套符合规定的工程档案。

(3)勘察、设计、施工、监理等单位应将本单位形成的工程文件立卷后向建设单位移交。

(4)建设工程项目实行总承包的,总包单位负责收集、汇总各分包单位形成的工程档案,并应及时向建设单位移交;各分包单位应将本单位形成的工程文件整理、立卷后及时移交总包单位。建设工程项目由几个单位承包的,各承包单位负责收集、整理立卷其承包项目的工程文件,并应及时向建设单位移交。

(5)城建档案管理机构应对工程文件的立卷归档工作进行监督、检查、指导。在工程竣工验收前,应对工程档案进行预验收,验收合格后,须出具工程档案认可文件。

知识点4 工程资料微机管理技术

工程资料管理软件是建筑施工企业对施工项目材料进行管理、提高项目管理水平以及经济效益、增强市场竞争力的重要手段。由于工程项目工程周期长,工程资料涉及面广,工作量繁重复杂,软件管理协助手工管理可以帮助解决以往资料数据汇总不及时、查询不方便、报表不及时等诸多的问题。目前可以用于工程资料管理的软件较多,其中品茗、共友、卓信、拓思等比较流行,价格适当,贴近工程实际。可灵活选择使用。

一 品茗施工资料制作与管理软件

该软件涵盖了工程施工过程中技术文件、质量验收资料、质量保证资料、工程管理资料、监理资料和安全资料等各类文件、表格的编制和管理。适用于施工中各方主体的技术人员使用,如质量监督管理机构的质监工程师、建设单位技术工程师、施工单位质安技术工程师、施工资料员、监理工程师以及工程文件整理、归档单位的资料管理人员等。软件自2002年推出以来,得到了广大用户的高度认可,目前已在全国五千余家工程有关单位两万余个项目中成功应用。

(一)软件的主要功能介绍

(1)表头信息自动导入;
(2)示例工程随手可查;
(3)"傻瓜式"轻松配图;
(4)企业标准设置;
(5)填表说明方便查看;
(6)施工日志、报验申请表同步生成;
(7)快速添加相似表格;
(8)批量打印;
(9)便捷的工程备份及表格的异地操作;
(10)实测项目智能评定;
(11)分部子分部、分项汇总表自动生成;
(12)表格的计算功能;
(13)电子签名;
(14)虚拟归档功能;
(15)兼容 Word、Excel 文件格式满足不同客户需要;
(16)齐全的资料库。

(二)通用功能介绍

(1)软件进入。
(2)软件简明操作四步骤:
①新建工程;
②工程概况录入;
③资料填写;
④打印输出。
(3)强大的右键功能:
①表格编辑的右键菜单:导入示例数据、插入图片、更改企业标准设定、查看填表说明。
②工程管理界面的右键菜单:填写施工日记、生成报验申请表、块增加、批量块增加、导出表格。
(4)统计汇总功能:
①分部(子分部)、分项工程汇总。
②隐蔽工程汇总。
(5)砂浆及混凝土抗压强度的统计、评定。
(6)智能 Word、Excel 回导技术。
(7)施工企业标准定制服务。
(8)工程备份、表格异地操作。

二 黑龙江共友施工资料管理软件

(一) 包含内容

(1)《黑龙江建筑工程施工质量验收标准》(DB 23—2003)全部配套表格。

(2)《建设工程监理规范》(GB 50319—2013)全部配套表格。

(3)黑龙江省大庆施工技术资料用表。

(4)黑龙江省牡丹江施工技术资料用表。

(5)黑龙江省农垦施工技术资料用表。

(6)黑龙江省齐齐哈尔施工技术资料用表。

(7)黑龙江省哈尔滨施工技术资料用表。

(8)《智能建筑工程质量验收规范》(GB 50339—2013)全部配套表格。

(9)《建筑施工安全检查标准》(JGJ 59—1999)全部配套表格。

(10)建设部《市政基础设施工程施工技术文件管理规程》(城建〔2002〕221号)全部配套表格。

(11)《建筑工程施工质量验收统一标准》(GB 50300—2013)系列验收规范、归档规程等200多万字的电子文档(赠送)。

(12)通病防治、质量预控、施工工艺库(赠送)。

(二) 适用对象

建设施工单位、技术员、资料员、监理单位、业主的相关人员等。

三 卓信工程资料管理软件

(一) 适用对象

建筑施工单位、资料员、监理单位、业主的相关人员、建设单位造价咨询公司、建设单位、设计单位等。

(二) 软件介绍

本软件为《建筑工程施工技术资料管理规程》标准配套软件,表格样式和功能设计完全符合内业资料管理要求,适用于建筑、安全等专业的内业资料管理。自发行以来用户已突破50000家。

(三) 软件特点

(1)独立平台:工作平台与工程文件相互独立,实现了在一个平台下对多个工程项目的管理。

(2)自动填表:自动填写表格中的基本信息。

(3)自动计算:根据用户输入的基本数据自动算出正确结果。

(4)智能评定:根据各类标准检验评定批质量等级,自动标记不合格点;根据检验批资料数据自动生成分项工程评定表和分部工程评定表等。

（5）数据备案：系统能够将工程资料刻录到光盘，使用户可以在任意一台电脑上查看工程资料；自动生成电子备案的电子存档档案编码，光盘可自动存入档案馆数据库。

（6）随机数填写：一次性随机填写量测数据，方便用户查阅。

（7）丰富的字符库：系统提供了300多个在建筑工程中常用的特殊字符。

（8）丰富的资料库：提供全套的规范条文和地方规程，方便用户查阅。

（9）专业的模板设计：系统提供了大量可供选择的模板，使工程资料的编写更加规范。

（10）专业的评语设计：针对工程资料中部分内容变化性不大的特点，我们设计了专业的评语库，为用户提供多种备选方案，使工程资料的编写更加快速。

（11）强大的附件功能：可以将各类文件以附件的形式加到工程文件中进行统一管理。

（12）强大的打印功能：新增的批量打印功能使多表打印更加方便快捷。

（13）可靠的数据保障：专业备份与恢复功能，使用户数据的安全性更加可靠。

（14）专业的图形编辑器：内嵌独立的画图工具，能够迅速绘制矢量图形；包含500多个建筑图形和800多个隐蔽工程图库，可方便地绘制各类隐蔽示意图。

（15）强大的导入导出功能：方便快捷的导入或导出各类表格文件，以实现移动办公。

四 拓思建筑工程资料管理系统软件

是针对建筑公司、建筑监理公司、房地产公司以及各建筑相关行业从事资料管理而开发的。软件包内含有全套建筑工程竣工资料表格，全套建筑安全资料311页（范本，可填写使用），建筑工程项目管理表格（368页）。建筑工程监理制度及表格（143页，可填写使用）。是工程技术人员的得利助手。

拓展资源链接

序号	资源名称	链接方式
1	情境案例——施工资料认例	
2	工程管理人员的伦理责任	
3	工程部资料归档、保管、移交、整理	https://mp.weixin.qq.com/s/9qmcD2ymA9I3Ot9TgqTqTw
4	城市轨道交通工程文件归档要求与档案分类规范	https://mp.weixin.qq.com/s?__biz=MzIyODc2NDAzMw==&mid=2247526431&idx=2&sn=b1e1e9400b27caf23d6e781e350942da&chksm=e84ed8f1df3951e76c7567721fd1c4f466a142e23924f7e38ba4d07c8438e405c6a3b523b9c3&scene=21#wechat_redirect

行业能力测评

1. 我国在项目管理中最薄弱的工作环节是（　　）。
   A. 质量管理　　　　　　　　B. 数据管理
   C. 工程管理　　　　　　　　D. 信息管理
2. 信息管理是指（　　）。
   A. 信息的存档和处理　　　　B. 信息的收集和更新
   C. 信息传输的合理组织和控制　D. 信息的收集和处理
3. 项目的信息管理是通过各个系统、各项工作和各种数据的管理，使项目的（　　）能方便和有效地获取、存储、存档、处理和交流。
   A. 情况　　　B. 资料　　　C. 信息　　　D. 数据
4. 信息管理指的是信息（　　）的合理组织和控制。
   A. 收集　　　　　　　　　　B. 存档
   C. 传输　　　　　　　　　　D. 处理
5. 项目信息管理的目的旨在通过有效的（　　）的组织和控制为项目建设的增值服务。
   A. 项目信息采集　　　　　　B. 项目信息控制
   C. 项目信息传输　　　　　　D. 项目信息存储

典型任务2　工程项目资料管理

【施工单位文件资料（C类）管理】

在建设工程的各类内业中，最为复杂、重要而且比较容易出现问题的当属施工资料。根据有关规定，在施工过程中所形成的内页资料，应该按照报验、报审程序，通过施工单位的有关部门审核后，再报送建设单位或建立单位进行审核认定。施工资料的报验、报审具有时限性的要求，与工程有关的各单位宜在合同中约定清楚报验、报审的时间及应承担的责任。如果没有约定，施工资料的申报、审批应遵守国家和当地建设行政主管部门的有关规定，并不得影响正常施工。

有分包的工程，总承包方应在分包方签订的分包合同中，明确施工资料的提交份数、时间及质量等要求。分包方应在工程完工时，按照合同的约定将施工资料及时移交给总承包方。

施工内业资料的通用部分内容大致可分为：施工管理资料、施工技术资料、施工物资资料、施工测量记录、施工记录、隐蔽工程检查验收记录、施工检测记录、检验批、分项工程、分部（子分部）工程施工质量验收记录、单位（子单位）工程竣工验收资料九部分。

施工内业资料（通用部分）的分类、编号、提供单位及保管时间，见《规范》附录A所示。

本任务必备知识体系：
- 知识点1　工程施工资料（C类）管理
- 知识点2　工程竣工图（D类）的编制与整理
- 知识点3　地铁工程声像、电子档案

> 知识点4　地铁公司土建工程归档范围及分类
> 拓展资源链接
> 行业能力测评

知识点1　工程施工资料(C类)管理

一 工程施工管理资料

施工管理资料是施工单位制定的管理制度、控制质量、安全、工期措施,对人员、物资组织管理等的资料。

1. 施工现场质量管理检查记录表

施工单位应该按照《建筑工程施工质量验收标准》统一标准的规定,填写施工现场质量管理检查记录表,报项目总监理工程师(或建设单位负责人)审核确认。

2. 建设工程特殊工种上岗证审查表

工程开工前,施工单位应该填写建设工程特殊工种上岗证审查表,并附相应证书复印件,报监理单位审核。

3. 施工日志

施工日志应由项目经理部确定专人负责填写,记录从工程开工之日起至竣工之日止的全部技术质量管理和生产经营活动。其主要内容包括:

(1)生产情况:施工部位、施工内容、机械作业、班组工作以及生产存在问题等。

(2)技术质量安全活动:技术质量安全措施的贯彻实施、检查评定验收及发生的技术质量安全问题等。

4. 工程开/复工报审表

施工单位在完成施工准备并取得施工许可证后,应填写工程开/复工报审表,向监理(建设)单位提出开工申请,监理(建设)单位应及时审批。

5. 工程停/复工报审表

在施工过程中由于某些原因而导致工程需要停工,或停工后经采取措施重新具备施工条件时,施工单位应填写工程停/复工报申表,报监理(建设)单位审批。

6. 其他

二 工程施工技术资料

施工技术资料是施工单位用以指导、规范和科学化施工的资料。

1. 单位工程施工组织设计

施工单位在正式施工前编制单位工程施工组织设计,经施工单位相关部门审核,由总工程师审批后填写工程技术文件报审表,报监理单位审定签字实施。

2. 施工方案及专项施工方案专家论证报审表

主要分部(子分部)、分项工程,重点部位、技术复杂或采用新技术的关键工序应编制专项施工方案,冬、雨季施工也应编制冬、雨季期施工方案。施工方案应经施工单位相关部门审核,并经总工程师审批后,再填写工程技术文件报审表,报监理单位审定实施。施工方案也可采用单位工程施工组织设计等相关用表。

3. 技术、质量交底记录

(1)技术、质量交底记录是对施工图、设计变更、施工技术规范、施工质量验收标准、操作规程、施工组织设计、施工方案、分项工程施工操作技术、新技术施工方法等进行的具体要求与指导。

(2)技术、质量交底由总工程师、技术质量部门负责人、项目技术负责人、有关技术质量人员及施工人员分别负责,并由交底人签字确认。

4. 设计交底记录

施工图纸会审前,建设单位召集设计、监理和施工单位人员,由设计人员进行设计交底,并填写设计交底记录,经各方签字后实施。

5. 图纸会审记录

工程开工前,由建设单位组织设计、监理和施工单位有关人员进行施工图纸会审,由施工单位进行记录整理汇总,填写图纸会审记录,经各方签字后实施。

6. 设计变更通知单

工程设计变更时,设计单位应及时签发设计变更通知单,经项目总监理工程师(建设单位负责人)审定后,转交施工单位。

7. 工程洽商记录

工程洽商记录应分专业办理,内容应翔实,涉及设计变更时,应由设计单位出具设计变更通知单。工程洽商记录由提出方填写,各参加方签字。

8. 技术联系(通知)单

技术联系(通知)单是用于施工单位与建设、设计、监理等单位进行技术联系与处理时使用的文件。

三 工程施工物资资料

施工物资资料包括原材料、成品、半成品、构配件、设备出厂合格证、试验单目录等。

(1)出厂质量证明文件(产品合格证、质量认证书、检验报告、产品许可证、特定产品核准证和进口物资商检证、中文版质量证明、安装、使用、维修说明书)由供应单位提供。施工、监理单位有关人员应在质量证明文件背面"标注章"内签字确认。

(2)质量证明文件为复印件时,应与原件内容一致,但必须加盖原件存放单位的公章,注明原件存放处,并由经办人签字和注明签字日期。如果质量证明为传真件,则应转换为复印件再保存。

(3)凡使用的新材料、新产品、新设备均应具有产品质量标准、试验要求、签订证书及主要设备生产许可证,并提供安装维修、使用工艺标准等相关技术文件。并且在使用前进行试验和检验。

(4)主要物资进场时,施工、供应单位应(必要时应有监理、建设单位参加)共同对其品种、规格、数量、外观质量及出厂质量证明文件进行检验,填写材料、构配件进场检验记录。

(5)设备及附件进场时,建设、监理、施工和供应单位有关专业技术人员共同开箱检验,并填写_____设备开箱检验记录。

(6)需做进场试验的建筑材料、构配件或对其质量有疑义时,应进行取样或见证取样,填写试样委托单送检测单位试验。试验报告可按专业要求分别进行整理和保管。

(7)施工物资进场经施工单位自检合格后填写工程物资进场报检表,报监理单位审核签字。

(8)质量证明文件幅面小于 A4 幅面纸时,将质量证明文件按其先后顺序粘贴在_____质量证明文件粘贴表内。

四 工程施工测量记录

施工测量记录是施工中用各种测量仪器和工具,对工程的位置、垂直度及沉降量等进行度量和测定所形成的记录。记录中应由测量依据和过程,并应进行复核检查,监理工程师及有关人员应查验签字。

安装抄测记录是用于各种构件、管道及设备安装时,对轴线、标高及坡度等进行测量控制的记录。施工单位完成抄测后,应填写_____安装抄测记录,并填报施工测量放线报验表,报监理单位审核签字。

五 工程施工记录

施工记录是对重要工程项目或关键部位的施工方法、使用材料、构配件、操作人员、时间、施工情况等进行的记载,并有相关人员签字。

各参建单位之间,在交接所施工工程时,应进行交接检查验收,填写交接检查验收记录,其记录的内容包括质量情况、遗留问题、工序要求、注意事项、成品保护等。

六 隐蔽工程检查验收记录

隐蔽工程检查验收记录是指在对被掩埋(盖)的重要工程或关键部位的掩埋(盖)前,由施工单位、监理(建设)单位(有事也需勘察、设计单位参加)共同对工程的相关资料和实物质量进行检查验收所形成的记录(必要时应附简图)。记录必须真实,结论中必须写明工程质量是否符合要求,可否掩埋(盖)进行下道工序施工等,并由有关人员签字或盖章。

施工单位应根据工程结构构造和检查验收的要求,填写_____隐蔽工程检查验收记录,报监理单位审核签字。

七 工程施工检测资料

施工检测资料室对已完工程质量、设备单机试运转、系统调试运行进行现场检测、试验或实物取样的室内试验等形成的资料。
(1)施工检测按规定应委托检测单位进行,并填写现场检测委托单并形成检测报告。
(2)混凝土、砂浆检测(试验),应填写混凝土、砂浆委托单。
(3)施工检测记录。
按照设计要求和规范规定由施工单位做施工检测的工程项目,当没有专用施工检测用表时,应填写《_____施工检测记录表》。
(4)设备单机试运转记录。
(5)系统调试、试运行记录。

八 检验批、分项工程、分部(子分部)工程施工质量验收记录

建筑工程的检验批、分项分项工程、分部(子分部)工程施工质量验收按《工程施工质量验收标准》统一标准规定执行。

九 单位(子单位)工程竣工验收资料

包括工程概况、工程质量事故调查与报告、单位(子单位)工程施工质量竣工验收资料及单位(子单位)工程施工总结等文件。

1. 工程概况
工程概况主要包括单位工程的一般情况、构造特征、机电系统及其他内容。

2. 工程质量事故调(勘)查记录表与工程质量事故报告
凡工程发生质量事故,应按工程质量事故调(勘)查记录表与工程质量事故报告中的要求进行填写记录,并按国家建设行政主管部门的有关规定及时上报。

3. 单位(子单位)工程施工质量竣工验收
单位(子单位)工程完工,按《工程施工质量验收标准》统一标准要求,施工单位自检合格后,报监理单位进行工程预验收。监理单位预验收合格后,施工单位填写单位(子单位)工程验收申请报告,报建设单位验收。

4. 单位(子单位)工程施工总结
单位(子单位)工程施工总结是建筑工程施工的综合性或专题总结资料,由施工单位项目负责人编制,应有以下内容:
(1)工程施工的过程及完成情况;
(2)采用的施工方法和主要技术、管理、组织措施;
(3)工程施工质量情况评价;
(4)施工资料的收集、整理和归档情况;
(5)主要建筑设备及系统的调试情况;
(6)安全和功能情况;
(7)新技术、新工艺、新材料、新产品的推广及应用情况;

(8)经济效益和社会效益;
(9)取得的经验教训。

知识点2　工程竣工图(D类)的编制与整理

工程图纸被喻为"工程技术界的语言",是表达、交流技术思想的重要工具和工程技术部门的一项重要技术文件。工程图纸是生产和建设发展的必然产物,是工程实践活动必不可少的重要组成部分。设计部门和设计人员要借助工程图纸来准确无误地表达自己的设计思想,而工程单位和施工人员,由于图纸的再利用,一般来说还要将图纸归档,以便进行再设计。

一 竣工图编制要求

(1)所有竣工图均应加盖竣工图章。
(2)竣工图章的基本内容应包括:"竣工图"字样、施工单位、编制人、审核人、技术负责人、编制日期、监理单位、现场监理、总监。
(3)竣工图章示例如图 7-1 所示。

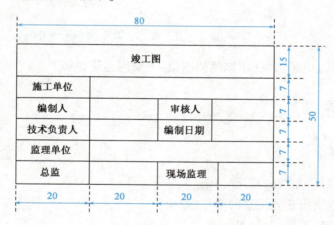

图 7-1　竣工图章示例(尺寸单位:mm)

(4)竣工图章尺寸为:50mm×80mm。
(5)竣工图章应使用不易褪色的红印泥,应盖在图标栏上方空白处。
(6)利用施工图改绘竣工图,必须标明变更修改依据;凡施工图结构、工艺、平面布置等有重大改变,或变更部分超过图面1/3 的,应当重新绘制竣工图。
(7)不同幅面的工程图纸应按《技术制图　复制图的折叠方法》(GB 10609.3—2009)统一折叠成 A4 幅面(297mm×210mm),图标栏露在外面。

二 地铁工程竣工图资料

明挖区间隧道工程——围护结构竣工图、地基基础竣工图、主体结构竣工图、防水工程竣工图。
暗挖区间隧道工程——围护结构竣工图、竖井及通道竣工图、洞身主体结构竣工图、防水工程竣工图、联络通道泵房竣工图。

盾构工作井工程——围护结构竣工图、地基基础竣工图、主体结构竣工图、防水工程竣工图。

盾构区间隧道工程——管片制作竣工图、管片拼装竣工图、隧道主体结构竣工图、防水工程竣工图、竖井联络通道泵房竣工图。

地下车站结构工程——围护结构竣工图、地基基础竣工图、主体结构竣工图、出入口结构竣工图、风道风厅结构竣工图、防水工程竣工图。

高架区间及高架车站工程——高架车站及高架区间基础竣工图、桥梁墩台竣工图、桥面系及附属工程竣工图。

路基、涵洞工程——路基竣工图、涵洞竣工图、路基排水系统竣工图、路基加固防护工程竣工图。

轨道工程竣工图——线路竣工平面图、线路竣工纵断面图、线路竣工平、纵断面图、详细工程地质图、详细工程地质纵断面图、改移道路及平交道人行过道竣工图。

停车场车辆段控制中心等房屋建筑工程高架车站地下车站建筑及装修工程——综合竣工图、专业竣工图。

知识点3 地铁工程声像、电子档案

某地铁工程声像、电子档案(市城建档案馆)主要内容简介如下。

一 声像档案

(一)归档内容

(1)施工前的原址、原貌的照片、录像。
(2)开、竣工典礼,市领导视察的照片、录像。
(3)地基及基础施工照片、录像。
(4)主体工程施工的照片、录像。包括现场整体工程施工、隐蔽工程施工、钢筋制作工程中的钢筋布局,节点焊接、主体工程的拉结筋布局,混凝土灌注、管道及设备工程。
(5)施工进程中的重点工作照片、录像。
(6)竣工后工程现状照片、录像照片、录像。
(7)文明施工照片、录像。
(8)工程建设的有保留和纪念价值的工作、活动的照片、建设单位自己制作的反映工程建设过程、风貌的有关电视专题片、汇报片。

(二)整理要求

(1)工程照片要求主体完整、图像清晰、多角度、有明确的位置参照,照片规格为5寸光面,同时附底片和文字说明;数码照片除冲印成5寸光面照片并且附文字材料与照片相对应。每卷厚度芯页不超过20页。

(2)照片封面的填写:
①案卷题名:填写工程名称、项目名称照片;
②拍照时间:填写年代;
③保管期限、密级不填写;
④进馆时间填写移交时间。
(3)照片芯页填写:竣工档案中照片应含底片,照片规格为5寸彩色照片;照片对应的拍摄时间、地点、内容、人物应详细说明(数码照片以移动硬盘形式转入城建档案馆保存)。
(4)卷内目录填写:序号、底片号、题名与照片芯页一致。页号应与照片所在芯页号一致。

二 录像带、光盘档案

(1)声像制品图像应清晰,声音清楚,文字说明准确。
(2)录像带应使用专业录像带并填写录像带说明。录像档案储存介质采用,请提供以下格式 BETACAM、DVCAM、MINIDY、DV 带。

三 电子档案的要求

工程竣工图要求报送 CAD 光盘。
(1)建设单位在工程竣工验收备案时,归档移交竣工图纸的同时,移交与图纸内容相同的各系统的 CAD 光盘。
(2)竣工图 CAD 光盘均采用只读光盘装载,除图形数据外,须包括图纸的文本、子图、属性及汉字字库等数据,保证数据图形再现后与图纸内容相同。图形、文本、属性数据的格式宜采用 Auto CAD 系列格式。盘上数据文件目录和文件名称均采用英文名称。不允许采用压缩、加密方式装载。同时每项工程的首张 CAD 光盘应包含 readme.txt 文件且注明:工程名称、建设单位、设计单位、施工单位及 CAD 光盘总张数。
数据光盘移交时增加数据光盘移交书,移交书上应注明各数据文件的英文名称及相应的汉字名称,设计采用的软件包括(汉字系统、数据库系统)的名称、版本号及操作说明。

知识点4　地铁公司土建工程归档范围及分类

一 工程竣工验收文件

(1)工程概况表;
(2)工程竣工总结;
(3)单位(子单位)工程质量竣工验收记录;
(4)单位(子单位)工程质量控制资料核查记录;
(5)单位(子单位)工程安全和功能检验资料核查及主要功能抽查记录;
(6)单位(子单位)工程观感质量检查记录;
(7)土建工程质量检查报告书;
(8)土建工程质量评估报告书;

(9)土建工程竣工报告书;
(10)土建工程竣工验收报告书;
(11)竣工验收备案书(包括各专业验收认可文件);
(12)地铁土建工程质量保修书。

二 施工技术管理文件

(1)施工技术准备文件(含施工组织设计);
(2)施工安全措施和环保措施;
(3)图纸会审记录及设计交底记录;
(4)设计变更通知单汇总目录;
(5)设计变更通知单;
(6)工程洽商记录(技术核定联系单);
(7)施工预算的编制和审查;
(8)施工现场质量管理检查记录;
(9)控制网设置记录;
(10)工程定位(竣工)测量记录;
(11)初期支护净空测量记录;
(12)隧道净空测量记录;
(13)横断面净空测量成果表;
(14)结构收敛观测成果记录;
(15)拱顶下沉观测成果表;
(16)围岩收敛量测记录;
(17)周围建筑物沉降监测统计表;
(18)地表正线沉降监测记录;
(19)测量交接桩记录。

三 地基和基础工程记录及工程检测报告

(1)地基承载力复查记录;
(2)降水井施工记录;
(3)管井井点降水记录表;
(4)基坑降水与排水工程检查证;
(5)钻孔桩钻进记录表;
(6)桩基础竣工报告及检测报告;
(7)地基与基础工程验收报告;
(8)主体工程验收报告;
(9)主体结构抽样检测报告;
(10)混凝土钢筋保护层厚度检测报告;

(11) 地下防水工程防水效果检查记录;
(12) 砂浆抗压强度检测报告;
(13) 焊缝超声波探伤报告;
(14) 其他应归档的文件材料。

四 施工材料、预制构件质量证明文件及复试试验报告

(1) 施工材料、预制构件出厂合格证及进场试验汇总表;
(2) 砂、石出厂证明文件及进场复验报告;
(3) 建筑砖、砌块、瓦出厂合格证和进场复验报告;
(4) 水泥出厂合格证和进场复验报告;
(5) 钢材、焊接材料出厂合格证和进场复验报告;
(6) 防水材料产品合格证和进场抽样复验报告;
(7) 隔热、保温材料产品合格证和试验报告;
(8) 预制构件出厂合格证;
(9) 水质分析试验报告;
(10) 其他应归档的文件材料。

五 施工试验记录

(1) 施工试验记录汇总表;
(2) 土壤(素土、灰土)击实及干土质量密度试验报告;
(3) 砂浆抗压强度试验报告、配合比通知单及砂浆抗压强度;
(4) 统计评定记录;
(5) 预拌混凝土供应首次报告、预拌混凝土出厂交货合格证;
(6) 混凝土抗压强度试验报告(含同条件养护试件强度报告)、配合比通知单及混凝土试件抗压强度统计评定记录;
(7) 混凝土抗渗强度试验报告;
(8) 钢筋接头试验报告;
(9) 金属及塑料外门窗物理性能试验报告;
(10) 饰面砖黏结强度试验报告;
(11) 建筑幕墙物理性能试验报告;
(12) 锚固螺栓锚固力试验报告;
(13) 建筑用硅酮结构密封胶试验报告;
(14) 管片检漏测试报告;
(15) 管片三环水平拼装检验报告;
(16) 管片结构性能检验报告;
(17) 管片吊装孔抗拉拔试验报告;
(18) 其他应归档的文件材料。

六 施工记录

(1)隐蔽工程记录；
(2)屋面、楼面蓄淋水检验记录；
(3)烟(风)道工程检查记录；
(4)沉降观测记录；
(5)结构吊装工程检查验收记录；
(6)预检工程检查记录；
(7)冬施混凝土搅拌测温记录；
(8)冬施混凝土养护测温记录；
(9)施工新技术；
(10)钢围檩安装检查证；
(11)钢支撑安装检查证；
(12)钢立柱安装检查证；
(13)混凝土垫层工程检查证；
(14)卷材防水层检查证；
(15)塑料板防水层检查证；
(16)水泥砂浆防水层检查证；
(17)涂料防水层检查证；
(18)开挖断面及地质检查证；
(19)暗挖区间隧道基面检查证；
(20)隧道格栅钢架架立检查证；
(21)隧道网喷混凝土工程检查证；
(22)复合式衬砌检查证；
(23)隧道二次衬砌厚度检查证；
(24)杂散电流防护隐蔽检查记录；
(25)细部构造施工记录表；
(26)防水混凝土施工记录表；
(27)土层锚杆(索)钻孔施工记录表；
(28)土层锚杆(索)注浆施工记录表；
(29)土层锚杆(索)工程检查证；
(30)喷锚支护施工记录表；
(31)超前导管、管棚施工记录表；
(32)注浆施工记录表；
(33)壁后注浆施工记录表；
(34)衬砌裂缝注浆施工记录表；
(35)隧道开挖施工记录；
(36)隧道支护施工记录；

(37) 喷射混凝土施工记录；
(38) 混凝土浇筑申请书；
(39) 混凝土浇筑施工记录(组卷时与浇筑申请书一一对应)；
(40) 明挖单线隧道净空检查表；
(41) 明挖双线隧道净空检查表；
(42) 土层锚杆(索)加荷试验记录表；
(43) 土层锚杆(索)张拉记录表；
(44) 预制钢筋混凝土管片出厂合格证；
(45) 进场管片检验记录表；
(46) 盾构掘进施工记录表；
(47) 盾构管片拼装记录表；
(48) 地下连续墙泥浆护壁质量检验记录表；
(49) 地下连续墙挖槽施工记录表；
(50) 地下连续墙混凝土灌注记录表；
(51) 混凝土结构试件同条件养护记录表(附同条件强度报告后)；
(52) 其他应归档的文件材料。

七、工程质量事故处理记录

(1) 工程质量事故报告表；
(2) 工程质量事故处理记录。

八、工程质量验收记录

(1) 检验批质量验收记录；
(2) 分项工程质量验收记录；
(3) 分部(子分部)工程验收记录；
(4) 质量控制资料；
(5) 安全和功能检验(检测)报告；
(6) 观感质量验收记录。

九、竣工图(略)

(1) 建筑竣工图；
(2) 结构竣工图；
(3) 附属建筑、结构竣工图。

十、工程监理文件记录(略)

拓展资源链接

序号	资源名称	链接方式
1	施工管理人员的职责有哪些	https://zhuanlan.zhihu.com/p/32157237

行业能力测评

1. 建设工程项目的信息管理是通过对( )的管理,使项目的信息能方便和有效的获取、存储、存档、处理和交流。
　　A. 各个系统　　　　　　　　B. 各种材料
　　C. 各种工程　　　　　　　　D. 各项工作
　　E. 各种数据

2. 建设工程项目的信息包括在项目决策过程,实施过程,和运行过程中产生的信息及其他有关信息,包括( )。
　　A. 项目的组织类信息　　　　B. 项目的管理类信息
　　C. 项目的经济类信息　　　　D. 项目的技术类信息
　　E. 项目的合同类信息

3. 为形成各类报表和报告,应当建立包括( )的工作流程。
　　A. 收集信息、录入信息　　　B. 信息管理和输出
　　C. 审核信息,加工信息　　　D. 信息整理和共享
　　E、信息传输和发布

4. 为了充分利用和发挥信息资源的价值,实现有序的科学信息管理,规范信息管理工作,业主和各参建方都应编制各自的( )。
　　A. 项目管理手册　　　　　　B. 系统开发计划
　　C. 信息编码表　　　　　　　D. 信息管理手册

5. 当今时代进行信息管理的核心手段是( )。
　　A. 基于网络的信息处理平台　B. 委托咨询公司
　　C. 设立信息管理部门　　　　D. 信息的分类

参 考 文 献

[1] 中华人民共和国住房和城乡建设部.建筑工程施工质量验收统一标准:GB 50300—2013[S].北京:中国建筑工业出版社,2014.
[2] 中华人民共和国住房和城乡建设部.建设工程文件归档规范:GB/T 50328—2014[S].北京:中国建筑工业出版社,2015.
[3] 中华人民共和国住房和城乡建设部.建设工程项目管理规范:GB/T 50326—2017[S].北京:中国建筑工业出版社,2018.
[4] 中华人民共和国住房和城乡建设部.建设项目工程总承包管理规范:GB/T 50358—2017[S].北京:中国建筑工业出版社,2018.
[5] 黄守刚.地铁工程施工安全与案例分析[M].北京:中国铁道出版社,2011.
[6] 李明安,邓铁军,杨卫东.工程项目管理理论与实务[M].湖南:湖南大学出版社,2012.
[7] 田振郁.项目经理操作手册[M].北京:中国建筑工业出版社,2008.
[8] 张日新.工程项目安全管理[M].武汉:华中科技大学出版社,2012.
[9] 刘章瑜.工程项目施工质量管理[M].武汉:华中科技大学出版社,2012.
[10] 邹东涛.哈佛模式项目管理全集[M].北京:人民日报出版社,2001.